Kohlhammer

Meta/Metal

Herausgegeben von Camille Béra, Laina Dawes, Charalampos Efthymiou, Anna-Katharina Höpflinger, Peter Pichler, Jörg Scheller

Eine Übersicht aller lieferbaren und im Buchhandel angekündigten Bände der Reihe finden Sie unter:

 https://shop.kohlhammer.de/meta-metal

Peter Pichler

Breaking the Law?

Recht, Moral und Klang in der steirischen
Heavy-Metal-Szene seit 1980

Verlag W. Kohlhammer

Dieses Projekt wurde gefördert vom:

FWF Österreichischer Wissenschaftsfonds

Dieses Werk einschließlich aller seiner Teile ist urheberrechtlich geschützt. Jede Verwendung außerhalb der engen Grenzen des Urheberrechts ist ohne Zustimmung des Verlags unzulässig und strafbar. Das gilt insbesondere für Vervielfältigungen, Übersetzungen, Mikroverfilmungen und für die Einspeicherung und Verarbeitung in elektronischen Systemen.

Es konnten nicht alle Rechtsinhaber von Abbildungen ermittelt werden. Sollte dem Verlag gegenüber der Nachweis der Rechtsinhaberschaft geführt werden, wird das branchenübliche Honorar nachträglich gezahlt.

Dieses Werk enthält Hinweise/Links zu externen Websites Dritter, auf deren Inhalt der Verlag keinen Einfluss hat und die der Haftung der jeweiligen Seitenanbieter oder -betreiber unterliegen. Zum Zeitpunkt der Verlinkung wurden die externen Websites auf mögliche Rechtsverstöße überprüft und dabei keine Rechtsverletzung festgestellt. Ohne konkrete Hinweise auf eine solche Rechtsverletzung ist eine permanente inhaltliche Kontrolle der verlinkten Seiten nicht zumutbar. Sollten jedoch Rechtsverletzungen bekannt werden, werden die betroffenen externen Links soweit möglich unverzüglich entfernt.

Umschlagabbildung: AdobeStock (Fotograf: Igor).

1. Auflage 2024

Alle Rechte vorbehalten
© W. Kohlhammer GmbH, Stuttgart
Gesamtherstellung: W. Kohlhammer GmbH, Stuttgart

Print:
ISBN 978-3-17-043465-3

E-Book-Format:
pdf: ISBN 978-3-17-043466-0

Inhaltsverzeichnis

1 Einleitung: Normenbezogenes klangliches Wissen in der steirischen Heavy-Metal-Szene seit 1980 11

2 Die Grundlagen: Forschungsstand, Theorien, Methoden und empirische Datenbasis 19
2.1 Zum Forschungsstand: Recht, Moral, Klang und die steirische Szene als Themen der Metal Studies 20
 Recht 21
 Moral 23
 Klang 26
 Die steirische Szene 28
 Zwischenfazit zum Forschungsstand 31
2.2 Fünf theoretische Prämissen 31
2.3 Die verwendeten Methoden: Oral History, semiotische Diskursanalyse und Musikanalyse 33
 Oral History 34
 Semiotische Diskursanalyse 36
 Musikwissenschaftliche Analyse 38
 Zwischenfazit zu den verwendeten Methoden 41
2.4 Die Datenbasis: Qualitative Interviews, Diskursdaten und Musikanalysen 41
 Oral-History-Interviews 42
 Daten aus der semiotischen Diskursanalyse 47
 Daten aus der Musikanalyse 55
 Zwischenfazit zur Datenbasis 58
2.5 Kapitelabschluss: Normenbezogenes klangliches Wissen in der Steiermark und seine Analyse 59

3 Die Szenegründung, ca. 1980–1990 60
3.1 Das Pionierjahrzent in der Vogelschau 60
3.2 Rechtserfahrungen in der Gründungsphase 63
 Rechtserfahrungen in Graz 65

	Rechtserfahrungen im Weizer Raum	70
	Rechtserfahrungen im Studio	74
	Zwischenfazit zu den Rechtserfahrungen	79
3.3	Die Wertegenese in der Gründungsphase	80
	Wertegenese im „Hard Rock Ost"	82
	Wertegenese im „Jugend- und Kulturzentrum Explosiv"	87
	Wertegenese im Metal-Pub	93
	Wertegenese im Bild	97
	Zwischenfazit zur Wertegenese	101
3.4	Klangliche Codierung in der Gründungsphase	102
	„Breaking the Law" in der Steiermark	103
	Lokales Musikwissen	105
	Klangempfindungen: Die „Angefressenen"	110
	Verknüpfungen	114
	Zwischenfazit zur klanglichen Codierung	116
3.5	Metal in der Steiermark um 1990	117
4	Konsolidierung, Differenzierung und Pluralisierung der Szene, ca. 1990–2000	121
4.1	Die 1990er-Jahre in der Vogelschau	121
4.2	Die Vervielfältigung der Rechtsbezüge in den 1990er-Jahren	123
	EUropa und die Vervielfältigung der Rechtsbezüge	123
	Die Strukturgeschichte der Szenenetzwerke und die Vervielfältigung der Rechtsbezüge	128
	Extreme Metal und die Vervielfältigung der Rechtsbezüge	133
	Zwischenfazit zur Vervielfältigung der Rechtsbezüge	138
4.3	Die Pluralisierung der Werte in den 1990er-Jahren	139
	Politische Haltungen und die Pluralisierung der Werte	140
	Gender, weibliche Emanzipation und die Pluralisierung der Werte	150
	Genreklang und die Pluralisierung der Werte	155
	Zwischenfazit zur Pluralisierung der Werte	161
4.4	Neue Klangcodierungen in den 1990er-Jahren	161
	Hören und Technologieentwicklung im Tandemschritt	162
	Grunge, Moral und Verklanglichung	167

Inhaltsverzeichnis

	Habitus, Haare, Kleider und ihr ‚Klang'	172
	„Gib Techno keine Chance!" – die klanglich codierte Abgrenzung der Metalness	176
	Zwischenfazit zu den neuen Klangcodierungen	179
4.5	Metal in der Steiermark um 2000	179
5	Die Digitalisierung der Szene (von der Jahrtausendwende bis zur Gegenwart)	183
5.1	Die Zeit seit 2000 in der Vogelschau	183
5.2	Die Digitalisierung der Rechtsbezüge seit 2000	185
	Outlaw sein – digitalisiert und noch steirischer	187
	Filesharing, Copyright und das Zerbrechen einer Band	194
	Drei digitale Rechtsgeschichten aus der Steiermark	199
	Zwischenfazit zur Digitalisierung der Rechtsbezüge	211
5.3	Die Digitalisierung von Moralbezügen seit 2000	212
	Das ‚Metal-Biedermeier' auf Social Media	213
	Ironisierung als Hybridisierung	218
	Eine Mikrogeschichte der Werte	223
	Die steirische Metalness als eine Werteidentität unter vielen	230
	Zwischenfazit zur Digitalisierung der Moralbezüge	235
5.4	Die Digitalisierung des Klangs und der Klangbezüge seit 2000	236
	So viel Metal zu hören wie nie zuvor	237
	Die neue Instabilität der Hörgewohnheiten	241
	Die neue soziale Flüchtigkeit der Klänge	246
	‚Besserer Metal' durch Digitalisierung?	251
	Zwischenfazit zur Digitalisierung des Klangs und der Klangbezüge	255
5.5	Metal in der Steiermark in der Gegenwart	256
6	Schlussbetrachtung und Ausblick	259
7	Literatur- und Quellenverzeichnis (Anhang)	263
7.1	Sekundärliteratur und Zusatzmaterialien	263
7.2	Oral-History-Interviews	272

7.3	Diskursanalytische Quellen	273
	Konzertflyer	273
	Coverabbildungen	275
	T-Shirts	276
7.4	Musikanalysen (Charalampos Efthymiou)	277
	Globaler Musikraum	277
	Steirischer Musikraum	277
7.5	Abbildungsverzeichnis	279

Danksagung 281

„Niet'njack'n und Fahrradkett'n
und am Rück'n an Tot'nschädl!
[...]
I bin da Heavy-Metal-Pepi.
Nur wenn's laut is, bin i happy.
Und mei anz'ges Ideal
is der totale Krawall!
[...]
Meine Herr'n – härter wer'n!
[...]
Meine Herr'n, es is zum rean,
auf a'm Ohrwaschl kann i immer no' wos hean!"

EAV, „Heavy-Metal-Pepi" (1984)

1 Einleitung: Normenbezogenes klangliches Wissen in der steirischen Heavy-Metal-Szene seit 1980[1]

„Du hast dir die Haare wachsen lassen, du hast dann irgendwie geschafft, ein Metal-T-Shirt zu haben und härterer Musik zu frönen und [...] warst [...] schon der Outlaw. [...] Du bist [...] einfach erschienen, [...] ein bisschen herumgegangen, die Leute haben die Straßenseite gewechselt und du warst der Outlaw."[2]

„[Der Metal-Sound] hat mich [...] fasziniert, vor allem [...] die extrem verzerrten Gitarren [...]. [Der Gesang hatte] so was Grantiges [...]. [Das passte zum] Gefühl [...] als Jugendlicher [...], dass man [...] nichts darf."[3]

Diese Zitate stammen von zwei Zeitzeugen, die zur Geschichte der steirischen Metal-Szene befragt wurden. Sie erzählten von ihren Szeneerfahrungen als männliche Jugendliche bzw. junge Erwachsene in den 1980er-Jahren. Der erste von beiden erinnerte sich daran, was es hieß, sich in den frühen 1980er-Jahren als Metal-Fan – durch das Tragen langer Haare und einschlägiger Band-T-Shirts als solcher identifizierbar – im öffentlichen Raum einer teils noch stark katholisch-konservativ geprägten Steiermark zu bewegen. Die Erinnerungen des zweiten Interviewees stellen den spezifischen Klang von Heavy Metal in den Mittelpunkt, welchen er mit ‚seinen' 1980er-Jahren verband. Zusammen betrachtet verdeutlichen diese beiden Erinnerungsstränge die Themenbereiche des vorliegenden Buchs: die charakteristischen Rechts-, Moral- und Klangdimensionen der lokalen Kultur der steirischen Metal-Szene seit den frühen 1980er-Jahren.[4] Paradigmatisch tritt das Zusammenspiel der drei Dimensionen in Judas Priests Klassiker „Breaking the Law" aus dem Jahr 1980 auf, der auch in der Steiermark

---

1   Die hier präsentierten Forschungsergebnisse stammen aus dem Forschungsprojekt *Breaking the Law ...?! Normenbezogenes klangliches Wissen in der Heavy-Metal-Kultur. Graz und die Steiermark, 1980 bis zur Gegenwart*, das von Februar 2020 bis März 2023 gefördert vom FWF (Austrian Science Fund, Projektnummer P32982-G) vom Autor am Institut für Rechtswissenschaftliche Grundlagen der Universität Graz geleitet wurde. Für genauere Informationen siehe Pichler 2020c.
2   Quelle: Oral-History-Interview Nr. 5, das im Rahmen des in Anm. 1 genannten Projektes vom Verfasser erhoben wurde. Es wird im Folgenden nur mehr die Nummer der Interviews genannt, die sich immer auf diesen Datenkorpus beziehen. Im Detail siehe hierzu die Abschn. 2.3, Oral History und Abschn. 2.4, Oral-History-Interviews sowie das Verzeichnis der Interviews im Anhang.
3   Quelle: Interview Nr. 19; die Benutzung des Wortes „grantig" als lokal gefärbtes Wort mit der Bedeutung ‚zornig' verdeutlicht, wie sehr der Klang auch mit dem Lokalen verwoben war.
4   Siehe hierzu: Pichler 2021a, 2021b, 2022a.

breit rezipiert wurde.⁵ Dieser Metal-Klassiker, in welchem der Rechtsbruch im Sinne einer identitätsstiftenden Emanzipation von erlebter Unterdrückung imaginiert wird, verband diesen kulturellen Rechtsbezug mit dem Ethos und dem stürmischen Klang der „New Wave of British Heavy Metal" (NWOBHM).⁶ Das Zusammenspiel der drei Dimensionen in der Steiermark ist der Gegenstand dieser Arbeit. Es wird untersucht, wie Recht, Moral und Klang die Geschichte dieser Szene bestimmten.

Die kulturgeschichtliche Pointe der Aussage des ersten Zeitzeugen besteht darin, dass er – wohl mehr intuitiv als bewusst – mit „Outlaw" zur Beschreibung seiner eigenen soziokulturellen Rolle als Metalhead einen Begriff benutzte, der sich auf das Recht bezieht. Es handelte sich um einen Begriff mit kulturellem und historischen Rechtsbezug.⁷ Als junger Metal-Fan auf der Suche nach Identität war es die Figur des Outlaws – also eines Menschen, der sich jenseits der geltenden rechtlichen Normen und ihrer moralischen Implikationen stellt –,⁸ der gewählt wurde, um die Metal-Identität und mit ihr verbundene Erfahrungen, Werte und Klangwelten zu beschreiben. Entscheidend ist, dass dieser Begriff offensichtlich gut taugte, diese subkulturelle Identitätsstiftung zu ermöglichen.⁹

Der Verweis des sich Erinnernden darauf, dass er sich mit einfachen semiotischen und habituellen Mitteln – dem Tragen von langen Haaren sowie Band-T-Shirts und dem Hören von ‚harter' Musik – außerhalb der Moralvorstellungen seiner Umgebung stellen konnte, verdeutlicht die Funktion des Begriffs und des Identitätsbildes. Er brach die Konventionen seines Umfelds. Das (Zerr-)Bild des Rechts, wie es sich die junge Metal-Szene in Graz und der Steiermark kollektiv geteilt vorstellte, wurde brennlinsenartig im Begriff des Outlaws eingefangen. Das für sie ‚bürgerliche' Rechtssystem der Steiermark und Österreichs,¹⁰ wie es den Szenemitgliedern im Alltag begegnete, wurde als ein System von einschränkenden und teils oppressiven Regeln wahrgenommen bzw. imaginiert. In der Szene wurde das Recht mit den Werten eines konservativ-bürgerlichen ‚Establishments' assoziiert. Die Metalheads wollten in Abgrenzung von dessen Werten ihre Szene konstruieren, was ein weiteres Zitat zu Schulerfahrungen auf den Punkt bringt:

---

5   Siehe Judas Priest 1980.
6   Zur Analyse der Bedeutung des Songs für die steirische Szene siehe Pichler 2021a, 2–4; sowie auch Pichler 2022a; zur Analyse des Songs allgemein: Elflein 2011; auch breiter sozialhistorisch: Swiniartzki 2022.
7   Zur Reflexion solcher ‚Räume der Gesetzlosigkeit', in welchen „Outlaws" sich bewegen, siehe: Haller 2020; popkulturell wichtig ist die „Outlaw-Country"-Bewegung mit Johnny Cash, Willie Nelson u. a.; siehe hierzu: Cobb 1999; Stimeling 2013.
8   Siehe ebd.
9   Vgl. Pichler 2021a, 1–17; Pichler 2022a.
10 Siehe einführend zur Rechtsgeschichte, spezifisch in österreichischer Perspektive: Olechowski 2019; und: Arbeitsgemeinschaft Österreichische Rechtsgeschichte 2018; zur Geschichte der Steiermark im 20. Jahrhundert siehe: Ziegerhofer 2020.

1 Einleitung

> „[Es gab] [...] scheinbar das ungeschriebene Gesetz: Leuten, die [...] den Mund zu weit aufreißen, vielleicht eine Meinung haben, einfach willkürlich eine schlechte Note zu geben [...] ‚Breaking the Law' [bedeutet] brich diese Gesetze, diese ungeschriebenen Gesetze, die dich [...] entrechten und dich entmündigen und [...] dich unterdrücken! [...] Wir waren die Entrechteten und die Unterdrückten, die das gespürt haben, also jeder von der Anfangsszene [...] [d.i. der frühen Grazer Metal-Szene]"[11]

Wie in vielen anderen Metal-Szenen weltweit (paradigmatisch vor allem in der NWOBHM-Szene im Großbritannien der Thatcher-Ära) wurde das Recht so zu einer der wichtigsten Imaginationsfiguren und Reibepunkte der frühen Metal-Bewegung.[12] Stereotypisierend verzerrt und den für sie disziplinierend-oppressiven Aspekt von Gesetzen und Rechtsnormen ins Zentrum rückend, wurde das Rechtssystem zu einem Zerrspiegel ‚bürgerlich-spießiger' Moral, von der sich absetzend die „ultraliberale" Ethik des Metal begründet werden sollte.[13] Dies war ein klassisches ‚Othering' – eine Konstruktion des Eigenen durch die bewusste Abgrenzung von einem imaginierten Anderen, wie es in vielen Diskursen der Populärkulturen anzutreffen war und ist.[14] Da solche Prozesse der Fremdzuschreibung immer auch konkrete Gesichter, Personifikationen und Metaphorisierungen brauchen, um ihre Wirkung entfalten zu können, waren entsprechende, stereotypisierende Abbildungen von Jurist*innen, Richter*innen und wichtigen Rechtssymbolen (etwa der blinden Justitia oder des Hammers des Richters) im Umlauf.[15] Dass sich der Wertecode der steirischen Metal-Szene vor allem auch über eine solche Form der Imagination des Rechts als tragendem Element der Metal-Identität begründete, ist eine *erste Kernthese* dieses Buchs.

Das zweite am Anfang stehende Zitat führt vor Augen, wie wichtig der Sound und das Hören waren. Es brauchte das gemeinsame Hören, um das Szeneethos bleibend zu verankern. Gerade der als „verzerrt" und „grantig" beschriebene Sound des Heavy Metal taugte, um die Werte der Szene klanglich mit Bedeutung und Leben füllen zu können.[16] Das Zitat dieses Zeitzeugen steht paradigmatisch für die *zweite These*, welche in der vorliegenden Studie herausgearbeitet wird. Sie besagt, dass erst diese Kultivierung einer eigenen steirischen Form der „Klanglichkeit" des Heavy Metal über eine längere Zeitstrecke – seit ca. 1980 bis zur

---

11 Quelle: Interview Nr. 6.
12 Siehe hierzu Pichler 2020a; breiter wieder: Swiniartzki 2022.
13 Siehe ebd.; zu Metal in Großbritannien siehe Bayer 2009; sowie breiter zu Studien zu einzelnen Szenen: Brown et al. 2016; Bardine/Stueart 2021; Heesch/Höpflinger 2014; Nohr/Schwaab 2012; zur „ultraliberalen" Ethik siehe: Scheller 2020, 215–231.
14 Zu Prozessen des ‚Othering' siehe Reuter 2002; als Beispiel siehe auch diesen Beitrag zum Islam-Diskurs: Wintle 2016.
15 Siehe hierzu ein Artwork von Iron Maiden, welches ihr Maskottchen „Eddie" als Richter zeigt, der den angeklagten freispricht: Iron Maiden 2015.
16 Siehe hierzu die Interviews Nr. 5 und 19; zur Phänomenologie des Metal siehe Berger 1999, 2010; zur Musiksprache des Metal äußerst gewinnbringend: Elflein 2010; sowie ferner Walser 1993.

Gegenwart – die erfolgreiche Konstruktion der Szene erlaubte.[17] Diese Klanglichkeit umfasst ein strukturiertes Kulturamalgam aus Rechtsimagination, Moral und musikalischer Praxis. Dieses Dreieck nimmt bis heute eine grundlegende Stellung in dieser Gemeinschaft ein.

Das Erkenntnisinteresse in diesem Buch gilt daher der Darstellung und Erklärung der Geschichte des Dreiecks aus (1) *Recht und Rechtsbezug*, (2) *Moral und Wertvorstellungen* sowie (3) *Klang, Musikalität und Hören* in der steirischen Metal-Szene seit 1980. Die Geschichte der Szene wird im Folgenden aus dieser Perspektive erzählt. Die Rechtsimagination war ein Ausgangspunkt der Identitätskonstruktion, wobei der beschriebene Prozess der Outlaw-Imagination das Kernstück darstellte. Vor allem im Gründungskontext der Szene in den frühen und mittleren 1980er-Jahren war dies essenziell.[18] Die tatsächlich gelebte Szenepraxis seit den 1980er-Jahren war dann sowohl durch liberale als auch konservative Wertvorstellungen geprägt.[19] Immer wurde diese normative und ethische Dimension des Szenelebens musikalisch und klanglich codiert. Sie musste gehört und aufgeführt werden, auf Tonaufnahmen oder bei Konzerten.

In dieser Arbeit wird dieses Dreieck mittels der Begrifflichkeit des *normenbezogenen klanglichen Wissens* beschrieben und erklärt. Aufbauend auf einschlägige Vorstudien des Autors zur europäischen Kulturgeschichte des Metal seit den 1970er-Jahren soll dieser Begriff die drei Aspekte zusammenführen.[20] Die Geschichte der Metal-Kultur in der Steiermark ist im Kern eine Geschichte intuitiv-habituellen Wissens und damit verbundenen Handelns. Das Wissen darum, was Metal ausmacht, strukturierte von Beginn an den Alltag des subkulturellen Lebens in der Steiermark. Das hier verwendete theoretische Konzept zielt darauf, dieses Wissen in seiner Genese, seiner Transformation und auch seiner Interaktion mit der die Szene umgebenden Sozialwelt zu erklären. Über weite Strecken war das eine kontinuierliche Geschichte. Zunächst betraf dies vor allem die intuitive Kenntnis um die Werte des Metal sowie das Rechtsbild der Szene. Dieses Wissen wurde musikalisch und klanglich codiert. Es war gerade aus diesem Grunde immer affektiv gebunden und spontan verfügbar. Beispiele dafür sind das Mitsingen bei Konzerten, das Verstehen von Anspielungen in der Betitelung von lokalen Festivals durch Begriffe mit Rechtsbezug oder die Kleidungswahl bei Events.[21] Man ist bis heute *genau dann* steirischer Metalhead, wenn man über

---

17 Zur bisherigen Erforschung der Szene siehe Pichler 2021a, 2021b, 2022a; der Begriff der „Klanglichkeit", dessen konzeptionelle Stärke wohl gerade in der interdisziplinären Anschlussfähigkeit zwischen Kulturwissenschaften und Musikwissenschaft steckt, wird hier operationalisiert: Walch 2018; im Kontext auch: Elflein 2010.
18 Zum Gründungskontext der Szene siehe tiefergehend: Pichler 2021a, 1–17; Pichler 2022a.
19 Siehe ebd.; auch Pichler 2021b.
20 Zum Konzept des „klanglichen Wissens" bzw. „sonic knowledge" siehe Pichler 2020b; 2021b.
21 Siehe hierzu ausführlicher Pichler 2021a, 17–19; paradigmatisch zur Metal-Kleidung, ebd., 21–22; allgemeiner zur Kleidung siehe Höpflinger 2020.

dieses normenbezogene klangliche Wissen verfügt und in der Lage ist, es in den entsprechenden Szenekontexten situativ und spielerisch anzuwenden.[22]

Einerseits umfasste dies die global geltenden Codes der Metal-Kultur wie lange Haare, schwarze Band-T-Shirts, die Tanzpraktiken bei Konzerten oder das Wissen um die Geschichte des Genres, seine wichtigen Bands und Platten.[23] Andererseits – und vor allem diese Dimension steht im Folgenden im Fokus – umfasste dies zahlreiche spezifisch in der lokalen, steirischen Szene ausgebildete Aspekte. Es handelt sich um Elemente und Praxen ritueller, körperlicher, bildlicher und textlicher Kultur, die immer an die steirische Klanglichkeit rückgebunden waren. So hat die lokale Szene eine an der Metal-Ästhetik orientierte Version des steirischen Wappentieres des Panthers sowie die Landesfarben Grün-Weiß in ihren kollektiven Symbolhaushalt aufgenommen. Beide tauchen bis heute regelmäßig im Szenediskurs auf.[24] Auch der lokale Dialekt wurde in die Szenekultur integriert, in Form von Song-Lyrics in steirischer Mundart und in Textelementen auf T-Shirts.[25] Überhaupt wurde das lokale Brauchtum (das ironischerweise just die zugleich gescholtene Bürgerlichkeit und Religiosität mitschwingen lässt) umfassend mit dem Szeneleben verbunden. Bis zur Gegenwart finden gerade an katholischen Feiertagen wie Ostern oder Pfingsten in der steirischen Metal-Szene Konzerte und Festivals statt, an denen das normenbezogene klangliche Wissen gepflegt und weitergegeben wird. Dies hat auf der einen Seite mit wirtschaftlichen Rhythmen und den ökonomischen Interessen der Veranstalter*innen zu tun, da gerade diese Tage in der Regel Freizeit sind, an denen das Publikum an solchen Events teilnehmen kann. Auf der anderen Seite drückt sich darin eine historische Synchronie und prinzipielle strukturelle Verflochtenheit von Metal-Szene und umgebender Gesellschaft aus. Beide waren

---

22 Siehe allgemeiner zu Metal in der Steiermark: Pichler 2020b, 2021a; zu Geschlechteridentitäten im Metal, die situativ wichtig sind, siehe: Heesch/Scott 2016; zu queeren Perspektiven auf Metal, die normativ ebenso strukturiert sind, siehe: Clifford-Napoleone 2016.

23 Als Einstieg in den Forschungsdiskurs der Metal Studies eignen sich gut: Brown et al. 2016; Heesch/Höpflinger 2014; Nohr/Schwaab 2012; Gardenour Walter et al. 2016; als Klassiker des Felds gelten etwa: Weinstein 1991, 2000; Walser 1993; Kahn-Harris 2007; aus der Kulturgeschichte in europäischer Perspektive siehe Pichler 2020b; zur steirischen Szene siehe wieder: Pichler 2021a, 2021b, 2022a.

24 So nutzte etwa die obersteirische Plattenfirma Napalm Records bewusst für ihr ‚hauseigenes' Festival Metal on the Hill das Bild des steirischen Panthers und die Landesfarben: Napalm Records 2022; die steirische Band Darkfall nutzte beides ebenso für ihre EP-Veröffentlichung *Thrashing Death Squad*: Darkfall/Mortal Strike 2021; sowie kommentierend: Pichler 2021c, 21–22.

25 So nutzte die Grazer Band Heathen Foray den steirischen Dialekt in ihren eigenen Kompositionen und coverte auch steirische Volksmusik; siehe erläuternd Pichler 2021a, 27–28; zum steirischen Extreme-Metal-Festival Kaltenbach Open Air wurden T-Shirts gedruckt, die bewusst Slogans in Mundart mit Metal in Kontext setzen: Kaltenbach Open Air 2020.

und sind viel stärker miteinander verwoben und synchron getaktet, als es auf den ersten Blick erscheinen mag.²⁶ Dies ist die *dritte Hypothese*.

Aufgrund der zahlreichen semiotischen Ebenen (Bilder, Texte und Praktiken, die aber immer von der Klanglichkeit abhingen) stellte der Forschungsgegenstand in Bezug auf die Wahl der Formen der empirischen Datenerhebung eine Herausforderung dar.²⁷ Die Vielgestaltigkeit des Erkenntnisobjekts machte eine interdisziplinäre Kombination von qualitativen, diskursorientierten sowie musikanalytischen Methoden nötig.²⁸ Das Erkenntnisobjekt hatte stark diskursiv-qualitative Züge (nämlich im Rechts- und Moraldiskurs der Szene), die aber immer im phänomenologischen Kontext des musikalischen Klangs und des Hörens zu interpretieren waren.²⁹ In der Erforschung der Szene war daher das Erfassen der unterschiedlichen Dimensionen und ihres Zusammenwirkens im historischen Prozess die erkenntnisanleitende Maxime.

Das daraus entstehende, wissenschaftliche Narrativ ist die erste, ihrem Anspruch nach umfassende Geschichte von Recht, Moral und Klang in der steirischen Szenekultur. Die Geschichte dieses Kräftedreiecks lässt sich gut chronologisch darstellen. In den 1980er-Jahren war das Dreieck ein essenzieller Aspekt in der Begründung der Strukturen und Netzwerke der Szene. Als sich in den 1990er-Jahren in Graz und im steirischen Raum die Metal-Kultur ausdifferenzierte, hatte es die Funktion, die Pluralisierung und Konsolidierung der Szene anzuleiten. Um 2000, als dem globalen Trend folgend auch in der Steiermark die analogen Szeneräume zunehmend um digitale Räume erweitert wurden, rückte das Metal-Wissen ins Digitale vor. Das Zusammenwirken der drei Schubkräfte blieb über alle Phasen die prägende Konstante. Dies ist die *vierte These* dieses Buchs.

Die Erzählung dieser Kontinuität liefert den naheliegenden Rahmenbau der folgenden Kapitel.³⁰ In den einzelnen Abschnitten soll herausgearbeitet werden, wie das Kräftedreieck entstand; warum gerade das Recht und der Rechtsbezug so wichtig wurden, und wie sich diese mit der spezifischen Wertegenese einer musikalischen Subkultur auf lokalem Niveau verbanden. Das Bild des Dreiecks der Schubkräfte dient darin zur Visualisierung der Grundannahmen und der em-

---

26 Siehe hierzu Pichler 2021a, 28–31; auch: Pichler 2022a.
27 Siehe hierzu: ebd.; zur Projektpraxis siehe auch Pichler 2020c, 2021c; zur Klanglichkeit wieder: Walch 2018; sowie zur Musiksprache: Elflein 2010 und Walser 1993.
28 Siehe hierzu Pichler 2021c und Efthymiou 2021.
29 Siehe ebd.; zum Begriff der Klanglichkeit wieder Walch 2018; phänomenologisch durchdringt in der Forschung am tiefsten Harris M. Berger das Zusammenspielen von Hören und Sozialem: Berger 1999, 2010; die Musiksprache findet sich wieder am besten eingefangen in Elflein 2010; hierzu ‚vordenkend' auch wieder Walser 1993.
30 Die Geschichtsphilosophie des Narrativen ist spätestens seit Hayden White eine bestimmende Reflexionsfläche historiographischen Tuns. Hier soll die ‚Kraft der Kontinuität' bewusst ebenso in der Darstellungsform reflektiert werden. Siehe White 1991; sowie Rüsen 2013 und Kuukkanen 2015.

1 Einleitung

pirischen Wirklichkeiten. Wie alle theoretischen Modelle hat auch dieses notwendigerweise einen die Komplexität der empirischen Realitäten reduzierenden Charakter.[31] Jedes Modell der Geschichte bleibt immer auch eine ‚heuristische Krücke' mit den ihr eigenen Beschränkungen. Der Grundmechanismus, der in diesem Modell des Dreiecks des normenbezogenen klanglichen Wissens enthalten ist, entspricht aber den empirischen Basisdynamiken.[32] Die Anordnung der Kapitel des Buches folgt daher der Chronologie und Kontinuität.

Im ersten der folgenden, inhaltlichen Abschnitte (Abschn. 2., Die Grundlagen: Forschungsstand, Theorien, Methoden und empirische Datenbasis) werden die konzeptionellen Grundzüge der Erforschung des normenbezogen klanglichen Wissens in der Steiermark erläutert. Da die Erforschung der normativen Dimension der Metal-Kultur vielfach einen blinden Fleck darstellt, wird die Entwicklung dieser Begrifflichkeit im Kontext dieses Desiderats der Forschung reflektiert.[33] Der Kern dieses Kapitels besteht in einer Ausformulierung des Konzepts des normenbezogenen klanglichen Wissens in Bezug auf die Verortung im Forschungsstand der Metal Studies, der Schilderung der relevanten und hier angewandten Theorien und Methoden sowie der Präsentation der Datenbasis.

Aufbauend auf diese Vermessung der Grundlagen folgen drei chronologische Kapitel, welche die drei Phasen der Geschichte des normenbezogenen klanglichen Wissens erzählen. Im ersten dieser Abschnitte (Abschn. 3., Die Szenegründung, ca. 1980–1990) geht es um die *Pionierphase* der steirischen Szene.[34] Man kann seit den frühen 1980er-Jahren von einer eigenen Metal-Szene in der Steiermark sprechen, die sich in diesem Jahrzehnt etablierte. Es bildeten sich jene Szeneinstitutionen, -räume und -netzwerke, die bis heute das Rückgrat der Community bilden.[35]

Im zweiten, chronologisch anschließenden Kapitel zu den 1990er-Jahren (Abschn. 4., Konsolidierung, Differenzierung und Pluralisierung der Szene, ca.

---

31 Die Geschichtstheorie, verstanden als Reflexionsebene, die sich nicht zuletzt mit der Striktheit naturwissenschaftlicher Theoriearbeit auseinandersetzen sollte, erlebte in der Ära der Dominanz der Sozialgeschichte in den 1960er-, 1970er- und 1980er-Jahren hohe Aufmerksamkeit. Paradigmatisch hierfür sind auch die originellen Schriften Reinhart Kosellecks, die heute noch mit Gewinn zu lesen sind: Koselleck 1979, 2000; in der ‚Nachbearbeitung' auch wieder: Rüsen 2013 sowie Lorenz 1997.
32 Wie sehr Metaphern das theoretische Denken prägen, zeigen Hans Blumenbergs „Metaphorologie" sowie die Metaphern im Sinne George Lakoff und Mark Johnsons: Blumenberg 1997; Lakoff/Johnson 2018.
33 Siehe zum Forschungsstand des Felds wieder: Brown et al. 2016; Heesch/Höpflinger 2014; Nohr/Schwaab 2012; Gardenour Walter et al. 2016; als Klassiker des Felds eben wieder: Weinstein 2000; Walser 1993; Kahn-Harris 2007; aus der Kulturgeschichte in europäischer Perspektive siehe Pichler 2020b; spezifisch zur Normierung auch: Höpflinger 2020; sowie zur Forschung in der Steiermark: Pichler 2021a, 2021c.
34 Vgl. Pichler 2021a, 9; breiter auch Pichler 2021c.
35 Vgl. ebd.

1990–2000) wird die Geschichte der steirischen Metal-Community in ihrer *Konsolidierungsphase* erzählt. In den 1990er-Jahren kam es zur Ausdifferenzierung der Metal-Kultur in Graz und der Steiermark.[36] Neue Metal-Substile (samt einhergehenden ‚Sub-Szenen'), Veranstaltungen, Orte, Bands und Akteur*innen prägten das Szeneleben.[37]

Die dritte, bis heute andauernde Phase dieser Geschichte setzte um das Jahr 2000 mit dem Erfassen der lokalen Szene durch die *Digitalisierung* ein. Dies wird im fünften Teil (Abschn. 5., Die Digitalisierung der Szene, von der Jahrtausendwende bis zur Gegenwart) beleuchtet.[38] Die bis um die Jahrtausendwende vorherrschenden analogen Strukturen verschwanden nicht, sondern wurden in einem *Hybridisierungsprozess* um digitale Szeneräume (Websites, Soziale Medien, digitale Aufnahmemöglichkeiten usw.) erweitert.[39]

Das Schlusskapitel (Abschn. 6., Schlussbetrachtung und Ausblick) leistet eine rekapitulierende Präsentation der zentralen Ergebnisse sowie einen Ausblick auf mögliche weitere Anknüpfungspunkte in der Forschung. Das Literatur- und Quellenverzeichnis im Anhang am Ende des Bandes versammelt Fundorte und Hinweise zu den in diesem Buch verwendeten Literatur- und Datenquellen.

---

36 Siehe Pichler 2021a, 9–10; sowie breiter wiederum Pichler 2021c.
37 Vgl. ebd.
38 Vgl. Pichler 2021a, 10–11; sowie breiter wiederum Pichler 2021c.
39 Vgl. ebd.

2 Die Grundlagen: Forschungsstand, Theorien, Methoden und empirische Datenbasis

„Back to Basics,
Rock and Roll,
Back to Basics,
God Metal"[40]

Diese Textzeilen stammen aus dem Song „Back to Basics" (2005) der christlich[41] orientierten australischen Band Grave Forsaken. Die Gruppe forderte ihre Hörerschaft auf, über die „Basics", also über die Grundlagen[42] nachzudenken, was im Slogan „God Metal" kulminierte. Um Grundlagen geht es auch in diesem Kapitel. Die folgenden Abschnitte behandeln die für diese Studie – und somit für die Konstruktion des Narrativs und der Perspektive – wesentlichen Aspekte des einschlägigen Forschungsstandes, der verwendeten Theorien und Methoden sowie der empirischen Datenbasis. Diese Grundlagen werden in vier Schritten erarbeitet.

In einem ersten Schritt (Abschn. 2.1) geht es um den Forschungsstand zu den Themen Recht, Moral, Klang sowie der Geschichte der steirischen Szene in den Metal Studies. Teils sind dabei auch die Schnittmengen mit angrenzenden Fachdiskursen zu diesen Themen jenseits der Metal Studies im engeren Sinne in den Blick zu nehmen. Es gibt einen vor allem sozialhistorischen Diskurs zur „Pop History", der jedoch das hier untersuchte Dreieck aus Recht, Moral und Klang und vor allem die Steiermark als Raum in der Regel *nicht* bis höchstens am Rande thematisiert und hier daher nicht breit herangezogen wird.[43] In einem zweiten Abschnitt (2.2) lassen sich aus dem Forschungsstand fünf theoretische Prämissen formulieren. Diese Prämissen bestimmen die weitere Entwicklung der Fragestellung. Im dritten Schritt (Abschn. 2.3) werden Oral History, semiotische

---

40   Quelle: Grave Forsaken 2005.
41   Zu Metal und Christentum siehe: Berndt 2012; sowie auch Moberg 2015 und Strother 2013.
42   Die Geschichtswissenschaft und auch angrenzende Disziplinen der Kultur- und Musikwissenschaften erkennen immer stärker, wie sehr menschliche Kultur und Praxis metaphorische Züge in sich trägt, etwa wiederum bei Blumenberg 1997 und Lakoff/Johnson 2018; für die hier vorliegende Arbeit bedeutet dies, ganz bewusst die Begrifflichkeit von „Grundlagen" auch wissenschaftsmetaphorisch im Sinne von „Fundament" zu sehen, um die Bildlichkeit und Kommunizierbarkeit des Konzepts zu steigern. Hierzu siehe auch: Pichler 2022b; sowie grundlegender zur Bestimmung dieser Dimension in einer integralen Geschichtstheorie Pichler 2019b.
43   Hierzu siehe vor allem die Arbeiten von Klaus Nathaus, Bodo Mrozek, Alexa Geisthövel und Detlef Siegried: Nathaus 2015; Mrozek 2019; Mrozek/Geisthövel 2014; Siegfried 2008; 2018; ich danke Marco Swiniartzki für den Hinweis hierauf.

Diskursanalyse und musikwissenschaftliche Analyse als jene Methoden vorgestellt, die zur Datenerhebung verwendet wurden. Welcher Datenkorpus sich hieraus im Detail ergab, wird in einem vierten Kapitel (Abschn. 2.4) zu den erhobenen Oral-History-Interviews, historischen Quellen zum Szenediskurs sowie den musikologischen Daten präsentiert. Im Kapitelabschluss (Abschn. 2.5) werden diese Grundlagen in der Ausformulierung des Begriffs des normenbezogenen klanglichen Wissens sowie seiner Anwendung im Rahmen dieser Studie konzeptionell fokussiert.

2.1 Zum Forschungsstand: Recht, Moral, Klang und die steirische Szene als Themen der Metal Studies

Die Metal Studies gehen in ihrer Begründung auf einige wenige bahnbrechende Monographien aus den 1990er-Jahren zurück. Diese Schlüsseltexte haben hohe Würdigung und Verbreitung erfahren. Dies ist zuerst vor allem Deena Weinsteins Monographie *Heavy Metal: A Cultural Sociology* aus dem Jahr 1991, welche die amerikanische Metal-Szene der 1980er-Jahre als Referenzrahmen nahm und entsprechende empirische Schwerpunkte setzte.[44] Ebenso im Jahr 1991 erschien Donna Gaines' Sozialstudie *Teenage Wasteland: Suburbia's Dead End Kids*, die aber weniger intensiv rezipiert wurde.[45] Robert Walsers musikwissenschaftliche Monographie *Running with the Devil: Power, Gender and Madness in Heavy Metal Music* aus dem Jahr 1993 wird gemeinhin als Klassiker betrachtet.[46] Walser verknüpfte darin erstmals in der Metal-Forschung breit angelegt Musikanalyse mit diskursorientiertem Denken. Bettina Roccors deutschsprachige Anthropologie der Szene *Heavy Metal – Kunst, Kommerz, Ketzerei* (1998) sowie Harris M. Bergers ethnomusikologische Studie *Metal, Rock, and Jazz: Perception and the Phenomenology of Musical Experience* (1999) setzten die Debatte fort.[47] Bis heute ist vor allem Bergers phänomenologisches Konzept international bedeutsam. Die 1990er sind somit als Pionierphase zu sehen, in der man aber noch nicht explizit von Metal Studies sprach.

Im neuen Jahrtausend gewann die Metal-Forschung erheblich an Dynamik. Keith Kahn-Harris' Pionierarbeit *Extreme Metal: Music and Culture on the Edge* (2007) nahm die extremen Stile des Thrash, Death und Black Metal und ihre globale Szene in den Blick.[48] Kahn-Harris orientierte sich theoretisch vor allem an

---

44 Siehe Weinstein 1991.
45 Siehe Gaines 1991.
46 Siehe Walser 1993.
47 Siehe Roccor 1998b bzw. Berger 1999; diese Dimensionen weiterführend auch Berger 2010.
48 Siehe Kahn-Harris 2007; zur Geschichte des Feldes: Hickam 2015.

2.1 Zum Forschungsstand

Pierre Bourdieus Theorie des kulturellen Kapitals. Auch Rainer Diaz-Bones Analyse des Metal-Diskurses, die seit 2010 in zweiter Auflage vorliegt, orientierte sich an Bourdieu.[49] Durch eine beständige Zunahme an einschlägigen Konferenzen und Veröffentlichungen sowie eine beginnende akademische Institutionalisierung hat sich das Feld so weit entwickelt, dass man seit dieser Zeit tatsächlich von „Metal (Music) Studies" sprechen kann. Heute existiert eine eigene Gelehrtengesellschaft (die „International Society für Metal Music Studies", gegründet 2008),[50] die als diskursive Taktgeberin fungiert und ein eigenes Journal verantwortet (*Metal Music Studies*, erscheint seit 2015).[51] Zusätzlich konstituierten sich regionale und globale Netzwerke verschiedener thematischer Spezialisierungen, etwa zu Metal Studies in Ost- und Zentraleuropa und in Südamerika.[52]

Es hat sich also aus einer hochspezialisierten Nischendebatte durch inter- und transdisziplinäre Kooperationsprozesse ein eigenes, weltumspannendes Forschungsfeld konstituiert. Nach wie vor sind jene Disziplinen, aus denen die Schlüsseltexte stammen (d. h. etwa Soziologie, Musikologie, Anthropologie und Philosophie) vorherrschend. Es geht an dieser Stelle nicht darum, den gesamten Forschungsstand, der aus diesem Prozess erwuchs, zu referieren. Dies würde Ziel und Umfang sprengen. Im Folgenden soll lediglich die einschlägige Forschung zu den Kernthemen dieser Studie vorgestellt werden: die Perspektive der Metal Studies auf Recht, Moral und Klang von Metal sowie die bisherige Erkenntnislage zur lokalen Szene der Steiermark.

Recht

Es gibt bisher wenig Forschung zum Recht als Bezugspunkt im Metal. Wie schon in der Einführung argumentiert, war die Metal-Kultur historisch gesehen bereits in den frühen 1980er-Jahren im Großbritannien der Thatcher-Ära prinzipiell durch den Rechtsbezug konstituiert worden, doch wurde dies bisher zu wenig beleuchtet.[53] Die Forschung lässt aber die Vermutung zu, dass Metal bereits früh den in der Einführung beschriebenen „Breaking the Law"-Mythos strategisch nutzte, um sich zu legitimieren.

---

49 Siehe Diaz-Bone 2010.
50 Siehe International Society for Metal Music Studies 2022; auch Hickam 2015; siehe ferner Weinstein 2011; breiter, aber in der tiefen Fundierung teils zu hinterfragen: Brown 2011.
51 Vgl. Scott 2015–2024.
52 Siehe dazu die Themengruppe „Metal Studies in Central/Eastern Europe": Czech Metal Studies 2021; auch siehe die Webseite „Metal Music Studies in Poland": Metal Music Studies PL 2022; siehe ferner für Mexiko die Veranstaltungsreihe des „Seminario de Estudios sobre Heavy Metal": Seminario de Estudios sobre Heavy Metal 2023.
53 Siehe hierzu Pichler 2020a; breiter zu Metal in Großbritannien: Bayer 2009; auch: Swiniartzki 2022.

Angesichts des derzeitig wenig umfassenden Forschungsstandes sind lediglich zwei Punkte des bisherigen Wissensstandes näher zu beschreiben. Der erste betrifft Arbeiten zur Thematisierung des Rechts in angrenzenden popmusikalischen Diskursen, vor allem der Rockmusik. Hier sind zunächst englischsprachige Arbeiten, etwa Robbie Sykes Dissertation *Law Up Loud: Jurisprudence and Rock Music* (2014) und Russel G. Pearces Artikel *Revitalizing the Lawyer-Poet: What Lawyers Can Learn from Rock and Roll* (2005) zu erwähnen.[54] Auch der Band *They Fought the Law: Rock Music Goes to Court* von Stan Soocher (1998) macht schon anhand des Titels klar, dass sich eine Querverbindung zwischen dem „Breaking the Law"-Mythos der Metal-Szene und den Identitätswelten der Rockszene ziehen lässt.[55] Die Selbststilisierung der Metal-Szene griff den Erfahrungsschatz und das Szenegedächtnis des Rock auf. Auch zu nennen sind die Arbeiten des Rechtssoziologen Mathieu Deflem, der zu Gesetz und Populärkultur sowie zu Gender-Aspekten im Metal forscht.[56] Auf Französisch ist 2011 der Band *Rock et Droit*, herausgegeben von Wanda Mastor et al., erschienen.[57] Im deutschsprachigen Diskurs liegt der von Markus Hirte editierte Band *Rock, Rap, Recht* vor, welcher 2019 publiziert wurde.[58] Der Wissensstand besteht in diesem ersten Punkt vor allem im Erkennen einer historischen Traditionslinie vom Rock zum Metal in Bezug auf den Rechtsmythos und die Outlaw-Attitüde.

Der zweite Punkt betrifft von Charalampos Efthymiou durchgeführte Analysen zur ‚Rechts-Musiksprache' des Metal bzw. die rechtsbezogenen Vorarbeiten, die vom Autor zur Entwicklung der Fragestellung in diesem Buch geleistet wurden. Efthymious Analysen legen nahe, dass sich seit den 1980ern in der Metal-Musiksprache eine eigene Form der Thematisierung von Recht und Rechtsbezug herausgebildet hat.[59] Das schon öfters genannte Lied „Breaking the Law" ist ein Beispiel dafür, ebenso Metallicas Album *...And Justice for All* mit dem gleichnamigen Titellied (1988) sowie auch Stücke und Alben aus dem lokalen, steirischen Kontext.[60] Zusammengefasst besteht der Forschungsstand in der Hypothese, dass sich seit den 1980ern ein global verfügbarer, musiksprachlicher Rahmen aus bevorzugten Kompositionstechniken (harmonische Progressionen; Wahl der Akkorde; Songstrukturen; Instrumentierung; Message-Konstruktion usw.) zur Thematisierung des Rechts entwickelt hat.[61] Das Recht wurde so in der

---

54 Vgl. Sykes 2014; Pearce 2005.
55 Siehe Soocher 1998; grundlegend breiter dazu auch schon: Frith 1978; ich danke Marco Swiniartzki für den Hinweis hierzu.
56 Siehe Deflem/Rogers 2022; Deflem/Silva 2021; Deflem 2008.
57 Siehe Mastor et al. 2011.
58 Siehe Hirte 2019.
59 Gut zusammengefasst findet sich dies hier: Efthymiou 2021; ausführlicher siehe dann weiter unten Abschn. 2.3 und 2.4.
60 Vgl. ebd.
61 Vgl. ebd.

2.1 Zum Forschungsstand

Musik ‚verklanglicht'. Rechtsbezogene Vorarbeiten des Autors führten zur Entwicklung des Konzepts und des Rahmens der Datenerhebung zum normenbezogenen klanglichen Wissen in der Steiermark.[62] Der Ausgangspunkt dieser explorierenden Arbeiten war die These, dass die Verknüpfung von Recht und Klang, wie sie sich auch bei Efthymiou zeigte, eine der wesentlichen Triebfedern der soziokulturellen Geschichte dieser Szene ist. Nachdem erste explorative Literatur- und Quellenstudien die These plausibel erscheinen ließ, konnte das Forschungsdesign entsprechend entwickelt werden (vgl. Abschn. 2.2).

Man kann also den bisherigen Wissensstand in den Metal Studies zum Thema Recht so resümieren, dass es einzelne Beiträge, vor allem im englischsprachigen Diskurs gibt, die jedoch noch nicht systematisiert ausgewertet wurden. Die Forschungen zur Steiermark können hier eine erste Systematisierung der Perspektive anhand der Einbindung in einen umfassenderen Fragenzusammenhang bringen. Das Recht ist somit ein potenziell besonders innovationsträchtiges Forschungsthema in den Metal Studies.

Moral

Untersuchungen zur Moral betreffen die normenbezogenen Dimensionen des Metal als Populärkultur, insbesondere die in Metal-Szenen ausgebildeten Wertvorstellungen und damit verbundenen Praktiken. Soziologie, Philosophie und Kulturanthropologie sind in diesem Zusammenhang führend, aber auch andere Disziplinen wie Sprach- und Musikwissenschaften beteiligen sich an der Diskussion.[63] Allgemein gesprochen handelt es sich um ein Thema, das meist in weiter ausgreifende Fragekomplexe, etwa der Analyse von einzelnen Szenen oder der Musiksprache des Metal, eingewoben ist.[64] Es liegt bisher keine evaluierende Gesamtschau vor. Man kann von einem thematischen Cluster sprechen, der Forschungen zu Moralaspekten des Metal beinhaltet.

Ein guter Einstiegspunkt zu diesem Cluster ist der Kontext der Entstehung der oben genannten Schlüsseltexte der 1990er-Jahre, die mit einem bestimmten forschungsethischen Ansinnen verbunden waren. Die Autor*innen verfolgten das Ziel, die damalige Heavy-Metal-Szene gegen (in der Tendenz unbegründete) Vorwürfe von Gefährdung der Jugend, Verführung zum Drogenmissbrauch, Verherrlichung von Suizidalität, Gewaltanwendung und Satanismus zu verteidigen, die gegen Metal erhoben wurden. Die Frage nach der Moral des Metal war in

---

62 Siehe: Pichler 2019a, 2020d, 2020e.
63 Vgl. Zum Überblick wieder: Brown et al. 2016; Heesch/Höpflimger 2014; Nohr/Schwaab 2012; Walser 1993; Kahn-Harris 2007; Elflein 2010.
64 So etwa für die Szene der DDR bei Okunew 2021; bzw. zur Musiksprache wieder Elflein 2010.

diesem Kontext zugleich eine Frage nach der Position der Forscher*innen. Neben den genannten aus dieser Zeit stammenden Werken Weinsteins, Bergers, Walsers und Roccors war ein Artikel zu *Heavy Metal as Controversy and Counterculture* von Titus Hjelm et al. (2011) ein Diskursbeitrag, der dies bereits historisierte.[65]

Seit dem Startpunkt vor nun etwa 30 Jahren ist so die Moral bis heute mit der Identität der Metal-Forscher*innen verknüpft.[66] Die meisten von ihnen stehen der Kultur und Musik des Metal grundsätzlich positiv gegenüber. Damit ist auch eines der zentralen Untersuchungsthemen in diesem Cluster verbunden, nämlich jenes von Distanz bzw. Nähe zum Gegenstand und zur Doppelrolle als Forscher*innen *und* Fans. Insbesondere betrifft dies problematische Aspekte des Heavy Metal wie Formen toxischer Männlichkeit, Rassismus, extremen Nationalismus, Faschismus, Neonazismus und Sexismus, die teils im Metal auftreten.[67] Außer einer prinzipiell hoch kritischen Haltung diesen Aspekten gegenüber hat sich noch kein inhaltlicher Forschungskonsens gebildet, wie diese Extremismen zu erklären oder ihnen zu begegnen sei. Derzeit existiert eine Anzahl einzelner Forschungsbeiträge, die sich dem widmen und auch die Schlüsseltexte des Felds in ihren Grundpositionen hierzu kritisch reflektieren.[68] Schon Kahn-Harris diagnostizierte für die Subgenres des Extreme Metal eine Haltung einer „reflexiven Antireflexivität" (im Original: „reflexive anti-reflexivity").[69] D. h. mitunter werden von Szenemitgliedern diese problematischen Aspekte bewusst ausgeblendet – eine Strategie des Nicht-Wissen-Wollens um etwa Neonazis im Black Metal oder Misogynie im Death Metal. Eine Querverbindung kann hier auch zu Weinstein gezogen werden. Ihrer sich für die Metal-Community engagierenden Perspektive wird eine Blindheit gegenüber kritischen Fragen zu Gender und der Diskriminierung von Frauen in der Szene der 1980er vorgeworfen, etwa in einem polemischen Artikel von Amanda Digioia und Lindsay Helfrich.[70] Diese Kritik an den Schlüsseltexten ist im Kontext der Forderung nach mehr wissenschaftlicher Strenge und Methodik in der Metal-Forschung zu lesen, etwa bei Heather Savigny und Julian Schaap, welche forderten, dass „putting the ‚studies' back into metal music studies" das Ziel sein müsse.[71]

Diese Frage der Nähe bzw. Distanz zum Gegenstand ist perspektivisch forschungsanleitend, etwa in Rosemary Lucy Hills Arbeiten zu Sexismus, sexueller Gewalt und Misogynie als Themen von Metal-Musik, in welchen die Autorin ein

---

65 Siehe Hjelm et al. 2011; sowie wiederum im Kontext: Weinstein 1991; Berger 1999, 2010; Walser 1993; Roccor 1998b.
66 Vgl. Hecker 2014.
67 Siehe etwa Hill et al. 2021; Hill 2021.
68 Siehe ebd.; sowie auch: Digioia/Helfrich 2018.
69 Vgl. Kahn-Harris 2007, 144–156.
70 Siehe Digoia/Heflrich 2018.
71 So hier: Savigny/Schaap 2018.

2.1 Zum Forschungsstand

kritisches Hinsehen und Rekontextualisierungen einfordert.[72] Auch Arlette Huguenin Dumittans Ergebnisse zu Nähe und Distanz am Beispiel der Textlinguistik von Metal-Magazinen sind hier einzuordnen.[73] Pierre Hecker fasste den Stand der Reflexion pointiert zusammen:

> „Letztlich gilt es, die eigene Position im Feld und das Verhältnis zum Untersuchungsgegenstand kritisch zu reflektieren und im Rahmen der Untersuchung offen zu legen. Ausdrücklich bezieht sich diese Feststellung nicht nur auf Forschende, die sich als Teil der Szene verstehen, sondern auch jene, die aus der Distanz an den Untersuchungsgegenstand herantreten."[74]

Eine zweite Themenlinie betrifft die Frage von Moral im Kontext von Religiosität und Metal. Schon Sebastian Berndts moraltheologische Dissertation zu Metal und Christentum (2012) geht detailreich auf das Thema ein.[75] Arbeiten zum Subgenre des christlichen „White Metal" wie jene von Marcus Moberg (2015) oder Eric S. Strother (2013) gingen diesen Weg weiter.[76] Bemerkenswerterweise wird in diesen Werken an zahlreichen Stellen die Möglichkeit der Synthese von Metal und christlicher Moral betont – was im Kontrast zum Diskurs der ‚Moral Panics' steht sowie zumindest zum Teil auch im Widerspruch zum Outlaw-Mythos, der in der Steiermark auf die Kritik katholischer Moral abzielte.

Schriften des schon genannten Soziologen Kahn-Harris, der auch zu Judentum und Metal arbeitet, thematisieren die Rolle der Metal-Szene in Israel sowie jüdischer Haltungen im Metal.[77] Er fand sowohl Ambivalenzen als auch mögliche Synthesen von jüdischer Religiosität und Metal-Kultur. Anna-Katharina Höpflingers Habilitationsschrift (2020) bietet wegweisende Ergebnisse zu Kleidung und Religion in der Metal-Szene.[78] Die Autorin untersuchte, wie über die Analyse szenespezifischer Kleidung normative und moralische Positionierungen zu Genderrollen, politischen Ideologien und religiöser Traditionskritik erkannt werden können. Die Forschung zu Metal und Islam von Mark LeVine illustriert, wie die „ultraliberalen" Moralaspekte des Metal in konservativ-muslimisch geprägten Gesellschaften praktiziert werden und widerständiges Potenzial ermöglichen.[79] Pierre Heckers Arbeiten zur Türkei lieferten ähnliche Befunde.[80] Allgemein gesprochen verdeutlichen all diese Beiträge, dass Religiosität einer der wichtigsten Aufhängepunkte zu Forschungen zum Themenkomplex Metal und Moral ist. Die Kernfrage bleibt, welche Wege man im Metal fand, religiöse Wertvorstellungen zu integrieren oder auch zu kritisieren.

---

72 Vgl. Hill 2021; auch: Hill et al. 2021.
73 Vgl. Hueguenin Dumittan 2014.
74 Quelle: Hecker 2014, 192.
75 Siehe Berndt 2012.
76 Siehe Moberg 2015 und Strother 2013.
77 Siehe hierzu etwa Kahn-Harris 2002, 2010, 2020.
78 Siehe Höpflinger 2020.
79 Hierzu vor allem: LeVine 2008.
80 Siehe hierzu: Hecker/Mattsson 2022; Hecker 2012.

Der Wissensstand zu Moral und Metal ist also durch diese ‚Clusterhaftigkeit' geprägt. Es fällt die noch eher lose Verknüpfung der einzelnen Fragestellungen ins Auge. Das dominierende und integrative Element dieses Clusters ist die Erforschung der Wertekonfigurationen im Metal und die Positionierung der Forschenden zu diesen. Nähe und Distanz sind wichtige Faktoren. Die Erforschung der Steiermark kann hier als Testfall einer stärker systematisierenden Perspektive verstanden werden, die Rechtsbezug, Wertvorstellungen, Klang und lokale Identität integriert.

Klang

Da in den Metal Studies die Erforschung der Metal-Musik und ihrer auditiven Dimensionen fundamental ist, sind Schriften zum Klang bzw. Sound des Metal ein wichtiger Punkt des Wissensstandes. Schon die Arbeiten, die den Beginn der Metal Studies markierten, betonten unisono, dass der eigene Metal-Sound dem Genre historisch wesenseigen sei.[81] Neuartige Extreme in der Verzerrung und Lautstärke der E-Gitarre machten den Sound aus. Bereits 1993 verstand Walser „Distortion", „Power" und „Volume" als klangliche Kernparameter, die aber im Instrumentenspiel immer kontrolliert werden müssten, um die Form des Metal innerhalb des Genrediskurses zu wahren.[82] Damit war Metal für Walser ein klanglicher Machtdiskurs.

Kultursoziologisch ging auch Weinstein in diese Richtung, als sie den „distinctive sound" von Metal als genredefinierend beschrieb.[83] Somit wurde der Klang bereits am Beginn der Metal Studies als soziales Konstituans der Szene erkannt. Roccors Ethnologie der Metal-Szene der 1990er-Jahre, die eine differenzierte Datenbasis zu den Subgenres des Metal dieser Dekade integrierte, lieferte dazu Erkenntnisse aus volkskundlicher Sicht.[84] In Kahn-Harris' weit rezipierter Studie des Extreme Metal stellte „sonic transgression", also das Durchbrechen von gewohnten Limits der Klanglichkeit (etwa in Form von gutturalem Gesang, von ‚Blastbeasts' im Drumming und extremer Tempi), eine zentrale analytische Kategorie dar.[85] Diese machte den Extreme Metal erst als solchen erkennbar – wenngleich der Autor kultursoziologisch argumentierte. Ebenso Diaz-Bone sah den Klang als zentrales Charakteristikum, das die mediale Diskursformation „Metal" beeinflusst.[86]

---

81 So etwa schon bei Weinstein 1991; Walser 1993; Roccor 1998b.
82 Siehe Walser 1993, 1–2, 41–46.
83 Siehe Weinstein 1991, 2000.
84 Vgl. kompakt: Roccor 1998a, 17–89; akademisch differenzierter: Roccor 1998b.
85 Siehe Kahn-Harris 2007, 30–34.
86 Siehe Diaz-Bone 2010, 295–304.

2.1 Zum Forschungsstand

Wissenschaftsgeschichtlich ist ‚Klang' damit eine der Basiskategorien der Metal Studies. Dem Diskurs weiterfolgend lassen sich zwei Stränge erkennen, welche den Wissensstand bis heute bestimmen. Der erste Strang bündelt Studien, in welchen in musikologischer, produktionstechnischer und akustischer Perspektive das Kreieren und das Hören des Metal-Sounds im Mittelpunkt stehen. Jan-Peter Herbst und Mark Mynett untersuchten in jüngerer Zeit anhand von Produktionstechniken, wie der Klang und die „Heaviness" des Metal entstehen.[87] Die Kategorie der „Heaviness" wird in der Regel im Metal als genredefinierend angesehen. Mynetts und Herbsts Forschungen machen deutlich, dass der Parameter des „Timbre" des verzerrten Gitarrensounds sowie weitere klangliche Parameter, die mit kulturellen Faktoren zusammenspielen, die Beschreibung dieses Klangs ermöglichen. Herbsts noch detailliertere Ergebnisse zum „Teutonic Metal Sound", welcher dem spezifischen Klang deutscher Metal-Bands seit den 1980ern eigen ist, exemplifizieren dies.[88] Der Forschungsstand illustriert, dass der Klang von Metal über solche Denkwege gut erfasst werden kann. In der Wahrnehmung bestimmen solche Parameter die „Heaviness".

Efthymious Versuch, den spezifischen Sound von Iron Maiden, der als akustische ‚Trademark' der Band gilt, zu beschreiben, stellte ein weiteres Fallbeispiel dar.[89] Der Philosoph Jason Miller fragte jüngst in einem Artikel *What Makes Heavy Metal ‚Heavy'?*[90] Noch hierüber hinausführend wurde auch nach der kulturhistorisch-semiotischen Dimension der „Heaviness" gefragt, etwa wie in der neuartigen und expliziteren Bildsprache von Thrash-Metal-Plattencovers der 1980er der ‚heaviere' Sound dieses Subgenres codiert wurde.[91] Zusammenfassend ist dieser Strang der Forschung zum Klang von Metal von hoher Dynamik gekennzeichnet, brachte innovative Analysekategorien wie das „Timbre" hervor und betont die soziokulturelle Wichtigkeit des Hörens und Fühlens des Metal-Klangs.

Den zweiten Strang stellen Arbeiten dar, die in der phänomenologischen Tradition der Philosophie von Klang und Wahrnehmung stehen. Am weitesten rezipiert wurden die Arbeiten des Ethnomusikologen Harris M. Berger, die zu den Schlüsseltexten des Feldes zählen.[92] In seinen Büchern und Artikeln seit den späten 1990er-Jahren arbeitete Berger heraus, dass man Metal – als Beispiel einer Musikkultur – gewinnbringend phänomenologisch untersuchen kann. Er schließt vor allem an die Philosophie Husserls an. Nach Berger werden die Hörereignisse in der Wahrnehmung des Menschen im sozialen Raum verortet und sind an Handlungskontexte gebunden. Das Hören von Metal führt zu Wahrnehmungen, die aus dem sozialen Kontext kommen und zu Reaktionen führen können, die auf diesen rückwirken – was er etwa in seinen Forschungen zur Metal-

---

87 Siehe hierzu: Herbst/Mynett 2023a, 2023b.
88 Siehe Herbst 2021.
89 Siehe Efthymiou 2014.
90 Siehe Miller 2022.
91 Programmatisch hierzu Pichler 2020b, 26–27.
92 Siehe Berger 1999, 2010.

Szene in Ohio im Kontext des Niedergangs lokaler Industrien zeigte.[93] Dort wurde der Death-Metal-Sound zur Form, in welcher die trostlose soziale Situation wahrgenommen werden konnte und ermöglichte so Protest. Die Analyse der Besonderheit des Metal-Klangs interagiert so mit der sozialen Analyse. Es ginge daher darum, über das Instrumentarium der an Husserl orientierten Musikphänomenologie die mentalen Ereignisse, die die Metal-Klanglichkeit bewirkt, auch sozial und kulturell zu lesen.

Dieser Zugang scheint vielversprechend, um eine tiefere theoretische Durchdringung auch der Forschungsergebnisse im ersten Strang zu erreichen. Weitere Forschungen der Ethnomusikologie gehen in diese Richtung.[94] Schon Kahn-Harris' Untersuchungen des Extreme Metal spürten teils solchen Aspekten nach und auch Millers Artikel zur „Heaviness" kann in diesem Sinne interpretiert werden.[95] Forschungen zur Klanglichkeit des Black Metal spinnen diesen Faden ebenso fort.[96] Dieser phänomenologische Zugang zum Klang ist also im Gesamten ein dynamischer, der möglicherweise eine wertvolle kategorielle Fundierung der Deutung des Metal-Klangs hervorbringen könnte.

Fasst man den Forschungsstand zum Thema Klang des Metal zusammen, so ist der Kernbefund, dass „Klang", „Sound" und „Heaviness" Basiskategorien sind. Wie schon die ersten Schlüsseltexte der Metal Studies betonten, machen sie Metal mithin aus. Die neueren akustisch, musikalisch und phänomenologisch orientierten Stoßrichtungen differenzieren diesen Befund aus, sind aber noch keiner systematischen Evaluierung unterzogen worden. Der Klang ist das akustische Trägermedium des Wissens darum, was Metal in der Steiermark ausmacht.

Die steirische Szene

Abgesehen von einigen Qualifizierungsarbeiten gibt es ausgesprochen wenige wissenschaftliche Arbeiten zur Metal-Szene in Graz und der Steiermark. Unter den vorliegenden Studien sind zunächst mehrere Master- und Diplomarbeiten zu nennen, die an steirischen Universitäten entstanden, aber nicht immer dezidiert nur den steirischen Metal in den Fokus stellen.[97] Besonders Susanne Sackl-Sharifs Arbeiten zur Videoclip-Sprache im Metal und damit verbundenen Gender-Normen wurden auch international rezipiert.[98] Rene Molnars Arbeit zu

---

93 Hierzu vor allem Berger 1999, 251–294.
94 Siehe etwa die musikorientierten Fallstudien in Herbst 2023; auch in: Brown et al. 2016.
95 Vgl. Kahn-Harris 2007, 34; sowie wieder Miller 2022.
96 Siehe etwa Walch 2018.
97 Siehe Edlinger 2017; Froschum 2013; Stebich 2019; Walzl 2011.
98 Siehe Sackl 2010 und Sackl-Sharif 2014.

2.1 Zum Forschungsstand

rechtsextremen und Neonazi-Tendenzen in der steirischen Szene hat ebenso hohen Wert.[99] Erwähnenswert ist eine vom Land Steiermark geförderte, fachlich engagierte Broschüre, die Jugendliche, Eltern und Lehrer*innen über Metal als Teil der „Schwarzen Szene" informieren soll.[100] Sie liegt seit 2017 in dritter Auflage vor und bietet – wenn auch bereits etwas ältere – Informationen zu Metal als Jugendkultur. Der Forschungsstand zur Steiermark in den Metal Studies umfasst daher nur diese wenigen Schlaglichter sowie die Vorstudien zu diesem Buch.[101] Das Wissen beschränkt sich auf Grundzüge, die den Ausgangspunkt der Untersuchung markieren.

In der Bilanz zeigen diese Arbeiten, dass die steirische Szenegeschichte im Kontext europäischer und globaler Trends des „scene-building" seit der zweiten Hälfte der 1970er-Jahre zu sehen ist, die sich zuerst in Großbritannien manifestierten.[102] Steirische Metal-Fans begannen in den 1980er-Jahren eine eigene, an der Musik orientierte Community zu bilden. Die Vorstudien konnten Umrisse dieses Prozesses herausarbeiten. Als kulturelles und wirtschaftliches Zentrum mit rund 300.000 Einwohner:innen ist die Landeshauptstadt Graz zugleich der wichtigste Ort für die Metal-Szene. Sie ist dort am dichtesten. Aber ebenso in der Obersteiermark, vor allem in (ehemaligen) Industriestädten wie Kapfenberg, Eisenerz, Bruck an der Mur und Leoben beteiligten sich die Metalheads am Aufbau von Szenenetzwerken. Wichtig waren auch Weiz und Gleisdorf in der Oststeiermark sowie Deutschlandsberg, Köflach und Voitsberg in der Weststeiermark. Dort sowie in der Süd- und Südoststeiermark entstanden Kultur- und Jugendzentren, Lokale und Clubs, Vertriebsnetze sowie natürlich Bands. Diese Strukturen bilden bis zur Gegenwart das Rückgrat der Szene. Ihr Netzwerk legte sich in über vier Jahrzehnten Szenegeschichte über die gesamte Steiermark. Seit der Habsburgermonarchie sind die südlichen Landesteile mit Slowenien verbunden, was sich in den Metal-Netzwerken fortsetzte.[103]

Es zeigte sich ferner, dass die steirische Metal-Gemeinschaft gegenwärtig intakt ist, sie scheint vor allem in Graz ausgesprochen stabil zu sein. In Bezug auf bevorzugte Subgenres der Musik und die soziale Zusammensetzung nach Geschlecht, Alter und Klassenzugehörigkeit der Szene spiegelten sich in der Steiermark globale und europäische Trends der Diversifizierung wider.[104] Alle international wirksamen Trends zeigten sich früher oder später auch in der Steiermark. Man kann heute bei Metal-Konzerten in der Steiermark recht genau von

---

99 Siehe Molnar 2011.
100 Siehe Schweidlenka/Strauß 2017.
101 Siehe Pichler 2021a, 2021b, 2022a. Die folgenden generellen Ausführungen beziehen sich, wo nicht anderes referenziert, auf diese Werke.
102 Europäisch vergleichend siehe: Pichler 2020b, 7–21.
103 Zur Geschichte der Steiermark siehe Pickl 2004; für das 20. Jahrhundert kompakt: Ziegerhofer 2020.
104 Detaillierter wieder: Schweidlenka/Strauß 2017; Molnar 2011.

einer Geschlechterverteilung von 60 % (männlich) zu 40 % (weiblich) im Publikum sowie einer recht breiten Streuung der Altersgruppen ausgehen.[105] Die Gruppe um 35 Jahre stellt gegenwärtig das breiteste Segment dar.[106] Es ist ausgesprochen schwierig, die steirische Szene statistisch in Form einer eindeutigen Zahl von Mitgliedern zu erfassen, da hierzu keine aktuelle Forschung besteht. Molnar sprach 2011 in einem Interview von 1.500–2.000 Szenegänger*innen in Graz.[107] Es ist daher naheliegend – als äußerst vorsichtige, heuristische Schätzung – für die Steiermark heute (2024) im Gesamten einige tausend Szenemitglieder anzunehmen.

Der Forschungsstand wies ferner auf, dass im Laufe der drei Phasen der Szenegeschichte sowohl der szeneinterne als auch der szeneexterne mediale Diskurs zu dieser Community, vor allem im Internet und in den Sozialen Medien, ausgesprochen dicht geworden und inzwischen kaum mehr überschaubar ist.[108] Dies ist ein Ausdruck der zunehmenden Digitalisierung der Szene seit der Jahrtausendwende. Etwa Webzines, Webshops, Fanseiten und Facebook-Gruppen sind in diesem Prozess entstanden. Dies wirkt sich zugleich auf die Individualität der steirischen Szenekultur aus, die ihre Charakteristik aus einer ‚Glokalisierung' von lokalen Elementen und dem globalen Strom der Metal-Kultur gewinnt. Man kann mit Deena Weinstein von einer „Bricolage"[109] sprechen, einer Kombination von globalen und lokalen Kulturelementen, die mitunter stark von Analogie- und Assoziationsverbindungen lebt. Dies ist, was wir bisher über den eigenen Charakter des Szenediskurses und die lokale Szeneidentität wissen.

Resümierend zeigt der bisherige Forschungsstand die Geschichte der steirischen Heavy-Metal-Szene als eine, die heuristisch in die in der Einleitung genannten drei Phasen seit 1980 gegliedert werden kann und durchaus typisch für Prozesse des europäischen „scene-building" ist. Daher liegen Vergleiche nahe. Es handelt sich um die Begründung und Transformation einer subkulturellen Community in einem historischen Prozess, der bereits über vier Jahrzehnte dauert. Man weiß über einige Eckdaten der Chronologie, der Sozialstruktur und der Szenekultur Bescheid – aber nicht mehr.

---

105 Es ist möglich, dies recht genau festzuschreiben, da Szeneinstitutionen wie etwa das „Jugend- und Kulturzentrum Explosiv" in Graz detaillierte statistische Aufzeichnungen führen, um Events wirtschaftlich und logistisch zu planen. Vgl. Interview Nr. 3; breiter die Ökonomie und Geschlechterverhältnisse der Szene berührend auch: Nr. 1, 9, 13, 17 und 18.
106 Siehe ebd.
107 Vgl. Schweidlenka/Strauß 2017, 89.
108 Detaillierter zur Metal-Medienlandschaft in der Steiermark Pichler 2021a, 6–11.
109 Vgl. Weinstein 2000, 1–10.

2.1 Zum Forschungsstand

Zwischenfazit zum Forschungsstand

In den obigen Abschnitten wurde ein Überblick über den Forschungsstand in den Metal Studies zu den Themen Recht, Moral, Klang und Metal in der Steiermark gegeben. Auffallend ist, dass die Forschung zu allen vier Themenbereichen nennenswerte Einzelergebnisse hervorbrachte, jedoch eine nur geringe Systematisierung dieser. Somit ist eine ‚Clusterhaftigkeit' des gegenwärtigen Wissens vorherrschend. Dies scheint der Entwicklung des Feldes der Metal-Forschung *grosso modo* geschuldet, die noch wenig zur Systematisierung neigt. Die Moralforschung in den Metal Studies stellte bisher vor allem die Frage nach dem Ethos der Metal-Szene in den Mittelpunkt – womit immer auch das Forschungsethos verknüpft ist. Die engere Rechtsperspektive im Feld ist weitgehend neu, eröffnet wahrscheinlich einen systematisierenden Blick, der mehrere Teilaspekte zusammenführen könnte. Die Frage nach dem Klang führt zum Ursprung der Debatte zurück, da der Sound des Metal von jeher im Zentrum der Analysen stand. Fragen nach der physischen Basis des Fühlens und des Hörens sowie der Phänomenologie versprechen Innovation. Die Steiermark kann zumindest entlang der Linien der Chronologie der Metal-Szene sowie ihrer Phasen charakterisiert werden. Im Zwischenfazit haben wir es also mit einem differenzierten Forschungsstand zum Fragekreis des vorliegenden Buches zu tun, dessen Systematisierung durch die Verbindung des Blicks auf Moral, Recht, Klang und Steirisches sich nahelegt.

2.2 *Fünf theoretische Prämissen*

Die Vorstellung des Forschungsstandes kann bildhaft als Inventur des bestehenden Wissens zum Gegenstand der vorliegenden Untersuchung beschrieben werden. Das Inventurergebnis bisher war, dass die wenig ausgeprägte Systematisierung des Wissensstandes zu Recht, Moral, Klang und steirischer Metal-Identität mit der beschriebenen Bruchstückhaftigkeit zusammenhängt. Um hier einen höheren Grad der Systematisierung und damit eine klarere Blickrichtung für die folgende Beschreibung der in dieser Arbeit verwendeten Methoden zu erlangen, lassen sich aus dem Forschungsstand *fünf* aufeinander bezogene theoretische Prämissen deduzieren. Diese Grundannahmen perspektivischer Natur bestimmen die weitere Entwicklung der Fragestellung.

Im Bereich des Rechts stellte sich heraus, dass es bisher zu wenig an Wissen zu Metal und Recht gibt, die Rechtsperspektive jedoch wichtig für das Verständnis der Szene ist. Hieraus folgt eine *erste theoretische Prämisse:*

> Es ist davon auszugehen, dass das Recht in der steirischen Metal-Szene eine wichtige normative Rolle spielte. Daher ist immer darauf zu achten, welche Innovationsschübe historischer Natur mit dem Recht in der Szene verbunden waren.

Diese Prämisse hat eine die Forschungsfragen präzisierende und eingrenzende Wirkung. Aus ihr folgt, dass immer, wenn in den drei Phasen der hier erzählten Szenegeschichte Neuerungsprozesse erkennbar werden, vor allem moralischer und klanglicher Natur, das Recht die zu bevorzugende Brille auf die Innovation ist.[110] Das Recht ist insofern ein Innovationsmarker.

Dann trat zutage, dass der Themenkomplex der Moral immer an die Rolle der Forscher*innen in den Metal Studies gebunden ist. Wenn etwa der Autor über die in den über 40 Jahren steirischer Metal-Geschichte entstandenen spezifischen lokalen Werte berichtet, ist immer auch ein begleitendes Nachdenken über die eigene Einstellung zu diesen Werten geboten. Man kann dies in einer *zweiten Prämisse* formulieren:

> Wenn man die Werte der steirischen Metal-Szene untersucht, ist zugleich die Wissenschaftsethik der Forschenden zu thematisieren.

Dies bedeutet, dass, wo es angezeigt scheint, der Standort, von welchem aus die Frage gestellt wird, forschungsethisch zu explizieren ist. Etwa wenn die Geschichte der Metal-Szene in ihrer Pluralisierung in den 1990ern erzählt wird, wird der Autor seine eigene Erinnerung an das Erleben dieser Szene als Standort reflektieren (Vgl. Abschn. 4).

Als dritter Kernbegriff wurde jener des Klangs bzw. des Sounds aufgegriffen. Wie beschrieben ist die Frage nach dem Klang immer mit der Definition des Metal im Hören der Musik verbunden – sowohl in der physisch-sensorischen als auch in der phänomenologischen Erklärung. Zugleich steht die Erklärung von Metal ‚nur' über diese akustische „Heaviness" für die eher konservativen Stränge der Forschungsgeschichte.[111] Hieraus folgt eine *dritte theoretische Prämisse*:

> Da auch in der Steiermark der Klang der Metal-Musik mit im Zentrum aller Versuche, Metal zu definieren steht, ist in Bezug auf den Klang immer der szenedefinierende Aspekt mitzudenken.

Der Klang bestimmt also mit über die Definition der Szene. Perspektivisch verpflichte dies die folgende Untersuchung dazu, Klang und Metal-Definition immer zusammen zu denken – etwa, wenn es um die Bewertung von Erkenntnissen zur lokalen Musiksprache geht.

Bei einer *vierten Annahme* geht es um die Einordnung des Lokalen in die postmoderne, globalisierte Welt. Die Forschung zu Metal in der Steiermark ist bisher stark begrenzt, dennoch führt der Blick angesichts globaler Kontexte, die immer zu reflektieren sind, oft sozusagen ‚vom Großen ins Kleine':

---

110 Vgl. Pichler 2021a, 2022a.
111 Ewa bei Weinstein 1991, 2000 sowie Elflein 2010.

2.2 Fünf theoretische Prämissen

> Die Untersuchung des spezifisch Steirischen in der Metal-Szene – bezüglich Recht, Werte und Klang – ist auch als Beispiel von globalen Prozessen im Metal zu sehen, d. h. es sind in der Forschung gerade, wenn es um das spezifisch Steirische geht, Analogien und auch Unterschiede zu anderen Szenen zu erkunden.

Diese Prämisse betont die Verbindungen zwischen Lokalem und Globalem sowie die Stärke des Vergleichs. In der vorliegenden Arbeit steht die Komparatistik nicht im Vordergrund, aber dort wo es klärend scheint, wird der europäische und globale Vergleich gesucht werden.

Eine *fünfte Denkregel* schließlich drückt zusammenfassend das Bedürfnis aus, die Bruchstückhaftigkeit zumindest etwas in Richtung einer Systematisierung der Perspektive aufzulösen:

> Moral, Recht, Klang und steirische Spezifik verbinden sich im normenbezogenen klanglichen Wissen zur eigenen Klanglichkeit dieser Szene, daher ist in der Beschreibung die sie verbindende Systematik zu suchen.

Damit ist die Klanglichkeit als Begriff jene Analysegröße, welche mit der Systematisierung verbunden ist. Über sie nachzudenken, bedeutet, im Systemischen zu denken.

Diese fünf theoretischen Prämissen sind die Grundlage der Entwicklung des methodischen Blicks in den folgenden Abschnitten. Dieser Blick soll ein selbstreflexiver, nach Innovation suchender und den globalen Kontext mitdenkender sein – was von den angewandten Methoden einzufordern ist.

2.3 Die verwendeten Methoden: Oral History, semiotische Diskursanalyse und Musikanalyse

Die Methoden, die in der Datenerhebung angewandt wurden, waren zunächst die Oral History und die semiotische Diskursanalyse, die beide in der Geschichtswissenschaft etabliert sind und ebenfalls in den Metal Studies hohe Relevanz besitzen. Hinzu kam als dritte Methode die musikwissenschaftliche Analyse. Bei den ersten beiden geht es darum, ihre Anwendung als historiographische Methoden zu beschreiben. Bei der Musikanalyse ist zu deskribieren, wie ihre Ergebnisse interdisziplinär vom Autor als Historiker genutzt wurden. Die folgende Diskussion hat nicht das Ziel, den existierenden Methodendiskurs jeweils vollständig zu erfassen, sondern lediglich jene Aspekte vorzustellen, die für die hier beschriebene Forschung relevant waren.

Oral History

Die Oral History ist die zeitgeschichtliche Methode des Erhebens von Daten bzw. die Produktion historischer Quellen im Untersuchungsprozess in Form qualitativer Interviews mit Zeitzeug*innen.[112] Sie ist seit Jahrzehnten eine etablierte und weitverbreitete Forschungsmethode in der Geschichtswissenschaft. In der historischen Forschung ist diese Methode notwendigerweise auf die zeithistorische Epoche der „Geschichte der Mitlebenden" beschränkt, da sie auf die Narrative der die Geschichte erlebenden Menschen angewiesen ist.[113] Die soziokulturellen Deutungsmuster, die im Interview geteilt werden und somit intersubjektiv zugänglich und überprüfbar sind, stehen im Fokus.[114] Das Ziel ist, durch geeignete Interviewführung die subjektiven Deutungsmuster der Interviewten hervortreten zu lassen und aus so gewonnenen Daten sozial breiter geteilte Einstellungen zu erkennen. Da die hier erforschte Musik-Szene gegenwartsnah ist, war die Oral History in der Arbeit mit Zeitzeug*innen die Methode der Wahl.

In der Arbeit im Feld der steirischen Szene basierte die Methode darauf, im Dialog zwischen dem Autor als Interviewer und den Zeitzeug*innen die historische Quelle – den Interviewtext – entstehen zu lassen; diesen danach gemäß wissenschaftlichen Standards zu transkribieren, zu dokumentieren, zu archivieren und gegebenenfalls der Öffentlichkeit zugänglich zu machen.[115] Es geht immer um szenische Erinnerungsprozesse bzw. den erinnernden Blick von außen auf die Szene.

Allgemein gesprochen werden in der Metal-Forschung qualitative Interviews recht häufig als Forschungsinstrument angewandt.[116] Aus geschichtswissenschaftlicher Sicht fehlt jedoch oft eine tiefergehende historisch-kontextualisierende Einordnung des Datenmaterials, wie sie gerade in Bezug auf Konjunkturen des sozialen Gedächtnisses, das oft erforscht wird, wichtig wäre. „Putting the ‚studies‘ back into Metal Studies", wie Savigny/Schaap forderten, würde in dieser Hinsicht eine solche tiefere Kontextualisierung von Forschungsdaten aus

---

112 Zur Einführung in die Methode siehe: Perks/Thomson 2000; Ritchie 2015; Leavy 2011; schon hier sei auch auf Jan Kruses umfassendes Kompendium zur Interviewforschung verwiesen, das auch für die Oral History maßgeblich ist: Kruse 2015; die folgenden allgemeinen Ausführungen zur Oral History verweisen, wenn nicht anders zitiert, auf diese Werke.
113 Zu dieser klassischen Definition der Zeitgeschichte siehe: Rothfels 1953; wichtig zur Grundierung auch die Pionierarbeiten von Lutz Niethammer zur Oral History: Niethammer 1980; sowie kontextuell: Niethammer 2002. Ich danke Marco Swiniartzki für diesen ergänzenden Hinweis.
114 Siehe hierzu umfassend: Kruse 2015, 462–612.
115 Siehe hierzu: ebd., 613–650; sowie auch: Ritchie 2015, 103–192.
116 Siehe hierzu im Überblick wieder: Brown et al. 2016; Gardenour Walter et al. 2016; Heesch/Höpflinger 2014; spezifischer sozialhistorisch siehe: Okunew 2021; sowie Swiniartzki 2023.

2.3 Die verwendeten Methoden

Oral-History-Projekten bedeuten.[117] Für dieses Buch wurden Forschungsinterviews als Werkzeug genutzt, um jene Schichten der Erinnerungen herauszuarbeiten, die über Recht, Ethik, Klang und Lokalidentität informieren. Im Forschungsprozess entstanden so Erzählungen über die Geschichte des normenbezogenen klanglichen Wissens in der Steiermark. Der Autor als Forschender, vor allem aber die Interviewees, wurden dabei dialogisch zu den Produzent*innen der Quellen. Auf Seite der Forschenden erfordert diese Methode eine beständige Reflexion der eigenen Stellung im Feld, im Sinne des obigen Zitats Heckers.[118] Speziell die umfassende Darstellung der qualitativen Interviewmethode von Jan Kruse kann als Maßstab der Selbstreflexivität gelten.[119] Auch Fragen von Distanz und Nähe der Forscher*innen zum Gegenstand sind wichtig. Es handelt sich also um eine Forschungsmethode, die besonders von der Sensibilität der Interviewführenden für Prozesse des kollektiven Gedächtnisses sowie deren Fähigkeit zur Selbstreflexion lebt. In der dritten Auflage seines praxisorientierten Standardwerkes *Doing Oral History* fasste Donald A. Ritchie dies prägnant zusammen:

> „What is oral history?
> Memory is the core of oral history, from which meaning can be extracted and perservered. Simply put, oral history collects memories and personal commentaries of historical significance through recorded interviews. An oral history generally consists of a well-prepared interviewer questioning and interviewee and recording their exchange in audio or video format."[120]

Ritchie bringt damit die Standardsituation des Oral-History-Interviews auf den Punkt, was direkt auf den Datenerhebungsprozess zur vorliegenden Untersuchung übertragen werden konnte. Die existierende, breite Forschungsliteratur zur Methode braucht daher nicht zur Gänze vorgestellt werden.[121] An dieser Stelle genügt es, auf jene Aspekte einzugehen, die spezifisch für die Erforschung des normenbezogenen klanglichen Wissens zu berücksichtigen waren. Es handelt sich um Aspekte, welche in Berücksichtigung der besonderen Interviewsituation in dieser Metal-Szene, die eigene Formen der Identitäts- und Gedächtniskonstruktion kennt, schlagend wurden.

Eine solche Besonderheit ist, dass der Autor als Interviewer und steirischer Metal-Fan biographisch in die untersuchte Szenegeschichte, vor allem für den Zeitraum ab Mitte der 1990er-Jahre, ‚verstrickt' ist. Er wurde als Jugendlicher in dieser Szene sozialisiert. Kommunikativ und methodisch setzte dies im Sinne Heckers Anmerkungen voraus, sowohl vor als auch nach den Interviews die eigene Position im Feld zu reflektieren.[122] Weiters machte es erforderlich, in der

---

117 Vgl. Savigny/Schaap 2018.
118 Vgl. Hecker 2014, 192.
119 Vgl. Kruse 2015.
120 Quelle: Ritchie 2015, 1.
121 Siehe wieder: Perks/Thomson 2000; Ritchie 2015; Leavy 2011; Kruse 2015.
122 Hierzu wieder auf hohem Niveau: Kruse 2015, 280–340.

Gesprächseröffnung die Position des Forschenden in seiner Rolle explizit zu benennen. Zugleich erlaubte diese Eingewobenheit in die untersuchte Gemeinschaft eine rasche Anbahnung der Interviews aufgrund der Kenntnis der informellen Netzwerke.

Ein weiteres Spezifikum erwuchs aus den Kommunikationsbedingungen und den aktuell stattfindenden Gedächtnisprozessen in der steirischen Szene. Wie das seit einigen Jahren betriebene digitale Facebook-Projekt *Styrian Metal History* vor Augen führt, sind die szenischen Nostalgie- und Versicherungsprozesse des Gemeinschaftsgedächtnisses mit dem Voranschreiten der Digitalisierung verknüpft.[123] Methodisch folgte daraus, diesem Umstand sowohl in der Interviewanbahnung als auch in zahlreichen Punkten der Fragestellung Rechnung zu tragen und dabei bewusst das digitale Feld zu nutzen – so wurden einige Interviews über Soziale Medien vereinbart bzw. geplant. Die Interviews selbst fanden immer in Präsenz statt.

Eine dritte Spezifität war der Kommunikationsstil im Dialog zwischen dem Interviewer und den Interviewees. Die Kommunikationsbedingungen, die in der steirischen Metal-Szene vorherrschen, folgen eher ‚saloppen' und wenig formellen Regularien, was historisch an Verbindungen zur Kultur der Arbeiter*innen-, Student*innen- und Schüler*innen-Milieus liegt.[124] Zwar hat sich dies historisch gewandelt bzw. auch in der Steiermark diversifiziert, aber im Allgemeinen führte dies dazu, dass das „Du" als Ansprache im Interview geläufiger war als das „Sie".[125] Dieser Aspekt war methodisch herausfordernd, da er einerseits bereits auf die Werte der Szene rückschließen lässt, andererseits den Interviewer in einer beständigen Spannung zwischen Nähe und Distanz zurückließ, die durch Reflexion gelöst werden musste.

Zusammengefasst war die Oral History für diese Studie jene Methodenachse, die es erlaubte, über Interviews die Geschichte der Szene durch Erinnerungsprozesse der Interviewees in Datenform zu bringen. Es gab dabei einige Spezifika, die der Szene und ihrer Individualität geschuldet waren, allgemein ließ sich die etablierte und erkenntnissichere Methode der Oral History jedoch in ihrer klassischen Form anwenden. Eine genauere Beschreibung der Form und des Umfangs der hieraus gewonnen Daten findet sich im Kapitel zur Datenlage (Abschn. 2.4, Oral-History-Interviews).

Semiotische Diskursanalyse

Die zweite zur Datensammlung und -auswertung verwendete Methode war die semiotische Diskursanalyse. Spätestens seit der Veröffentlichung Umberto Ecos

---

123 Siehe Krammer 2023.
124 Hierzu umfassender in der Sozialgeschichte: Swiniartzki 2023.
125 Als ein Beispiel, wo ein „Sie" angemessener erschien, siehe Interview Nr. 7.

2.3 Die verwendeten Methoden

prägender Schriften zur Semiotik ist diese auch in der Geschichtswissenschaft zur methodischen Inspirationsquelle geworden.[126] Das Methodenwerkzeug, das daraus hervorgegangen ist, begreift historische Quellen als Zeichenträger und „Spuren", deren verschiedene – textliche, bildliche, haptische usw. – Schichten es zu decodieren gilt.[127] Hierdurch kam es zu einer Reinterpretation und Erweiterung der klassischen Quellenkunde und -kritik.[128] Es entstand ein umfassend breiter, semiotischer Quellenbegriff, der alle (wiederum: textlichen, bildlichen, haptischen usw.) Schichten des Quellenbefundes als *gleichberechtigt* betrachtet. Die tatsächliche Gewichtung der unterschiedlichen Schichten ist forschungspragmatisch an das jeweilige Erkenntnisziel gekoppelt.

In der Untersuchung der Geschichte des normenbezogenen klanglichen Wissens in der Steiermark erwies sich diese Methode als nützliches Forschungswerkzeug. Über die Analysen von Diskursquellen – vor allem Konzertflyer, Darstellungen auf den Covers von Tonaufnahmen und auf Band-T-Shirts – ließen sich semiotische Daten zu Rechtsbezug, Moral und Rezeption der Musik gewinnen. Auch in der Beschreibung der semiotischen Analyse geht es nicht darum, eine Darstellung der gesamten Theorieliteratur zu bieten.[129] Aufbauend auf dem geschilderten, breiten Quellenbegriff reicht es, sich auf die Spezifizität des Arbeitens mit diesem Forschungswerkzeug in der (steirischen) Metal-Szene zu beschränken.

Ein anschauliches Beispiel ist die Analyse szenetypischer Kleidung als historische Quellen. Wie Höpflinger in ihrer rezenten Studie der Bedeutung religiöser Codes auf Kleidung in der Schweizer Black-Metal-Szene darlegt, interagieren im szeneinternen „Circle of Culture" visuelle, textuelle und akustische Ebenen der Bedeutungsgenese in permanentem Wechselspiel.[130] Was etwa religiös aufgeladene Zeichen wie das „Petruskreuz" oder ein „Pentagramm" auf Kleidung bedeuten, erschließt sich erst zur Gänze, wenn diese auch zur Musik, zu anderen Bildern und zu Praktiken bei Konzerten in Beziehung gesetzt werden. Dasselbe gilt für das Auftreten von spezifisch steirischen Semiotiken auf T-Shirts wie etwa Drucken im lokalen Dialekt, die an die lokale Musik rückzubinden sind. Auch diese Bedeutungsschichten sind so kontextualisieren.

Analoges gilt für alle anderen Quellentypen, die im Szenediskurs eine Rolle spielten, etwa Flyer und Plattencover, aber auch andere Textstücke, Plakate, Buttons, Patches usw. Im Mittelpunkt steht die Spezifizierung des semiotischen Quellenbegriffs für die Erforschung der Klanglichkeit der steirischen Szene. Allgemein hat Sascha Weber die Basis dieses Quellenbegriffs gelungen pointiert:

---

126 Zur Einführung siehe folgende Werke: Pichler 2017; Landwehr 2008; Sarasin 2003; Frings et al. 2012; Eco 2002.
127 Siehe hierzu vor allem die Beiträge in Frings et al. 2012; auch: Landwehr 2008.
128 Vgl. ebd.
129 Siehe Pichler 2017; Landwehr 2008; Sarasin 2003; Frings et al. 2012; Eco 2002.
130 Vgl. Höpflinger 2020, 111–159.

„Der historische Quellenbegriff ist allumfassend. *Alles* kann zu einer historischen Quelle werden. [...] Genauso wie die indexikalische Semiotik in der Wirklichkeit Spuren finden will, die uns etwas über Sachverhalte erzählen, oder Situationen und Instrumente schaffen, die die Wirklichkeit dazu bringen, für uns solche Zeichen zu produzieren, versucht die Geschichtswissenschaft, Quellen zu finden, die uns etwas über die Vergangenheiten erzählen, oder Instrumente zu schaffen, um sie zu lesen."[131]

Exakt in diesem Sinne ist die semiotische Diskursanalyse jene Methode, die die steirischen Szenequellen im Kontext der Klanglichkeit „lesbar" machte – etwa den steirischen Panther auf die lokale Musik rückbeziehbar oder den Gebrauch des lokalen Dialekts innerhalb der Szeneökonomie als Spur der Metal-Identität zugänglich machte. Somit wurde der Diskurs der steirischen Metal-Szene im Forschungsprozess als Geflecht von Texten, Bildern, Praktiken usw. gesehen, die in Verbindung mit dem Klang der Musik im Zentrum der Subkultur analysiert werden können – dies bestimmt das normenbezogene klangliche Wissen semiotisch.[132]

Zusammengefasst: Charakteristisch für diese Methode ist die Orientierung am breiten Quellenbegriff und ihre Spezifizierung für die untersuchten Szenequellen, um sie „lesbar" zu machen. Im Quellenkorpus, der sich hieraus als Datenpool für die Forschung ergab, waren insbesondere Konzertflyer, Albumcover und Band-T-Shirts zu berücksichtigen, was weiter unten im Abschnitt zu den Datengrundlagen (Abschn. 2.4, Daten aus der semiotischen Diskursanalyse) genauer beschrieben wird.

Musikwissenschaftliche Analyse

Als dritte Methode wurde die musikwissenschaftliche Analyse zur empirischen Datengewinnung eingesetzt. Im Gegensatz zur Oral History und semiotischen Diskursanalyse, die vom Autor als Historiker angewandt wurden, basierte die Integration musikanalytischer Daten auf der interdisziplinären Kooperation zwischen Geschichtswissenschaft und Musikologie.[133] Der erfahrene Musikwissenschaftler und Metal-Forscher Charalampos Efthymiou (Kunstuniversität Graz) führte die Musikanalysen durch und bereitete sie zur Auswertung auf. In der Verwendung dieser Daten besteht also der Unterschied gegenüber den anderen beiden Methoden, dass die Daten aus der Musikanalyse durch den ‚Filter' eines *Übersetzungsprozesses* zwischen Musikwissenschaft und Geschichtswissenschaft

---

131 Quelle: Weber 2012, 113, Kursivierung im Original.
132 Vgl. ebd.
133 Siehe hierzu wieder zur interdisziplinären Öffnung der Musikwissenschaften gegenüber den Kulturwissenschaften: Elflein 2010; sowie älter: Walser 1993; entscheidend für den Aspekt der „Klanglichkeit" wieder: Walch 2018.

2.3 Die verwendeten Methoden

gingen.[134] Aufgrund dessen wurde in der Planung des Forschungsprozesses sowie in der gesamten Datenerhebungsphase strikt darauf geachtet, den Diskurs über diese Disziplinengrenze hinweg zu reflektieren. Forschungspraktisch bedeutete dies, für die datenrelevanten Kernbegriffe – Moral, Recht, Klang, Musik usw. – ein gemeinsames Begriffsfeld zu entwickeln. Somit wurde die Form der Datenerhebung bewusst aus dem Spannungsfeld zwischen zwei sich teils kontrastierenden Fachtraditionen entwickelt. In der Bilanz erwies sich gerade der permanent notwendige Austausch zwischen Historiker und Musikwissenschaftler als Gewinn für die Datenerhebung, da neue Fragehorizonte erschlossen werden konnten – etwa die Frage nach der kulturellen Bedeutung des Rechtsbegriffs im Kontext der Klang- und Kompositionsanalysen.[135]

Das übergeordnete Ziel der Musikanalyse war, Daten zum Auftreten des normenbezogenen klanglichen Wissens in der Musik zu gewinnen. Den Autor als Historiker interessierte daran vor allem das Zusammenspiel von Rechtsbezug, Moral und Musiksprache. Es stellte sich mithin die Frage, ob sich der Themenkomplex überhaupt, und wenn ja, wie, in den Kompositionen internationaler und steirischer Metal-Musiker*innen manifestierte. Diese Fragestellung war für die Datenerhebung in den Kontext der musikanalytischen Methode einzurücken und um spezifische Fragen der Musikwissenschaft zu ergänzen. Somit ist im Kontext dieser Studie die musikwissenschaftliche Analyse jene Methode, welche das Musikmaterial selbst datengemäß erfasste und untersuchte.

Im Gespräch zwischen Efthymiou und dem Autor stellte sich heraus, dass die Klanglichkeit in dieser Hinsicht am besten untersucht werden kann, wenn die Datenanalyse darauf abzielt, zu bestimmen, welche musiksprachlichen Mittel (Kompositionstechniken in Bezug auf Tonvorrat, Harmonik, Message-Gestaltung, Songstrukturen usw.) mit der soziokulturellen Semiotik von Recht, Moral und dem spezifischen steirischen Lokalkolorit verbunden sind.[136] Die Methode wurde somit in klassisch kompositionsanalytischer Hinsicht genutzt, um die soziokulturellen Aspekte mit den musiksprachlichen Daten verknüpfen zu können.

Die musikanalytische Methode interessierte sich neben dem szenischen Wandel der Musiksprache über den Untersuchungszeitraum in Bezug auf diese Kompositionsmittel primär für den Innovationsgrad der lokalen Musik im internationalen Kontext. Dies erweiterte und ergänzte die Interpretation der Kulturgeschichte. Efthymiou konnte einen phasenweise mehrjährigen „Delay" der Musikentwicklung in der Steiermark gegenüber größeren und global führenden

---

134 ‚Filter' bedeutet hier, dass im Gespräch zwischen Efthymiou und dem Autor immer bewusst wechselseitig nach den Grenzen des jeweiligen methodischen Zugriffs gefragt wurde und so die ‚Brückenschläge' zwischen beiden Fächern gesucht wurden.
135 Siehe hierzu etwa weiter unten die Bedeutung dessen bei der Band Heathen Foray: Abschn. 5.2., Outlaw sein - digitalisiert und noch steirischer.
136 Siehe hierzu: Efthymiou 2021.

Szenen bestimmen.[137] Die neuesten Muster auf globaler Ebene wurden mit Verzögerung lokal rezipiert. Auf der Ebene von Diskursanalyse und Interviewforschung wiederum warf diese „Verspätung" erweiternde Fragehorizonte in Bezug auf möglicherweise verzögernde Kulturtransferprozesse zwischen der Steiermark und anderen Szenen sowie nach den technischen Bedingungen dieser Kommunikationsentwicklungen im Zeitalter der Digitalisierung auf.

Neben der Recherche und Bereitstellung einer möglichst zuverlässigen Basis in Form von Partituren, Transkriptionen, Tabulaturen und qualitativ sowie im Umfang ausreichenden Aufnahmen zur Analyse des Materials war gerade auch der Kontakt mit den Komponist*innen ein entscheidender Faktor. Das direkte Gespräch mit Musiker*innen als Komponist*innen, die ja zugleich Zeitzeug*innen im Sinne der Oral History sind, war eine wichtige Ebene, um musikalische Motive und Umsetzungen gehaltvoll deskribieren zu können.[138] Man kann es pointiert so zusammenfassen, dass die Methodenschiene der Musikanalyse die Musik zur historischen Quelle machte.

Es wird an dieser Stelle davon abgesehen, umfassender auf den Forschungsstand zu Musikanalyse und Metal einzugehen, welcher in der Spezialliteratur gut nachvollzogen werden kann.[139] Hier reicht der Hinweis auf den Konsens, dass Metal seit etwa 1970 seinen eigenen „Traditionsstrom" (Elflein) herausgebildet hat, der musikanalytisch im Zentrum steht. Der „Strom" kennt Konjunkturen und Brüche, ist aber im Kern der definierenden Stilelemente (etwa der Dominanz von verzerrten Gitarrenriffs sowie der eigenen Form des Ensemblespiels der Band) ausreichend stabil, um das Genre musikalisch definieren zu können. Zu nennende Autor*innen in diesem Kontext sind etwa Dietmar Elflein, Andrew L. Cope, Camille F. Béra, Eric Smialek und der schon genannte Robert Walser.[140] Hierauf aufbauend wandte Efthymiou sein methodisches Instrumentarium an, um die Daten zu gewinnen. Prägnant fasste er die Forschungsziele so zusammen:

> „The primary aim is to scrutinize songs with legal references [d. h. Songs zu analysieren, die einen Rechtsbezug aufweisen] by prominent Heavy Metal bands from 1980 to the present day. In addition, we aim to scrutinize songs by Heavy Metal bands from Styria (from 1980 until today) featuring legal themes. The parts of the song that relate to the law are always emphasised by the entire band [...]. Their strategies in terms of musical language among others are: using varying rhythms, duration of notes, kinds of chords (powerchords, minor, major etc.), harmonic progressions, forms of instrumentation, musical form, and correlation between form and video clip."[141]

---

137 Vgl. ebd.
138 Vgl. ebd.
139 Siehe hierzu vor allem Elflein 2010; Walser 1993; sowie auch die entsprechenden Fallstudien in Brown et al. 2016; Heesch/Höpflinger 2014; Gardenour Walter et al. 2016.
140 Vgl. Elflein 2010; Béra 2018; Cope 2023; Walser 1993; Smialek 2016.
141 Quelle: Efthymiou 2021, 2. Hier und im Folgenden wurden die Zitate aus Efthymious Analysen, wo notwendig, für den Lesefluss sprachlich und stilistisch bereinigt – der Austausch

Die Methode besteht also darin, über die genannten Parameter („varying rhythms, duration of notes, kinds of chords [...]") das normenbezogene klangliche Wissen des Metal in der Steiermark zu untersuchen. Welche Daten dabei zu Tage traten und wie sie Moral, Recht und das Lokal-Steirische referenzierten, wird weiter unten (Abschn. 2.4, Daten aus der Musikanalyse) beschrieben.

Zwischenfazit zu den verwendeten Methoden

In diesem Kapitel wurden die drei für diese Studie angewandten empirischen Methoden vorgestellt. Oral History, semiotische Diskursanalyse sowie die Integration der Ergebnisse Charalampos Efthymious musikologischer Forschungen waren die Wege, auf welchen die Daten- und Quellenbasis erarbeitet wurden. Diese Grundlagen haben damit interdisziplinären Charakter, vor allem in Bezug auf den Dialog zwischen Musikwissenschaft und Geschichte. Die Oral History war jene Methodenachse, die es erlaubte, die Geschichte der Szene durch qualitative Interviews mit sich Erinnernden in narrative Datenform zu bringen. Im historischen Prozess standen die steirischen Szenequellen mit ihr in Verbindung, welche die semiotische Diskursanalyse „lesbar" machten – etwa lokale Darstellungen auf Szenekleidung oder -flyern. Diese zweite Methode analysierte diese Daten als Geflecht von Texten, Bildern usw. Im musikalischen Bezug auf die Semiotik von Moral, Recht und Steirischem war auch die dritte Methode der musikwissenschaftlichen Analyse damit verbunden. Sie nahm das Musikmaterial in den Blick und machte es zur Datenquelle. Zieht man an dieser Stelle ein Zwischenfazit zu den methodischen Grundlagen dieser Arbeit, ist vor allem die Wichtigkeit des vernetzten, interdisziplinären Denkens zu betonen. Die Ergebnisse, welche aus den einzelnen Methodenachsen gewonnen wurden, sind jeweils im Kontext der anderen beiden zu denken.

2.4 Die Datenbasis: Qualitative Interviews, Diskursdaten und Musikanalysen

Entsprechend den drei Methodenachsen, die verfolgt wurden, besteht die vorliegende Datenbasis aus drei Kategorien: qualitativen Interviewdaten, semiotischen Daten zum Szenediskurs und musikanalytischen Daten mit Bezug zu Recht, Moral und Steirisch-Lokalem. Diese Basiskategorien wurden teils noch in

---

zwischen Efthymiou und dem Autor verlief dominant auf Deutsch, was nicht die Muttersprache des griechischen Musikologen ist. Ich danke Charalampos Efthymiou auch für dieses sprachliche Entgegenkommen.

weitere Subkategorien gegliedert. Im Folgenden wird eine überblickshafte Darstellung der Daten, geordnet nach den Kategorien und Subkategorien, gegeben. Im Fokus steht dabei die jeweilige Spezifik der Datenkategorien sowie die Reichweite der Aussagen, die aus dem jeweiligen Umfang der Korpora möglich wurde.

Oral-History-Interviews

Für diese Studie wurde eine Serie von Oral-History-Interviews geführt, deren Erhebungs- und Transkriptionszeitraum sich von Februar 2021 bis Januar 2022 erstreckte. Zu Beginn des Erhebungszeitraums herrschte aufgrund der Covid19-Pandemie noch erhebliche Unsicherheit in Bezug auf die Planungssicherheit des Forschungsprozesses. Es schien fraglich, ob die Interviews in Präsenz stattfinden würden können oder ob methodisch weniger erprobte Formen des digitalen Gesprächs per Videocall notwendig sein würden. Glücklicherweise konnte im Verlauf des Oral-History-Forschungszeitraums das gesamte Sample an Interviews unter strikter Einhaltung der geltenden Schutzmaßnahmen und -richtlinien in Präsenz durchgeführt werden.

Ursprünglich war damit gerechnet worden, mit den einzelnen Zeitzeug*innen jeweils mehrere Interviewsessions durchführen zu müssen. Der Grund dafür war, dass der Autor – im Sinne des einschlägigen Forschungsstandes[142] – davon ausging, dass die Vertrauensbildung in Bezug auf ‚heikle' Themen (etwa Fragen zur Finanzierung von Szeneinstitutionen oder zu negativen Szeneerfahrungen) mehrere Gesprächsrunden erforderlich machen könnte.[143] Dies war nicht der Fall. Diese Erfahrung spricht dafür, dass ein ausgeprägtes szenisches Selbstbewusstsein sowie ein scheinbar weithin geteiltes Bedürfnis, die Geschichte der Szene zu erzählen, vorhanden waren. Alle geführten Interviewsessions waren von Beginn an reich an relevanten, qualitativen Daten. Die Zuverlässigkeit der Daten stellte sich mit zunehmendem Verlauf des Forschungsprozesses durch Abgleich der Interviews mit anderen Rechercheformen als hoch heraus. Gerade dafür war die Interpolation der Deutungsmuster aus den Interviews mit den Daten aus den anderen Erhebungsformen essenziell, um Gegenprüfungen, Kontextualisierungen und Kontrastierungen der Interviewdaten zu gewährleisten.[144]

Nur im Fall eines männlichen Zeitzeugen, der so viele Erinnerungen teilen wollte, dass es zu anstrengend erschien, nur eine Sitzung durchzuführen, wurden zwei Sitzungen abgehalten.[145] In der Regel dauerte eine Sitzung etwa ein bis

---

142 Vgl. wiederum Perks/Thomson 2000; Ritchie 2015; Leavy 2011.
143 Hierzu methodisch vor allem: Kruse 2015, 462–650.
144 Vgl. ebd.
145 Vgl. Interviews Nr. 5 und 6.

2.4 Die Datenbasis

zwei Stunden. Die längste belief sich auf etwa drei Stunden.[146] Die Interviews wurden über verschiedene Kanäle – telefonisch, per Mail oder auch per Facebook-Chat – angebahnt. Als Prämisse der Gestaltung wurde den Zeitzeug*innen bereits in der Anbahnung kommuniziert, dass ihr Wohlfühlen in der Interviewsituation im Mittelpunkt stand. In Übereinstimmung mit den technischen und atmosphärischen Notwendigkeiten der Aufnahme der Interviews wurden jene Aufnahmeorte gewählt, die jeweils für die Vertrauensbildung im Gespräch am zuträglichsten schienen – in einigen Fällen am Forschungsort des Autors, aber auch in privaten oder öffentlichen Settings.[147] Mit dem Aspekt der Vertrauensbildung war der Datenschutz in Bezug auf die Interviewdaten verbunden.[148]

Ebenso wichtig für die positive Gestaltung der Interviewsituation war es, den Befragten einen Informationsträger zu den Interviews und den Zielen der Forschung zur Verfügung zu stellen. Zu diesem Zweck wurde von der Presseabteilung der Forschungsstätte des Autors ein Informationsflyer gestaltet, der über die Methode informierte und allgemeine Infos zur Forschung bot. Der Aspekt, ‚etwas Greifbares' in der Hand zu haben und umfassend über die Interviewsituation informiert zu werden, trug zur vertrauensvollen Gestaltung der Gespräche bei.

Die Fragestellungen des Autors als Interviewer zielten darauf ab, die subjektiven Deutungsmuster der Zeitzeug*innen in Bezug auf Recht, Moral und Klang für die Metal-Szene in der Steiermark zu erforschen.[149] Als konkrete Interviewfragen wurde neben einigen standardisierten Fragen zur Biographie der Interviewees sowie bei Szenemitgliedern zum Weg in der Szene solche gewählt, welche die individuelle Recherche zur interviewten Person ertragreich erscheinen ließ. Es wurde etwa nach individuellen Rechtserfahrungen gefragt (z. B. mit dem Vereinsrecht bei Szenemitgliedern mit Erfahrungen in Metal-Vereinen;[150] nach Erfahrungen mit dem Jugendschutzrecht bei Erinnerungen von Organisator*innen von Veranstaltungen;[151] oder im privaten Setting nach Einstellungen zum Copyright beim Kopieren von Musik[152]). Auch die subjektiven moralischen Vorstellungen (etwa eruierbar anhand des Schreibens oder Rezipierens von Songtexten, die Werte thematisieren;[153] oder durch die Frage nach der subjektiven Sicht auf die Werte der Szene[154]) flossen in den Fragenpool ein. Das individuelle Wahrnehmen des Klangs des Metal (etwa durch Fragen nach dem Empfinden der Lautstärke bei Konzerten, nach der persönlichen Beschreibung des „typischen"

---

146 Vgl. Interview Nr. 9.
147 So etwa in Lokalen, einem Park oder der Privatwohnung der Interviwten.
148 Zum Datenschutz im Interviewverfahren wieder grundlegend: Kruse 2015, 274.
149 Hierzu wieder vor allem Kruse 2015, 259–340.
150 Vgl. Interview Nr. 9.
151 Vgl. ebd.; sowie auch Interviews Nr. 3, 5 und 6.
152 Vgl. Interviews Nr. 4 und 11.
153 Vgl. Interviews Nr. 18 und 20.
154 Vgl. etwa Interviews Nr. 16, 17, 20 und 21.

Metal-Sounds[155] oder auch der Frage nach individuellen Hörgewohnheiten[156]) machte eine weitere Stoßrichtung aus. Abschließend stellte das Lokal-Steirische in der Szene einen Fokus der Forschung dar (etwa durch die Frage nach dem persönlichen Erleben dieser Community;[157] der Frage nach individuellen lokalen ‚Highlights' der Szenegeschichte und nach lokal wichtigen Orten und Zeiten;[158] sowie generell nach dem subjektiven Definieren des Steirischen[159]). Die Anzahl der Fragen bewegte sich zwischen rund 15 und 30 pro Interviewperson.

Die Interviews wurde elektronisch aufgezeichnet, entsprechend den geltenden Datenschutzbestimmungen gespeichert und zur Forschung aufbereitet. Hierzu gehörte die methodisch übliche Notation eines Postskripts direkt nach jeder Session, um zeitnah den Interviewprozess als Forscher reflektieren zu können und Ad-hoc-Eindrücke niederzulegen.[160] Die Transkription arbeitete die genannten Deutungsmuster und Frageschwerpunkte abschließend in verschriftlichter Form heraus.[161] Insgesamt gingen aus der einjährigen Interviewforschungsphase 22 Sessions mit 23 verschiedenen Personen und einer aufgenommen Gesamtgesprächszeit von etwa 33 Stunden hervor. Aus Gründen des thematischen Zusammenhangs wurden zwei Interviewsessions als Doppelinterviews mit jeweils zwei Befragten geführt.[162] Eine Aufstellung der Interviewdaten findet sich im Anhang in Kap. 7.2. Gemäß jüngeren Standards der qualitativen Interviewforschung werden in dieser Arbeit die Zeitzeug*innen durch Anonymisierung (etwa in Bezug auf Namen und Beruf) geschützt.[163]

Das primäre Ziel der Konstruktion des Samples war, Interviewdaten zu gewinnen, die repräsentativ für die Analyse des normenbezogenen klanglichen Wissens über die drei prägenden Phasen der Szenegeschichte sind. Da Repräsentativität schon als grundlegendes Konzept innerhalb der Forschungs- und Methodendebatte zu qualitativen Interviews umstritten ist,[164] sollen hier die diesbezüglichen Entscheidungskriterien expliziert werden. Sie ergaben sich aus den Forschungszielen und heuristischen Überlegungen. Die Vorstudien zur Datenerhebung ließen vermuten, dass sich biographische Erinnerungsnarrative in der Szene deutlich an die Phasen der allgemeinen Chronologie der Szene anlehnen würden.[165] Daher wurde entschieden, ein Sample an Zeitzeug*innen zu befragen,

---

155 Vgl. Interviews Nr. 8, 19 und 22.
156 Vgl. Interviews Nr. 1 und 11.
157 Vgl. Interviews Nr. 1, 3 und 20.
158 Vgl. ebd.
159 Vgl. etwa Interviews Nr. 8 und 21.
160 Hierzu vor allem wieder Kruse 2015, 264–280; praktisch aus der Oral History auch Ritchie 2015; ich danke Karin Graf-Boyko für die engagierte Assistenz im Bearbeiten der Oral-History-Interviews.
161 Vgl. Kruse 2015, 341–360.
162 Hierzu wieder ebd., 186–202, 250–253.
163 Vgl. hierzu ebd., 358; allgemeiner auch Ritchie 2015.
164 Vgl. Kruse 2015, 21–146.
165 Vgl. Pichler 2021a, 2021b, 2021c, 2022a, 2022b.

2.4 Die Datenbasis

das eine entsprechende Streuung über die drei Phasen bietet. Somit stellt in der unten abgedruckten Übersichtstabelle des Samples (siehe Tab. 1) die Nennung der Phase, welche in der Erinnerung der Zeitzeug*innen im Fokus stand, ein erstes, chronologisches Strukturierungsmerkmal dar.

In den Vorerhebungen erwies sich ferner, dass zum Zeitpunkt der Interviewerhebungen ca. 35-jährige Szenemitglieder die Kerngruppe darstellten;[166] eine Beobachtung, die überhaupt charakteristisch für die jüngste Entwicklung der Szene seit der Jahrtausendwende zu sein scheint. Man kann dieses momentane Lebensalter als sozial strukturierende ‚Wasserscheide' innerhalb des Samples der Interviewees sowie der Szene in größerem Zusammenhang begreifen – bei Männern und Frauen. Da nur Personen über 35 die Gründungs- und Konsolidierungsphasen der Szene in den 1980er- und 1990er-Jahren erlebt haben (können), waren diese die primären Auskunftspersonen für diese Phasen. Es erwies sich als für die Datenauswertung nützlich, diesen Marker einzuführen. Wenn man dieses Alter zum Interviewzeitpunkt zu den Zeitstrecken, die erinnert wurden, und der Chronologie der Szene überhaupt in Beziehung setzt, ergeben sich weitreichendere Aussagemöglichkeiten. Diese betreffen die Deutungshoheit der jeweiligen Alterskohorten über die Rechtsbezüge,[167] Wertecodes der Szene[168] und die Definition des Metal-Klangs.[169] Daher wurde entschieden, diese Strukturierungsgröße unterhalb der Ebene der Chronologie der Phasen heranzuziehen und zwischen Personen zu differenzieren, die älter beziehungsweise jünger als 35 zum Zeitpunkt der Befragung waren.

Selbstdeutungen im Sinne sozialer Schichtungen und Hierarchien in Bezug auf Einkommen, Beruf, Klasse usw. waren nur teils erkennbar. So waren die meisten Metal-Hörer*innen der frühen 1980er-Jahre im Schüler*innen- und Student*innen-Milieu, teils aber auch im Arbeiter*innen-Milieu zu finden.[170] Es stellte sich jedoch die Unterscheidung, ob es sich bei Zeitzeug*innen um Szenemitglieder oder Außenstehende handelte, als unverkennbar wichtigeres Kriterium dar. Die Frage nach der Szenezugehörigkeit bzw. dem Außenstehen wurde in Erinnerungsnarrativen in der Regel mit Aspekten des Rechtsverständnisses, der Wertvorstellungen, dem Erfahren des Metal-Klangs und steirischer Individualität verknüpft. So erlebten Szenemitglieder den Metal-Klang und die in ihm codierten Werte und Aspekte des Steirischen als tendenziell positiver als Außenstehende.[171] Daher wurde dieses Kriterium als weiteres Konstruktionsmerkmal des Samples bemüht. Die Entscheidung, ob eine Person in die eine oder andere Kategorie fällt, entbehrt nie einer gewissen, grundlegenden methodi-

---

166 Vgl. ebd.
167 So etwa in den Interviews Nr. 5, 6, 9, 16 und 20.
168 So etwa in den Interviews Nr. 3, 4, 13, 16 und 22.
169 So vor allem in den Interviews Nr. 1, 11 und 19.
170 Als Grundlage dieser Aussage: Interviews Nr. 2, 4, 5, 6 und 9.
171 So etwa in den Interviews Nr. 2, 7, 10, 16 und 18.

schen Willkürlichkeit. Hier wurde der Weg gegangen, die subjektiven Deutungsmuster der Interviewten (also ihre Selbstzuschreibung als Mitglied oder als Außenstehende), die diskursive Datenerhebung und kontextuelle Recherche zu den jeweiligen Interviews zur Entscheidungsbasis in dieser Frage zu machen. Auch dieser Marker ist in der untenstehenden Übersichtstabelle ersichtlich.

Als in Relation zur Schicht-, Berufsgruppen- und Klassenzugehörigkeit entscheidender erwies sich auch die Kategorie Geschlecht. Alle für die Datenerhebung interviewten Personen identifizierten sich folgend dem traditionellen Binaritätsmuster von Genderrollen, das auch in der Metal-Forschung zunehmend Kritik erfährt.[172] Es wäre daher bei weiteren Forschungen wünschenswert, intensiver nach flüssigen, queeren und diversen Gender-Selbstzuschreibungen zu fragen. In der hier durchgeführten Datenerhebung erlaubte es die Selbstzuschreibung der Interviewees in den Erinnerungsnarrativen jedoch nicht, eine solche weitere Differenzierung durchzuführen. Entscheidend ist, dass sich die Gruppenkonstellationen nach Männern und Frauen über die Chronologie der Phasen deutlich veränderte und mit ihr auch die Geschichte des Wissens, das hier untersucht wird. Daher war dies ein weiteres Kriterium der Samplekonstruktion.

Die Akquise und Auswahl der interviewten Personen erfolgte nach diesen Kriterien. Die informelle Eingewobenheit des Interviewers, die wie weiter oben beschrieben durchaus ambivalente methodische Züge trägt, sowie die breite Präsenz der Szene in Social Media machten die Akquise rasch durchführbar. Geordnet und strukturiert nach den Kriterien gibt die folgende zusammenfassende Tabelle einen Überblick über die Gruppe der Interviewten:

Tab. 1: Sample der Oral-History-Interviewees im Überblick.

Prägende Szenephase	Alter	Szenemitglieder/ Außenstehende	Geschl.	Total per Phase	Total
1980er	< 35 Jahre: 0	Szenemitglieder: 7	Weibl.: 2		
	> 35 Jahre: 8	Außenstehende: 1	Männl.: 6	8	
1990er	< 35 Jahre: 0	Szenemitglieder: 7	Weibl.: 1		
	> 35 Jahre: 8	Außenstehende: 1	Männl.: 7	8	
Ab 2000	< 35 Jahre: 4	Szenemitglieder: 6	Weibl.: 4		
	> 35 Jahre: 3	Außenstehende: 1	Männl.: 3	7	23

Die Übersicht des Interviewkorpus im Anhang informiert im Detail über Datum und Dauer des Interviews sowie das Geschlecht der Interviewten.

---

172 Vgl. Clifford-Napoleone 2016; Heesch/Scott 2016.

2.4 Die Datenbasis

Daten aus der semiotischen Diskursanalyse

Die Daten, die aus der Diskursanalyse gewonnen wurden, sind im Anschluss an Webers semiotisches Quellenkonzept als „Spuren" der Sinnstiftungsprozesse in der Geschichte der steirischen Szene zu lesen.[173] Die Daten entstammen dem kulturellen Gewebe aus Texten, Bildern und Klangwelten der Szene und machen die Semiotik des normenbezogenen klanglichen Wissens zugänglich.[174] Die Quellentypen, mit denen Historiker in den Metal Studies arbeiten, entsprechen in vielen Fällen nicht jenen, die klassischerweise zeithistorische Untersuchungen kennzeichnen.[175] Dabei kann man paradigmatisch etwa an Szenekleidungsstücke wie die ‚Kutte' oder auch das Verpackungsdesign von Metal-Musikaufnahmen denken. Dies führte zu Überlegungen, für eine Kulturgeschichte des Metal eigene Instrumentarien der Quellenkritik und -analyse zu entwickeln, welche ergänzend zur etablierten Quellenforschung deren Eigenheiten Rechnung tragen müssen.[176]

Die Kernüberlegung in der Ausarbeitung des semiotischen Quellenkorpus war es, eine repräsentative Auswahl an Daten zu gewinnen, die folgend den Forschungszielen zwei Kriterien genügen müssen. Erstens sollte es sich um Quellen handeln, die Daten zur langfristigen Diskurssemiotik der Szene seit 1980 bzw. der Differenzierung nach ihren drei Phasen bieten. Zweitens sollten Geschichtsquellen erschlossen werden, welche Auskunft über die Entwicklung der spezifischen steirischen Metalness und deren Vernetzungen zum weltweiten Metal-Diskurs geben. Diese beiden Kriterien führten zur Entscheidung, sich unter allen möglichen Quellen, die die Szenegeschichte in großer Zahl und Variabilität zu bieten hat, auf drei Typen zu fokussieren: Konzertflyer, (Album-)Coverdarstellungen und Band-T-Shirts.[177] Diese drei Typen von Quellen erfüllen die Kriterien aufgrund ihrer systemischen Position im Szenenetzwerk in besonderem Maße. Für jeden dieser Quellentypen wurde innerhalb des Datenpools ein Subkorpus mit teils weiteren Unterkategorien erstellt.

Die Erhebung der semiotischen Daten wurde parallel zur Oral-History-Forschung durchgeführt und stand in Interpolation mit dieser. Die somit möglich werdende gegenseitige Überprüfung der Datenrelevanz und -verlässlichkeit aus beiden Methodenschienen schon im Forschen war hilfreich. Sie brachte eine er-

---

173 Vgl. Weber 2012; breiter siehe auch die anderen Beiträge in Frings et al. 2012; allgemeiner zur (historischen) Diskursanalyse siehe auch: Landwehr 2008; Eco 2002; Sarasin 2003.
174 Vgl. hierzu vor allem Pichler 2022b; auch: Höpflinger 2020.
175 Vgl. ebd.
176 So ebd.
177 Vgl. ebd.

höhte Sicherheit der gewonnen Erkenntnisse. Die Art der Daten aus der Diskursanalyse unterscheidet sich von jenen aus der Interviewforschung:[178] Stand in der Oral-History-Forschung die Rekonstruktion von subjektiven Narrativen im Mittelpunkt, oft historisch längere Prozesse erinnernd, ging es in der Semiotik um Texte und Bilder, die einzeln und im Verbund vor dem breiten Szenediskurs zu lesen waren. Wiederum gibt der Überblick im Anhang eine detaillierte Übersicht des Korpus und seiner Subkategorien. Im Folgenden wird die Datenlage, unterteilt nach den genannten drei Quellentypen, vorgestellt.

Konzertflyer

Die erste Subkatergorie enthält Konzertflyer als historische Quellen zum steirischen Szenediskurs. Insgesamt wurden 38 Exemplare dieses Quellentyps gesammelt und ausgewertet. Ein Großteil lag im Original vor, ein kleinerer Anteil als Reproduktionen. In der Detailübersicht, die sich im Anhang in Kap. 7.3 findet, wurde jeweils vermerkt, ob ein Original vorlag oder ob auf eine Reproduktion, meistens digitaler Natur von Social Media, zurückgegriffen werden musste. Bevor auf die Art der Daten im Detail eingegangen wird, ist zu begründen, warum gerade diesem Quellentypus gegenüber anderen der Vorzug gegeben wurde. Die Art der Daten, die aus ihm gewonnen werden kann, hängt mit diesen Eigenheiten des Quellengenres zusammen.

Das Erkenntnisinteresse lag primär darauf, diskurssemiotische Daten zur Langzeitgeschichte der Szene sowie ihren drei chronologischen Phasen zu gewinnen. Daher mussten Quellen identifiziert werden, die jene historischen Ereignisse „sprechen" lassen, die in dieser Geschichte langfristig prägend waren. In vorhergehenden theoretischen Reflexionen wurde erkannt, dass Studioalben und Touren jene Kategorien sind, die dem Szenediskurs langfristige zeitliche und räumliche Orientierung ermöglichen.[179] Alben werden zu klar definierbaren Zeitpunkten veröffentlicht. Sie markieren diese Punkte und ermöglichen es den steirischen Metalheads, eine weitreichende, temporale Wahrnehmung ihrer Szene zu konstruieren, indem sie ein ‚Vorher' und ein ‚Nachher' unterscheiden. Global gesehen war zum Beispiel das Jahr 1986 als Veröffentlichungsjahr ‚vollgepackt' mit Klassikern wie Metallicas *Master of Puppets* und Slayers *Reign in Blood*. Im globalen Selbstverständnis des Metal gibt es ein ‚vor 1986' und ein ‚nach 1986'. Analoge Prozesse fanden in der steirischen Szene statt. In Diskursen um lokale Bands wie Cadaverous Condition und deren Debütalbum *In Melancholy*

---

178 Zur grundsätzlichen Charakterisierung von Interviewdaten: Kruse 2015; Ritchie 2015; in den Metal Studies auch: Höpflinger 2020, 161–170; sowie Swiniartzki 2023, 49–51.
179 Vgl. Pichler 2020b, 57–72; die folgenden Bemerkungen zu Zeit und Raum im Metal richten sich hiernach; ergänzend siehe auch: Diaz-Bone 2010.

2.4 Die Datenbasis

wurde das Jahr 1993,[180] bei Ekpyrosis mit dem Debütalbum *Grey* das Jahr 1999[181] und im Falle von Heathen Foray mit dem Album *Armored Bards* das Jahr 2010 zu solchen historischen Orientierungsmarken.[182] Daher sind Quellen zu sichten, die über diese Orientierung erzählen.

Verbunden ist diese zeitliche Orientierung in der Szenegeschichte mit der Tour als wichtiger räumlicher Kategorie.[183] Konzerttouren sind als rationale Bewegungen durch den geographischen Raum zu verstehen, der während der Tour bereist und somit erschlossen wird. Auf kontinentaler Ebene trug etwa die *Hail to Europe*-Tour von Manowar im Jahre 1986 dazu bei, dass es zu einer beginnenden Europäisierung der ‚Mental Map' des Metal kam – genau in jenem Jahr, das schon durch klassische Alben wie *Master of Puppets* oder *Reign in Blood* temporal markiert worden waren.[184] Analoge Prozesse lassen sich in der Steiermark wieder bei Konzerttouren der genannten Bands Ekpyrosis und Cadaverous Condition beobachten. Als Cadaverous Condition sich auf Island-Tour begaben, kam es zu einer Verknüpfung von steirischen und nordatlantischen kulturellen Geographien.[185] Das Erschließen neuer Räume stand für die Band im Vordergrund. Für Ekpyrosis stellte eine Venezuela-Reise in den 1990ern, bei der die angesagten Konzerte dann gar nicht stattfinden konnten, zwar ein wirtschaftliches Fiasko dar, doch für die Raumvorstellungen im lokalen Fandiskurs wurde die Reise wichtig.[186] Es müssen daher Quellen gesichtet werden, welche über die räumliche Orientierung durch Touring Auskunft geben.

Das zentrale historische Ereignis, das sowohl das Album als auch die Tournee miteinander verbindet, ist das Metal-Konzert, da hier oft ein Album promotet wird und ein Albumrelease oft sogar den Anlass des Touring darstellt.[187] Es müssen daher in semiotischer Hinsicht Quellen gewählt werden, die die zeitliche und räumliche Orientierung zusammenführen und Konzerte als solche historischen Ereignisse referenzieren. Wie in gleichsam allen Metal-Szenen weltweit ist auch in der Steiermark seit 1980 die Quellengattung der Konzertflyer jene, die primär mit diesem Veranstaltungstypus verbunden ist. Dies macht ihre systemische Stellung aus und begründete die Wahl des Quellentyps als semiotische Spurenträger.

Seit der Pionierphase der steirischen Szene stellen Flyer eines der wichtigsten Kommunikationsmittel dar. Sie bewarben und kommunizierten Konzerte in der Szeneöffentlichkeit. Dabei wurden in der Regel die Künstler*innen, der An-

---

180 Vgl. Interview Nr. 21; sowie zum Album: Cadaverous Condition 1993.
181 Vgl. Interview Nr. 20; sowie zum Album: Ekpyrosis 1999.
182 Vgl. Interview Nr. 8; sowie zum Album: Heathen Foray 2010.
183 Vgl. Pichler 2020b, 57–72; ergänzend siehe auch: Diaz-Bone 2010.
184 Vgl. Pichler 2020b, 101–114.
185 So im Interview Nr. 21.
186 Dieser Diskurs manifestierte sich etwa in den Interviews Nr. 16 und 18.
187 Vgl. Pichler 2020b, 57–72; ergänzend siehe auch: Diaz-Bone 2010.

lass (oft das Erscheinen eines Tonträgers), der Ort des Auftritts (meist Szeneinstitutionen wie Jugendzentren und Clubs oder ähnliche Lokalitäten) und regelmäßig auch Sponsor*innen sowie deren Logos und/oder Namen auf dem Flyer genannt.[188] Damit enthalten Flyer einerseits strukturelle, chronologische und wirtschaftliche Daten zum Ereignis und seiner Einbindung in die steirische Szeneökonomie. Andererseits – und dies ist für die Datenerhebung der semiotischen Diskursanalyse entscheidend gewesen – enthalten die Flyer zugleich oft jene Bilder, Fotografien und Textelemente, welche die Szenekultur in Bezug auf Rechtsvorstellung, Moral und steirische Lokalidentität charakterisierten. Beispiele dafür sind die bildliche und textuelle Betonung des rebellischen Wertegestus in frühen Flyern der 1980er[189] und die semiotische Verarbeitung von Rechtsbezug und Klanglichkeit auf Flyern der 1990er.[190] Dieses Zusammenspiel von ‚harten Fakten' und ‚weichen' kulturgeschichtlichen Aspekten kennzeichnet diese Daten und macht sie für die Forschung relevant.

Bei der Auswahl der Flyer für den Korpus wurde darauf geachtet, jene in den Fokus zu stellen, welche reich an Daten zu diesen Semiotiken sind. Besonderer Wert wurde daraufgelegt, solche zu wählen, deren Traditionskette geklärt und somit unproblematisch im Sinne der Quellenkritik ist.[191] Einschlägige Kontextrecherche sicherte die Zuverlässigkeit der erhobenen faktischen Daten ab. Auffallenderweise kursierte zum Recherchezeitpunkt ein überwiegender Teil der Flyer als Abbildungen bereits im Internet und/oder in Sozialen Medien, was den Zugang erleichterte. In der Regel war es hier gut möglich, die digitale Traditionskette zu rekonstruieren.

Die zunehmende Professionalisierung der Flyer-Produktion und die Frequenz ihrer Verbreitung ist an der Zahl der Flyer pro Szenephase im Datenpool abzulesen. In den 1980ern waren zunächst zeitintensiv zu gestaltende, handgeschriebene oder fotokopierte Exemplare üblich, die spätestens ab den 1990ern von professioneller gedruckten sowie ab den 2000ern auch von digital produzierten abgelöst wurden. Die Auswahl im Korpus verteilt sich über alle Phasen der Szene, spiegelt chronologisch ebenfalls diesen Prozess wider – die Zahl war in den 1980ern gering, nahm in den 1990ern zu und ‚explodierte' danach förmlich.

Wie in der Detailaufstellung (siehe Anhang) ersichtlich, konnte in der Datenerhebungsphase durch den Kontakt zu einem lokalen Musiker, der sein Archiv für die Forschung zur Verfügung stellte, ein besonders dichter Datenbefund mit 28 Quellen für die Jahre 2002 bis 2004 erhoben werden. Dies erlaubte gerade

---

188 Vgl. herzu grundlegend Pichler 2022b.
189 Vgl. hierzu die Flyer 1 und 2, Übersicht im Anhang.
190 Vgl. hierzu die Flyer 3–7, Übersicht im Anhang.
191 Hierzu wiederum Pichler 2022b; sowie allgemeiner Weber 2012.

2.4 Die Datenbasis

für die beginnende Digitalisierungsphase der Szene, die den bis dato am stärksten transformierenden Prozess darstellt, eine vertiefte Analyse (siehe Abschn. 5.3., Eine Mikrogeschichte der Werte).

Coverabbildungen

Die zweite gewählte Gattung diskurssemiotischer Quellen bilden Coverabbildungen auf Tonaufnahmen, primär auf Studioalben. Für die Datengewinnung wurden 41 Coverabbildungen recherchiert und analysiert, welche für die Semiotik des normenbezogenen klanglichen Wissens in der Steiermark seit 1980 relevant sind. Da sich gerade in diesem Quellentyp auch der Einfluss des globalen Metal-Diskurses auf das Lokale manifestierte, wurden neben 31 steirischen Quellen auch zehn global einflussreiche Darstellungen wie auf Judas Priests *British Steel* und auf Watains *Lawless Darkness* miteinbezogen. Es wurde wiederum darauf geachtet, eine Streuung der Quellen über den gesamten Szenezeitraum zu bieten. Eine genaue Aufstellung der inventarisierten Covers, unterteilt in globale und lokale Quellen sowie jeweils chronologisch geordnet, findet sich im Anhang in Kap. 7.3. Aus Gründen der Übersichtlichkeit wurde dabei auf die Nennung von Plattenlabels verzichtet.

Ähnlich wie bei der Flyer-Produktion zeigte sich, dass aufgrund des technischen Fortschritts und der damit einhergehenden, finanziell erschwinglicheren Möglichkeiten, lokal Musikaufnahmen zu produzieren, die Zahl und Verfügbarkeit dieser Quellen seit den späten 1990er-Jahren deutlich zunahm. Generell reichte es, die Abbildungen als Reproduktion zu untersuchen, da die Semiotik des Bildes im Mittelpunkt stand und die Traditionskette bei dieser Quellenform üblicherweise gut eruierbar war.[192] Auch hier waren digitale Bezugsquellen dominant – der Grad, zu welchem steirische Coverbilder bereits online zirkulieren, ist ausgesprochen hoch. Die große Mehrheit der untersuchten Exemplare sind Covermotive auf Studioalben, nur in Fällen hoher Datenrelevanz wurden auch andere Formate (EPs, Singles, Live-Aufnahmen, Demos) miteinbezogen, was in solchen Fällen in der Übersicht vermerkt wurde. Bevor wieder auf die qualitative Datencharakteristik in diesem Subkorpus eingegangen wird, ist die Entscheidung zur Wahl dieses Quellentypus und die Fokussierung auf Alben zu begründen.

Hierzu ist es zunächst sinnvoll, an die wörtliche, englische Bedeutung des Wortes ‚Cover' zu denken.[193] Metaphorisch gesprochen ‚bedeckt', ‚schützt' und ‚umhüllt' diese Bildform die Musik auf der Platte. Diese Quellengattung hat also eine ‚einhüllende' semiotische Funktion. Sie bezieht sich in der Regel direkt auf die Musik im Zentrum der Sinnstiftungsprozesse im Metal. So bezieht sich die ironisch-skurrile, auf einem fliegenden Hai reitende Heldenfigur am Cover des

---

192 Hierzu wieder: Pichler 2022b.
193 Siehe hierzu: ebd.; die folgende Charakterisierung der Quellenart richtet sich hiernach.

Albums *Faustbreaker* der Grazer Band Klynt auf die postmodern-ironische Musiksprache des Albums.[194] In der steirischen Szenegeschichte ist es somit fast immer die Funktion der Covers, die Themen der Aufnahmen direkt ins Visuelle zu übertragen. Ohne Bezug auf die lokale musikalische Sprache macht gerade das spezifisch Steirische dieser Bildsemiotik wenig Sinn. Das Cover ist diejenige bildliche Quellengattung in dieser Metal-Szene, die der Musik ‚am nächsten kam' und hierin auch Recht, Moral und Klang zusammenführte. Hierauf basierte die Entscheidung zu diesem Quellentyp.

Aus guten Gründen lag es nahe, die Auswahl dann noch primär auf Albumcover zu fokussieren. Im steirischen und globalen Szenediskurs stellt das Studioalbum die Königsdisziplin des musikalischen Schaffens dar. Bands werden danach beurteilt, wann, wie viele und wie gute Studioalben sie veröffentlichen. Aus der Perspektive der Bands stellt die Veröffentlichung des Debütalbums ein wichtiges Karriereziel dar.[195] Aus historischer Perspektive sind Alben, wie oben beschrieben, von grundlegender Bedeutung, weil sie die zeitliche Wahrnehmung im Metal-Diskurs strukturieren. Gleichzeitig sind sie eng mit der räumlichen Dimension von ‚Mental Maps' und Touring verknüpft, da neue Alben in der Regel den Anstoß für Konzerttouren geben. Daher ist es sinnvoll, sich insbesondere auf Albumcovers als Quellen zu konzentrieren. Diese prägnante Stellung im Szenediskurs sowie die Nähe zur Musik bestimmte die Art der qualitativen Daten, die aus dem Quellentyp gewonnen werden konnten.

Die Daten, die aus der Analyse der 41 Cover für die Geschichte des normenbezogenen Wissens gewonnen werden können, referenzieren die Werte und Normen der Szene. Die Bildsprache in der untersuchten Szene nahm alle gängigen Typen und Konventionen des globalen Diskurses auf, passte sie aber durch die Verwendung lokaler Symbole und Traditionen an die eigenen Aussagebedürfnisse an. Die wichtigste qualitative Analyseebene dieser Daten war daher die Identifizierung der normen-, rechts- und wertebezogenen Aussagen der Coverabbildungen – etwa, dass die steirische Band Darkfall das Herrschaftssymbol des steirischen Panthers zur lokalen Identitätsbegründung nutzte.[196] Da sich diese Ebene in Rückbeziehung auf Text und Musik erschloss, wurden diese wo nötig in die Betrachtung einbezogen. Der Korpus dieser Daten erlaubte Rückschlüsse darauf, wie die Szene ihre Vorstellungen einer ‚guten' Moral und ihr Rechtsverständnis ins Bild setzte und mit der Musik verknüpfte. Dass etwa System Absurd als steirische Band zu Ende der 1990er-Jahre ein Covermotiv wählten, das nihilistische und zugleich historisierende Züge trägt, scheint ein moralisch-rechtsbezogenes Leere- und Unrechtsempfinden der Szene nach der Hochzeit des

---

194 Vgl. Cover 38, Übersicht im Anhang.
195 Vgl. Diaz-Bone 2010.
196 Vgl. Cover Nr. 41, Übersicht im Anhang.

2.4 Die Datenbasis

Grunge, die zulasten des Metal ging, versinnbildlicht zu haben.[197] Die Aussagereichweite, welche durch solche Analysen möglich ist, variiert nach Frequenz und Weite der Rezeption des jeweiligen Covers und lässt sich am besten in Abgleich mit den Daten aus der Interviewforschung beurteilen. Wenn die Erkenntnisse aus den Erinnerungsnarrativen direkte Parallelen zur Geschichte eines Covers ermöglichen, kann dieses als weiter zirkulierend betrachtet werden – wie etwa bei System Absurd und bei Erinnerungsnarrativen zur Rolle des Grunge in der Periode der 1990er-Jahre.[198]

Der Quellentyp der Coverabbildungen lieferte also elementare Daten bildlicher Form zum normenbezogenen klanglichen Wissen. Recht, Moral und steirisches Lokalkolorit, das dabei zum Vorschein kam, mussten insbesondere ‚durch die Brille' der lokalen Musiksprache gelesen werden.

T-Shirts

Der dritte Quellentypus im diskursanalytischen Datenpool ist jener von Band-T-Shirts. In der empirischen Forschung wurde ein Korpus von acht T-Shirts aus dem Zeitraum von 2017 bis 2021, also aus der jüngsten Szenephase, der Auswertung unterzogen. Die Beschränkung auf einen gegenüber den anderen Subkorpora der Datenbasis gegenwartsnäheren und deutlich weniger umfangreichen Quellenkorpus hat methodische und quellenkritische Gründe. Wie unten in der Beschreibung der systemischen Stellung dieses Quellentyps noch im Detail auszuführen ist, war es bei dieser Quellenform geboten, wenn möglich ein Exemplar zur Verfügung zu haben, um es in all seinen textilen Dimensionen analysieren zu können.[199] Gerade für die 1980er und 1990er war es kaum möglich, Exemplare in repräsentativer Stückzahl zu erlangen. Daher wurde in der Konstruktion dieses Subkorpus die Entscheidung getroffen, eine kleinere Anzahl von Quellen zu wählen, die einem kürzeren Zeitraum besser abdecken.

Dass dies nur (teils) für die Phase der Digitalisierung möglich war, verdeutlicht wiederum die Wichtigkeit dieses Prozesses für die Produktion und auch Vermarktung von Szenekleidung. In der Regel wurden die Shirts direkt von den Bands oder dem Label im Zuge des Rechercheprozesses zur Verfügung gestellt bzw. gekauft. Damit ist die Überbringungs- und Traditionslinie der Daten unproblematisch. Im Anhang findet sich eine detaillierte Aufschlüsselung des Korpus. Um in der Darstellung einer methodischen Verzerrung durch die Fokussierung auf die chronologisch jüngste Phase entgegenzuwirken, wurde, wo es an-

---

197 Vgl. Cover Nr. 17, Übersicht im Anhang.
198 Vgl. ebd.; sowie die Interviews Nr. 5, 6, 9 und 19.
199 Vgl. Pichler 2022b; sowie Höpflinger 2020.

gezeigt erschien, in der Oral-History-Forschung und der begleitenden Kontextrecherche nach der Rolle von T-Shirts bzw. Kleidung in den 1980er- und 1990er-Jahren gefragt bzw. recherchiert.[200]

Band-T-Shirts sind seit den Gründungsjahren ein fester Bestandteil der steirischen Szeneästhetik – wie in gleichsam allen Szenen weltweit. Das Faktum, dass es teils bis in die 1990er-Jahre in der lokalen Metal-Community Schwierigkeiten gab, an professionell produzierte Shirts bevorzugter Bands zu kommen, erhöhte ihren Stellenwert.[201] Traditionell in Schwarz gehalten und mit dem Schriftzug der jeweiligen Band sowie mit Album- oder Tour-Motiven versehen, sind sie neben der ‚Kutte'[202] jene Form der Kleidung, die Metal gerade für Szeneaußenstehende am deutlichsten erkennbar werden lässt. Wie Höpflinger aufzeigt, sind solche T-Shirts historische Quellen und zugleich textile Medien, die in die Ökonomie und Kommunikationssysteme einer Szene eingebunden sind.[203] Unmittelbar am Körper getragen dienen sie der Verkörperung von rechts- und moralbezogenen Aspekten der steirischen Szeneidentität. Als Mode sind sie mit Codes zu Gender, Sexualität, Religion und Moral aufgeladen. Insofern sind sie die ‚körpernächste' Form von Quellen. Gemeinsam damit, dass wiederum häufig Covermotive abgebildet und sie lokal vor allem auf Konzerten vermarktet werden, war dies die Grundlage der Entscheidung, diesen Typus zu wählen. Die Art der Daten, die daraus gewonnen werden konnten, hängt mit zwei Gesichtspunkten zusammen.

Dies betrifft zunächst den textilen Charakter des Quellenmaterials. T-Shirts liegen in diesem Parameter außerhalb der klassischen Quellenkritik.[204] Etwas salopp formuliert hatten wohl weder Ranke noch Droysen voraussehen können, dass Heavy-Metal-T-Shirts einmal als historische Quellen dienen würden. Die entscheidende Dimension in diesem ersten Punkt ist, dass sie als Textilien weder dauerhaftes Material (wie etwa eine in Stein gehauene antike Inschrift) noch bedrucktes Papierdokument mit rein archivalischem oder dokumentarischem Zweck sind. Die Hauptaufgabe der Quellenforschung bestand also darin, über die traditionellen methodischen Fragestellungen der Quellenkritik Daten zu gewinnen sowie gleichzeitig die spezifische Materialität von T-Shirts zu beachten.[205] Dies hieß etwa, bei der Analyse der T-Shirts der Bands Darkfall und Klynt sowohl Motive als auch Haptik und Produktionskreislauf zu bedenken.[206]

Die Körpernähe bildet den zweiten Punkt. Durch diese Körpernähe ist eine immanente Verbindung zur körpergeschichtlichen Forschung gegeben.[207] T-Shirts

---

200 So zentral in den Interviews Nr. 5, 6 und 10.
201 Vgl. ebd.
202 Vgl. Cardwell 2022.
203 Vgl. Höpflinger 2020.
204 Vgl. Frings et al. 2012.
205 Hierzu zentral: Pichler 2022b.
206 Siehe hierzu die T-Shirts Nr. 1 und 7, Übersicht im Anhang.
207 Vgl. Kalof/Bynum 2010; kommentierend wieder: Pichler 2022b; Höpflinger 2020.

2.4 Die Datenbasis

sind als Medien des normenbezogenen klanglichen Wissens zu betrachten, die direkt am Körper getragen werden. Sie machten diese Körper zu den authentischsten aller Medien der lokalen Metal-Identität. Gerade um dieser spezifischen Eigenschaft des T-Shirts Rechnung zu tragen, war es notwendig, wenn möglich ein Exemplar für die Materialanalyse zu erhalten. Dies wirkte sich in genannter Form auf die Entscheidung zur Begrenzung des Datenkorpus aus. Wie Höpflinger überzeugend darlegt, ist die Analyse der textilen Qualitäten sowie die Untersuchung der Produktions-, Herkunfts- und Druckmodalitäten mitentscheidend für die erhaltbaren Daten aus dieser Quellengattung.[208] Dies galt uneingeschränkt auch für die Untersuchung in der Steiermark. Dass etwa das genannte T-Shirt von Klynt auf einer global erhältlichen Type bedruckbarer T-Shirts basiert, zeigt die Eingebundenheit in die Weltökonomie.[209]

Die auf diese Medien aufgebrachten Bild- und Textelemente lieferten qualitative Daten zur Körpergeschichte, die zugleich an die Klanglichkeit rückzubinden sind. In der Praxis der Forschung bedeutete dies, die Motive, die auf den T-Shirts aufgebracht sind, zu bestimmen und in Beziehung zu den referenzierten Elementen der Musik (etwa dem Album, auf das sich ein Album-Shirt bezog) zu setzen. Auch die Kontextrecherche zu Touring-Prozessen sowie der Quervergleich zu den anderen Methodenschienen war wichtig. Gerade die genannten Aspekte der Einbindung in lokale und globale Wirtschaftskreisläufe sowie der Körpernähe und Textilität ermöglichen wichtige Aussagen zur Szene. Dass beispielsweise in der Steiermark der klassische Schnitt von Band-T-Shirts auf den männlichen Fan ‚zugeschnitten' ist, worüber in der Szene geklagt wird,[210] ist Teil des normenbezogenen klanglichen Wissens.

Daten aus der Musikanalyse

Die dritte Art empirischer Daten stammt aus der musikanalytischen Forschung Efthymious. Nach ihrer Gewinnung und Auswertung durch den Musikwissenschaftler gingen sie durch den beschriebenen ‚Filter' eines interdisziplinären Übersetzungsprozesses zwischen Efthymiou und dem Autor als Historiker. Damit sind die Daten zwar in strengem Sinne musikanalytisch und genügen den Ansprüchen, die in dieser Hinsicht in puncto Reliabilität an sie zu stellen sind, wurden dann jedoch in eine Erzählung geschichtswissenschaftlichen Typs integriert. Sie werden daher historischen Quellen im Sinne Webers Konzept gleichgestellt.[211]

---

208 Vgl. Höpflinger 2020, 292–375.
209 Vgl. T-Shirt Nr. 1, Übersicht im Anhang.
210 Vgl. Interview Nr. 3.
211 Vgl. Weber 2012; breiter auch die übrigen Beiträge in Frings et al. 2012; sowie Pichler 2022b.

Es wurden zwei Datensätze erstellt. Wie schon oben in der Deskription der Methode ausgeführt, war es aus musikologischer Sicht wichtig, sowohl global einflussreiche als auch primär lokal rezipierte Musik zu erforschen. Einerseits wurde diese Entscheidung getroffen, weil global erfolgreiche Bands (etwa Judas Priest, Iron Maiden und Helloween) für den Untersuchungszeitraum ein wichtiger, musiksprachlicher Bezugspunkt als Vorbilder steirischer Bands waren. Andererseits war es insbesondere wichtig, für die Erforschung der Klanglichkeit die lokale Musiksprache fokussiert in den Blick zu nehmen. Es bestand immer ein komplexes musikrezeptorisches Wechselverhältnis zwischen globalem und steirischem Musikschaffen, das nach Efthymiou auch noch einer vollständigen Erschließung harrt.[212] Aus Efthymious Forschung lässt sich musikhistorisch erkennen, dass es sich bei den globalen und lokalen Daten um jeweils eigene Musikräume handelte, die sich jedoch in beständigem Austausch befanden. Besonders interessant ist kulturhistorisch daher jene Sphäre des Transfers zwischen globalem und lokalem Niveau, die weiter oben im Sinne einer „Verspätung" von mehreren Jahren zwischen globaler und steirischer Musikinnovation genannt wurde. Aus diesen Gründen wurden ein „globaler" sowie ein „lokaler" Datensatz erstellt, die beide wiederum im Anhang im Detail beschrieben sind. Aus Gründen der Übersichtlichkeit wurde dabei auf die Nennung von Plattenfirmen verzichtet.

Beim ersten Teilkorpus handelt es sich um neun Analysen global erfolgreicher Aufnahmen mit Rechtsbezug. Sie decken den Zeitraum von 1980 bis zur Gegenwart ab. Ein Schwerpunkt wurde auf die 1980er-Jahre als Stilbildungsphase der klassischen Heavy-Metal-Musiksprache gelegt.[213] Dies begründet sich darin, dass in dieser Zeit die Verzahnung von Recht, Moral und Klang grundgelegt wurde. Der in der Regel auch textlich explizite Rechtsbezug charakterisierte als Klassiker geltende Stücke wie „I Am the Law" von Anthrax oder „Heavy Metal (Is the Law)" von Helloween musiksprachlich. Efthymiou untersuchte diese Beispiele des global einflussreichen normenbezogenen klanglichen Wissens nach dem von ihm genannten Parametern (Harmonieprogressionen, Wahl der Akkorde, Instrumentierung usw.; siehe Abschn. 2.3, Musikwissenschaftliche Analyse). Sie legen in Verbindung mit den anderen verfügbaren Daten eindringlich nahe, dass seit den 1980ern ein global verfügbares, musiksprachliches ‚Metal-Rechtsvokabular' entstanden ist. Die individuellen Songs des Korpus wurden einzeln, jedoch immer im Kontext des gesamten Studioalbums, auf welchem sie erschienen, sowie des sie umgebenden, breiteren musikhistorischen Kontexts betrachtet. Efthymiou arbeitete in den einzelnen Analysen jeweils die musiksprachliche Thematisierung des „law subject" heraus und bereitete sie für das

---

212 Vgl. Efthymiou 2021.
213 Hierzu: Elflein 2010.

2.4 Die Datenbasis

Gespräch mit dem Autor auf.[214] Dies ermöglichte es dem Autor, die musikwissenschaftliche Bedeutungssphäre in die kulturhistorische zu integrieren. Dieser erste musikanalytische Datensatz im Anhang repräsentiert den globalen Musikraum.

Der zweite Subdatensatz umfasst neun Beispiele aus dem steirischen Musikraum. Auch hier wurden Beispiele aus demselben Zeitraum integriert. Aufgrund der oben genannten Kriterien, die an die Analysegrundlagen zu stellen waren (Verfügbarkeit von qualitativ angemessenen Aufnahmen, Transkriptionen, Partituren usw.), war im lokalen Szenekontext das Material für die jüngste Phase der Szenegeschichte seit 2000 das reichste.[215] Für die Phasen der 1980er- und 1990er-Jahre wurde angesichts der beschränkten Traditionssituation von qualitativ ausreichenden Analysegrundlagen Wert darauf gelegt, aus dem vorhandenen Material eine möglichst breite Aussagenbasis zu generieren. Für die 1980er-Jahre wurden daher im Fall der Band Blessed Virgin beide Seiten der Single *Heavy Metal/Nightmare* im Detail analysiert und breitest möglich kontextualisiert. Bei der ab den 1980ern lokal auftretenden Band Dynamite wurde die gesamte Live-Aufnahme *Rough 'n' Live* in den Blick genommen und von dieser die beiden Songs „Between Your Legs" und „'Cause They Are People" detaillierteren Höranalysen unterzogen. Zugleich wurde der lokale musikhistorische Kontext möglichst weit rekonstruiert. Für die 1990er wurde der im Korpus integrierte Einzelsong „Pseudorevolution of a Fucked Up Mind" der für diese Phase paradigmatischen steirischen Band General Bomb Machine im Kontext des gesamten Demos, von welchem die Aufnahme stammt, sowie, soweit zugänglich, der Diskographie der Gruppe erforscht. Gerade hier zeigte sich der musikanalytische Wert des Gesprächs mit den Komponisten.[216] Weitere Bands wurden als Referenzpunkte herangezogen. Auch in der Oral-History-Forschung wurde, um weitere Aussagen zu ermöglichen, spezifisch nach der Musik der Band sowie der Klanglichkeit gefragt.[217]

Gerade aufgrund der wesentlich geringeren Anzahl der in diesen frühen Phasen veröffentlichten Aufnahmen sowie der kleinen Dimension der Szene überhaupt sind schon diese Befunde aufschlussreich. Zusammen mit der umfassenderen, musikwissenschaftlichen Datenlage für die Phase seit 2000 legt dieser zweite Subkorpus nahe, dass die global einflussreichen Muster der ‚Metal-Rechtssprache' auch in der Steiermark auftraten und um lokale Muster ergänzt wurden. Diese Daten sind so ein Beispiel für die ‚Glokalität' dieser Szene. Alle Beispiele dieses zweiten Datensatzes wurden von Efthymiou nach denselben Kriterien wie jene des ersten aufbereitet. Sie repräsentieren somit den lokalen Musikraum. Steirische musiksprachliche Trends und somit die Verzahnung von

---

214 Vgl. Efthymiou 2021; hierzu als Vorarbeit auch schon: Efthymiou 2014.
215 Vgl. Efthymiou 2021; aus der Forschung auch: Walser 1993; sowie Elflein 2010.
216 Vgl. ebd.
217 Vgl. Interview Nr. 9.

Recht, Moral und Metal-Klang sind gut erkennbar. Aber gerade, wenn es um die Verzahnung der beiden Räume, die Transfers zwischen ihnen und eine vollständige Nachzeichnung der Trends für die 1980er und 1990er-Jahre geht, scheint hier weitere Forschung vielversprechend – auch für Themen jenseits des Rechtsbezugs.[218]

Im Gesamten ermöglichen es die Daten, die aus Efthymious Analysen gewonnen werden konnten, erste Grundzüge der genannten ‚musikalischen Rechtssprache', unterteilt nach den globalen und steirischen Musikräumen, zu erkennen. Sie liefern das empirische Material, um die musikalische Dimension von Recht, Moral und Metal-Sound in der steirischen Szene beschreiben zu können.[219]

Zwischenfazit zur Datenbasis

In den vorangehenden Kapiteln wurde eine Übersicht der Datenbasis als empirischer Grundlage dieses Buchs gegeben. Es wurden drei unterschiedliche Datensätze vorgestellt: erstens Oral-History-Interviews, zweitens Konzertflyer, Coverabbildungen und Band-T-Shirts, und drittens musikanalytische Daten. Dies zieht ein dichtes empirisches Netz über die Geschichte der Szene. Die Daten sammeln sich in den Korpora und Subkorpora um einzelne chronologische Schwerpunktjahre, erlauben jedoch insgesamt eine chronologische Längsschnittanalyse des normenbezogenen klanglichen Wissens. Die Gewichtung der einzelnen Datensätze sowie ihre Priorisierung erfolgt im weiteren Verlauf der Darstellung forschungspragmatisch nach den Erfordernissen der jeweils untersuchten Facetten des Gegenstandsbereichs. Die Interviews erwiesen sich als in der Regel in faktisch-ereignisgeschichtlicher Hinsicht zuverlässig. Die subjektiven Eigendeutungen in Bezug auf das Rechtsverständnis, die Wertekonstruktionen, das Empfinden des Metal-Sounds sowie das spezifisch Steirische konnten durch die semiotischen Quellen zur Szenegeschichte kontextualisiert und überprüft werden. Die Oral-History-Daten und die semiotischen Daten sind somit als sich ergänzende empirische Daten zu verstehen. Die Erkenntnisse, welche die musikanalytischen Daten dem noch hinzufügten, führten ins sinnstiftende Herz der Kultur dieser Szene – dem Hören und Leben der Musik. Im Zwischenfazit steht also eine breite Datenbasis zur Verfügung, welche die Geschichte des normenbezogenen klanglichen Wissens über individuelle Erinnerungen sowie durch Diskurs- und Musikanalyse empirisch zugänglich machte.

---

218 Vgl. Efthymiou 2021.
219 Diese semiotische Lesart findet sich zentral auch bei Walser 1993; sowie jünger bei Walch 2018.

2.5 Kapitelabschluss: Normenbezogenes klangliches Wissen in der Steiermark und seine Analyse

Das Ziel in diesem Buchteil war es, die Grundlagen der Konstruktion des Narrativs dieser Studie vorzustellen. Diese Grundlagen bestehen im einschlägigen Forschungsstand, den aus ihm zu gewinnenden theoretischen und perspektivischen Prämissen, der Präsentation der verwendeten Methoden sowie der Beschreibung der Datenbasis in ihrem Umfang und ihren Arten von Daten. Dies betrifft also die grundsätzliche Art und Weise, wie in den folgenden inhaltlichen Kapiteln (Abschn. 3 bis 5) die Geschichte des normenbezogenen klanglichen Wissens empirisch beschrieben, also erzählt wird. Daher sind diese „Basics" zugleich der Ausgangspunkt der Definition der Begrifflichkeit des normenbezogenen klanglichen Wissens. Es ist als Kapitelabschluss – den Bogen über die vorangegangenen Denkschritte spannend – möglich, den Terminus und seine Anwendung konzeptionell-definitorisch auszuformulieren.

Das Wissen, um das es sich handelt, ist ein intuitives und habituelles. Es wurde in den frühen Tagen der steirischen Metal-Szene grundgelegt, pluralisierte sich in den 1990er-Jahren und drang seit 2000 ins Digitale vor. Das Wissen wurde im Sprechen über Metal, im Spielen von Metal, bei Konzerten, in Zimmern von Jugendlichen, bei alltäglichen Rechtserfahrungen, bei der Verurteilung der Subkultur durch konservativ-kirchliche Kreise und heute auch auf Social Media wie Instagram und Facebook entwickelt bzw. weitergegeben. Dieses Wissen, welches die Metalheads wissen lässt, was Metal in der Steiermark ausmacht, ist weder formal deduktiv noch streng logisch in seinen Wissenskategorien. Es ist vielmehr assoziativ und orientiert sich am Praxisleben der Szene. Wesentliche Wissensbausteine entsprangen aus dem Wechselspiel von Rechtsbezug, Wertegenese und dem Hören und Fühlen des Metal-Sounds in der Steiermark. Das Ergebnis war die eigene Klanglichkeit[220] der steirischen Szene seit den frühen 1980ern. *Man kann das normenbezogene klangliche Wissen also als das rechtsbezogene, wertbasierte und klanglich codierte Praxiswissen darum, was Metal ausmacht, definieren. Im Folgenden wird von dieser Definition ausgegangen.*

Die Grundlagen, welche in diesem ersten Abschnitt des Narrativs erarbeitet wurden, führen nicht zu „God Metal", wie es Grave Forsaken in ihrem zu Kapiteleingang zitierten Song „Back to Basics" forderten, aber schon dazu, zu erkennen, was die Grundlagen des Metal in der Steiermark in normenbezogener Hinsicht sind.

---

220 Vgl. Walch 2018.

3 Die Szenegründung, ca. 1980–1990

3.1 Das Pionierjahrzent in der Vogelschau

Die 1980er-Jahre waren das Pionier- und Gründungsjahrzehnt der steirischen Metal-Szene und somit auch die Zeit der Grundlegung des normenbezogenen klanglichen Wissens. Es entstanden die grundlegenden Netzwerke, Institutionen und Diskurse, welche der Szene ihre individuelle Charakteristik verleihen. Erste Bands prägten die Gründung musikalisch.[221] In globaler Hinsicht wurden die 1980er oft als ein ‚Golden Age' des Heavy Metal o. ä. tituliert. In diesem Jahrzehnt wurde jene Codes und Konventionen entwickelt, die bis heute gemeinhin als der Grundstock jeglicher Metal-Identität gelten, etwa in Bezug auf Sound und Ästhetiken. Szenen in Großbritannien, Deutschland, Nord- und teils Südamerika hatten eine Vorreiterrolle inne.[222]

Die Szene in der Steiermark spielte keine solche globale oder europäische Pionierrolle. Im Gegenteil: Die 1980er-Jahre waren für die steirischen Metalheads alles andere als ein Eldorado – sie mussten gegen Widerstände sozialer und anderer Art kämpfen und sich mit diesen im Prozess der Szenegründung produktiv auseinandersetzen. Es ist gerade diese individuelle historische Situation der Gründung der Szene, die ihre Untersuchung reizvoll macht. Es handelte sich um eine Metal-Community, die man mit einiger Berechtigung bis in die 1990er-Jahre als peripher innerhalb Europas bezeichnen konnte. Alle wesentlichen Trends, die in Pionierszenen zu beobachten waren, traten auch hier auf, jedoch mit einiger Verzögerung.[223] Die Kleidung, die Wertvorstellungen, die Sounds und die Rituale des Metal kamen in der Steiermark an. Die Codes der Metalness wurden aber nicht unverändert kopiert, sondern in die lokalen Bedingungen eingeflochten, wofür Recht, Moral und Klang elementar waren.

Die Netzwerke und Bands, die entstanden, waren an globalen Beispielen orientiert und zugleich im lokalen Umfeld mit seinen Möglichkeiten und Grenzen verankert. Es sind die *Verflechtungs-, Einpassungs-, Umcodierungs- und Verankerungsprozesse*, welche in der Zeit der ‚Verspätung' der steirischen Szene geschahen, die für die Untersuchung reizvoll sind. In dieser ‚glokalen' zeitlichen Sphäre

---

221 So etwa die Bands Skull Breaker, Dynamite, Blessed Virgin und andere. Vgl. hierzu die Interviews Nr. 5, 6 und 9; sowie den Datenkorpus im Anhang.
222 Vgl. hierzu Walser 1993; Weinstein 2000; siehe auch die Fallstudien in Brown et al. 2016; Gardenour Walter et al. 2016; Heesch/Höpflinger 2014; sowie spezifisch historisch Okunew 2021; Swiniartzki 2023; Pichler 2020b.
223 Vgl. Efthymiou 2021.

3.1 Das Pionierjahrzent

zwischen globalem Vorbild und lokaler Einpassung fand die Entwicklung der wesentlichsten individuellen Strukturen und der Identität der steirischen Metal-Szene statt.

Verflechtung bedeutete etwa, dass von ersten Bands und Multiplikator*innen Wege geschaffen werden mussten, um Metal-taugliche Instrumente nach Graz zu importieren;[224] oder aus der Oststeiermark Kontakte zu Tapetrading-Netzwerken in Frankreich, Deutschland und Amerika zu knüpfen, um über ausgetauschte Kassetten mit neuer Musik den Metal-Klang kennenzulernen.[225] *Einpassung* hieß, das Wissen und die Metal-Expertise, die in die Region vordrangen, in die lokale Lebenswelt zu integrieren – etwa, indem erste Metal-Konzerte in Grazer Pfarrkellern stattfanden;[226] oder, dass in Tonstudios, die auf Volksmusikproduktionen spezialisiert waren, erste Metal-Platten aufgenommen wurden.[227] *Umcodierung* bedeutete, dass hiermit eine Anpassung des globalen Metal-Wissensstroms an die Realitäten vor Ort verbunden war – etwa in der Form, dass man aufgrund des teilweisen Nichtverstehens englischer Texte diese wegließ oder ‚Coverversionen' in deutscher Sprache aus den Originalen machte.[228] Umcodierung auch insofern, als dass man das verhasste ‚Establishment', das die britische Metal-Szene in den Eliten des Thatcherismus verkörpert sah, in der Steiermark in das katholisch-bürgerliche Milieu projizierte.[229] *Verankerung* bedeutete schließlich, dass man strategisch die lokalen Verhältnisse vor Ort zu nutzen wusste, um den importierten und steirisch angepassten Metal in der Region zu etablieren. Jugendzentren, die von der öffentlich-rechtlichen Hand abhängig waren, wurden zu den wichtigsten strukturellen Keimzellen der Szene.[230] Verankerung hieß auch, dass man bestehende gastronomische Strukturen wie Pubs und Diskotheken in die entstehende Metal-Szene integrierte oder eigene begründete.[231]

Am Ende der Dekade waren so die grundlegenden Netzwerke und Strukturen entstanden, die bis heute das ‚analoge' Rückgrat der Szene darstellen. Neben den so wichtigen Jugendzentren, die es in fast allen Bezirken mit ihren Bezirksstädten gab, entstanden Wege, auf denen Merchandise und Kleidung zirkulierten und vermarktet wurden, erste spezialisiertere Studios, Metal-Vereine und natürlich Bands. *Kurz, eine Szene wurde gegründet.*

---

224 Vgl. Interviews Nr. 5, 6 und 9.
225 Vgl. Interview Nr. 11.
226 Vgl. die Flyer Nr. 1 und 2, Übersicht im Anhang.
227 Vgl. Interview Nr. 7.
228 So zu hören in den Interviews Nr. 5, 6 und 9.
229 Vgl. ebd.; zur breiteren Kontextualisierung: Pichler 2020a; Swiniartzki 2023.
230 Hierzu die Interviews Nr. 2, 3, 5, 6, 9, 12 und 20.
231 Vgl. hierzu die Geschichte des „Hard Rock Ost" in den Interviews Nr. 9 und 22; sowie weiter unten in Abschn. 3.3, Wertegenese im „Hard Rock Ost".

In dieser Gründungsdekade war der Gesamtprozess aus Rechtsbezug, Moraldiskurs und klanglicher Codierung konstitutiv für die Entwicklung der spezifischen, lokalen Szenekultur. Der Rechtsbezug einer angepassten Form des „Breaking the Law"-Mythos brachte die Identität der ersten steirischen Metalheads auf den Punkt.[232] Eng verflochten mit dem Recht war der Diskurs um Moralvorstellungen. Die Wertegenese der Szene als normatives Herzstück war grundlegend für das Selbstverständnis. Prägend wurde, dass Rechtsbezug und Moral in klanglich codierter Form wirksam wurden – also verklanglicht wurden.[233] Die Praxis des Szenelebens – in Zimmern von plattenhörenden Jugendlichen ab Beginn der 1980er-Jahre, bei ersten Konzerten in Jugendzentren, bei frühen Aufnahmen in Studios – implizierte, dass Rechtsbezug und Wertegenese diese *hörbare* Form annahmen.

Aus den empirischen Daten schöpfend beschreibt die folgende Darstellung der 1980er-Jahre diesen Prozess als Wissensgeschichte. Es ist zu erzählen, wie in der Szenegründung die prägenden Kategorien des normenbezogenen klanglichen Wissens entwickelt und mit Leben gefüllt wurden. Daher ist dies weder eine inventarisierende Geschichte der steirischen Bands noch eine, die auf die Strukturen im traditionell sozialhistorischen Sinne blickt.[234] Vielmehr ist dies die Geschichte, wie Rechtserfahrung, Wertegenese und deren klangliche Codierung in diesen zehn Jahren zusammenwirken.

Dabei wenden sich die folgenden Abschnitte einzeln den drei wesentlichen Teilaspekten des klanglichen Wissens – nämlich Recht, Moral and Klang – zu, um sie abschließend im Gesamten interpretieren zu können. Im ersten Abschnitt zur Rechtserfahrung (Abschn. 3.2) wird behandelt, wie die spezifische Rechtserfahrung der Metal-Szene sich vor Ort gestaltete. Dies erfolgte im Kontext der eigenen, vor Ort herrschenden Wertvorstellungen, welche das Umfeld der Wertegenese der Szene als Thema des nächsten Subkapitels (Abschn. 3.3) waren. Verklammert wurde die Lebenswelt von Rechtserfahrung und Wertegenese durch die spezifische Klangerfahrung, die diese Gründungszeit prägte. Wie die vor Ort herrschende Klanglichkeit der Szene als akustisch codierte Form des normenbezogenen klanglichen Wissens in der Gründungsphase Akteur*innen und Netzwerke kulturell verkittete, wird im dritten Subabschnitt erzählt (Abschn. 3.4), woran die resümierende Bilanz der Szenegeschichte um 1990 anschließen kann (Abschn. 3.5).

---

232 Vgl. Pichler 2020c; sowie die Interviews Nr. 5 und 6.
233 Hierzu ebd.; sowie wieder Walch 2018; auch: Elflein 2010 und Walser 1993.
234 Zu einem dezidert sozialhistorischen Zugriff siehe Swiniartzki 2023; sowie auch größtenteils Okunew 2021.

3.2 Rechtserfahrungen in der Gründungsphase

„§ 1. (1) Ein Verein [...] ist ein freiwilliger, auf Dauer angelegter, auf Grund von Statuten organisierter Zusammenschluss mindestens zweier Personen zur Verfolgung eines bestimmten, gemeinsamen, ideellen Zwecks.
[...]
§ 7. Beschlüsse von Vereinsorganen sind nichtig, wenn dies Inhalt und Zweck eines verletzten Gesetzes oder die guten Sitten gebieten."[235]

Diese Zitate stammen aus dem aktuell gültigen österreichischen Vereinsrecht, nach dem sich auch die Vereine, die Jugendzentren seit den 1980ern als zentrale Institutionen der Metal-Szene in der Steiermark trugen, richten müssen. Es geht dabei also schon im Gesetzestext um einen „ideellen Zweck" sowie die Einhaltung gesetzlicher Grenzen und „guter Sitten". In den frühen 1980er-Jahren, als Metal erstmals greifbar wurde, herrschte in der Steiermark in populärmusikalischer Hinsicht kein ‚luftleerer Raum' vor. Die Gründung der Metal-Szene schloss an die Kultur- und Musikgeschichte der Pop- und Rockmusik in der Steiermark an, welche für den Zeitraum von den 1960er-Jahren bis 1975 von David Reumüller et al. anschaulich aufgearbeitet wurde.[236] Die Formen, die die Musik, die Institutionen und die Netzwerke der Metal-Community ab den 1980er-Jahren annahmen, bauten auf Pop und Rock auf, waren aber bald auch von diesen different und individualisierten sich.[237] Spätestens ab Mitte der 1980er-Jahre ließen sich in der steirischen Metal-Szene eigene Formen des normenbezogenen klanglichen Wissens erkennen. Die bereits bestehenden ökonomischen und technischen Strukturen der Populärmusikszene (vor allem Aufnahmestudios) wurden gemäß den Interessen der Metal-Szene genutzt. Sie können als soziostruktureller Ermöglichungsfaktor der Szenebildung begriffen werden.

Ab den frühen 1980er-Jahren wurde so von den ersten Metalheads ein kultureller Wissensprozess gestartet und in der Folge immer intensiver eine eigene, steirische Metalness gelebt, die über die schon vorhandenen Identitäten in Pop und Rock hinausging. Auch wenn vorhandenes Protestpotenzial und subversive Praxen der Rock-Szene aufgegriffen wurden, war das Selbstverständnis der ersten steirischen Metalheads in zentralen Punkten radikaler transgressiv.[238] Der intensiver inszenierte Outlaw-Mythos, die Kultivierung des noch ungewohnt extremen Metal-Sounds und das Auftreten mit eigener Kleidung und Habitus im

---

235 Quelle: Österreichisches Vereinsgesetz 2002, §1, §7.
236 Vgl. Reumüller et al. 2010.
237 Nachzuvollziehen in den Interviews Nr. 5, 6, 9, 10, 15 und 22.
238 So wiederum plastisch in den Erinnerungen des Zeitzeugen in Interview Nr. 11; sowie aus weiblicher Perspektive in Nr. 22.

öffentlichen Raum setzten lokal neue semiotische Standards.[239] Die Gründung der steirischen Metal-Szene im Jahrzehnt von etwa 1980 bis 1990 kann als eine kollektive Handlung und aus dieser folgenden, individuellen sowie kollektiven Erfahrungen der ersten Metalheads verstanden werden. Durch diese Prozesse wurde eine sich bereits im Liberalisierungsprozess befindliche Lokalkultur durch die Metal-Community noch stärker liberalisiert. Metalheads waren nicht die alleinigen Träger*innen der kulturellen Liberalisierung, aber in der Reichweite ihrer Subkultur waren sie Akteur*innen mit vergleichsweise hoher Sichtbarkeit.[240]

Innerhalb des lokalen kulturellen Gewebes waren die Rechtserfahrungen, welche die ersten Metalheads machten – in der Regel sogar machen mussten! – ein entscheidender Einflussfaktor. Rechtserfahrungen sind dabei einerseits als konkrete Erfahrungen mit Rechtsbeständen (etwa dem Jugendschutzgesetz) und deren sozial strukturierende Wirkung zu verstehen, andererseits auch als an den Rechtsbezug anschließende kulturelle Verarbeitungs- und Imaginationsprozesse im Diskurs der Szene (etwa als Protest gegen als zu streng oder konservativ empfundene Gesetze oder Regeln in Songtexten).[241] Das Recht, wie es im Alltag der Metalheads erfahren wurde, wurde schon in der Gründungszeit zu einem kulturellen Ankerpunkt; einem Impulsgeber, von welchem ausgehend die ersten Metalheads ihr Selbstbild entwickelten. Das Recht, das schon vor der Szenegründung da war, lieferte der Metal-Community einen, teils *den* moralischen Reibepunkt, der die Szenegründung unterfütterte. In der Alltagsrealität war das Recht aber zugleich immer ein ermöglichender Faktor. Es schützte in einer von der öffentlichen Hand geförderten lokalen Kulturlandschaft die Freiräume junger Musiker*innen und Fans. Diese Ambivalenz war prägend: Einerseits bot das Gesetz Rechtssicherheit und somit Freiraum, andererseits wurde es als Ausdruck der (noch) katholisch-bürgerlichen Lebenswelt mit ihren oppressiven Regeln, denen man sich beugen musste, imaginiert.

Metal in der Steiermark war somit von Anbeginn an ‚Metal im Recht', d. h. das vorhandene Rechtssystem strukturierte die Gründung. Bei gleichsam allen für die Entwicklung des Habitus der ‚Metaller*innen' relevanten Praxen, Orten und Netzwerken waren Rechtsbestände, die vor der Szene bereits vorhanden waren, der Kontext und somit Formgeber der Szenegründung: etwa das Vereinsrecht bei Vereinen, die dann auch die so wichtigen Jugendzentren trugen, das Jugendschutzgesetz bei Veranstaltungen und Wirtschaftsrechtsbestände bei

---

239 Vgl. ebd.
240 Was sich anschaulich in den bildlichen Codes etwa von Flyern der 1980er zeigt, vgl. die Flyer 1 und 2, Übersicht im Anhang.
241 Vgl. Pichler 2021a, 2022a; zur Rechtsgeschichte Österreichs als Raum der möglichen Erfahrungen sowie der Geschichte der Steiermark siehe: Arbeitsgemeinschaft Österreichische Rechtsgeschichte 2018; Olechowski 2019; Ziegerhofer 2020.

3.2 Rechtserfahrungen in der Gründungsphase

Verträgen über erste Studioaufnahmen.[242] Welche Form die Subkultur als Gemeinschaft annehmen konnte, war wesentlich davon abhängig, wie die kollektive und individuelle Rechtserfahrung und deren szenische Verarbeitung erfolgten. Diese Rechtserfahrungen und die Imagination gaben der Szenegründung wesentliche Teile ihrer Struktur und sind der Inhalt der folgenden Abschnitte.

Die Handlungsmuster und subkulturellen Praktiken, die aus der gemeinsamen und individuellen Auseinandersetzung mit dem Recht erfolgten, waren konstitutiv ambivalent. Das Recht hatte in der Gründungsphase die ihm immer eigene Janusköpfigkeit von Ermöglichung und Beschränkung.[243] Es ist daher zu untersuchen, wie das Recht im Alltag erfahren und imaginiert wurde, welche Möglichkeiten es bot und welche Grenzen es zugleich zog. Es ist nachzuzeichnen, wie der Rechtsbezug zum Nachdenken und Fantasieren darüber, was es heißt, Metalhead zu sein, anregte. Praktisch alle interviewten Personen, welche Erinnerungen an die frühe Zeit der steirischen Metal-Szene äußerten, erinnerten sich an Ambivalenz als zentrales Deutungsmuster für diese Zeit, so auch in Graz.[244]

Rechtserfahrungen in Graz

In der Landeshauptstadt wurde 1982 die nach eigenem Anspruch erste Heavy-Metal-Band der Steiermark – Skull Breaker – gegründet.[245] Die wissenschaftliche Recherche bestätigte nach verfügbaren Quellen diese Pionierrolle.[246] Die Band wurde im Umfeld einer Grazer Mittelschule gegründet, dem Bundes-Oberstufenrealgymnasium Hasnerplatz.[247] Diese Mittelschule sei einerseits laut Erinnerungen durch ein sich bereits liberalisierendes und musikförderliches Klima geprägt gewesen, andererseits aber auch noch durch autoritär-konservative Züge.[248] Entscheidend scheint die Einstellung und Unterrichtspraxis einzelner Lehrkräfte gewesen zu sein.[249] An dieser Schule entstand in den frühen bis mittleren 1980er-Jahren ein Kern der frühen Grazer Metal-Community. Skull Breaker und ihre internationalen Vorbilder wie Judas Priest, Iron Maiden und Motörhead lieferten dazu den akustisch codierten Erfahrungsraum.

---

242 Siehe hierzu aus der Oral History: Interviews Nr. 7, 9 und 13.
243 Ich danke Christian Hiebaum für diesen wichtigen Hinweis; vgl. Hiebaum 2024 (im Erscheinen).
244 So etwa in den Interviews Nr. 2, 5, 6, 9, 11, 13, 18, 19 und 22.
245 Vgl. erinnernd: Interviews Nr. 5 und 6.
246 Hierzu vor allem: Krammer 2023.
247 Vgl. ebd.; aus der Oral History vor allem die Interviews Nr. 5 und 6, sowie teils Nr. 9.
248 Vgl. ebd.; ich danke Nikolaus Reisinger für weitere Impulse hierzu.
249 Vgl. ebd.

Abb. 1: Die erste Grazer Metal-Band Skull Breaker.[250]

Abb. 2: Handgezeichneter Sticker von Skull Breaker.[251]

---

250 Bildquelle: https://www.facebook.com/photo/?fbid=593000704706716&set=pcb.5930028 51373168 [16.1.2024].
251 Bildquelle: Archiv Rene Molnar, Foto: Peter Pichler.

3.2 Rechtserfahrungen in der Gründungsphase

Die Szeneclique um Skull Breaker, die sich nach der Erinnerung eines Zeitzeugen zuerst auf eine kleine Anzahl vor allem männlicher Schüler und Jugendlicher von etwa 15 Personen beschränkte,[252] wurde eine Keimzelle der Grazer Metal-Subkultur. Es waren weniger klassische soziale Marker wie Klasse, Religion usw., die Gemeinsamkeit stifteten, sondern die geteilte, ambivalente Rechtserfahrung bzw. was in der gemeinsamen Imagination mit dem Recht verbunden wurde.[253] Schon diese frühe kleine Gruppe um diese Band, welche es bis 1986 zumindest zu einigen Auftritten brachte,[254] machte ab 1982 die Erfahrung, durch das Recht geschützt zu sein; zugleich aber herrschte das Narrativ vor, von der ‚bürgerlich-katholischen Moral', welche man hinter dem Recht als soziale Wirkkraft vermutete, beschränkt zu werden.[255] Bereits dieser frühe Mikrokosmos von wenigen Jugendlichen wurde also durch die gemeinsame Erfahrung der Rechtsambivalenz zusammengehalten.

Pointiert eingefangen wurde diese Erfahrung und die Imagination der scheinbar oppressiven Moral hinter dem Recht von jenem Zeitzeugen, welcher in der Einleitung zitiert wurde. Es stammt aus der Erinnerung an diese Gruppe im Bundes-Oberstufenrealgymnasium Hasnerplatz. Aufgrund der zentralen Stellung dieses Erinnerungsnarrativs – es steht paradigmatisch für weite Züge der Gründungssituation[256] – seien nochmals ausführlicher jene Passagen zitiert, in denen es um die Frage der Identitätskonstruktion als Outlaw und die damit einhergehenden Semiotiken des „Breaking the Law"-Mythos als Elemente der Rechtserfahrung und -imagination ging:

> I: „Wenn du so an dein [...] sechzehn-, siebzehn-, achtzehn-, neunzehnjähriges Ich zurückdenkst, was hat [...] den Outlaw, der sich metaphorisch außerhalb des Gesetzes stellt, [...] ausgemacht?"
> P: „Das war ja das Interessante. Wenn du es mit dem Western vergleichst, [...] waren wir ja überhaupt keine Outlaws. [...] Das heißt, es hat völlig gereicht, Outlaw zu sein, indem [...] [man] so ausgeschaut [hat], dass die Leute Angst gekriegt haben, und für die warst du ein Outlaw und damit warst du zufrieden."
> I: „Eigentlich ist das eine Fremdzuschreibung, nicht?"
> P: „[...] genau, ist eine Fremdzuschreibung. Du wolltest eigentlich in Ruhe gelassen werden."[257]

Diese willkommene Fremdzuschreibung als Outlaw in Schule, Alltag und öffentlichen Raum, die zugleich schon das Recht und den Rechtsbezug per Imagination in die Gründung dieser frühen Community miteinbezog, war als Erfahrung eine

---

252 Hierzu vor allem Interviews Nr. 5 und 6.
253 Vgl. ebd.
254 Vgl. ebd.; breiter im Kontext wieder: Krammer 2023.
255 Vgl. ebd.
256 Dasselbe Muster taucht auch hier auf: Interviews Nr. 9, 10, 13, 19 und 22; „I" steht hier und im Folgenden für den Verfasser als Interviewer sowie „P" für die Interviewten als Proband*innen des Samples.
257 Quelle: Interview Nr. 5.

Voraussetzung der Konstruktion der frühen Metalness in Graz. Der Metalhead als Outlaw samt damit verbundenem kulturellen Rechtsbezug wurde so geboren:

> P: „Du hast dir die Haare wachsen lassen, du hast dann irgendwie geschafft, ein Metal-T-Shirt zu haben und härterer Musik zu frönen und du warst [...] schon der Outlaw. [...] Du bist [...] einfach erschienen, du bist ein bisschen herumgegangen, die Leute haben die Straßenseite gewechselt und du warst der Outlaw."[258]

Diese Imagination der eigenen Rolle im Mikrokosmos der etwa 15 jungen Männer und Jugendliche umfassenden Gruppe war höchst effektiv. Sie grenzte von außen ab, verankerte zugleich ihre neue Identität als Metalheads im lokalen Umfeld einer Schule, die von der sozialen Liberalisierung erfasst worden war, aber zugleich noch konservativ-katholische und autoritäre Muster kannte. Die Imagination eröffnete durch das Tragen langer Haare oder von Metal-T-Shirts neue Freiheits- und Alltagsräume, die am Anfang der eigenen Szeneräume standen. All dies war Rechtserfahrung, da es ohne den omnipräsenten Rechtsbezug der Outlaw-Semiotiken nicht denkbar gewesen wäre. Diese Erfahrung war von Anbeginn an, also zumindest ab der Gründung von Skull Breaker, konstitutiv ambivalent, da Ermöglichung *und* gleichzeitige Restriktion prägend waren. Wie man diese Restriktion empfand und was sie für das Selbstbild bedeutete, schilderte der Zeitzeuge in seiner Erinnerung der Rezeption von „Breaking the Law" in diesem Umfeld:

> I: „Es kommt [...] stark in dem Judas-Priest-Song ‚Breaking the Law' heraus."
> P: „Genau, ja. Das war ein wichtiger Song für uns [...]. [Es gab] [...] scheinbar das ungeschriebene Gesetz: Leuten, die [...] den Mund zu weit aufreißen, vielleicht eine Meinung haben, einfach willkürlich eine schlechte Note zu geben [...]. ‚Breaking the Law' [bedeutet], brich diese Gesetze, diese ungeschriebenen Gesetze, die dich [...] entrechten und dich entmündigen und [...] dich unterdrücken! [...] Wir waren die Entrechteten und die Unterdrückten, die das gespürt haben, also jeder von der Anfangs-Szene [d. i. der frühen Grazer Metal-Szene]."[259]

Die Erinnerung des Zeitzeugen beschreibt präzise, wie in diesem frühen Nukleus der steirischen Metal-Szene das Recht und die hinter ihm vermutete Moral gesehen wurden. Die Abgrenzung vom Konservativen durch die neue Metalhead-Identität, die das „Breaking the Law"-Narrativ ermöglichte, war nur durch diese Form der Rechtserfahrung und -imagination möglich geworden.

Dass die Ambivalenz von Outlaw-Stilisierung bei gleichzeitiger erfahrener Toleranz gegenüber den Szenepraktiken zum generativen historischen Muster der Szene wurde, zeigt sich daran, dass der Verein, der bis heute das „Jugend- und Kulturzentrum Explosiv" als zentralen Ort der Grazer Metal-Szene trägt, sich bis zu dieser frühen Gruppe rückverfolgen lässt.[260] Die Rechtskonstruktion des „ideellen" Vereins drückte ab Ende der 1980er-Jahre (das „Explosiv" wurde

---

258 Quelle: ebd.
259 Quelle: ebd.
260 Vgl. ebd.; auch die Interviews Nr. 1, 2, 3 und 9; siehe auch Explosiv 2024a.

3.2 Rechtserfahrungen in der Gründungsphase

1988 gegründet) ein bewusstes Navigieren im soziokulturellen Raum zwischen Ermöglichung und Beschränkung durch das Recht aus.[261] Auch hieran erinnert sich dieser Zeitzeuge, der für die Gründungssituation und die Rechtspraxis im Verein das Ausloten der möglichen Räume beschrieb.[262]

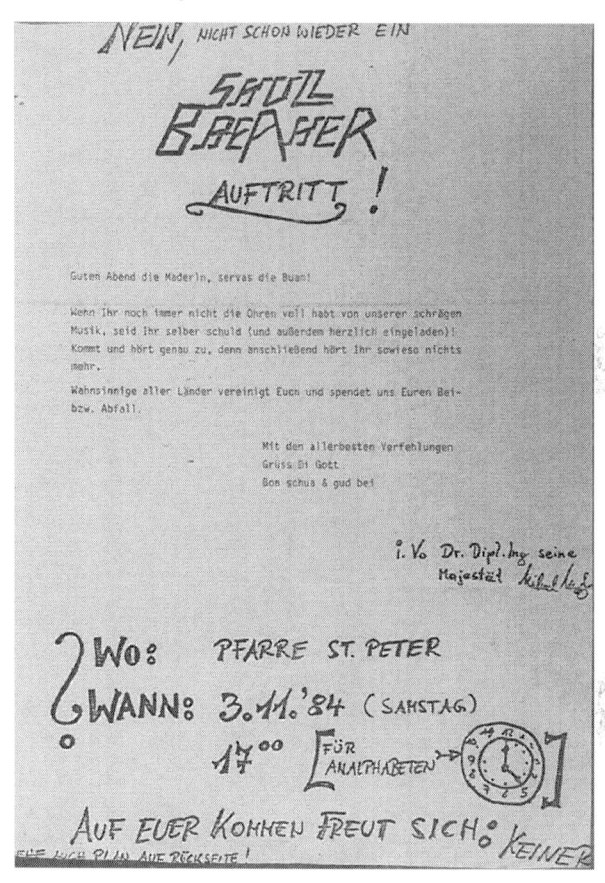

Abb. 3: Konzertflyer von Skull Breaker (1984).[263]

Als kulturhistorische Quellen geben überlieferte Konzertflyer von Skull Breaker Auskunft über die bildlich-semiotische Sphäre in der Zeit der Szenegründung.[264] Die in klassischer ‚Do-It-Yourself'-Manier produzierten Ankündigungsflyer der Band nahmen satirisch auf die lokal erfahrenen Beschränkungen als die scheinbaren „Gesetze" Bezug, die der Zeitzeuge oben beschrieb. Sie stellen dar, wie der

---

261 So in den Interviews Nr. 5 und 6, sowie breiter im Kontext auch Nr. 9 und 22.
262 So wieder in Interview Nr. 5.
263 Bildquelle: https://www.facebook.com/photo/?fbid=593001231373330&set=pcb.5930028 51373168 [16.2.2024], aus Archiv Rene Molnar.
264 Vgl. die Flyer 1 und 2, Übersicht im Anhang.

beginnende Szenediskurs die Rechtserfahrung verarbeitete. Die Band nutzte für ihre Auftritte die zahlreicher werdenden Freiräume einer sich liberalisierenden Gesellschaft, vor allem auch kirchliche. Der Flyer[265] zum Konzert der Band am 3. November 1984 in der Grazer Pfarre St. Peter dokumentiert dies (Abb. 3).

Untersucht man diesen Flyer als historische Quelle, finden sich Hinweise auf die Imaginationswelt der Szene in der Gründungsphase. Nach der Überschrift „Nein, nicht schon wieder ein Skull-Breaker-Auftritt!" persifliert der Gruß „Guten Abend die Maderln, servas die Buam!" die traditionelle Sendungseröffnung diesen oder ähnlichen Wortlauts beim österreichischen TV-Moderator Heinz Conrads. Conrads war in den 1980ern zum Stereotyp der Spießigkeit von Medien und Gesellschaft in den 1950er- und 1960er-Jahren geworden. Skull Breaker eröffneten den Flyer also mit einer Satire des moralisch Konservativen, das man ja vor allem im Recht gespeichert sah.

Die folgende direkte Ansprache des Publikums („Wenn Ihr noch immer nicht die Ohren voll habt von unserer schrägen Musik ...") sowie die Referenz des kommunistischen Manifests im Fließtext der Quelle („Wahnsinnige aller Länder vereinigt Euch und spendet uns Euren Bei- bzw. Abfall.") machen angesichts des Auftrittsortes im kirchlichen Umfeld einer sich liberalisierenden und der Szene öffnenden Pfarre die oben genannte Ambivalenz deutlich. Es geht um die Entwicklung der Metal-Identität in diesem sich auftuenden kulturellem Raum. Auch die Verabschiedung („Mit den allerbesten Verfehlungen, Grüß Di Gott, Bon schua & gud bei") persifliert durch scheinbar bewusste Provinzialität, Betonung des katholisch-traditionellen „Grüß Gott" sowie bewusstes Falschschreiben französischer und englischer Abschiedsformeln die gewohnten Alltagsnormen.

All dies zielt im Kern darauf ab, jene Moral zu attackieren, die man hinter dem Recht vermutete. Der frühe Szenediskurs erscheint schon hier als Reflex dieser komplexen Rechtserfahrungen – selbst dann, wenn das Recht nicht explizit genannt wird. Die Grazer Rechtserfahrungen waren somit solche der Ambivalenz im Kontext der Entwicklung der Outlaw- und „Breaking the Law"-Identität. Dass das Recht dabei schon immer vor der Szene selbst vorhanden war, zeigt vor allem das Beispiel der Vereine und des Vereinsrechts.[266]

Rechtserfahrungen im Weizer Raum

Rechtsbezogene Erinnerungsnarrative fanden sich in Oral-History-Interviews zu allen wichtigen frühen Clustern der steirischen Metal-Szene in den 1980er-Jahren.[267] Besonders anschaulich zu beobachten war dies für das obersteirische

---

265 Zugleich Flyer 1, Übersicht im Anhang.
266 Vgl. Österreichisches Vereinsgesetz 2002.
267 Grundlegend hierzu die Interviews Nr. 2, 5, 6, 9, 12, 15, 18, 19 und 22.

3.2 Rechtserfahrungen in der Gründungsphase

Leoben sowie für den Bezirk um die oststeirische Stadtgemeinde Weiz.[268] Da die Datenlage für den Weizer Raum umfangreicher als für den Leobener Raum erhoben werden konnten, wird hier genauer auf ersteren eingegangen. Die Erfahrungen, die dort von einer rasch wachsenden Gruppe junger Schüler*innen im Gymnasium in Weiz gemacht wurden, waren sehr ähnlich jenen in Graz. Ein Zeitzeuge fasste die Dimension seiner Clique so zusammen:

> P: „[…] in meiner direkten Gruppe […], das war überschaubar, das war ein Freundeskreis von […] fünf, sechs [Personen] im […] Kern und zehn, zwölf im größeren [Freundeskreis]."[269]

Diese kleine Gruppe wurde ein lokaler Nukleus der Gründung der steirischen Metal-Szene, der unerwartet rasch wuchs:

> P: „Und in […] Weiz, […] war es dann schon so, dass [dort] […] am Wochenende […] zweihundert Metaller […] gesessen sind […]. Und, wenn dann zweihundert Metal-Fans in einem Lokal sitzen, dann war das am Land übrigens natürlich auch ein gewisses Statement, das […] eine gewisse Kraft, und gleichsam wieder Sorge und Angst […] ausgelöst hat. Weil ich meine, fünf Metaller sind fünf Metaller und zweihundert Metaller sind zweihundert."[270]

Dieses Erinnerungsnarrativ, das die Zeit der Gründung der Metal-Szene in Weiz beschreibt, ist für diese Lokalgeschichte paradigmatisch. Wie schon im Grazer Fall zeigt sich auch hier, dass durch einfache semiotische Mittel der Abgrenzung („… wenn dann zweihundert Metal-Fans in einem Lokal sitzen, dann war das am Land übrigens natürlich auch ein gewisses Statement …") die Metal-Identität grundgelegt wurde. Der Zeitzeuge erinnerte sich an die Wichtigkeit dieser semiotischen Mittel für die Begründung der Szeneidentität im Weizer Raum:

> P: „Und […] das gemeinsame Element [der Szeneidentität war] […] die Optik […], die Mode. Also […], wo auch immer man […] jemanden auf der Straße mit einem Metal-T-Shirt gesehen [hat], mit […] langen […] Haaren [hat man] sofort gewusst, das ist einer von uns."
> I: „Das heißt, […] es handelte sich um ein Inventar von […] Codes, die […] einen erkennbar gemacht haben?"
> P: „Ja, definitiv. […] Jeansjacken [voller Band-] Aufnäher […] waren unser Tagesoutfit. […] Nämlich […] so in die Schule gehen und zu Mittag so heimkommen [und] am […] Sonntag am Mittagstisch genau so sitzen. […] Also konsequent natürlich. Das heißt, wir haben nichts anderes […] angezogen […]. Alles andere war Teil dieser bürgerlichen Gesellschaft; bürgerlich, konservativ, Erwachsenengesellschaft."[271]

Damit fasste der Zeitzeuge die Abgrenzung von der bürgerlichen Gesellschaft, die man auch hinter dem Recht sah, anschaulich zusammen. Obwohl rechtliche und soziokulturelle Freiräume im Weiz der 1980er überhaupt erst die Begrün-

---

268 Hierzu vor allem zu Leoben die Interviews Nr. 12 und 15; sowie zu Weiz Nr. 9, 18 und 22.
269 Quelle: Interview Nr. 9.
270 Quelle: ebd.
271 Quelle: ebd.

dung der Szene ermöglicht hatten, war auch hier dieses Muster in der Selbstwahrnehmung prägend – inklusive der Bildwelten des „Breaking the Law"-Mythos und der Outlaw-Identität.

Dies wurde hier zunächst aus männlicher Sicht geschildert. Die Metalness samt Rechtsimagination in der Gründungsphase wurde auch von weiblichen Zeitzeuginnen ähnlich erinnert. Es scheint so gewesen zu sein, dass die Abgrenzung gegenüber dem „Bürgerlichen" über die Szene-Semiotiken für weibliche Geschlechterrollen zumindest teils liberalisierende Züge in sich trug. Eine Zeitzeugin zur frühen Weizer Szene erinnerte sich, dass es um ein Aufbrechen von Angepasstheit ging:

> I: „Was heißt angepasst sein für dich, wenn du dich zurückerinnerst?"
> P: „Für mich hat es vor allem diesen schulischen Bezug gehabt. Also, dass [...] Mitschüler, Mitschülerinnen [...] wirklich nur gefallen wollten. [...] und dann [...] waren halt doch welche [nämlich die Metal-Fans als Outlaws], die [...] Dinge hinterfragt [haben]. [Man hat] [...] einen Kontrapunkt [...] gesucht [...] und den dann auch in der Musik [...] gefunden [...] ich fand es einfach spannender, weil es [...] nicht so Mainstream war. [...] Also man hat damals [in der Begründungsphase der Szene] wirklich noch aufregen können mit [...] zerrissenen Jeans."[272]

Dieses Erinnerungsnarrativ enthält denselben Abgrenzungsmechanismus wie die vorher zitierte männliche Perspektive. Dies bedeutet nicht, dass es zu einer Auflösung von Genderhierarchien und -rollen in der Metal-Szene kam; aber doch zumindest, dass die Szene-Semiotiken transgressiv-liberales Handeln in Bezug auf Gender potenziell ermöglichten. Auch hierbei war die Rechtserfahrung, die im Leben der Outlaw-Semiotik und der Konstruktion der „Breaking the Law"-Selbsterzählung bestand, das kollektiv und individuell prägende Muster der Szenegründung.[273] Wie man sich diese Semiotiken in der Alltagspraxis der Szene vorstellen kann, verdeutlicht die folgende Fotografie (Abb. 4) einer Szeneparty aus dem Weizer Raum dieser Zeit, auf welcher sie breiten Raum einnehmen.

Diese Bild zeigt eine Szene aus der lokal prägenden Metal-Diskothek „Hard Rock Ost".[274] Was darauf zu sehen ist – ausgelassenes Feiern, Alkoholkonsum, Jeans- und Lederjacken mit teils in Eigenarbeit aufgetragenen Bandlogos –, ist nichts anderes als das praktizierte Füllen des neuen soziokulturellen Freiraums, der sich durch die ambivalente Rechtserfahrung auftat. Neben Fragen zu Kleidung, zur ‚Do-It-Yourself'-Mentalität und den Konsumpraktiken in der Szene, die sich hier nahelegen, ist es vor allem diese semiotische Dimension der Liberalisierung, die sich auftut. Es bestätigt sich, dass die Szenegründung im Weizer Raum in diesem Zusammenhang nach denselben Mustern erfolgte wie im Grazer

---

272 Quelle: Interview Nr. 22.
273 Hierzu: ebd.; sowie Interviews Nr. 9, 12 und 18.
274 Auf das „Hard Rock Ost" wird weiter unten, im Abschn. 3.3., noch genauer eingegangen.

3.2 Rechtserfahrungen in der Gründungsphase 73

Beispiel. Dies war die eine, kulturelle Freiheit stiftende Seite der Rechtserfahrung.

Abb. 4: Feiern im „Hard Rock Ost" im Weizer Raum.[275]

Die zweite Seite – der reglementierende und begrenzende Charakter der Rechtserfahrung – wurde offenbar, als sich der zitierte männliche Zeitzeuge an das Jugendzentrum „Insel" in Graz (gegründet 1981) erinnerte.[276] Die Geschichte dieses Jugendzentrums war personell und organisatorisch mit dem von ihm beschriebenen Weizer Szene-Nukleus und dann auch der Geschichte der lokal prägenden Band General Bomb Machine verknüpft.[277] In der Erinnerung des Zeitzeugen an das Vereinsleben im Jugendzentrum „Insel" kommt plastisch zum Ausdruck, wie sehr dort die Rechtserfahrung ihren reglementierenden Charakter offenbarte. Mit ironischem Unterton erzählte er:

P: „Stimmt zu hundert Prozent [dass die Rechtserfahrung ambivalent war] [...] es [das Szeneleben im Jugendzentrum ‚Insel'] ist [...] nahezu verbeamtet [...] gewesen [...]. Also wir haben [...] diesen sogenannten Insel-Mitgliedsausweis gebraucht natürlich, weil es ja eben

---

275 Bildquelle: https://www.facebook.com/photo?fbid=288474475159342&set=pcb.288477465159043 [16.2.2024].
276 Zur Geschichte der „Insel" vgl. vor allem die Interviews Nr. 9 und 22.
277 Vgl. ebd.

eine [...] Vereinsstruktur war. Das hat dann [...] genau so funktioniert, dass [...] Veranstaltungen sonst ja nicht stattfinden hätte können [...] unter den damaligen Vereinsgesetzen [...] Jedenfalls hast du den [...] Insel-Pass gebraucht, dann hast du so einen Stempel hineinbekommen, dann bist du mit dem Stempel hineingegangen."[278]

Was der Zeitzeuge hier beschreibt, ist die – für ihn – bürgerlich-konservative Seite der Rechtserfahrung in der Szenegründung. Zumindest jenes Fragment der Szene, welches sich darauf einließ, das Zentrum zu betreiben, zu besuchen oder dort Veranstaltungen zu organisieren, war mit den Notwendigkeiten des Vereinsgesetzes konfrontiert.[279] Mit dem Bild der „Verbeamtung", stehend für das Stereotyp trockener, konservativ-regelbasierter und schließlich auch einengender Organisation einer Community, enthält das Narrativ paradigmatisch den zweiten Zug der Rechtserfahrung. Zwar wollte die Szene in ihren eigenen Räumen die engen Grenzen des ‚Bürgerlichen' sprengen und ihre eigenen Werte leben, doch musste dies innerhalb der vorgegebenen rechtlichen Grenzen – in diesem Fall des Vereinsgesetzes – erfolgen. Nicht anders als im Fall der Auftritte der Grazer Band Skull Breaker, die die sich öffnenden Räume einer sich liberalisierenden Pfarre betrat, nutzte auch die Weizer Pioniergruppe jene bereits offenen Räume, die schon existierten bzw. schuf dann so ebenfalls eigene.

Entscheidend war der janusköpfige Charakter der Rechtserfahrung. Das Recht ermöglichte gleichsam alles, was die Szene zu ihrem Leben brauchte, setzte ihm jedoch zugleich regulative Grenzen. Das Weizer Beispiel zeigt hier in den diskutierten Erinnerungen insbesondere die Rolle der Imagination von Outlaw-Semiotik und „Breaking the Law"-Mythos. Sie waren die Reaktion auf die scheinbare Einengung durch Recht und Gesellschaft und unterfütterten das deutlicher werdende Selbstverständnis der Community. Die Prozesse in Leoben, Kapfenberg, Bruck an der Mur, Eisenerz, Deutschlandsberg, Voitsberg und Gleisdorf bestätigen die Befunde der besonders anschaulichen Fälle Graz und Weiz.[280]

Rechtserfahrungen im Studio

Die Gründung der Szene setzte ebenso voraus, dass es Möglichkeiten zur Musikaufnahme in Studios gab, in welchen die frühen steirischen Metal-Bands erste Gehversuche im Recording unternehmen konnten. Studios waren von jeher auch Orte des Rechts. Eine Platte aufzunehmen, bedeutete, sich mit Copyright und Vermarktungsrecht auseinanderzusetzen, einen Studiovertrag zu schließen und sich Gedanken darüber zu machen, welche ökonomischen Aspekte hiermit verbunden waren.[281] Somit waren erste Erfahrungen in der Studioaufnahme der

---

278 Quelle: Interview Nr. 9.
279 Vgl. Österreichisches Vereinsgesetz 2002; in der Erinnerung auch: Interview Nr. 22.
280 Hierzu die Interviews Nr. 5, 6, 9, 11, 12, 13, 15, 18, 21 und 22.
281 Hierzu breit in der Reflexion: Interviews Nr. 4, 7, 8 und 18.

3.2 Rechtserfahrungen in der Gründungsphase

lokalen Metal-Musik, welche in der Regel in direkter Form den ‚Spirit' der Outlaw-Identität betonte, zugleich Rechtserfahrungen der Reglementierung und Erfahrungen der Ökonomisierung. Die Imagination der eigenen Szeneidentität musste *im Rahmen* von Studiovertrag, Budgetverwaltung und Vermarktung erfolgen. Auch dies zeigt wieder eindringlich, dass die Szene schon ‚im Recht' und damit mitten in der Gesellschaft gegründet wurde.[282]

Wenn man sich die Produktionsbedingungen von Metal-Musik im Zeitraum der Pionierzeit vergegenwärtigt,[283] sind zwei Aspekte relevant. Erstens war die Zahl der Studios, die in der Steiermark betrieben wurden, klein. Zweitens verfügten diese Studios und die Produzent*innen, die gewählt werden konnten, zunächst nicht über die von der Szene gewünschte Expertise zu Metal in Bezug auf Klangvorstellungen.[284] Ferner war für die Bands das Equipment (etwa Instrumente und Verstärker), das die internationalen Vorbilder hatten, wenig verfügbar bzw. nur unter hohem organisatorischen und finanziellem Aufwand. So berichtete ein Zeitzeuge, dass er zur Zeit der Grazer Szenegründung für geeignet empfundene E-Bässe und Verstärker individuell aus England importieren hatte müssen.[285] Vor dem Voranschreiten der europäischen Integration in den 1990er-Jahren war dies mit hohem Aufwand in Bezug auf Verzollung usw. verbunden. Es ist daher keineswegs verwunderlich, dass, wie schon weiter oben erwähnt, frühe lokale Metal-Aufnahmen unter kaum auf Metal zugeschnittenen Produktions- und Aufnahmebedingungen, etwa in Studios, die ausgewiesene Kompetenz für Schlager- und Volksmusikproduktionen besaßen, stattfanden.

In diesem Zusammenhang sind die Erinnerungen eines Studiobesitzers und Produzenten einiger früher steirischer Metal-Aufnahmen von Interesse. Zuerst dokumentieren sie den Blick eines Musik-Professionalisten, der von außen auf die Szenegründung blickte. Ferner verdeutlichen sie, wie die Produktion von Rock- und Populärmusik schon damals rechtlich und ökonomisch reglementiert war. Auch die Gründung der steirischen Metal-Szene wurde durch diese Rechtssituation historisch präfiguriert. Der Zeitzeuge erinnerte sich in folgender Form an die Rechtserfahrungen in der Zeit der Szenegründung:

> I: „Sie [als Studiobetreiber und Produzent] haben [...] mit [...] Gesetzen und Rechtsprozessen zu tun gehabt [...]. Sie haben [...] eine Firma [anmelden müssen], Sie haben Copyright beantragen müssen. [...] Wenn Sie so aus Ihrer heutigen Sicht zurückschauen, [...] war das [...] relevant [...]?"

---

282 Vgl. ebd.; sowie Pichler 2022a.
283 Anschaulich hierzu die Darstellung bei Reumüller et al. 2010 als Kontext.
284 Hierzu vor allem Interviews Nr. 5–7.
285 Hierzu die Interviews Nr. 5 und 6.

> P: „Es war sicher alles nicht [...] so paranoid wie heute [...] [betreffend] Bildrechte [...] die Bilder sind meistens [...] von der Band gekommen [...], die haben mir die Bilder halt geschickt [...] ich meine, [...] wie die zu den Bildern gekommen sind [...] hat mich nicht sehr interessiert."[286]

Dieses Zitat ist paradigmatisch für die Rechtserfahrungen der Aufnahmesituation im Studio in der Gründungsphase, welcher sowohl die Bands als auch der Produzent unterworfen waren. Es war für beide – für die Bands als Szenemitglieder und den Produzenten als Professionalisten von außen – notwendig, den Rahmen des Bildbeschaffungsprozesses zumindest rudimentär rechtlich zu diskutieren.[287] Der Produzent schob in diesem Fall seinen Erinnerungen zufolge zwar mögliche Bildrechtverletzungen den Künstler*innen zu, zeigte sich aber zugleich – mit ärgerlichem Unterton („es war sicher alles nicht ... so paranoid wie heute") – über die Rechtssituation informiert. Wenn man frühe Coverbilder steirischer Metal-Aufnahmen als Quellen betrachtet, legt deren teils vorhandener starker ‚Do-It-Yourself'-Produktionscharakter nahe, dass womöglich, um Bildrechtverletzungen zu vermeiden, der Weg der Selbstgestaltung gegangen wurde.[288]

Als solchem Ort der Rechtserfahrung manifestierte sich auch im Studio die Ambivalenz. Einerseits schützte das Recht sowohl das geistige (Bild-)Eigentum als auch den Produzenten sowie die Bands durch einen Studiovertrag. Andererseits wurde, wie der Zeitzeuge betonte, ein starker und einengender Reglementierungsdruck empfunden.[289] Wie sich diese Rechtserfahrung mit den finanziellen Aspekten verknüpfte, veranschaulichen die Erinnerungen des Studioeigentümers zu Absatzproblemen mit Rock- und Metal-Aufnahmen:

> P: „Ja und das Problem [...] bei den Rockbands [war], die haben kein Netzwerk [...] zum Verkauf [der produzierten Platten]. [...] Volksmusikgruppen [hingegen] treten zweimal im Monat [...] irgendwo auf [...] und dort kommen immer Leute [...] [die Volksmusikgruppen] sind auch keine armen Schüler [wie die frühen Metal-Bands], sondern [...] ausgewachsene Leute [mit höherer Kaufkraft und größerem Marketing-Netzwerk]."[290]

Diese Erinnerungsspur, die wiederum primär die Wirtschaftsstrukturen und die aus ihnen folgenden Notwendigkeiten als Deutungsmuster in den Mittelpunkt rückt, veranschaulicht mehrere Aspekte. Erstens bestätigt sie, dass die Gründung der Grazer und steirischen Metal-Szene vor allem von (männlichen) Jugendlichen getragen wurde – der Interviewee erinnert sich explizit an „arme Schüler" als Mitglieder der Metal-Bands.[291] Zweitens folgt aus der Beobachtung, dass eine Metal-Band von Teenagern, die in der Regel über nur vier oder fünf

---

286 Quelle: Interview Nr. 7. Dies war ein Interview, in welchem das „Sie" in der Anrede angemessen schien. Zur Methode siehe wieder oben Abschn. 2.3, Oral History.
287 Vgl. Interview Nr. 7; auch Nr. 18.
288 Vgl. hierzu etwa Cover Nr. 13, Übersicht im Anhang.
289 Vgl. Interview Nr. 7.
290 Quelle: ebd.
291 Ähnlich auch Interviews Nr. 5, 6, 9 und 22.

3.2 Rechtserfahrungen in der Gründungsphase

Mitglieder verfügte, ein wesentlich kleineres Absatznetzwerk für produzierte Platten hatte als etwa ein größeres Blasmusikensemble, dass die Metal-Bands früher oder später auf die Notwendigkeit trafen, sich selbst um Vertriebswege zu kümmern bzw. bestehende zu nutzen.[292] Dies war ein wesentlicher Aspekt der ökonomischen Seite der Gründung der Szene, vor allem in der zweiten Hälfte der 1980er-Jahre.[293] Drittens folgt daraus, dass für beide Seiten – den Produzenten als ‚Herrn' des Studios und die Bands als Szenemitglieder – die Notwendigkeit bestand, die wirtschaftliche Seite rechtlich zu gestalten. Dies geschah in der Form des schon angesprochenen Studiovertrags als elementarem Teil der Studiorechtserfahrung in der Gründungszeit. Auf die Frage nach diesem Vertrag antwortete der Zeitzeuge in überraschend knapper Form:

> P: „Man [machte] schon einen [Studiovertrag] [...]. Also, ich meine nichts Kompliziertes, [...] also Bestellung und Preis [der Platten, die die Band sich zu kaufen verpflichtete] und [...] das Zahlungsziel und so weiter."[294]

An dieser Stelle brach das Narrativ der Erinnerung nicht ab, aber es nahm eine andere Erzählrichtung hin zum Thema der Zahlungsschwierigkeiten bei einigen Bands bezüglich ihrer Verpflichtungen aus dem Studiovertrag.[295] Dieses Deutungsmuster, das in direkter Form Wirtschaft, Zahlungsmoral und Rechtsform des Studiovertrags miteinander verknüpft, hat hohe kulturhistorische Aussagekraft zur Rechtserfahrung im Studio in der Gründungsphase. Für beide beteiligten Seiten – den Studiobesitzer und Produzenten ‚von außen' und die Bands als Szenegründer*innen – rahmte die Erfahrung, den Vertrag zu besprechen, zu schließen und dann auch seine Bedingungen erfüllen zu müssen (bzw. die Konsequenz des Bruchs zu tragen), die gesamte Studiozeit ein.[296] Nicht nur, dass diese Rechtsübereinkunft die äußere Struktur bestimmte; sie bestimmte in ihrer Praxis als Kulturerfahrung die Möglichkeit der Entstehung der für die Szenegründung so wichtigen eigenen steirischen Metal-Musik überhaupt. Der Studiovertrag als kodifizierte Rechtserfahrung der Gründungszeit half grundsätzlich, den kulturellen Raum zu entfalten, in welchem die Szene ‚erklingen' konnte.[297]

Wie der Studiobetreiber als erfahrener Musik-Professionalist auf die Bands, die in seinem Studio zu Aufnahmen arbeiteten, blickte, verdeutlicht seine Außenperspektive auf diesen entstehenden Szenekulturraum:

> I: „Waren das [...] Amateurbands? Oder, wenn Sie so zurückdenken, wie haben die denn auf Sie gewirkt?"

---

292 Zur Ökonomie der frühen Szene: Interview Nr. 11.
293 Vgl. ebd.; auch: Interviews Nr. 5, 6, 9, 10 und 13.
294 Quelle: Interview Nr. 7.
295 Vgl. ebd.
296 Hierzu auch Interview Nr. 9.
297 Zur Verklanglichung wieder Walch 2018; sowie breiter Elflein 2010.

> P: „Sie waren halt ein bisschen wie Kinder […], aber im positiven Sinn […] begeistert und […] [hatten] […] irgendwelche [Vorbilder] im Ohr […], den Sound von […] Top-Produktionen […], [für welche] ich in meinem Studio zum Teil auch gar nicht die Technik […] gehabt habe […]. Und […] manchmal waren es halt einfach auch die [minder qualitativen] Instrumente oder die [zu wenig professionelle] Spielweise [welche den Aufnahmeergebnissen Grenzen setzte]."
> I: „Ja, und wie sind Sie […] [mit solchen Situationen] umgegangen?"
> P: „Ich habe gesagt, ‚okay, bitte schön, Leute […] ich glaube, viel mehr geht nicht.' […] Und, […] das haben sie […] akzeptiert […] [Auch habe ich] gesagt, ‚dann müsstest du [Musiker*innen der Bands] dir halt einen besseren Lautsprecher kaufen und eine bessere Gitarre' [um zu den globalen Vorbildern aufschließen zu können]."[298]

Diese Zitate des Zeitzeugen beschreiben, wie die frühen steirischen Metal-Bands in der Gründungsphase auf einen erfahrenen Toningenieur wirkten. Der Eindruck war der einer jugendlichen Community, die Sympathien weckte und den Anspruch von Professionalität an die eigene Musik im Sinne ihrer Vorbilder hegte. Zwar konnten aufgrund der genannten Limits die gesetzten Ziele der Bands in Bezug auf Songwriting und Sound nicht erreicht werden, aber die Metalness-Identität konnte sich im Imaginationsort des Studios manifestieren.

Zugleich führt gerade das letzte Zitat des Produzenten zur Forderung nach besseren Instrumenten und Verstärkern die Strukturproblematik des Fehlens passenden Equipments in der Szene in ihrer Frühzeit deutlich vor Augen.[299] Dieser Aspekt war auch dem Produzenten als Außenstehenden zumindest so wichtig, dass er es als Deutungsmuster in seine Erinnerung einflocht. Dieser Blick von außen schien neugierig, wohlwollend, aber vor allem auch rechtlich und wirtschaftlich reglementierend. Man könnte, um einen Schlüsselbegriff der jüngeren Kulturwissenschaften zu nutzen, von der „Gouvernementalität" des Blicks im Studio als Rechtsraum sprechen, dem die Künstler*innen unterworfen wurden.[300]

Fasst man das Studio als Ort von Rechtserfahrungen zusammen, welcher schon in der Gründungszeit wichtige Funktionen im Community-Netzwerk hatte, sind zwei Aspekte von Bedeutung. Erstens lässt sich gerade an den Aussagen des zitierten Produzenten und Studiobesitzers illustrieren, dass auch für ihn als Nicht-Szenezugehörigen die Ambivalenz der Rechtserfahrung strukturierend für die Musikproduktion war. Das Recht schützte ihn und die Bands im Aufnahmeprozess, reglementierte diesen Prozess aber zugleich und wurde auch oppressiv interpretiert – etwa in Bezug auf Bildrechte. Zweitens verdeutlicht sich in der Ausgestaltung der Erstellung und Unterzeichnung des Studiovertrags, dass Rechts- und Wirtschaftsstrukturen schon vor der Gründung der Szene vorhanden waren und schon aus diesem Grunde der Szene ihre Regularien

---

298 Quelle: Interview Nr. 7.
299 Hierzu die Interviews Nr. 5, 6 und 9.
300 Hierzu diskursiv orientiert: Diaz-Bone 2010; sowie zum Ursprungsdiskurs der Gouvernementalitätstheorie: Foucault 2004.

aufprägten. Bei aller Eigenmythik des Outlaw-Habitus und der rebellischen Semiotik waren die Netzwerke der Szene in Ökonomie und Recht von Anfang an integrale Teile der ‚bürgerlichen Welt'.

Zwischenfazit zu den Rechtserfahrungen

In allen Fällen hier geschilderter Rechtserfahrungen als erster Kerndimension des normenbezogenen klanglichen Wissens in der Gründungsphase der Szene war Ambivalenz der entscheidende Faktor. In Graz ermöglichten das Recht und vor allem der rechtsbezogene Outlaw-Mythos, den die Gruppe um Skull Breaker von sich selbst schuf, die Begründung der Identität der Szene per gemeinsamer Imagination. Ohne den Reibepunkt des Rechts hätte es diese frühe Grazer Metal-Identität nicht gegeben. Im Weizer Fall ließen sich analoge Dynamiken feststellen, wobei vor allem die semiotische Dimension dieser Rechtserfahrung in Form der Thematisierung des Outlaw-Habitus durch Kleidung, Haarmode und Verhalten im öffentlichen Raum im Fokus stand. Ähnliche Prozesse zeigten sich in allen frühen Kernen der steirischen Metal-Szene in Leoben, Bruck an der Mur, Kapfenberg, Deutschlandsberg und Gleisdorf. Es ging immer um die Freiräume, die das Recht und die Rechtsimagination der Szene in der Gründung ermöglichten. Demgegenüber stand der reglementierende und mitunter einengende Charakter des Rechts, der der Szenegründung zugleich Grenzen zog. Man musste etwa die Regularien des Vereinsrechts bei der Gründung von Vereinen, die Jugendzentren trugen, einhalten. Man war angehalten, bei Veranstaltungen über das Jugendschutzrecht nachzudenken. Im Studio zeigt sich sehr deutlich der strukturierende Aspekt des Copyrights, von Bildrechten und der Erstellung eines Studiovertrags. Inhaltlich und auf der diskursiven Ebene unterfütterten diese Erfahrungen der Reglementierung die Konstruktion des Outlaw-Mythos. Im Spiegel der geschilderten empirischen Beispiele kann man die Gründung der Szene als Geschichte solcher geteilter Rechtserfahrungen verstehen. Sie war eine kollektive Ambivalenzerfahrung der Szene. Ihre Gründungsidentität erwuchs aus der Beschäftigung mit dieser Ambivalenz der Rechtserfahrung. Ab diesem Zeitpunkt wusste man, dass steirischer Metalhead zu sein, zunächst vor allem hieß, den Freiraum innerhalb der Ambivalenz des Rechts zu vermessen, um *noch mehr Freiraum* für die Szene zu gewinnen. Hierin wurzelte diese Seite des normenbezogenen klanglichen Wissens. Dass es zugleich auf die Wertegenese ankam, ist im nächsten Abschnitt zu zeigen.

3.3 Die Wertegenese in der Gründungsphase

> P: „Bei uns daheim hat die eiserne Faust der [katholischen] Kirche regiert. [...] ich bin wenig weggekommen [...] aus dem Dorf [...] meiner Kindheit, eigentlich kaum rausgekommen [...]. Und [an Metal-] Musik hat mir [...] immer der Underground [gefallen], das Unbekannte, das [...] war [...] der Reiz, nicht das, was die breite Masse hört [...]. Und vor allem, je härter, desto besser [...] [Musik] sollte schon Gitarren, wuchtige Drums [haben]."[301]

Die sind die Erinnerungen eines frühen Mitglieds der Metal-Community im oststeirischen Raum. Mit diesen Worten beschrieb der männliche Zeitzeuge im Oral-History-Interview vier Jahrzehnte nach seinen ersten Kontakten mit Metal-Musik, wie er ab den späten 1970er-Jahren und dann noch stärker in der Gründungsphase der Szene seine persönliche Situation als Jugendlicher empfand. Dabei sticht ins Auge, dass er in seiner Erinnerung das Bild der „eisernen Faust" der katholischen Kirche verwendete, welche seine Lebenswelt im Dorf geprägt hätte. Metal – und hier vor allem die extremsten Spielarten, die verfügbar und erreichbar waren – schien eine Zuflucht und ein Tor zum „Unbekannten" des „Underground" zu sein, das jenseits der gewohnten, konservativen Lebenswelt lag.

Im Zentrum dieses Oral-History-Erinnerungsstrangs steht die Schilderung der Erfahrung der Moral und der Werte eines konservativen Umfelds, das dennoch auch die Gründung der Metal-Szene samt der Genese ihrer eigenen Werte ermöglichte. Diese Wertegenese, die der Zeitzeuge in der Gründung der Metal-Szene miterlebte, durchbrach die gewohnte Welt in zahlreichen Punkten.[302] Es ging um Freiheit and Anders-Sein; darum, die Liberalisierung, welche bereits in der ländlichen Steiermark angekommen war, durch die Werte der Metalness noch weiter voranzutreiben.

Wenn man von Werten und Moral spricht, bedeutet dies, die handlungsanleitenden und identitätsstiftenden moralischen Normen zu thematisieren, die eine Community prägen bzw. regulativ in ihr gelten.[303] Die Analyse der Wertegenese in der Frühphase der steirischen Metal-Szene der 1980er-Jahre besteht daher darin, die Wissensgeschichte der moralischen Kernvorstellungen und -erzählungen samt ihrer Praxis herauszuarbeiten. In den folgenden Abschnitten wird – schöpfend aus den empirischen Daten – geschildert, welche Wertvorstellungen dabei im Fokus standen und wie sie von den ersten steirischen Metalheads in der Szene gelebt und verankert wurden.

---

301 Quelle: Interview Nr. 11.
302 Vgl. ebd.; ähnlich auch: Interviews Nr. 5, 6, 9 und 22.
303 Hierzu und zur Erforschung der Theorie von Werten in der Metal-Szene: Diaz-Bone 2010; Höpflinger 2020; Walser 1993; Hiebaum 2024 (im Erscheinen); Kahn-Harris 2007.

3.3 Die Wertegenese in der Gründungsphase

Für die frühen steirischen Metal-Fans war die Pionierzeit ihrer Community nicht nur mit Rechtserfahrungen verbunden, sondern auch mit oft tiefreichenden moralischen Überlegungen.[304] Wie der eingangs zitierte Zeitzeuge sich erinnerte, setzte man sich mit den Werten des sozialen Umfelds auseinander und nahm zu diesen Werten Stellung. Stellung genommen wurde in Form von Handlungen, wie etwa dem Tragen von Metal-Kleidung und langen Haaren im Alltag, dem öffentlichen Zelebrieren des Hörens der Musik oder auch durch (scheinbares) Ignorieren der tradierten ‚bürgerlichen' Werte.[305]

Zunächst stand in der eigenen Moral der Szene immer die Freiheit der imaginierten Welt von Outlaw-Identität und „Breaking the Law"-Mythos im Mittelpunkt. Aufbauend auf die oben geschilderten Rechtserfahrungen wurden die gewonnenen neuen Räume der Liberalisierung durch eigene Wertvorstellungen gefüllt. Unter diesem Blickwinkel bedeutet die Wertegenese im Metal ein Festschreiben von Liberalität als (scheinbarer) moralischer Kernutopie. Freiheit und Liberalismus, Scheller spricht für Metal sogar von einer „ultraliberalen Ethik",[306] schienen in der Begründung der Szene das Ziel aller moralischen Verhaltenscodes zu sein.

Im historischen Befund erweist sich die Wertegenese in der Gründungsphase von 1980 bis 1990 jedoch als deutlich differenzierter, ambivalenter und auch teils konservativer. Der Anspruch des Liberalismus, der sich vor allem aus der szeneinternen Kritik der erfahrenen Ambivalenz des Rechts speiste, wurde zwar tatsächlich gelebt und es wurde ebenso erfolgreich um Freiräume gekämpft; zugleich jedoch blieb die lokale steirische Metal-Welt immer *prinzipiell* mit den Wertvorstellungen ihrer direkten Umwelt (etwa in Bezug auf Hierarchien oder traditionelle Genderrollen) verbunden und reproduzierte diese auch.[307] Im Szenediskurs der Frühzeit ging dies in der Regel unter.

Es ist aber historisch schlüssig, wenn man bedenkt, dass die Szene notwendigerweise in den bereits bestehenden rechtlichen und wirtschaftlichen Strukturen begründet wurde.[308] Die Wertegenese in der Gründungsphase der Szene zu erzählen und zu fragen, wie sie das Entstehen des normenbezogenen klanglichen Wissens beeinflusste, bedeutet daher vor allem, nach den Freiheitsbildern der Szene und deren Brüchen zu fragen. Freiheit und Anders-Sein als Metalhead stand immer im Zentrum, wurde aber durch die Strukturen und die Übernahme von Praktiken des Umfelds konterkariert. Wenn hier vorn „Wertegenese" gesprochen wird, meint dies somit einen Wechselprozess aus neuer Freiheit und gewohntem Traditionalismus. In den folgenden Abschnitten wird anhand der prägnantesten Beispiele aus der vorhandenen Datenlage beschrieben, wie sich dies in der historischen Praxis der Szenegründung vollzog.

---

304 Hierzu vor allem die Interviews Nr. 2, 5, 6, 9, 11 und 22.
305 Vgl. Interviews Nr. 5, 6, 9, 11 und 22.
306 Vgl. Scheller 2020, 215–231; auch die Interviews Nr. 5, 6 und 22.
307 Hierzu aus weiblicher Sicht: Interviews Nr. 1, 3, 17 und 22.
308 Vgl. Pichler 2021a.

Wertegenese im „Hard Rock Ost"

Die Gründungsgeschichte der Metal-Szene im Weizer Raum, einem der wichtigsten Cluster der Metal-Community in den 1980er-Jahren, wurde schon unter dem Blickwinkel der Rechtserfahrung betrachtet. Gerade an diesem Beispiel lässt sich anschaulich zeigen, dass die Wertegenese eng mit den Freiräumen verknüpft war, die sich aus der Verarbeitung der Rechtserfahrung ergaben. Die Geschichte der Metal-Diskothek „Hard Rock Ost", die bereits erwähnt wurde, veranschaulicht, wie sich das moralische Wechselspiel von Transgression und Bewahrung der Tradition im Alltagsleben der Szene gestaltete.

Die Diskothek nimmt im Gedächtnis des steirischen Metal, insbesondere in Bezug auf Wertvorstellungen, eine elementare Stellung ein. In nahezu allen Oral-History-Interviews zu diesem Lokal sowie sonstigen Quellen, die sich zu seiner Geschichte finden lassen, steht die Wertedimension im Mittelpunkt.[309] Das prägende Narrativ ist das eines ultimativen kulturellen Freiraums der Pionierzeit, in welchem die Szene ihre Wertvorstellungen voll ausleben konnte. In einem Posting auf seiner Facebook-Seite *Styrian Metal History* berichtete der obersteirische Musiker Andreas Krammer:

> „Aus einer ehemals ‚normalen' Diskothek in Strallegg[310] [...] entstand 1983 das ‚HARD ROCK OST' [...] [und] wurde für die steirische Hard & Heavy Gemeinde [Schreibweise im Original] damals zum einzigen Treffpunkt [...] [zum] gepflegten HEADBANGEN [...] [und] Abfeiern.
> Mit regelmäßig 100 Besuchern [...] [hätte] man den Gastbetrieb [...] [rentabel betreiben] können. Anfangs öffnete man freitags [...] [und] samstags, später [...] jeden Samstag. Aus den 100 Gästen wurden [...] bald 300, das war auch das maximale Fassungsvermögen. Letztendlich war das ‚HARD ROCK OST' über all die Jahre immer zum Bersten voll!
> Ab 14 Uhr kamen die ersten Gäste zum ‚Vorglühen' in den separaten Gastraum, die eigentliche Party startete dann ab 19 Uhr [...] [und] endete um [...] 2 Uhr früh.
> [...]
> Im oberen Stock befanden sich drei Räume, in denen ein erlesener Kreis von 50–60 Leuten im Matratzenlager untergebracht wurde. Ein Spraying ‚HARD ROCK OST' diente als einzige Lokal-‚Beschriftung', das ‚K' kann man sogar heute noch erkennen.
> [...]
> Viele nutzten außer ihren Autos oder den Anhängern herumstehender Landmaschinen auch die angrenzende Wiese zwecks Übernachtung. Sonntags ab 7 Uhr gabs [...] bereits wieder Frühstück. Das ‚HARD ROCK OST' war in ganz Österreich bekannt, aus allen Bundesländern reisten die Headbanger an, u. a. ‚strandete' regelmäßig ein voller Reisebus aus Salzburg in Strallegg!
> [...]
> 1989 schloss das ‚HARD ROCK OST' seine Pforten und war zu jener Zeit längst Ideengeber und Wegbereiter für viele ähnliche Institutionen in und um die Steiermark. [...]

---

309 Hierzu zentral Interviews Nr. 9 und 22; sowie kontextuell: Krammer 2023.
310 Strallegg ist eine kleine Gemeinde mit etwa 2.000 Einwohnern im oststeirischen Bezirk Weiz.

3.3 Die Wertegenese in der Gründungsphase

Ich selbst war damals nur einmal vor Ort [...], so um 1986/87, kann mich aber noch genau an das einzigartige Flair erinnern: Es war purer 80er Jahre - HEAVY METAL! [Schreibweise im Original]."[311]

Die Informationen, welche der in der Szene gut vernetzte Krammer postete, repräsentieren die zwei wesentlichen Ebenen der kollektiven Erinnerung an die Wertegenese im „Hard Rock Ost" – erstens die Ebene der faktischen Chronologie und zweitens jene der Atmosphäre in dieser Szeneinstitution („Es war purer 80er Jahre - HEAVY METAL!"). Die Informationen zum Bestehen des Lokals sowie die Schilderung von weitanreisenden und zahlreichen Gästen ließen sich durch Kontextrecherche und Abgleich mit vorhandenen Daten aus der Oral-History-Forschung – soweit möglich – bestätigen.[312] Das „Hard Rock Ost" war für die frühe steirische Szenekultur ein Kulminationspunkt mit Ausstrahlung über den Weizer Raum hinaus. In ihm zeigte sich die Wertegenese wie unter dem Brennglas. Ein Oral-History-Interviewee, der intensive Erinnerungen an die Zeit dort hatte, erklärte das Lokal zu einem „Szenemekka", indem sich die Metalness „zelebrieren" ließ:

P: „[Es hat ein] Szenemekka gegeben in der Oststeiermark, das [...] ‚Hard Rock Ost'. [...] [für die Metal-Clique des Zeitzeugen war das] der Lebensmittelpunkt über [...] Jahre hinweg [...] Also [...] [im] Rückblick [...] [war das ‚Hard Rock Ost'] [...] der ärgste, exzessivste, zeitgemäßeste Club [...], den ich jemals erlebt habe. Ich glaube, [...] das Gefühl [der Metalness in diesem Club] habe ich nachher [...] nie mehr gehabt in meinem Leben [...], so auf den Punkt. [...] Also im Grunde war [...] Strallegg [...] ein Bauerndorf und es war ein Bauerngasthaus. Gasthaus Gruber, die haben drei Söhne gehabt [...] und [...] im hinteren Gasthausbereich am Wochenende [...] angefangen, Metal-Partys zu schmeißen. Es war ein Treffpunkt. Du [...] hast den ganzen Tag zelebriert [...] immer am Sonntag bist du entweder dort oder daheim aufgewacht und es war [...] ein Exzess."[313]

Diese Erinnerungen eines Interviewees, der das Lokal als männlicher Jugendlicher erlebte, geben Einblick in die Wertegenese im „Hard Rock Ost" als fundamentalen Szeneraum.[314] In einem „Bauerngasthaus", also einem Ort der ländlich-traditionellen Wirtschafts- und Sozialstrukturen, in welcher aber offensichtlich auch Freiräume herrschten, wurden die Werte und Semiotiken der Metalness „zelebriert".[315] Die Rede von einem „zeitgemäßen Club" ist so zu interpretieren, dass er gut passend für die Zwecke der Szene in der Gründungsphase war. Man konnte *innerhalb des strukturellen Rahmens* der ruralen Umgebung von Strallegg einen Ort schaffen, an dem der liberale Wertepol der Metalness inszeniert, gelebt und durch ritualisierte Wiederholung des „Zelebrierens" an vielen

---

311 Quelle: Facebook-Post vom 17.10.2017, auf *Styrian Metal History*: Krammer 2023, Großschreibung, Orthographie und Formatierung des Online-Postings wurden belassen, um die Stilistik zu transportieren.
312 Vgl. Interviews Nr. 9 und 22; sowie die Quervernetzungen dazu bei Krammer 2023.
313 Quelle: Interview Nr. 9.
314 Hierzu noch die ausführlichen Aussagen des Erinnernden: vgl. ebd.
315 Auf Ebene der Kleidung wieder: Höpflinger 2020.

Wochenenden bleibend verankert werden konnte. Es ging darum, sich durch Hören von und Tanzen zu Metal, durch Alkoholkonsum und das Zelebrieren der Metal-Semiotik frei zu fühlen.[316] Damit wurde nicht nur die Freiheit an sich zum Wert im Weizer Cluster, sondern die Zeichen der Metalness (lange Haare, Band-T-Shirts, ‚Kutten' usw.) zu Medien dieses Werts im Alltag. Zwar wurde die Diskothek gegen Ende der Dekade geschlossen, aber die Werte, die im Diskurs vor Ort performativ inszeniert wurden, blieben bis heute für die Szene prägend. Ein Foto von den Partys verdeutlicht dies:

Abb. 5:   Feiern im „Hard Rock Ost".[317]

Das Posting des Szenemusikers Andreas Krammer sowie die Erinnerung des Zeitzeugen verdeutlichen den liberalen Pol der Wertegenese im „Hard Rock Ost".[318] Liberalität bedeutete, an diesem Ort einen Raum für die freiheitsbetonenden, eigenen und neuen Werte der Metal-Szene zu schaffen.

Dass die Wertelandschaft im „Hard Rock Ost" ebenfalls traditionell-hierarchische Elemente kannte, mag nur auf den ersten Blick zu überraschen. Es ist geradezu historisch schlüssig, wenn man bedenkt, dass selbst die als „exzessiv" empfundene Diskothek innerhalb der traditionellen, sozialen und wirtschaftlichen Strukturen, in einem Landgasthaus, geschaffen wurde.[319] Zeitgenössisch

---

316 In der Literatur hierzu: Scheller 2020.
317 Bildquelle: https://www.facebook.com/photo/?fbid=343663006307155&set=pcb.343664249640364 [16.1.2024].
318 Vgl. Krammer 2023; sowie das Interview Nr. 9.
319 Vgl. Pichler 2021a.

3.3 Die Wertegenese in der Gründungsphase

blieb dieser konservative, stark am Umfeld orientierte Pol des Moraldiskurses der Szene weitgehend unbeachtet. In der Rückschau aber berichtete derselbe Zeitzeuge mit Distanz und selbstkritisch:

> P: „Ich behaupte, dass [...] die Metal-Szene am Ende des Tages [...] konservative Elemente in sich trägt, extrem konservative Elemente [...] [Die Metal-Community im ‚Hard Rock Ost'] war [...] extrem hierarchisch organisiert. Wenn ich jetzt zurückdenke [...], ist es fast gruselig. [...] Es hat [in der lokalen Szene] [...] eine Elite gegeben. [...], die ‚Antichrists' [so der Name dieser ‚Elite'-Gruppierung innerhalb der Weizer Szene]. Die haben alle [...] einen [...] Drudenfuß hinten [als Aufnäher auf ihrer ‚Kutte'] gehabt, mit dem verkehrten Kreuz [dem Petruskreuz als wichtigem semiotischen Zeichen der Szene] und [der Aufschrift] ‚Antichrists'. [...] Und die waren nicht die heimlichen, sondern die [...] respektierten ‚Heads [...] of Community' beim Gruber [d. i. im ‚Hard Rock Ost']. Es hat sogar örtlich so ausgeschaut, dass der Gruber nämlich einen Dancefloor gehabt hat [...], wo unten [...] DJ [...] und Sessel [...] waren. Und dann hat es eine Stiege hinauf gegeben [zu einer exklusiveren Ebene, wo die ‚Antichrists' residierten] [...] da geht es natürlich um [...] Machtverhältnisse und Hinterfragen von Machtverhältnissen."[320]

Neben der Fähigkeit zur Selbstreflexion, die der Zeitzeuge hier in zeitlicher Distanz beweist und welche auch sein Narrativ strukturiert, sticht in seiner Erinnerung das Betonen von Hierarchien und Machtverhältnissen hervor. Wie der Zeitzeuge in weiteren Passagen in derselben Interviewsession feststellte, seien das genau jene Hierarchien gewesen, die die Metalheads aus Berufsleben, Schule und Kirche kannten – nur, dass sie im „Hard Rock Ost" in die Semiotik der Metalness gepackt worden waren.[321] Dabei verwendete er für die Rolle der „Antichrists" das Wort „Priester" und betonte den gleichsam „liturgischen" und stark ritualisierten Charakter der Partys in der Disko.[322] So sei es üblich gewesen, wenn zu einem bestimmten Zeitpunkt der Song „Anarchy in the UK" von den Sex Pistols gespielt wurde, unter der Leitung und Regie der „Antichrists" von eben jener höheren Ebene in den darunter liegenden Bereich zu springen – eine im „Hard Rock Ost" ‚erfundene' Form des Stagedivens, was im abgedruckten Foto festgehalten wurde.[323] Gerade auch in dieser „liturgischen" und quasireligiösen Dimension, wo die „Elite" in die Rolle der „Priester" schlüpfte, verdeutlicht sich die konservative Seite der Wertegenese. Die Metal-Szene integrierte in diese Diskothek genau jene Formen männlich-hierarchischer Dominanz, Macht und Uniformität (etwa in der Kleidung), die es in der ‚bürgerlichen' Welt gab.[324]

Weitere sowohl männliche als auch weibliche Interviewees bestätigten in der Rückschau dieses Empfinden der Wertegenese.[325] Der Wertediskurs im „Hard

---

320 Quelle: Interview Nr. 9.
321 Vgl. ebd.
322 Vgl. ebd.
323 Vgl. ebd.; kritisch erinnernd: Interview Nr. 22.
324 Vgl. ebd.; äußerst erhellend hierzu wieder: Höpflinger 2020; klassisch auch schon Weinstein 2000 sowie Walser 1993.
325 So etwa in den Interviews Nr. 11 und 22.

Rock Ost", war daher immer beides zugleich: Freiräume schaffend *und* konservativ im Sinne des Festhaltens an patriarchal-hierarchischen Strukturen. Wenn man das Lokal in diesem Sinne als einen der wichtigsten Knotenpunkte der Etablierung der eigenen Szenekultur im oststeirischen Raum betrachtet, ist es kulturhistorisch als ‚moralische Anstalt' zu sehen, die Liberalität und Konservativismus in Verknüpfung ins Herz des Szene pflanzte. Eine weibliche Zeitzeugin fasste das ebenso kritisch in der Rückschau zusammen:

> P: „[Das] ‚Hard Rock Ost' [...] war in meiner Erinnerung [...] diese Family, die das betrieben hat. [...] Also von dem her war es [...] ein sehr familiäres Gefüge und es ist [...] zu späterer Stunde auch die Post abgegangen [...] Aber diese hierarchischen Geschichten [d. h. das Pflegen männlicher Hierarchien in der Metal-Szene] [hat es auch gegeben] [...], weil es da [...] so eine Gruppe gegeben hat, die haben sich die Antichristen [die Zeitzeugin meint hier ‚Antichrists'] genannt und die [...] sind aber schon [...] hochgehoben worden [d. h. sie wurden als ‚Elite' betrachtet und behandelt] und [...] es gab in dem Lokal [...] so eine höhere Ebene [die schon zuvor genannte Empore als ‚elitärer' Raum der ‚Antichrists'] [...] wenn du dort hinaufgehen hast dürfen, da warst du schon [...] Halbstar."[326]

Das weibliche Deutungsmuster, welches diese Erinnerung bestimmt, ist dem oben zitierten männlichen strukturgleich. Einerseits wird, wenn auch in etwas subtilerer und nuancierterer Form, die liberale und „exzessive" Seite der Wertegenese im „Hard Rock Ost" betont („es ist ... zu späterer Stunde auch die Post abgegangen"). Andererseits erinnerte sich die Zeitzeugin daran, dass diese liberale Seite immer auch mit dem Konservativen verbunden war. Das Szeneleben in dieser Diskothek schien nur zu funktionieren, wenn man der Freiheit der Metalness durch gleichzeitiges Hochhalten männlicher Hierarchien (in der Gestalt der „Antichrists") Grenzen zog.

Fasst man die Geschichte der Wertegenese in der Diskothek „Hard Rock Ost" als zentralem Ort im Weizer Raum zwischen 1983 und 1989 zusammen, sind zwei Gesichtspunkte zentral. Der erste betrifft die Inhalte und die Struktur, welche der Moraldiskurs annahm. Hervorstechend ist, dass Transgression und „Exzess" scheinbar mühelos mit patriarchalen Hierarchien verbunden werden konnten. Der Diskurs nahm eine scheinparadoxe Form an, die um diese Ambivalenz rotierte.[327] Der zweite Gesichtspunkt besteht in den kulturellen Praxen, durch welche diese Ambivalenz im Raum der Diskothek und darüber hinaus verankert wurde. All die so ins Auge stechenden Insignien der frühen Metal-Kultur (lange Haare, ‚Kutten', Band-T-Shirts, Jeans, Lederjacken usw.) wurden in diesem Raum mit diesen Werten semiotisch aufgeladen.[328] Damit nahmen die Werte stoffliche, aber vor allem auch klangliche Form im Hören der Musik an. Die Wertegenese im „Hard Rock Ost" lässt sich daher so pointieren: Jede Party dort war eine Aufführung der Szenemoral. Je öfter sie stattfanden, desto etablierter wurde der ambivalente Wertekanon der Szene.

---

326 Quelle: Interview Nr. 22.
327 Vgl. Scheller 2020.
328 Vgl. Krammer 2023.

Wertegenese im „Jugend- und Kulturzentrum Explosiv"

Wie schon an einigen Stellen angesprochen, war das Bestehen von Jugendzentren, die es ab den 1980er-Jahren in der beinahe ganzen Steiermark gab, ein wesentlicher struktureller Begründungsfaktor der Metal-Szene. Aus dem Blickwinkel der Werte ist in der Geschichte der Jugendzentren eine komplexe Gemengelage systemisch-sozialer und kulturell-diskursiver Aspekte festzustellen. Die Werte der Metal-Szene, wie sie sich etwa im „Hard Rock Ost" zeigten, wurden auch in den Jugendzentren kultiviert. Da die Zentren in der Regel langfristig, meistens über Jahrzehnte und oft bis heute Bestand haben, wurden mit den Regeln, die in den Jugendzentren galten, die Werte der Szene institutionell verankert. Wertegenese in der Gründungsphase bedeutete in diesem Zusammenhang also, dass der ambivalente Wertekanon strukturell bleibend zum Szeneethos wurde.

Ein prägnantes Beispiel ist das „Jugend- und Kulturzentrum Explosiv", welches an wechselnden Standorten und in wachsender Größe seit 1988 in Graz existiert.[329] Bis heute wird das ‚Explo' von einer relevanten Zahl von Szenegänger*innen als wichtigste Institution der Community, in der Regel zumindest als die wichtigste Location für Szenekonzerte in Graz gesehen.[330] Da es sich der Struktur nach um ein Jugendzentrum handelt, das von einem Verein getragen wird und von der öffentlichen Hand teilfinanziert wird, sind alle jene Rechtsaspekte, die oben in Bezug auf das Vereinsrecht besprochen wurden, für dieses Zentrum relevant.[331] Als Jugend- und Kulturzentrum fließen in dieser Institution Szene-, Jugend- und Kulturarbeit zusammen.[332]

Das „Explosiv" ist seit über 30 Jahren ein Raum, in welchem sich einer der Knotenpunkte des Wertediskurses der steirischen Szene herausbildete. Zwar wurde das Zentrum erst gegen Ende des Pionierjahrzehnts gegründet, doch ist der Gründungsdiskurs samt seinen Werten bis in die Frühzeit der Grazer Metal-Szene mit dem Cluster um Skull Breaker verfolgbar.[333] Auch bestehen erhebliche personelle Kontinuitäten der prägenden Akteur*innen, teils über alle drei Phasen der Szenegeschichte.[334] Als solcher Szeneort mit über weite Strecken kontinuierlicher Geschichte ist das „Explosiv" auch für die Wertegenese und die Tradierung des Szeneethos von hoher Bedeutung.[335] Als Gebäude, Ort und Sozialraum steht das „Explosiv" für diese Werte und materialisiert sie historisch. Ein Zeitzeuge kommentierte die Werte, die im „Explosiv" gelten, folgendermaßen:

---

329 Siehe Explosiv 2024a.
330 Hierzu die Interviews Nr. 1, 2, 3, 6, 8, 16, 19 und 21.
331 Vgl. Interviews Nr. 2, 3, 5 und 6.
332 Siehe ebd.
333 Hierzu Interviews Nr. 5 und 6.
334 Vgl. ebd.
335 Vgl. ebd.; siehe auch das Mission Statement: Explosiv 2024b.

I: „Was sind [...] das [...] für Werte, für die das ‚Explo' so steht? Gibt es [...] ein Leitbild [...]?"
P: „Familie würde ich [...] sagen."
I: „Was ist Familie für dich?"
P: „Zusammenhalt einfach, jeder schaut auf den anderen."
I: „Ja, Solidarität [...]?"
P: „Das auf alle Fälle auch, ja."
[...]
I: „Das heißt, es ist so eine Mischung aus Familie, Zusammenhalt und Ausprobieren?"
P: „Ausprobieren war immer ein großes Thema, weil [das] war für mich damals nichts anderes, wie ich jung war, habe ich ausprobiert, und auch die Leute, die ins [‚Explosiv'] gekommen sind, haben [...] ausprobieren können. Sei es jetzt Lichttechnik, Tontechnik [...] [im ‚Explosiv' als Veranstaltungsort sind Ausbildungsmodule bzw. Workshops zu diesen Aspekten möglich]."[336]

Der männliche Zeitzeuge, in dessen Erinnerungsnarrativ die Wertedimension der Geschichte des „Explosiv" eng mit der breiteren Geschichte der Grazer Metal- und Punk-Szene seit den frühen 1980er-Jahren verknüpft wird, nennt Familiengefühl, Zusammenhalt und Offenheit im Sinne von Ausprobieren als zentrale Werte.[337] Gerade auch in der Betonung von Ausprobieren (im Sinne eines ‚Do-it-yourself'-Ethos) sind dies einige der zentralen Werte, die die „ultraliberale" Seite der Ethik des Metal global kennzeichnen.[338] Hier soll es jedoch weniger darum gehen, wie sich Globalität ausdrückte, sondern vor allem um eine Analyse des Wissensbildes „Familie" im Gründungskontext der Szene. „Zusammenhalt" und „Ausprobieren" waren hierfür Leitlinien.

Zunächst fällt auf, dass mit dem Begriff der „Familie" einer gewählt wurde, um das soziale Gefüge im „Explosiv" zu beschreiben, der gerade auch für das katholisch-bürgerliche Umfeld der Steiermark in den 1980er-Jahren allgemein wichtig war.[339] Durch das Erinnerungsnarrativ dieses Zeitzeugen und auch einiger anderer befragter Personen wird das „Explosiv" als Szeneinstitution mit Familiencharakter imaginiert – historisch im Gedächtnis sowie präsent zum Befragungszeitpunkt.[340] Wenn im politischen Diskurs der Steiermark zur Zeit der Gründung der Metal-Szene von „Familie" gesprochen wurde, meinte dies primär die klassische, ‚bürgerliche' Familie, bestehend aus verheiratetem, heterosexuellem Paar und deren Kind(ern). Im ‚Explo' wurde aus der Familie etwas anderes. Sie wurde zur imaginierten Wahlfamilie, in welcher sich Metalheads Freunde und Szenemitglieder als Bezugspersonen aussuchten. Der Begriff der Wahlfamilie impliziert eine stärkere Agency der Metalheads. Dieser Schritt war soziokulturell transgressiv und wertebegründend; ein diskursiver Verschiebungsakt, der aus der bürgerlichen Familie eine Wahlfamilie machte, die aus den Metalheads

---

336 Quelle: Interview Nr. 2.
337 Vgl. ebd.
338 Hierzu Scheller 2020; besonders anschaulich auch für Metal in der DDR: Okunew 2021.
339 Vgl. historisch: Ziegerhofer 2020.
340 Vgl. Interviews Nr. 1, 2, 3, 5 und 6.

3.3 Die Wertegenese in der Gründungsphase

im „Explosiv" bestand. Hier wuchs die lokale Metal-Szene als „imagined community".[341]

Diese imaginäre Begründung einer Wahlfamilie war ein kontinuitätsstiftender Akt, da das „Explosiv" – wie zahlreiche andere Szeneinstitutionen dieser Art – bis heute Bestand hat und somit dieses Ethos in seinem Regelwerk institutionalisierte.[342] Auf diesem Weg wurde aus diesen Werten ein stabilisierender Werterahmen. Dies führt vor Augen, dass die Wertegenese in der Gründungsphase als kollektiv-imaginativer Akt verstanden werden muss. Um die Werte zu verankern, brauchte dieses Ethos Aufführung und Praxis im Szeneleben, etwa bei Konzerten, durch das Tragen szenespezifischer Kleidung oder auch durch Darstellung auf Plattencovers, T-Shirts und Konzertflyern.[343] Ein zweiter, ebenfalls männlicher Interviewee war sich in der Rückschau der Konstruktivität und Imagination des Familienbegriffs im „Explosiv" bewusst:

> P: „Also, ich glaube, das war [...] nicht die Intention, das so weit zu bringen, dass es [das ,Explosiv'] auch eine richtige Familie wird; oder richtiger [eine] Wahlfamilie [...] zuerst war die Intention, den Leuten den Platz zu bieten, die den Platz gebraucht haben, weil es keinen gegeben hat [für Aktivitäten der Metal-Szene in der Gründungsphase] [...] Und das hat sich dann so hinaus entwickelt. Warum? Weil [...] man hat sich [...] schon sehr familiär gesehen, also wir hören die gleiche Musik, wir haben die gleiche Art, Party zu machen, wir haben teilweise die gleichen politischen Ansichten, oder sozialpolitisch, oder ökologische Ansichten [...] Da ergibt sich [...] eine Wahlfamilie."[344]

Diese Erinnerungen eines Zeitzeugen, der im Oral-History-Interview die Geschichte des Jugend- und Kulturzentrums von Beginn an schilderte,[345] sind in zweierlei Hinsicht paradigmatisch für die Rolle des Begriffs „Familie" in der Wertegenese. Zuerst machte der Zeitzeuge in seinen Erinnerungen deutlich, dass schon die Entstehung der Szene in Graz und des Jugendzentrums als gemeinsamer Imaginationsakt der Metal-Wahlfamilie gesehen wurde. Die Formulierung „Weil ... man hat sich ... schon sehr familiär gesehen" macht dies deutlich. Es ging dieser Gruppe darum, sich auf bestimmte Weise *als Kollektiv zu sehen*, also ein gemeinsames Identitätsbild zu imaginieren, das dem Wertebild der Wahlfamilie entsprach. Die Erinnerung weist daher explizit auf den Konstruktions- und Imaginationsakt hin, den die Wertegenese im „Explosiv" darstellte.

Der zweite, bestimmende Gesichtspunkt findet sich darin, dass der Zeitzeuge ausführlich und selbstreflexiv beschrieb, wie sehr der Akt der Gründung per Imagination der Wahlfamilie immer auch Praxis benötigte. Es ging darum, auf bestimmte Art im „Explosiv" zu feiern, dieselbe Musik – Metal – zu hören und zumindest teils den politischen Diskurs ähnlich gestalten zu wollen.[346] Damit

---

341 Vgl. Anderson 1983; Kahn-Harris 2007.
342 Vgl. Explosiv 2024b.
343 Vgl. die Beispiele im Datenkorpus im Anhang.
344 Quelle: Interview Nr. 5.
345 Vgl. Interviews Nr. 5 und 6.
346 Vgl. ebd.; auch: Interviews Nr. 2 und 3.

sind all diese Praxen des Szenelebens, die mit dem Regelwerk des „Explosiv"
(etwa auch schon der Hausordnung)[347] intrinsisch verknüpft sind, nicht wertneutral, sondern normativ aufgeladen. Sie kennzeichnen alltagspraktische
Wege, die Werte der Szene seit der Gründung zu leben. Was das im Detail für die
Ausgestaltung der Moral in der Zeit der Wertegenese im „Explosiv" hieß, wurde
noch anschaulicher, als derselbe Interviewee das Moralbild „Familie" mit demokratischen Werten gleichsam in eins setzte:

> P: „[Metalheads und Jugendliche im ‚Explosiv'] haben sich familiär behandelt gefühlt und
> [...] sind um [...] [ihre] Meinung gefragt worden. [...] [Das ‚Explosiv' war] ein Verein, [...]
> eine Demokratie, wo alle [...] mitreden können. Ob wir jetzt alle der gleichen Meinung
> sind, ist eine andere Geschichte. [...] Und das ist [...] klar, wenn du echte Demokratie lebst
> [...], wenn du mitreden kannst, wenn du mitentscheiden kannst, dann ist der nächste
> Schritt, dass du dich [...] behandelt fühlst wie ein Familienmitglied."[348]

Diese Passagen sind ein Schlüssel zum Verstehen der Wertegenese im „Explosiv". Der Zeitzeuge schilderte, dass in der Selbstwahrnehmung die Metal-Szene
im „Explosiv" als Familie imaginiert wurde, deren Familienwerte weniger die
der konservativ-bürgerlichen Umgebung, sondern basisdemokratische waren,
also politisch-öffentliche. Es geht hier nicht darum, ob dieser hohe Selbstanspruch in der Praxis tatsächlich immer eingelöst wurde, als vielmehr um die
Transgression und Genese eigener Szenewerte, die hier per Imagination vollzogen wurden.

Die Szene wurde hier als „Familie" zur Trägerin politischer, nämlich demokratischer Werte und gewann – wiederum diskursiv und per kollektiver Imagination – Legitimität und identitäre Bindekraft. Die Metal-Familie im „Explosiv"
wurde als Demokratie ‚verfasst'.[349] Die Praktiken des Szenelebens – Partys, Konzerte, Musikkonsum, Diskurs – waren kulturell mit diesem Wertecode, der mit
den Regeln des „Explosiv" als Raum verbunden war, verknüpft. In der gemeinsamen Imagination flossen Politik, Transgression und durch die Vereinskonstruktion auch wieder das Recht ineinander. Die weiter oben genannten Werte
von Offenheit, Solidarität und Ausprobieren sind die ‚Spielregeln' der Familie.[350]
All dies macht das „Explosiv" zu einem Forum, dessen kulturgeschichtliche
Hauptfunktion für die steirische und Grazer Metal-Szene in der Wertegenese darin bestand, die Imagination der „Wahlfamilie" zu ermöglichen. Das „Explosiv"
war damit genauso sehr realer Ort und Rechtsstruktur wie Katalysator der gemeinsamen Imagination.

Dass dies historisch bleibend wirkte, bestätigt sich darin, dass Szenemitglieder noch für die jüngste Phase der Geschichte des Zentrums das Bild der Familie
bemühten. So erzählte eine weibliche Zeitzeugin, die intensive Erinnerungen an

---

347 Ausführlich zu den Regeln im „Explosiv": Interview Nr. 5, teils auch Nr. 2 und 3.
348 Quelle: Interview Nr. 5.
349 Vgl. Explosiv 2024b.
350 Vgl. Interview Nr. 2.

3.3 Die Wertegenese in der Gründungsphase

das „Explosiv" im neuen Jahrtausend hat, über ihr persönliches ‚Andocken' an diese Szenestruktur:

> P: „Ich habe Anschluss gesucht und [...] das ‚Explo' ist in kürzester Zeit meine Familie geworden. Das ist ein Ort [mit] [...] Personen, die ich absolut nicht mehr missen will [...]. Ich war [...] ein verlorener Teenager, [...] der nicht gewusst hat, wo will ich hin, was möchte ich später machen [...] ich bin [in der Wahlfamilie des ‚Explosiv'] so gewachsen; vorher war ich ein Mauerblümchen, das den Mund nicht aufgekriegt hat, nicht gewusst hat, was es tun soll."[351]

Im weiteren Verlauf der Interviewsession wiederholte die Zeitzeugin nicht nur explizit die Betonung der ‚Spielregeln' der Metal-Familie im „Explosiv", die durch die Werte „Offenheit" und „Zusammenhalt" bestimmt seien, sondern verknüpfte diese auch wiederum mit den politischen Werten und den Szenepraktiken.[352] Eine andere Zeitzeugin, die ähnliche Erfahrungen gemacht hatte, referenzierte ebenso dieses Narrativ.[353] Auch männliche Interviewees, sowohl zu den 1990er- als auch den 2000er-Jahren, wiederholten diese Deutungsmuster.[354] All dies macht anschaulich, wie wichtig der gemeinsame Imaginationsakt der Wahlfamilie war. Die Werte, die semantisch mit dem Bild der Szene als Familie verbunden wurden, sind bis heute wichtig für die lokale Szene; genauso die Praktiken, die mit der Moral verknüpft und in der Erinnerung genannt wurden.

Zugleich war das „Explosiv" seit der Gründung untrennbar mit den Rechtsstrukturen eines Vereins und der Ökonomie der Förderungen durch den Staat verbunden.[355] Auch die Wertegenese der ‚Familienethik' stand somit in keinerlei Widerspruch zur umgebenden Gesellschaft, sondern fand strukturell mitten in ihren durch Rechtsstrukturen und ökonomische Parameter vorbestimmten Sozial- und Diskursräumen statt. Die Wertegenese, die im „Explosiv" zu beobachten war, verblieb nicht nur auf der mündlich-narrativen Ebene, sondern manifestiert sich bis heute im Szenediskurs auf Flyern,[356] Plattencovern,[357] T-Shirts und in musikalischen Motiven lokaler Bands.[358] Immer war das Moraluniversum der lokalen Metal-Wahlfamilie das Entscheidende. Ein Beispiel dafür ist der Flyer[359] zum CD-Präsentationskonzert der Band Valvadrach zu *Broken Body Cells* (Abb. 6).

---

351 Quelle: Interview Nr. 3.
352 Quelle: ebd.
353 Vgl. Interview Nr. 1.
354 Vgl. die Interviews Nr. 4 und 8.
355 Siehe Explosiv 2024a, 2024b.
356 Vergleich etwa die Flyer 4, 5 und 7, Übersicht im Anhang.
357 So etwa bei den Covers 24, 27 und 33, Übersicht im Anhang.
358 So etwa bei Klynt oder Python Regius, vgl. die Musikanalysen 16 und 18, Übersicht im Anhang.
359 Zugleich Flyer 7, Übersicht im Anhang.

92   3 Die Szenegründung

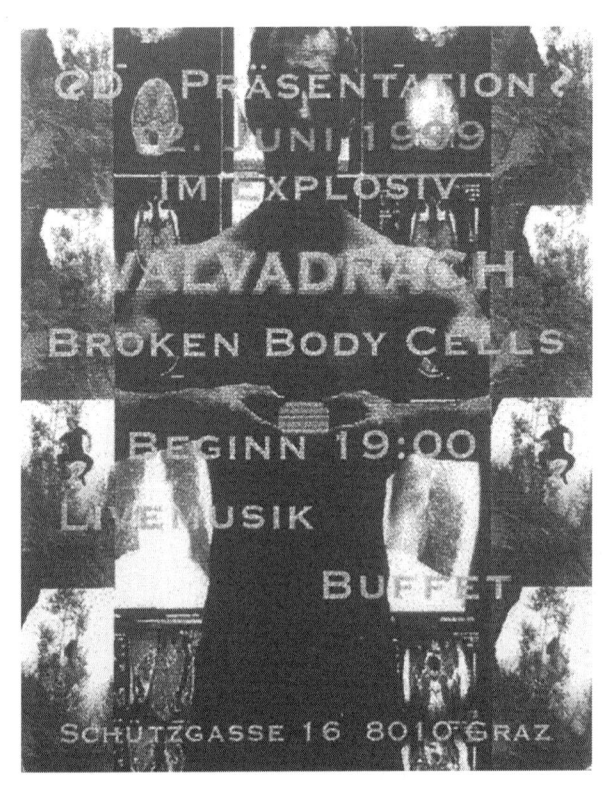

Abb. 6: Flyer zum CD-Präsentationskonzert zu *Broken Body Cells* von Valvadrach (1999).[360]

Der Konzertflyer besteht im Bildmaterial aus einer Collage des Covers der CD und Fotos der Bandmitglieder. Textlich wird das Event vorgestellt sowie explizit darauf hingewiesen, dass es Livemusik und ein Büffet gab. Alles in allem zielt die Komposition der Quelle darauf ab, das Event als eines zu konstruieren, bei welchem die Metal-Familie der Steiermark – repräsentiert durch die Band und ihre neue CD – im „Explosiv" zusammenkommt und feiert. Eine Praxis, wie sie schon der weiter oben zitierte Zeitzeuge[361] als Kern der Imagination der Familie im „Explosiv" beschrieb, samt der damit verbundenen politischen und gesellschaftlichen Werte. Die Quelle stammt aus der Zeit um 2000, also der Übergangsphase der Szene zwischen den 1990er-Jahren und der beginnenden Digitalisierung. Da-

---

360 Bildquelle: https://www.facebook.com/photo/?fbid=559490194724434&set=pcb.5594928 84724165 [18.1.2024], © Valvadrach 1999.
361 Nämlich in dieser Passage: „Weil [...] man hat sich [...] schon sehr familiär gesehen, also wir hören die gleiche Musik, wir haben die gleiche Art, Party zu machen, wir haben teilweise die gleichen politischen Ansichten, oder sozialpolitisch, oder ökologische Ansichten [...]. Da ergibt sich [...] eine Wahlfamilie", so in Interview Nr. 5.

3.3 Die Wertegenese in der Gründungsphase

mit verdeutlicht sie, dass die Werte erhebliche Kontinuität seit der Gründungsphase hatten – in Praxis, Bild und Klang. Die Wertegenese war ein umfassender Wissensprozess.

Zieht man an dieser Stelle ein Resümee der Wertegenese im „Explosiv", sind zwei Punkte entscheidend. Zuerst ist dieses Jugend- und Kulturzentrum für die Szene in Graz und darüber hinaus wichtig, weil es eine weitgehend konstant bestehende Institution – mit Unterbrechungen durch Umbauphasen und jüngst durch die Corona-Pandemie – darstellt.[362] Die Werte, die im Regelwerk der „Familie" gespeichert sind und die das „Explosiv" institutionalisierte, sind seither konstant im Ethos der Szene präsent. Der andere Punkt ist, dass die Konstruktion des Bildes der „Familie" in diesem Zentrum ein bewusster, teils wohl strategisch geförderter Prozess kollektiver Imagination war. Das „Explosiv" war in diesem Punkt für die steirische Szene ein Laboratorium, in welchem wesentliche Teile der spezifischen Werte der Szene erdacht und ausprobiert wurden. Die „Familie" ist das kollektive Emblem dessen. „Wertegenese" bedeutet hier also, gemeinsame moralische Vorstellungswelten zu erdenken, zu fördern und im Bedarfsfall auch einzufordern und zu verteidigen. Das „Explosiv" war nicht die einzige Szeneinstitution, für welche die Daten aus der Oral-History-Forschung solche Schlüsse nahelegen. Interviews zum „Spektrum" in Leoben, zur „Bunten Fabrik" in Kapfenberg und zur „Insel" in Graz lassen ähnliche Prozesse der Werteimagination durchscheinen.[363]

Wertegenese im Metal-Pub

Eine weitere Sphäre der Wertegenese war die Gastronomie- und Konsumkultur der Szene. Pubs bzw. Lokale, für welche die Szenegänger*innen oft sogar als die einzige Kernzielgruppe angesprochen wurden, waren Räume, in denen die Werte der steiermärkischen Metal-Szene verhandelt und gelebt wurden. Wie das Beispiel der Diskothek „Hard Rock Ost" bewies, waren solche Räume seit Beginn der Szene existent, bauten dabei in der Regel auf vorhandenen Wirtschafts- und Gastronomiestrukturen auf bzw. erweiterten diese. Auch in diesem Punkt fand Metal von Beginn an mitten in der Gesellschaft statt. Strukturen und Räume solcher Art, die sich auf die Metal-Szene spezialisierten, gab es in Graz und anderen Städten bzw. Gemeinden ab der Frühphase – etwa in Graz das „Tick-Tack" und den „Club Q".[364]

---

362 Hierzu die Interviews Nr. 2 und 3.
363 Vgl. zur „Insel" vor allem die Interviews Nr. 9 und 22; zur „Bunten Fabrik" Nr. 12 und zum „Spektrum" Nr. 15.
364 Hierzu: Interview Nr. 13; sowie zur Geschichte des „Q": Club Q 2024.

Diese Räume sind für die Untersuchung der Wertegenese von besonderem Interesse, da sie zwar in vielerlei Hinsicht Szeneräume in engerem Sinne darstellten, da oft primär Szenegänger*innen sie besuchten, die Betreiber*innen zugleich aber den ökonomischen Werten und Imperativen erfolgreichen Wirtschaftens, also einer marktwirtschaftlichen Logik, folgen mussten.[365] Zugleich sind sie Räume, in denen die Trink-, Konsum- und Drogenkultur der Szene gelebt und praktiziert wird.[366] Da dem Konsens der einschlägigen Forschung nach Alkohol die ‚drug of choice' im Metal darstellt, was sich auch für die Steiermark belegen lässt, ist dies ein wesentlicher Aspekt der Erforschung dieser Räume.[367] Die Analyse der Wertegenese in der Frühphase der Szene in Metal-Pubs und ähnlichen Lokalen muss daher insbesondere darauf achten, zu ergründen, welche Werte mit diesen Aspekten der lokalen Szenekultur verbunden wurden.

Vor allem in der Oral History wurden solche Räume erforscht.[368] Insbesondere wurde ein ausführliches Interview mit einer weiblichen Zeitzeugin geführt, welche in den späten 1980er-Jahren ein Metal-Pub eröffnete und anschließend über lange Jahre führte.[369] Dies verdeutlicht, dass – zumindest in diesem Fall – szenetragende Strukturen schon im Pionierjahrzehnt von Frauen begründet und geleitet wurden. Es macht aber zugleich deutlich, wie sehr in der Szene, nämlich in der Schilderung der Schwierigkeiten administrativer und kultureller Art, die für die interviewte Frau auftraten, traditionelle Genderrollen fortlebten.[370] Die Analyse des Erinnerungsstrangs dieser Zeitzeugin legt wichtige Aspekte der Wertegenese in diesen Räumen in der Frühphase der Szene offen, vor allem in Bezug auf eher traditionelle Werte. „Wertegenese" bedeutet in diesem Fall, dass unter den Auspizien der marktwirtschaftlichen Gastronomie sich die eigenen Werte der Szene entfalten konnten und in die bestehenden Strukturen der Wirtschaft vor Ort eingepasst wurden, dabei aber traditionelle Werte bestimmend waren. Die Zeitzeugin, welche vorher bereits Erfahrungen in der Gastronomie gesammelt hatte, beschrieb die Regeln und Werte, die in ihrem Pub als Szeneraum gelten sollten, folgendermaßen:

> P: „Bei mir war eine Regel zum Beispiel, [dass] der [diensthabende] Kellner [...] [keine weiblichen Gäste] küssen [darf], nicht hinter der Theke sitzen, herumlungern [...], der muss im Dienst sein."
> I: „Ja, also Professionalität."
> P: „Professionalität. Und [...] viele Kleinigkeiten: Der Tisch darf nicht wackeln und es muss genug Klopapier da sein [...]. Und [...] ich [habe] [...] nicht toleriert, dass Leute ihre dreckigen Füße auf die Sessel [...] [halten]. Als Beispiel, einfach Manieren. Und [...] es gibt dann immer Leute, die glauben, da kann man machen, was man will, das stimmt nicht. Es muss

---

365 Hierzu auch: Kahn-Harris 207, 59–66.
366 Hierzu für die Steiermark: Interviews Nr. 1 und 3.
367 Vgl. ebd.; sowie: Kahn-Harris 2007, 43.
368 Vgl. die Interviews Nr. 2, 5, 6, 9, 15, 16, 17 und 22.
369 Vgl. Interview Nr. 13.
370 Vgl. ebd.; breiter: Clifford Napoleone 2016; sowie Heesch/Scott 2016.

3.3 Die Wertegenese in der Gründungsphase

auch da eine gewisse Ordnung [...] sein. [...] Und, wenn man das immer macht [als Betreiberin des Pubs bei Regelüberschreitungen und Werteverletzungen konsequent einschreiten], wissen [die Gäste] dann schon, dass eine gewisse Ordnung herrschen muss, und sie sind aber auch froh darüber, weil sie merken es ja, wenn sie selber einmal angepöbelt werden, dass [...] es eben Regeln gibt, die für alle gelten."[371]

Dass die Zeitzeugin „Professionalität" als Kernwert ihres Metal-Pubs erinnert, ist angesichts der wirtschaftlichen Erfordernisse wenig überraschend. Überraschender ist, dass als Regel und Wert mit hoher Anschaulichkeit „Ordnung" genannt wird. Dass Gäste nicht ihre Schuhe auf Stühle halten duften, scheint auf den ersten Blick den so oft in der Szene anzutreffenden Mythologismen um Outlaw-Dasein und dem Suchen nach Transgression und Rebellion zu widersprechen. Es ist dies jedoch nur eine weitere Szeneerinnerung an den Prozess der Wertegenese, die verdeutlicht, dass konservative und liberale Moralvorstellungen immer scheinparadox Hand in Hand gingen. Das Erinnerungsnarrativ der Frau, welches gleichsam der Maxime ‚Ordnung muss sein' folgt, verdeutlicht vor allem, dass sie die konservative Seite des Wertediskurses mit der marktwirtschaftlichen Seite, der auch die Szene unterworfen war, verknüpfte.

Die Wertegenese im Pub der interviewten Frau kann daher als Prozess beschrieben werden, in welchem sich die Szenemoral im Kontext marktwirtschaftlicher Logik entfalten konnte, sich dieser aber auch unterwarf. Eine ähnliche Dominanz des betriebswirtschaftlich notwendigen Regelwerks findet sich in Erinnerungen zu anderen Lokalen.[372] Das Metal-Pub, so paradox dies auf einen ersten Blick erscheinen mag, kann idealtypisch als Raum der steirischen Metal-Szene beschrieben werden, an welchem sich ein bleibendes Drehgelenk zwischen den eigenen Werten und Praktiken der Szene (Hören von Metal; Tragen der Szenekleidung; Praktizieren szenespezifischer Tanzformen; Konsumieren der Szenedroge Alkohol; Diskurs zu szenerelevanten aber auch anderen Themen usw.) und der dominierenden Marktkultur der umgebenden Gesellschaft ausbildete. Das Lokal der Zeitzeugin wurde zu einer Struktur, wo Szenewerte und ‚bürgerliche' Moral sich in ihrem geteilten Interesse am wirtschaftlichen Gewinn trafen.[373] Wie sehr „Ordnung" und „Professionalität" auch zur Drogen- und Konsumpolitik in diesem Ort passten, verdeutlicht die Schilderung der Zeitzeugin:

> P: „Also ich habe es [...] nie toleriert, dass wer einen Joint anzündet. Ich meine, ich habe zwar privat nichts dagegen, wenn das wer macht [...]. Ich selber bin gegen Drogen, also außer, ich habe damals geraucht [...] und Bier getrunken, aber gegen Drogen bin ich [...] und ich habe das auch nicht toleriert. [...] Mein Lokal mit meinen Regeln, außerdem verdiene ich auch nichts daran. Verboten ist es auch."[374]

---

371 Quelle: Interview Nr. 13.
372 So etwa in den Interviews Nr. 3, 5, 12, 17 und 20.
373 Vgl. Interview Nr. 13.
374 Quelle: ebd.; hierzu liberaler: Interviews Nr. 1 und 3.

Die recht strikte Haltung der Betreiberin des Pubs in Bezug auf Drogenkonsum wird von ihr rational begründet – es sei daher falsch, den Konsum illegaler Substanzen als Geschäftsfrau zu tolerieren. Auch hier spielt das Recht wieder eine zentrale Rolle in einer Szeneinstitution, zugleich wird die strategisch-rationale Absicherung des Wirtschaftens zur moralisch wichtigen Norm erhoben. Die konservative Seite scheint dann noch deutlicher durch, wenn sie Alkoholkonsum, ganz in Übereinstimmung mit dem breiteren lokalen und auch globalen Szenediskurs, als ‚drug of choice' markiert.[375]

Damit war die Drogenkultur, die mit der Wertegenese in diesem Beispiel verknüpft wurde, in voller Übereinstimmung mit der sie umgebenden Lebenswelt außerhalb des Pubs.[376] Der entscheidende Aspekt war auch hier, dass die Werte der Umgebung und der Szene weitestgehend synchron schwangen. Andere Orte der Szene kannten liberalere Zugänge zum Thema Drogen und deren Konsum, bleibend für das Szeneethos wurde aber diese diskursive Synchronschaltung der Drogenpolitik der Szene und der sie umgebenden Welt.[377]

Ein letzter Punkt der Wertegenese im Metal-Pub offenbart sich, wenn man die Erinnerungen der Zeitzeugin – auch im Kontext anderer Interviews[378] – in Bezug auf Geschlechterrollen untersucht. Zentral in ihrem Narrativ ist folgende Schilderung, in der die Rechtserfahrung in einem Amt und die Erfahrung der Rolle als Frau in einer Szeneinstitution ineinanderfließen:

> P: „Ich bin zu einem Termin beim Finanzamt eine Woche zu spät erschienen, weil ich gerade mein Kind gekriegt habe [...] ich [bin] mit meiner eine Woche alten Tochter [...] zum Finanzamt [gegangen] und dann sagt der [Finanzbeamte vor Ort] zu mir, ‚warum ich letzte Woche nicht da war?'. [Daraufhin] habe ich gesagt, ‚ich habe gerade ein Kind gekriegt', sagt er, ‚ob ich niemanden habe zum Schauen' [d. h. zum Babysitten]. Dann habe ich gesagt, ‚naja, ich stille ja'. Dann sagt er, ‚ja, wenn ich Unternehmer bin, muss ich mir das überlegen, ob ich ein Kind kriege oder nicht'."[379]

Dass die Frau diese Erfahrung in den Fokus ihrer Deutung der frauenspezifischen Erfahrung als Unternehmerin in der Metal-Szene rückte und sich über den Vorgang in einem Amt auch lustig machte,[380] verdeutlicht die Wichtigkeit der Episode für ihre Erinnerung. Als historische Datenquelle folgt daraus, dass erstens auch in diesem Zusammenhang die Erfahrung mit einer Institution – dem Finanzamt – als Trägerin einer staatlich und rechtlich reglementierten Aufgabe prägend war; sowie zweitens, dass traditionelle und in diesem Fall diskriminierende Wertbilder in Bezug auf Geschlechterrollen im Diskurs wirkten. Auch hier scheint es wenig Unterschied zwischen ‚bürgerlicher' und Metal-Welt gegeben

---

375 Vgl. ebd.
376 Anschaulich hierzu auch wieder das Schildern des „Exzesses" im „Hard Rock Ost": Interviews Nr. 9 und 22; sowie anschaulich die Quellen und Bilder auf Krammer 2023.
377 Zum „Explosiv" siehe Interviews Nr. 2, 5, 6; breiter: Nr. 10; sowie für den „Club Q": Nr. 17.
378 Hierzu: Interviews Nr. 1 und 14.
379 Quelle: Interview Nr. 13.
380 Vgl. ebd.

zu haben. Was das für die Wertegenese und die daraus abzuleitenden Regeln in ihrem Pub bedeutete, macht die Antwort klar, die die Zeitzeugin auf die Frage gab, ob auch Frauen ihr Lokal besuchten:

> P: „Ja doch [...] sie haben sich bei uns sicher gefühlt. [...] ich habe zum Beispiel auch jedem gesagt [...], wenn Frauen [...] sich belästigt fühlen [...], sollen sie es mir sagen und die haben das zu mir auch gesagt. [Im Falle einer Belästigung] [...] bin ich [...] hin und habe Männer [...] zurechtgewiesen, weil ich immer gesagt habe, [...] es muss möglich sein, dass eine Frau alleine an der Theke steht, ein Bier bestellt und nur angeredet wird, wenn sie will."[381]

Dies ist eine der wenigen Passagen im Erinnerungsnarrativ der Pub-Betreiberin, in welcher sie ein eher liberales Wertekorsett zur Beschreibung der Regeln und Werte in ihrem Lokal heranzog.[382] Dies heißt in keinem Fall, dass dieses Szenelokal ein dumpfer Hort des Konservativismus war. Es heißt aber doch, dass in ihm durch die Verknüpfung mit den Marktmaximen gastronomischen Wirtschaftens sowohl im Bild der „Professionalität" als auch jenem der „Ordnung", dann auch in der Drogenpolitik, konservative Züge stark hervortraten.

Man kann daher im Fazit die Wertegenese in diesem Metal-Pub so resümieren, dass Markt, Gastronomie und Metal eine bürgerliche Allianz eingingen. Ähnliches legt die Forschung für andere analysierte Lokalitäten nahe.[383] In der Begründungsphase der Szene bildet sich also in der Gastronomie ein bis heute bleibendes Wertescharnier zwischen dem konservativen Pol – bei der Zeitzeugin eingefangen durch die Wertbilder „Professionalität" und „Ordnung" – und wirtschaftlicher Logik. Dieses Wertescharnier wurde vor allem in diesen Institutionen der Gastronomie der Szene geprägt und etabliert, spiegelt sich aber etwa auch in Trinkliedern klanglich und semiotisch wider.[384]

Wertegenese im Bild

In den bisherigen Beispielen der Wertegenese im Kosmos der steirischen Metal-Szene standen konkrete bzw. diskursive Räume und das Leben von Szenepraktiken mit moralischer Aufladung im Fokus. Im „Hard Rock Ost" als Szenediskothek ging es um ein Pendeln zwischen „Exzess" und traditionellen Werten, im „Jugend- und Kulturzentrum Explosiv" um das Bild der Metal-Szene als imaginierte Wahlfamilie. Im analysierten Metal-Pub gingen Markt- und Szenemoral eine bleibende Allianz ein. Es wurde schon in der Untersuchung dieser charakteristischen Räume zuweilen auf die semiotisch-bildliche Dimension der Wertegenese hingewiesen. Die Moral der Szene wurde nicht nur dadurch grundgelegt, dass

---

381 Quelle: Interview Nr. 13.
382 Vgl. ebd.
383 So für den „Club Q" in Interview Nr. 17; oder für auch den Gastronomiebetrieb bei Konzerten in Interview Nr. 16.
384 So etwa bei Heathen Foray 2010.

sie in Text-, Sprach- und Praxisform diese Orte kennzeichnete, sondern gerade auch das bildliche Element war wichtig. Bildformate wie Plattencover, Darstellungen auf Konzertflyern, auf T-Shirts und andere Bildquellen aus dem Gründungsdiskurs waren Trägermedien der Werte.[385] Sie nahmen sie auf, verstärkten und entwickelten sie weiter. Wie schon weiter oben in den Abschnitten zum „Hard Rock Ost" in den dargestellten Fotographien ersichtlich, war dabei vieles gerade im Bereich der Kleidung, aber auch bei Drucksorten wie Flyern im Amateur- und ‚Do-it-yourself'-Bereich angesiedelt.[386] Es existierten wenige Strukturen mit Metal-Expertise. Dies änderte sich im Laufe der Gründungsphase.

Der entscheidende Aspekt an solch visuellen Datenquellen ist, dass sie die Werte der Szene wörtlich ‚verbildlichten' und darin mit dem Sound der Szene und der Musik verknüpften. T-Shirts und ‚Kutten', auch jene aus ‚Do-it-yourself'-Herstellung, orientierten sich an den globalen Codes des Metal, wurden aber im steirischen Rahmen gefertigt und getragen.[387] Flyer nahmen den szenischen Outlaw-Mythos auf, waren zunächst aber durch die Limits der Produktionsmöglichkeiten eingeschränkt. Handgeschriebene und handgezeichnete Exemplare waren keine Seltenheit.[388] Coverbilddarstellungen waren ebenso diesen ästhetischen und ökonomischen Bedingungen unterworfen.[389] Entscheidend für die Gründungsgeschichte wurde, dass sich in der Bildsprache die Werte visualisieren ließen und zugleich mit dem Metal-Klang verbunden werden konnten. Etwa in den genannten ‚echten' Orten der Szene – Lokalen und Jugendzentren – gingen visuell-praktische Szeneimagination und das Hören von Metal Hand in Hand.[390] Es ist hier daher anhand der prägnantesten Quellen aus dem Bilddatenkorpus zu untersuchen, wie in der Gründungsphase der Szene Werte im Bild dargestellt wurden. Die Verknüpfung von Bild und Klang war in diesem Prozess elementar.

Einer der grundlegenden Aspekte bestand in den genannten oft amateurhaften Erstellungs- und Produktionsbedingungen. Ab den frühen 1980er-Jahren waren die Konventionen der Metal-Ästhetik durch Tapetrading, zunehmende Verfügbarkeit von global einflussreichen Tonaufnahmen und einschlägigen Szenemagazinen (wie etwa dem deutschen *Metal Hammer*) in der Steiermark immer besser verfügbar.[391] Zugleich waren jedoch für erste Musiker*innen der Szene noch keine spezialisierten Produktionsmittel und mit Metal-Expertise vertraute Marketing-Fachleute, Grafiker*innen usw. vorhanden bzw. ökonomisch erreichbar. Daher sind gerade frühe Tonaufnahmen im Demobereich oft durch Cover-

---

385 Grundlegend wieder: Höpflinger 2020.
386 Vgl. etwa die Flyer 1 und 2, Übersicht im Anhang.
387 Vgl. ebd.; kommentierend: Interviews Nr. 6 und 11; wichtig auch: Cardwell 2022.
388 Vgl. wieder die Flyer 1 und 2., Übersicht im Anhang.
389 Vgl. die Cover 11–13, Übersicht im Anhang.
390 Hierzu sehr selbstreflexiv: Interviews Nr. 9 und 19.
391 Hierzu breit erzählend: Interview Nr. 11.

3.3 Die Wertegenese in der Gründungsphase

darstellungen mit ‚Do-it-Yourself'-Ästhetiken gekennzeichnet. Dennoch versuchte man immer, die globalen Szenekonventionen der Ästhetik und des Wertebezugs umzusetzen. Ein Beispiel dafür ist die handgemalte Gestaltung[392] der Demokassette *The Tape* der Band Morticia aus dem Jahr 1989:

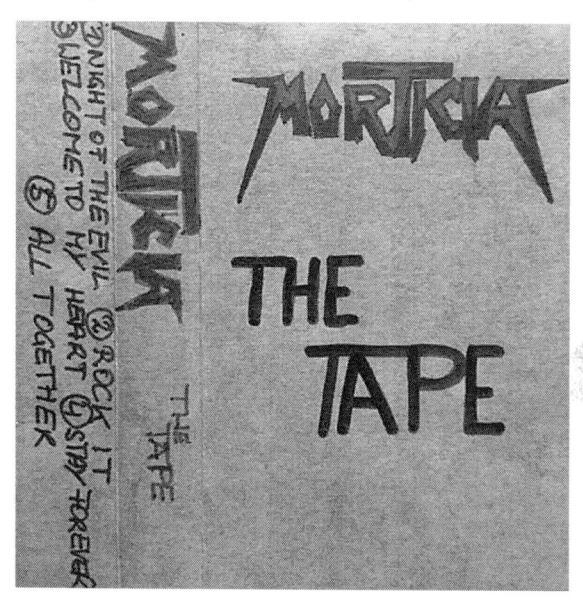

Abb. 7: Cover von Morticia, *The Tape* (1989).[393]

Zwar stammt die Kassette aus der Spätphase der Gründungszeit, ist aber in vielen Belangen noch paradigmatisch für die Wertegenese. Die Band versuchte offensichtlich in Eigenregie, die etablierten Schrifttypen und ästhetischen Konventionen des globalen Szenediskurses für ihr Projekt zu nutzen. Wie die Forschung zeigt, geht es im Metal seit Black Sabbath in der Wahl der Schrifttypen vor allem um Assoziationen zum Mittelalter, um Mystik und Werte wie Ritterlichkeit, Männlichkeit und Größe.[394] Man kann also in diesem Beispiel wieder den konservativen, sogar patriarchalen Wertekanon entdecken, der auch in der Steiermark verbildlicht wurde. Da aber im Sound und Klang neue Standards gesetzt wurden, und bisherige ästhetische Maßstäbe der Pop- und Rockmusik im lokalen Kontext transgressiv durchbrochen wurden, sind gerade in der Klangreferenz des Bildes auch liberale Züge entdeckbar. Dies macht auch dieses Cover, das heute online global verfügbar ist und zugleich die frühe steirische Szene repräsentiert,[395] zu einer Verbildlichung des Scheinparadoxes von Traditionellem und

---

392 Zugleich Cover 13, Übersicht im Anhang.
393 Bildquelle: https://www.metal-archives.com/images/7/7/1/7/771790.jpg?2044 [17.01.2024], © Morticia 1989.
394 Hierzu für Kleidung vor allem wieder Cardwell 2022; zur Schrift: Vestergaard 2016.
395 Vgl. Cover 13, Übersicht im Anhang.

Transgressivem, das so prägend für die Gründung war. „Wertegenese" in diesem Bildbeispiel bedeutete in einfacher Form, die Konventionen der globalen Metal-Ästhetik in die Steiermark zu bringen und dabei den Sound im Bild zu referenzieren. Wenn man dem Diskurs noch ein Jahr weiterfolgt, präsentiert sich im Ankündigungsflyer der Band Shekinnah[396] zur LP *Schrei es laut* eine deutliche Professionalisierung der Medienproduktion:

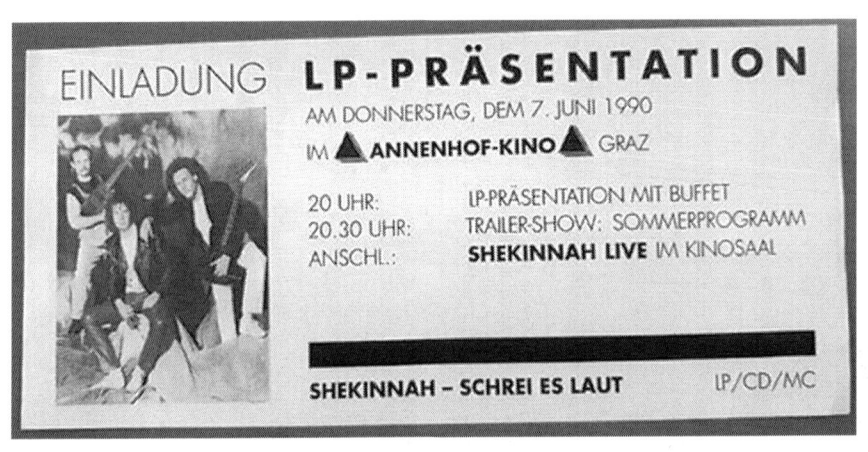

Abb. 8: Einladung zum Präsentationskonzert von Shekinnah zu *Schrei es laut* (1990).[397]

Die Gruppe, in welcher es Verknüpfungslinien zu Skull Breaker gibt, ist eher dem Bereich des (Hard-)Rock zuzuordnen.[398] Dieser ‚poliertere' Klang der Musik ging mit einer professionelleren, neutraleren und in dieser Manier ‚bürgerlicheren' Präsentation des Events und der Gruppe einher. Im Band-Foto hält sich die Bezugnahme auf den Outlaw-Mythos in Grenzen. Zugleich ist der Flyer im Gesamten als Drucksorte auf Höhe der technischen Möglichkeiten der Zeit produziert. Die Dominanz von Weiß in der Farbgebung, die szeneuntypisch hell wirkt, sticht ins Auge. Man könnte Assoziationen zu einer eher ‚sterilen' Ästhetik vermuten.

Wenn man diesen Flyer als Quelle interpretiert, sind daraus wichtige Informationen zur Wertegenese zu gewinnen. Erstens, da die Präsentation zwar in gewisser Kontinuitätslinie zum frühen Szenecluster um Skull Breaker steht, aber die Präsentation im Gesamten viel ‚erwachsener' und ‚polierter' wirkt, ist davon auszugehen, dass die lokale Szene in der Grazer Kultursphäre um 1990 bereits etabliert war. Das Präsentationskonzert fand in einem der größten Kinos vor Ort – dem Annenhofkino – statt.[399] Wertegenese im Bild bedeutete in diesem Fall

---

396 Zugleich Flyer 3 im Datenkorpus, Übersicht im Anhang.
397 Bildquelle: https://www.facebook.com/photo/?fbid=623461361660650&set=pcb.6234624 58327207 [16.1.2024].
398 Hierzu breit erinnernd: Interviews Nr. 5 und 6, teils auch Nr. 9 und 11.
399 Das Annenhofkino Graz, heute ein Multiplex-Kino mit mehreren Sälen, kann in seiner Geschichte bis ins frühe 20. Jahrhundert zurückverfolgt werden; siehe Florian 2019.

3.3 Die Wertegenese in der Gründungsphase

eine Annäherung an diese Sphäre des Mainstreams. Shekinnah, die heute in der Szeneerinnerung eine ambivalente Stellung einnehmen,[400] sind als Protagonisten der Wertegenese gegen Ende der Gründungphase zu sehen.

Wie weiter oben im Kapitel zur Datenlage zu T-Shirts als Quellen ausgeführt (siehe Abschn. 2.4, Daten aus der semiotischen Diskursanalyse), besteht für die Gründungsphase ein Mangel an zugänglichen Kleidungsstücken im Original. Aus der Oral-History-Forschung ist es jedoch möglich, die Rolle der T-Shirts in der Gründungsphase zu bestimmen. Sowohl für männliche als auch weibliche Szenegänger*innen ging es darum, *anders* als ihre Umgebung zu sein.[401] Sie wollten die Werte des Metal transportieren. Die Referenz des Klangs beliebter Bands auf T-Shirts war hierfür wesentlich.[402] Die Rolle von Bildern auf T-Shirts war, die Werte am Körper zu tragen. Wie von mehreren Oral-History-Interviewees betont, war der Körper die authentischste Form des Szenemediums.[403] T-Shirts waren eine essenzielle Form, Bild, Sound und Werte zu verknüpfen

Zieht man an dieser Stelle ein Resümee, ist zweierlei anzumerken. Erstens waren die Bilder, die in der Szene produziert, verbreitet und rezipiert werden konnten, den oft amateurhaften Produktionsbedingungen vor Ort unterworfen. Zugleich wurden jedoch die globalen Ästhetiken als Vorbild genommen. Gerade Abbildungen auf Musikaufnahmen, Konzertflyern und T-Shirts machen dies deutlich. Wiederum waren dabei die Verbindungen ambivalenter Natur zwischen konservativen und liberalen Einstellungen prägend. Zweitens wurden diese Bildwelten samt ihren normativ-moralischen Aufladungen durch visualisierende Musikreferenzen mit dem Sound verknüpft. Cover thematisierten und verbildlichten die Musik auf den Aufnahmen. T-Shirts, vor allem solche mit Motiven zu Bands und Alben, referenzierten Musik und Künstler*innen. Die Rolle dieser Bilder in der Wertegenese war, die Moral der Szene noch tiefer im kulturellen Raum zu verankern.

Zwischenfazit zur Wertegenese

In diesem zweiten größeren Unterabschnitt zur Geschichte des normenbezogenen klanglichen Wissens in der Pionierzeit ging es um das Ethos der Szene. Es ging um die Wertegenese. Liberalismus und Traditionalismus gingen in der frühen Konstruktion der „imagined community"[404] der Szene Hand in Hand. Die Ambivalenz von Freiheit und Konservativem – etwa in Bezug auf patriarchale Geschlechterrollen, auf das Übernehmen der Trinkmoral der Umgebung und das

---

400 So etwa ins Lächerliche gezogen in Interview Nr. 9.
401 So in den Interviews Nr. 1, 3, 5, 6, 9, 10, 18 und 22.
402 Vor allem Interview Nr. 10.
403 So Interviews Nr. 6, 9, 11 und 22.
404 Vgl. Anderson 1983; auch: Kahn-Harris 2007, 87.

Übernehmen profitorientierten Denkens – hatte in der Gründung die Funktion, die neuen Szeneräume in der Steiermark zu verankern. Die Wertegenese im „Hard Rock Ost" brachte den „Exzess" in ein bäuerliches Landgasthaus, das Umfeld des „Explosiv" ließ das Bild der Metal-Wahlfamilie im Rechtsrahmen eines Vereins entstehen. Im Metal-Pub wurden die Werte und die Klangwelten der Szene innerhalb der Marktlogik der lokalen Gastronomie und ihrer Trinkkultur grundgelegt. In den untersuchten Bildern verknüpfte man Werte, Visualität und Klang semiotisch. Zusammengefasst: Die Wertegenese in der Gründungsphase bestand darin, das Wissen darum, was für Metalheads moralisch ‚gut' bzw. ‚falsch' ist, innerhalb der realweltlichen Möglichkeiten zu erkunden.

3.4 *Klangliche Codierung in der Gründungsphase*

Was in den beiden vorigen größeren Abschnitten zur Gründungsphase der steirischen Metal-Szene gesagt wurde, betraf Rechts- und Wertbezüge. Rechts- und Moralwissen waren wesentliche Fundamente der Grundlegung der Metalness. Dies betraf viele Punkte der Praxis, der Bilder, der Texte und des Verhaltens. Was dabei immer wieder bereits gestreift, aber noch nicht im Detail analysiert wurde, ist die klangliche Codierung. Die Gründung der Szene bestand nicht nur darin, dass per Rechtsbezug und Wertdiskurs das Territorium des Metal abgesteckt wurde; sie bestand hauptsächlich auch darin, den Diskurs klanglich zu codieren und wahrzunehmen.[405] Zu wissen, was Metal ist, war eine Frage des Sounds, des Hörens und des Diskurses über beides. Rechtsbezug und Wertewissen wurden mit Hörsinn und Musikwahrnehmung verknüpft. Im Folgenden steht diese Dimension im Fokus. Es wird danach gefragt, wie das Wissen um die Metalness im Gründungszeitraum der Szene verklanglicht wurde. Dies bedeutet, zu erforschen, wie diese etwa zehn Jahre, an deren Ende die steirische Community ihre prägende Form angenommen hatte, als ‚Klangjahrzehnt' zu beschreiben sind.

„Szenegründung" bedeutete in dieser Facette, einen Rahmen zu konstruieren, der durch die Regularien der Musik, des Hörens und des Klangs bestimmt war. Der Hörsinn war mindestens so wichtig wie alle anderen Sinne. Im Folgenden wird dies daher anhand der prägendsten Daten aus dem Korpus beschrieben. Etwa Diskurse, welche die Musiksprache betreffen – wie die lokale Wahrnehmung des Outlaw-Mythos anhand des Judas-Priest-Klassikers „Breaking the Law" –, codierten die Metalness musikalisch. Efthymious Analysen sind hier grundlegendes historisches Material.[406] Der Blick auf das lokale Klang- und Musikwissen in den 1980er-Jahren ermöglicht zu verstehen, wie das globale Vorbild

---

405 Hierzu konzeptionell: Pichler 2020b; mit Bezug zur Steiermark: Pichler 2021b.
406 Vgl. hierzu die Musikanalysen 1–6 und 10–12, Übersicht im Anhang.

3.4 Klangliche Codierung in der Gründungsphase

der Musik in den Szenealltag integriert und dabei auch transformiert wurde.[407] Die folgenden Unterabschnitte drehen sich um diese klanglichen Codierungsprozesse. Es wird erzählt, wie die eigene Klanglichkeit dieser Szene begründet wurde. Die akustische Imagination war genauso wichtig wie die visuelle und textliche. Das Hören war ein ‚akustisches Rückgrat' der Szene. Die Rezeption der Musiksprache von „Breaking the Law" in Graz und der Steiermark ist ein guter Startpunkt.

„Breaking the Law" in der Steiermark

Der Judas-Priest-Klassiker „Breaking the Law", 1980 am Album *British Steel* erschienen, war auch für die steirische Metal-Szene in ihrer Gründungsphase ein wichtiger klanglicher Orientierungspunkt. Efthymiou hat eine detaillierte musikanalytische Untersuchung des Songs wie auch seiner Referenzierung in der lokalen steirischen Musiksprache unternommen.[408] Dabei arbeitete er fokussiert das musiksprachliche Zusammenspiel von Rechtsbezug im Outlaw-Mythos, Wertegenese und deren klanglicher Codierung heraus. Es ist daher gewinnbringend, dieses global wirksame Beispiel und seine Rezeption in der Steiermark zu thematisieren. Es kam zu lokalen Codierungsprozessen. „Breaking the Law" wurde in seiner Konstruktion klanglicher Metalness an die Steiermark angepasst und prägte das ‚steirische Hören'.

Wie Efthymiou darlegt, erwächst der Rechtsbezug im Hören des Stücks aus klar nachvollziehbaren kompositorischen Strategien. Der kraftvolle Chorus, der die Message (d. i. „breaking the law") enthält, steht in der Bedeutungsgenese im Mittelpunkt. Der Metal-typische Powerchord A^5, welcher im Refrain mit dem Rechtsbezug verknüpft wird, ist hier zentrales Ausdrucksmittel. Dem Messagefokussierten Chorus stehen die Strophen gegenüber, welche sich von diesem in Tonhöhe und weiteren musikalischen Parametern unterscheiden. Die Konstruktion der rebellischen Message funktioniert, da der Song nur eine überschaubare Auswahl an verwendeten Akkorden enthält (insgesamt nur sieben: B^5, C^5, D^5, E^5, F^5, G^5, A^5), die jedoch im Laufe des Songs in der Harmonieabfolge und rhythmisch variabel präsentiert werden. Der Chorus wird in den Fokus der Dynamiken des Hörens gerückt und so musiksprachlich der sinnstiftende Rechtsbezug ermöglicht. Somit wird in der Musiksprache durch die Wahl der Ausdrucksmittel – vollkommen analog der Imagination auf der lyrischen Ebene – das Rechtssystem als Ausdruck einer ‚bourgeoisen' Gesellschaft markiert, der sich die Metalheads durch den fiktiven Rechtsbruch gegenüberstellen sollten. Durch die weltweite

---

407 Zur Metal-Musiksprache vor allem wieder: Elflein 2010; sowie zum Hören: Pichler 2021b.
408 Siehe Musikanalyse 1, Übersicht im Anhang; auch Elflein 2011; die folgenden Ausführungen zur Struktur des Stücks beziehen sich auf Efthymious Musikanalyse, so nicht explizit anders zitiert.

‚Hörgeschichte'[409] des Songs seit 1980 wurden das Bild des Rechts, das eingeforderte fiktive Verhalten dem Recht gegenüber und das Ethos der Metal-Bewegung zur musikalischen Einheit – auch in der Steiermark.

Was hier von Efthymiou anhand des europäisch-globalen Beispiels „Breaking the Law" beschrieben wird, sind klangliche Codierungsprozesse, die auf der Ebene dieses Lieds den Rechtsmythos der ‚Metaller*innen' als Outlaws, ein Ethos der Liberalität und daraus resultierendes persönliches Empowerment im Metal-Sound zusammenführen. Das Lied wurde eine Imaginationssphäre, in welcher die Community der Metalheads als eine Gruppe beschrieben wurde, die sich in diesem Mythos wiederfindet und dies vor allem mit Hören und Klang verband. Letzteres war der entscheidende Punkt. Jedes Mal, wenn der Song gespielt oder gehört wurde, wurde diese Imaginationssphäre konstruiert.[410] Das Hören brachte die Bilder und den Text mit sich. Das Recht und die Moral wurden so klanglich codiert.

Zuerst wurde dies von außen durch die globalen Diffusionsprozesse rund um die NWOBHM in die Steiermark gebracht. Dort fand das Hören unter spezifischen lokalen Bedingungen statt: Protestierte der Protagonist des Songs im britischen Umfeld des Thatcherismus gegen die neoliberalen Unsicherheiten, so ging es in Graz und der Steiermark darum, die bereits bestehenden Freiräume einer von der Liberalisierung erfassten, aber teils noch katholisch-autoritären Lokalkultur zu erweitern.[411] Es ging darum, im Hören dieses Songs die eigene Situation zu erkennen und die Kernmessage dann so anzupassen, dass sie lokale Transgressionen erlaubte.

Klangliche Codierung bedeutete in diesem Fall, dass der Impetus des Outlaw-Mythos, den Efthymiou so präzise musikwissenschaftlich herausarbeitete,[412] in das lokale Umfeld der Steiermark eingearbeitet wurde. Aus dem Protest gegen Maggie Thatcher und britische konservative Eliten wurde der Protest gegen eine konservative Kirche, autoritäre Schulstrukturen, unterdrückend empfundene Verhaltensregeln und gegen bevormundende Vorgesetzte.[413] In den Daten aus Efthymious Analyse zeigt sich, wie dies geschah, nämlich durch die besagten musiksprachlichen Mittel.

Entscheidend sollte dabei werden, wie diese Mittel im Verknüpfen von Recht, Moral und Klang das Hören in der Steiermark präfigurierten. Die Musiksprache von „Breaking the Law" wurde zur akustischen Schablone, die auch über Graz und die Steiermark gelegt wurde. Dabei wurden die bestehenden Freiräume genutzt und über die Imagination erweitert. Frühe Musikbeispiele aus der Steiermark verdeutlichen diese Prozesse. So veröffentlichte die Band Blessed Virgin

---

409 Erhellend hierzu: Elflein 2011.
410 Vgl. ebd.; so etwa geschildert in den Interviews Nr. 5 und 6.
411 Zur NWOBHM breiter: Swiniartzki 2022; aus der Oral History: Interviews Nr. 5, 6, 9, 11 und 22.
412 Vgl. Musikanalyse Nr. 1, Übersicht im Anhang; auch wieder: Elflein 2011.
413 Vgl. die Interviews Nr. 5, 6, 9, 11 und 22.

3.4 Klangliche Codierung in der Gründungsphase

1983 die Single *Heavy Metal/Nightmare*. Die Analyse der Aufnahme zeigt, dass sie eine Zwischenetappe der Entwicklung der Musiksprache dieser Zeit zwischen Rock und Metal darstellt.[414] Der Song „Heavy Metal" besteht aus unterschiedlichen, aneinander gereihten Formelementen, was bereits typisch für Metal ist; aber der Vorrat an Akkorden noch nicht, da Powerchords nicht dominieren. Der Song „Nightmare" entspricht dem klassischen Metal-Schema noch weniger, etwa in Bezug auf Tempo und Aggressivität.

Anders verhält es sich im Song „Heavy Metal" auf der Ebene der Imagination per Message-Konstruktion. Wie Efthymiou ausführt, ist die Message zentral mit der Textzeile „Heavy Metal ... is the only way to live" verbunden.[415] Die gesamte Band singt den Part „Heavy Metal" im Chor, der Sänger dann aber die Passage „the only way to live" allein, wodurch diese Forderung unterstrichen wird.[416] Diese Semiotik der Message-Bildung entspricht schon der globalen Metal-Musiksprache der frühen 1980er-Jahre. In diesem Teil des Songs werden Werte, Ethos und Klang miteinander verknüpft. Damit war diese Aufnahme ein frühes Beispiel dafür, wie die Metalness unter den spezifischen Bedingungen der Steiermark klanglich codiert wurde.

„Breaking the Law" in der Steiermark bedeutet also, dass beispielhaft an diesem Song akustische Codierungsprozesse gezeigt werden können, die verdeutlichen, wie das Verknüpfen von Outlaw-Ethos, Werten und Sound lokal stattfand. Die Musiksprache und die Message-Konstruktion bei Blessed Virgin sind ein Beispiel dafür. Über ihre Songs wurden Verknüpfungen zwischen Moral, Rechtsbezug und Klang hergestellt, die ohne den globalen Diskurskosmos des Metal, der um 1980 vor allem von Großbritannien ausging, nicht möglich gewesen wären. Die Szene klanglich zu gründen, hieß also „Breaking the Law" auf solche Weise in die Grazer und steirische Situation einzupassen.

Lokales Musikwissen

Der Judas-Priest-Song „Breaking the Law", der in der Pionierzeit des Metal sowohl global als auch lokal in der Steiermark paradigmatisch für die Metal-Identität stand, ist ein Exempel von szenebestimmendem Musikwissen. Das Metal-Musikwissen in der Steiermark ist bis zur Gegenwart ein grundsätzlicher Aspekt der klanglichen Codierung der lokalen Szeneidentität. Die Codierung verband Rechtsbezug, Moral und Sound zu einem imaginativen Netzwerk von Bedeutungen. In der Gründungszeit wurde verhandelt, was die klangliche Dimension von

---

414 Vgl. Musikanalyse 21, Übersicht im Anhang.
415 Vgl. ebd.
416 Vgl. ebd.

Metal ausmachte und welche Werte im Klang des Metal gespeichert sein sollten.[417] Die ersten steirischen Metalheads entwickelten in dieser Zeit ein ausgeprägtes Bild davon, wie der Metal, der ihre Community verkittete, klingen sollte. Zunächst war der Klang der NWOBHM der Orientierungsrahmen. Er stand für einen neuen und raueren, die Energie des Punks aufnehmenden Sound, der aber zugleich auf einer technisch anspruchsvollen und ausgereiften Spielweise basierte.[418] In der Steiermark eiferte man den britischen Vorbildern nach, da jedoch die Verfügbarkeit von Equipment und Klangexpertise in der Gründungsphase lokal zuerst nicht voll gegeben war, bewegte man sich klanglich im Rahmen des produktionstechnisch und ökonomisch Möglichen und entwickelte auch eigene klangliche Akzente.

Diese eigenen Akzente waren vor allem wiederum mit dem Outlaw-Mythos und seiner Transformation ins steirische Umfeld verbunden. Der lautere und rauere Sound begleitete Protest gegen bürgerlich-katholische Milieus.[419] Die Datenlage aus Oral History, Diskursanalyse und Musikanalyse offenbart, dass für das entstehende lokale Musikwissen die Verknüpfung von Imagination und Klang entscheidend war. Es kam darauf an, wie der Metal-Sound im Diskurs der ‚Metaller*innen' vor Ort die Fantasie anregte. In diesem Abschnitt wird anhand von Musikanalysen, Diskursquellen und Erinnerungen geschildert, wie die Codierung der Klanglichkeit vor sich ging und wie das Steirische in der Gründungsphase bis 1990 in den Fokus gerückt wurde.

Die Grazer Band Dynamite, die von 1987 bis 1992 aktiv war, ist neben Skull Breaker, Shekinnah, Blessed Virgin und anderen ein Beispiel der Gruppen, die den lokalen Sound formten. Da die Band vor allem gegen Ende der Gründungsphase um 1990 aktiv war, fielen ihre Konzerte und anderen Aktivitäten in eine Zeit, in der bereits ein stabiles Szenenetzwerk existierte.[420] Die Band war lokal klanglich zumindest so prägend, dass Infos zu ihr bis heute im Internet zirkulieren. Die globale Online-Datenbank *Metal Archives* kategorisiert Dynamite klanglich als „Power Metal", „Heavy Metal" bzw. „Hard Rock".[421] Die musikwissenschaftliche Analyse Efthymious beschreibt bei der Band einen eher eklektischen Soundkosmos, der verschiedene Bands wie AC/DC, Guns'n'Roses, Metallica und Helloween zitiert.[422] Damit ist diese steirische Band ein Beispiel dafür, wie die lokale Metalness um 1990 klanglich codiert wurde. Efthymiou legt nahe, dass die Band mit den global dominierenden Sounds des Metal und Hard Rock dieser Zeit gut vertraut war. Einzelne musikalische Formparts erinnern an Guns'n'Roses

---

417 Hierzu vor allem die Interviews Nr. 5, 6, 9, 11 und 19.
418 Siehe hierzu: Elflein 2010; zur Verknüpfung von Punk und Metal in Graz vor allem Interview Nr. 2.
419 So vor allem: Interviews Nr. 2, 5, 6 und 22.
420 Hierzu vor allem Interview Nr. 9.
421 Vgl. Metal Archives 2021.
422 Vgl. Musikanalyse Nr. 11, Übersicht im Anhang; die folgenden Ausführungen zu Dynamite beziehen sich hierauf.

3.4 Klangliche Codierung in der Gründungsphase

und AC/DC, teils auch an den Thrash Metal. Alles in allem ist der Klangkosmos von Dynamite vielschichtig und repräsentativ für den Transport der globalen Sounds hinein ins Steirisch-Lokale. Die Transformationen, die dabei geschahen, sind mit klanglichen Codierungen von Rechtsbezug, Moral und Metalness verknüpft. Sie sind aussagekräftig zum lokalen Musikwissen und seiner Rolle in der Szenegründung.

Insbesondere der Song „'Cause They Are People" mit seiner sozialkritischen Message „'Cause they are people / and they got the right to live" ist für diese Codierungsprozesse relevant. Er exemplifiziert, wie Vorstellungen von Recht und Moral mit dem Wissen darum, wie Metal zu dieser Zeit in der Steiermark klingen sollte, verknüpft wurden. Efthymiou schreibt, dass der Song durch ein höheres Maß an Tempo, Aggression und Verzerrung des Gitarrensounds als andere der Band charakterisiert ist. Er sieht darin schon Anklänge beim Thrash Metal. Die Analyse des Stücks im Kontext des Schaffens der Band lässt durchscheinen, dass ‚ernste' Themen wie soziale Gerechtigkeit, moralische Fairness und damit verbundene Rechtsvorstellungen – bewusst oder intuitiv – mit einem aggressiveren Sound verbunden wurden. Es legt sich für die Wissensprozesse klanglicher Art um 1990 daher der Schluss nahe, dass Transgressionen musiksprachlicher Art, das sich Hinbewegen des steirischen Metal zum Thrash und Extreme Metal, mit ‚ernsten' Themen verknüpft waren.

Dynamite zu hören, bedeutete daher, sich teils auf die Konstruktion eines noch extremeren und raueren Klangs einzulassen. Der steirische Sound war seit der Konstitution des Szeneclusters um Skull Breaker mit den Kernwerten und Rechtsbezügen der NWOBHM verquickt.[423] Efthymiou führt aus, dass die klangliche Grenzüberschreitung mit der Entwicklung der szenischen Imagination von Werten und Rechtsbezügen korrelierte. Es entstand – zeigbar an diesem Beispiel – ein vielschichtiges und multimodales Bedeutungsnetzwerk, in welchem Klang, Bild und Narrativ wechselseitig verbunden die Imagination der Identität anleiteten. Die Szene zu gründen, hieß also, gemeinsam eine Vorstellung davon zu entwickeln, wie Metal in der Steiermark klingen sollte und welche Werte und Rechtsbezüge im Sound gespeichert sein sollten. „'Cause They Are People" war ein Wissensbaustein in diesem Prozess. Das spezifisch Steirische war die Verknüpfung von Protest gegen konservative Milieus mit der klanglichen Bewegung hin zum Extreme Metal.

Folgt man diesem lokalen Musikwissen ausgehend von den Codierungsprozessen, die sich am Beispiel Dynamite zeigten, weiter in die Breite des Szenediskurses, so ist in allen Beispielen im Datenpool von Oral History, Diskursanalyse und Musikwissenschaftsforschung die Verknüpfung der klanglichen Imagina-

---

[423] So wieder: Interviews Nr. 5, 6, 9 und 22.

tion mit Text, Narrativ und Bild sowie mit Praktiken des Szenealltags entscheidend.[424] Das lokale Musikwissen war ein Reservoir von Verknüpfungen zwischen diesen Ebenen. So erinnert sich ein Zeitzeuge, dass er seit der Frühzeit der Szene immer auf der Suche nach neuerer und extremerer Musik war, was dem genannten steirischen Trend hin zum Extrem entsprach:

> I: „Also war [da das] Bedürfnis, wirklich das Letzte und Neueste zu erwischen, das Extremste [...]?"
> P: „[Das] Neueste, Extremste und auch Underground, [...] natürlich, ja. Ich wollte eigentlich immer vorne dabei sein [...] und so habe ich das alles versucht [...] zu sammeln, zu kriegen."[425]

Der Zeitzeuge beschreibt hier das Erlernen und Konstruieren des lokalen Musikwissens als Suche nach Innovation und Grenzüberschreitung. Er erläutert, dass die Suche nach dem Extrem und dem Underground, also die klangliche Transgression, der entscheidende Aspekt seines Lernens und seiner Rolle in der Entwicklung des lokalen Musikwissens war.[426] Die Erinnerung, die hier um das Deutungsmuster der Transgression strukturiert ist, verbindet Lernen, Klang und die Suche nach der Szeneidentität. Der Erinnernde beschreibt das im Interview ausführlicher folgendermaßen:

> I: „Verstehe ich das richtig, man [hat] Metal [in der Steiermark in den frühen 1980er-Jahren] von Grund auf [...] lernen [...] müssen [...]?"
> P: „Ja, also ich für mich habe das lernen [müssen], ich habe niemanden gehabt [der oder die Musikwissen vermitteln hätte können]. [...] Metal ist einfach genau [...] mein Nerv. Genau das, was [...] mich getroffen hat [...] und nichts anderes. [...] die Gitarren, die Drums [...], alle [...] anderen Musikrichtungen haben mich einfach überhaupt nicht interessiert".
> I: „Also der Klang [war wichtig]?"
> P: „Ja, der Klang."[427]

Für die Erfassung und Interpretation der Entwicklung des lokalen Musikwissens in der Gründungsphase ist dies eine Schlüsselstelle der Oral History. Der Zeitzeuge strukturiert sein Narrativ der Gründungszeit und seines persönlichen Lernens dessen, was Metal in dieser Frühzeit in dieser lokalen Szene ausmachte, nach dem *Erlernen des Klangs*. Kurz gesagt, der Klang und die Suche nach dem Extrem machten für ihn die steirische Metalness aus. Dieses Erinnerungsmuster ist paradigmatisch, es tauchte regelmäßig in der Oral History auf.[428] Zu lernen, was in der Steiermark in dieser Zeit Metal ausmachte, wogegen sich der Protest richtete, war mit dem Klang und dessen Lernen verbunden.[429] Es bedurfte dazu

---

424 Vgl. aus der Oral History: Interviews Nr. 5, 6, 9 und 22; aus der Musikanalyse Nr. 10–12, Übersicht im Anhang; aus der Diskursanalyse vor allem die Verbildlichung des Ethos der Transgression auf den Flyern Nr. 1–5, Übersicht im Anhang.
425 Quelle: Interview Nr. 11.
426 Vgl. ebd.
427 Quelle: ebd.
428 So etwa ausführlicher in den Interviews Nr. 1, 2, 3, 9, 11, 18, 21 und 22.
429 Vgl. ebd.

3.4 Klangliche Codierung in der Gründungsphase

des intensiven Lesens von ersten deutschsprachigen Metal-Magazinen, Besuchen in Plattenläden und hohen persönlichen Engagements in der Szenegründung.[430] All dies war als Wert und Moral mit dem Klang verknüpft. So wurde das lokale Musikwissen entwickelt und zum akustischen Rahmenbau der Szene. Wie sich die Verknüpfung von Klang und bildlicher Imaginationsform um 1990 präsentierte, lässt sich anhand des Covers[431] der LP *Schrei es laut* der Band Shekinnah diskutieren:

Abb. 9:   Cover von Shekinnah, *Schrei es laut* (1990).[432]

Wie schon der Ankündigungsflyer des Präsentationskonzerts (siehe Abschn. 3.3, Wertegenese im Bild) zu diesem Album aus dem Jahr 1990 repräsentiert auch diese Quelle den steirischen Szenediskurs in seiner Verknüpfung von Semiotik und Klang zu diesem Zeitpunkt. Die graphisch schlicht in Schwarzweiß gehaltene Gestaltung entspricht dem Flyer, zugleich schlägt sich auch hier die zunehmende Professionalisierung der Szene in der Medienproduktion nieder. Der wichtigste Punkt an dieser Quelle ist, dass rechts unten im Bandfoto gleichsam eine Selbstkategorisierung der Band („Lightmetal" als Beschreibung eines damals populären, ‚softeren' Metal-Stils) vorgenommen wurde. In diesem zunächst unscheinbaren diskursiven Sprechakt[433] wird die Verknüpfung von

---

430   Vgl. ebd.
431   Zugleich Cover 14, Übersicht im Anhang.
432   Bildquelle: https://s3.at.edis.global/secondmusicbilder/2023/11/7613047-09298870655b
6c0a73573655b6c0a735761700490250655b6c0a7357d.jpeg [14.01.2024], © J. Robin Records 1990.
433   Hierzu: Schmale 2001.

Klangvorstellung und Imagination vorgenommen. Die Band mit ihren Instrumenten verkörpert dies. Das lokale Musikwissen wird hier so codiert.

Resümiert man die Entwicklung des lokalen Musikwissens als entscheidenden Prozess der klanglichen Codierung, stechen mehrere Punkte ins Auge. Zunächst betrifft dies das Faktum, dass das lokale Musikwissen nicht nur von außen her durch den Sound der NWOBHM angestoßen wurde; ebenso wurde seine Entstehung und Struktur durch die soziokulturellen, rechtlichen und wirtschaftlichen Bedingungen vor Ort präfiguriert. Anhand der Gruppe Dynamite lässt sich beschreiben, dass dieses spezifisch Steirische aus der lokalen Einpassung der Outlaw-Imagination bei gleichzeitiger klanglicher Transgression in Richtung Extreme Metal entstand. Die Oral-History-Forschung ermöglicht es, das lokale Musikwissen als Lernprozess solcher Natur zu beschreiben, der sich auch in Bildquellen manifestierte – etwa im Cover der Band Shekinnah zu *Schrei es laut*. Im Fazit lässt sich die Rolle des lokalen Musikwissens in der Gründungsphase so resümieren, dass in ihm Identität und Klang verbunden wurden. Die Verkittung der Imaginationsebenen war das Wesentliche.

Klangempfindungen: Die „Angefressenen"

Bisher wurden in diesem Abschnitt zu klanglichen Codierungsvorgängen in der Frühphase der steirischen Metal-Szene Aspekte der ‚glokalen' Einpassung eines Metal-Klassikers sowie der Entwicklung und Konstruktion des lokalen Musikwissens besprochen. Es ging also einerseits um die Lokalisierung des Globalen, andererseits um das Lernen von Musikwissen im lokalen Kosmos. Beides berührt eine Ebene des Szenediskurses, die sowohl für einzelne ‚Metaller*innen' als auch die Szene als Kollektiv entscheidend war: das affektive Empfinden des Klangs von Metal. Spezifisch die Oral-History-Forschung und sie unterstützend auch diskurssemiotische und musikwissenschaftliche Daten ermöglichen es, die Empfindungswelten zu erforschen, die steirische Metalheads mit dem Metal-Sound verbanden.

In Interviews wurden regelmäßig Begriffe wie „zornig", „angefressen",[434] „energetisch", „rau", „wütend" u. ä. als zentrale affektive Marker für Metal-Musik im Gründungsjahrzehnt genannt. Hören und Spielen von Metal waren mit diesen Emotionen verbunden. Diese Begriffe sind essenzielle Deutungsmuster der Szene. Diese Qualitäten können als affektive Werte betrachtet werden, die es galt durch und in der Musik für die Szene zu sichern. Diese Klangempfindungen hatten seit den frühen 1980er-Jahren in der Grazer und steirischen Metal-Community eine wichtige Funktion, um das Gemeinschaftsgefühl der Szene zu stär-

---

434 Im lokalen Dialekt ist „angefressen" ein Wort im Sinne von ‚zornig', ‚wütend', ‚auf Protest gestimmt'; analoge Charakterisierungen etwa in Interviews Nr. 2, 5, 6, 9, 19 und 22.

3.4 Klangliche Codierung in der Gründungsphase

ken. Indem man gemeinsam erlebte, wie sich Metal-Musik anfühlte, wurde zugleich die Gemeinschaft und das Metal-Individuum in ihr konstruiert. Diese Klangwelt war eine eigene steirische Gefühlswelt. So beschreibt ein Zeitzeuge aus dem Umfeld der Grazer Clique um Skull Breaker, dass Aggression und Wut im Sinne von „Angefressen-Sein" für die Kollektivpsyche dieser frühen Szenefraktion entscheidend waren:

> P: „Ja, also [man hat] mit der Musik [...] Aggressionen [...] hinauslassen können. Weil, du hast ja, ob du [...] Zuschauer warst oder ob du [...] auf der Bühne warst [...] einfach Gas gegeben [...]. Wie ein Sport, du hast dich halt einfach komplett ausgeschwitzt und ausgearbeitet und hast deine Aggressionen und deine Wut einfach hinausgeschrien [...] Und durch die Bank [...], die ganze [Clique] [...], mit der ich am Anfang zusammen war, wir haben schon ein Aggressionsgrundpotenzial gehabt, weil wir halt angefressen waren, [...] alle miteinander. Eltern, Schule, der Meister, die Firma [als Gründe für den Zorn und soziale Reibeflächen], [...] wir waren schon Angefressene [...]. Deswegen war Metal für uns einfach definitiv das Beste."
> I: „Da geht es ja einfach um die Stimmung, dass man zusammen angefressen ist und die Musik spiegelt das wider [...]?"
> P: „So ist es."[435]

Gerade auf die abschließende Nachfrage des Autors hin machen diese Passagen klar, dass das gemeinsame Empfinden beim Hören des Sounds von Metal in den 1980er-Jahren identitätsstiftend war. Der Sound der NWOBHM, der dem Szenecluster in Graz, aber auch jenen in Weiz, Gleisdorf, Kapfenberg, Bruck an der Mur, Deutschlandsberg, Leoben und Eisenerz als Vorbild diente, wurde als Sound der „Angefressenen" empfunden.[436] Dass Zorn – wohl auch musiksprachlich – hier zunächst durchaus traditionell vor allem als männliche Emotion codiert wurde, ist ein weiterer Punkt, der aufweist, dass Metal in vielen Bereichen mit der umgebenden Gesellschaft schwang. Die Empfindung, dass gerade Metal mit seinem neuen, zornigen Sound taugte, ihre Message und Identität auszudrücken und so die Szene in die Welt zu bringen, fasste derselbe Zeitzeuge selbstreflexiv zusammen:

> P: „[...] was ich sagen kann, ist, dass wir es [das ‚Angefressen-Sein'] [...] als Gemeinschaft [...] kultiviert haben [...]. Früher [vor der Gründung der Grazer Metal-Szene] war ich eher alleine angefressen, weil viele von meinem [...] Freundeskreis, [...] die keine Metaller waren, die haben halt auch gejammert und auch über die Schule geschimpft, aber da habe ich [...] diese größere Angefressenheit nicht gesehen und nicht gespürt. [...] Es war die kultivierte Angefressenheit und die haben wir [als Metal-Community] gemeinsam [...] leben [...] können. Wir haben es [...] beim Konzert leben können, wir haben es gemeinsam im ‚Q' [einem Szenelokal in Graz] leben können. Oder, wenn wir selbst eine Party gemacht

---

435 Quelle: Interview Nr. 5.
436 Zu Weiz: Interviews Nr. 9 und 22; zu Kapfenberg, Bruck an der Mur, Leoben und Eisenerz: Interviews Nr. 12, 14 und 15; zu Gleisdorf: Interview Nr. 18; zu Deutschlandsberg Nr. 8 und 20.

haben, wo [...] die anderen sich fügen haben müssen, dass die angefressene Musik [also Metal] gespielt worden ist. Also das haben wir [...] kultiviert, definitiv, ja."[437]

Dieses Deutungsmuster der „Kultivierung" der „Angefressenheit", die mit dem Sound der Musik verbunden war, ist paradigmatisch. Die Konstruktion der Identität der Gruppe als jene der „Angefressenen" funktioniert in der Erinnerung darüber, dass dieses Grundgefühl, das in der Metal-Musik als Klangempfindung gespeichert war, sie von den „Anderen", die sich „fügen mussten", abgrenzte und unterschied. Dieses Entwerfen des Selbst der steirischen Metal-Szene als Gruppe zorniger junger Männer durch Abgrenzung von den „Anderen" ist ein klassischer Mechanismus der Identitätskonstruktion.[438] Gleichsam jede subkulturelle Identität kennt solche Muster.[439] Entscheidend an dieser Stelle ist, mit welchen auditiven und semiotischen Inhalten der Prozess unterfüttert wurde. Es war die Klangempfindung, was beim Spielen und Hören von Metal gemeinsam gedacht, gesprochen und imaginiert wurde, das die Identität und somit einen wesentlichen Baustein der Szenegründung ermöglichte. Die Klangempfindung der „Angefressenen" verkittete Imagination, Musik und Klang und somit auch Recht, Moral und Hören.

Wie tief diese Faszination für Klang, Klanglichkeit und deren Bedeutung für das Gruppengefüge der frühen Szene bei einzelnen Szenemitgliedern individuell biographisch wurzelten, zeigt das folgende Statement eines Interviewten, der ab den späten 1980er-Jahren den Sound des Thrash Metal als Favorit auserkoren hatte:

> P: „Es [das Experimentieren mit Klängen] hat mich [...] als Kind [...] schon fasziniert, [...] weil ich habe dann lieber bei der Oma im Stiegenhaus, am Stiegengeländer gezupft und [...] die Klänge angehört [...]. Oder auch [das] Brummen von Motoren oder zum Beispiel [im] Ferialjob [bei einem metallverarbeitenden Betrieb] [...] da haben wir [eine] Dreihundertfünfzig-Tonnen-Presse gehabt und die hat [...] auch immer einen eigenen Rhythmus gehabt [...]. Also [...] wir haben [...] im Kopf [...] Industrial-Songs [...] komponiert quasi dazu."[440]

Diese Erinnerungspassage ist insofern relevant, als dass sie verdeutlicht, dass die Dimension „Klang" – zumindest im Falle dieses Interviewees – es ermöglichte, die gesamte biographische Strecke von der Kindheit bis hin zum erwachsenen Szenemitglied, das selbst Metal-Songs komponiert, zu erzählen.[441] Klang wird hier zur Kontinuitätsdimension. Dabei bleibt auch in der Erinnerung dieses Szenegängers die grundsätzliche Affektivität des „Angefressen-Seins", d. h. Metal als Ausdruck kollektiven Zorns, bestimmend.[442]

---

437 Quelle: Interview Nr. 6.
438 Vgl. am Beispiel des Islam-Diskurses: Wintle 2016; aus der Europaforschung: Schmale 2001.
439 Vor allem wieder: Kahn-Harris 2007.
440 Quelle: Interview Nr. 19.
441 Vgl. ebd.
442 Vgl. ebd.

3.4 Klangliche Codierung in der Gründungsphase

Wie bereits festgestellt, ist diese affektive Dimension der Metal-Szene als Gruppe junger zorniger Männer ein weiterer Punkt, der zeigt, dass sie in vielen Bereichen mit dem Mainstream schwang. Es ist daher an dieser Stelle wichtig, die weibliche Sicht auf diese Klangempfindungen in der Gründungsphase miteinzubeziehen. Es geht hier nicht nur um Nuancierungen, sondern um die grundsätzliche Ambivalenz zwischen Liberalität und Konservativität, die der Metal-Szene schon immer innewohnte. Eine Zeitzeugin, welche die frühe Metal-Szene der Steiermark in den 1980ern im ländlichen Raum der Oststeiermark erlebte, berichtet dazu:

> I: „Kann man das [Klangempfinden bei Metal] irgendwie festmachen?"
> P: „Da muss man ja jetzt dazusagen, dass es [...] nicht nur wild war [...] dieser Hard-Rock-Bereich, wenn ich jetzt einmal den herausnehme, der umfasst ja auch total viel. Also es gibt ja [...] Balladen, die [...] ich nie gehört habe sonst in [...] der Intensität, [...] die gar nicht wild sind. [...] Also es war schon ein Riesenspektrum an Musik, das [...] dieses Genre [...] geboten hat, finde ich. Und [...] man hat sich [...] holen können, wonach einem gerade war. Und manchmal war es halt einfach dieses Echte, wo [...] du einfach so einmal die Sau rauslassen kannst auch, und wo [...] du dich auch anders bewegen kannst dazu [...] oder [...] echt abtanzen, [...] bangen [d.i. headbangen] [...], das hat schon eine ganz andere Energie gehabt."[443]

Diese Stelle gibt Aufschluss zu mehreren Aspekten, die mit Klangempfindungen von Metal in dieser Zeit in der Steiermark und Genderrollen verbunden sind. Einerseits scheint die Erinnerung dem tradierten Stereotyp zu entsprechen, dass sich die weiblichen Szenemitglieder vor allem für die balladesken Klänge im Metal interessierten. Zumindest – und wohl dies ist der eigentlich spannende Aspekt hieran – rückte die weibliche Zeitzeugin in der Erinnerung dies in der Präsentation des Narrativs in den Vordergrund. Zugleich jedoch wird dieses Stereotyp durch die Erinnerung des „die Sau rauslassen" transgrediert. Hier ändert sich die Erinnerung des Klangempfindens in eine Richtung, die dem „Angefressen-Sein" entspricht – nur scheint es distanzierter, an tradierte weibliche Normen angepasster erzählt zu werden. Das Klangempfinden wird hier zum Marker, der die Präsentation gendercodierter Erinnerungen an die Szenegründung erlaubt. „Andere Energie" als Marker klingt doch sehr viel distanzierter als „Angefressen-Sein", obwohl der affektive Erinnerungskern derselbe ist.

Wenn man diese Klangempfindungen in der Gründungsphase der steirischen Metal-Szene in den Jahren bis 1990 resümierend betrachtet, offenbart sich die Wichtigkeit dieser affektiven Dimension des Sounds. Die beim gemeinsamen Hören und Spielen von Metal kultivierten, hochgradig affektgeladenen Imaginationen der Identität als „Angefressene" sowie die „andere Energie" des Metal erlaubten die Konstruktion wesentlicher Elemente der Gruppensolidarität. Die Klangempfindungen hatten die Funktion, die emotionalen Welten der ‚Metal-

---

443 Quelle: Interview Nr. 22.

ler*innen' in der Gründungsphase zu kanalisieren und an die Identität der Community zu binden. Die Verbalisierung im Nachhinein als „Kultivierung" von „Angefressenheit" ist eine memoriale Sichtbarmachung, die die Wichtigkeit dieser Prozesse unterstreicht. Musiksprachlich zeigen die Analysen Efthymious, dass die Fokussierung auf intensive und zornige Klänge mit der Message-Konstruktion beim frühen steirischen Metal – etwa bei Blessed Virgin und Dynamite – zusammenfällt. Das Klangempfinden des „Angefressen-Seins" wird so musiksprachlich formalisierbar, etwa wie oben bei den Bemerkungen zu beiden Bands. Dass auch klangliches Empfinden und Bild wieder semiotisch korrelierten, führt zur Dimension solcher „Verknüpfungen" in der Frühphase.

Verknüpfungen

Wie bereits an mehreren Stellen ersichtlich, war für die Gründungsphase der Metal-Szene in der Steiermark das multimodale Verbinden der verschiedenen Imaginationsebenen gemeinschaftsstiftend. Sehen, Lesen, Spüren und Hören von Metal mussten miteinander verbunden werden, um das „Social Imaginary" der Szene zu erzeugen.[444] Quellen- und datenmäßig sind solche Verknüpfungen der semiotischen Ebenen gut erfassbar. Einerseits macht das auch am Beispiel der Identität dieser lokalen Metal-Szene die Konstruktivität jeglicher Identität deutlich, andererseits vor allem die Notwendigkeit, gerade die Sprungstellen zwischen den Ebenen zu untersuchen.[445] In diesem Abschnitt wird daher dies anhand von Daten und Quellen erläutert. In Quellen wie Konzertflyern, Coverartworks auf Alben oder auch auf T-Shirts wird der Sound referenziert. Die zu untersuchende Frage ist, wie etwa die ‚Verlinkung' zwischen einem Albumcover und der Musik stattfand. Es macht dabei wieder Sinn, zuerst von den musiksprachlichen Daten Efthymious auszugehen, da sie den Klang formal exakt beschreiben.

In seiner ausführlichen Analyse zu „Breaking the Law" berührt Efthymiou auch die visuelle Imagination des Outlaw-Mythos.[446] Er beschreibt anhand des Videoclips zum Song, wie Musiksprache und visuelle Imagination zusammenhängen. Medientheoretisch ist der Videoclip eine andere Form der Quelle als etwa ein Konzertflyer, ein Albumcover oder ein T-Shirt, wie sie im Fokus der vorliegenden Untersuchung stehen. Aber die Konstruktion des Sprungs wischen Bild und Ton in der Imagination ist dieselbe. Wie Efthymiou in seiner Analyse

---

444 Hierzu: Höpflinger 2020.
445 Zur Metalness als Identitätskonstruktion wieder vielschichtig: Kahn-Harris 2007, 18–21.
446 Vgl. Musikanalyse Nr. 1, Übersicht im Anhang. Die folgenden Ausführungen zum Song beziehen sich hierauf.

3.4 Klangliche Codierung in der Gründungsphase

argumentiert, greifen die Message-Konstruktion in Musiksprache und die visuelle Imagination ineinander. Die Verknüpfung beider geschieht durch die mediale Parallelschaltung und die damit ermöglichte Synchronie von Klang und Bild.

Ähnliches lässt sich für die Verknüpfungen feststellen, die im Falle von Interviews und Quellen zu steirischen Bands wie Skull Breaker, Blessed Virgin, Shekinnah, Dynamite oder Ekpyrosis auftreten.[447] Die Synchronie von Inhalten auf Ton- und anderen Ebenen ermöglichte die Imagination. Eine Oral-History-Stelle bei einem Zeitzeugen der frühen Szene aus dem Raum Gleisdorf, in welcher er sein synchrones Erleben von Klang und Plattencover beim Entdecken der Band Rainbow um Sänger Ronnie James Dio erinnert, verdeutlicht dies:

> P: „[...] was [...] mich [...] stark inspiriert hat, das waren [...] Rainbow [vor allem mit dem Livealbum] ‚On Stage' [...] Ja, wie ich die LP in der Hand gehalten habe. Alleine das Cover, boah, und [wie ich] [...] die Platte aufgelegt habe, das war geil [...] und das [...] ist [...] bis heute eine [...] Lieblingsplatte, [...] die mich [...] so stark inspiriert hat, die [...] mir so ins Blut übergegangen ist und bis heute eigentlich kaum an Spirit [...] eingebüßt hat."[448]

Was der Zeitzeuge hier metaphorisch als Narrativ eines „ins Blut übergehen" und „inspirieren" durch die Band Rainbow beschreibt, ist nichts anderes als die Beschreibung des Imaginationsaktes, den die Verknüpfung von Coversemiotik und Klang ermöglichte. Der Zeitzeuge beschreibt an mehreren Stellen des Interviews, dass das synchrone Bewundern der Cover und das Hören von frühen Metal-Alben in einem Grazer Plattengeschäft für ihn einschneidend waren.[449] Im Moment des Aufklappens der LP bzw. des parallelen Hörens kam es zur Verknüpfung, in diesem zitierten Fall zwischen dem Cover und dem Live-Sound.[450] Für die Analyse dieses Narrativs aus der Oral History ist die Beschreibung der Synchronie zwischen Betrachten des Covers und Hören des Klangs der springende Punkt. Hierin kam es zur Vernetzung und Verkittung der Ebenen. Daraus ist zu folgern, dass es besonders in der Frühphase der Szene Orte und Events brauchte, wo diese Synchronie gegeben war. Es ist wenig überraschend, dass die Oral History die zentrale Rolle von Konzerten, Plattenläden, Metal-Pubs und -Partys hervortreten lässt – alles Orte und Events wo diese Synchronie gegeben war.[451]

Man kann dazu auch von der Formalisierung der Musiksprache der Bands, die in Efthymious Analyse Berücksichtigung fanden, ausgehen. Die Formalisierung der Musiksprache, vor allem die Konstruktion der Message, die in der Regel mit dem Rechtsbezug und dem Outlaw-Mythos korrelierte, erlaubt es, in den Quellen die Verknüpfungen zu suchen - etwa bei der Analyse von Dynamites Aufnahme *Rough'n'Live* oder in Blessed Virgins Musik.[452] Immer ging es darum,

---

447 Hierzu die Musikanalysen 10–12, sowie die Cover Nr. 11–14, auch die Interviews Nr. 5, 6 und 9, jeweils im Datenkorpus im Anhang aufgelistet.
448 Quelle: Interview Nr. 11.
449 Vgl. ebd.
450 Vgl. Rainbow 1977.
451 Hierzu die Interviews Nr. 2, 5, 6, 9, 10 und 15.
452 Vgl. die Musikanalysen 10 und 11, Übersicht im Anhang.

dass durch die Verknüpfung der Szenecodierungsformen Rechtsbezug, Moral und Klang zusammenkamen. Wenn es um Kleidung wie T-Shirts und ‚Kutten' ging, welche etwa schon im Diskurs der Clique um Skull Breaker wichtig waren, ist die Forschung auf indirekte Schlusswege aus Interviews[453] angewiesen, da kaum repräsentative Stücke tradiert wurden. Wenn man zurückgeht zu den Fotographien aus dem „Hard Rock Ost" (siehe Abschn. 3.2 und 3.3.) und der Beschreibung des T-Shirt-Stils im Weizer und Leobener Raum, lässt sich erkennen, dass immer die Synchronie der Wahrnehmungen wichtig war.[454] Die gemeinsame Imagination der Metalness und die Knüpfung von Rechtsbezug und Werten an den Klang waren an diese synchrone Form des Erlebens gebunden.

Bilanziert man die Rolle dieser Verknüpfungen, wird ihre Schlüsselfunktion im Gründungsdiskurs der Szene zwischen 1980 und 1990 deutlich. Die Synchronie des Erlebens von Klang und anderen Ebenen ließ die Metalness affektiv und solidaritätsstiftend wirksam werden. Daher waren gerade die genannten Orte die entscheidenden der frühen Szene. Phänomenologische Untersuchungen der Gründungsgeschichte im Sinne Bergers könnten hier ansetzen.[455]

Zwischenfazit zur klanglichen Codierung

In diesem Teil stand die klangliche Codierung im Mittelpunkt. Wurde zuvor beschrieben, was die Rechtserfahrungen und die Wertegenese ausmachte, ging es nun um deren Assoziation mit dem Klang. „Klangliche Codierung" bedeutete in der Frühphase, dass die Rechtsbezüge und Wertvorstellungen der steirischen ‚Metaller*innen' auch ‚in die Musik kommen' und mit dem Sound verbunden werden musste. Es ging darum, einen klanglich-kulturellen Rahmen zu bilden, der die Szene in dieser Hinsicht gemeinschaftsfördernd umschloss. Die empirischen Beispiele der Einpassung von „Breaking the Law" in den steirischen Kontext, der Lernprozess, welcher hin zum lokalen Musikwissen führte, die Konstruktion des Bilds der „Angefressenen" sowie die Verknüpfungen zwischen den Imaginationsebenen zeigten, wie solche Codierungen historisch wirksam wurden. Kulturhistorisch waren diese Codierungsprozesse äußerst wirkmächtig. Sie verknüpften Recht, Moral und lokale steirische Identität mit dem Klang. Die Datenlage zeigt, dass die Gründungsgeschichte nicht nur eine Moral- und Rechtsgeschichte war, sondern ebenso eine Klanggeschichte.

---

453 Hierzu: Interviews Nr. 5 und 6.
454 Hierzu die Interviews Nr. 9, 10, 15 und 22.
455 Vgl. Berger 1999, 2010.

3.5 Metal in der Steiermark um 1990

In vielerlei Hinsicht stellte die Zeit um 1990 eine welthistorische Zäsur dar. Auch die Geschichtswissenschaft wurde damals vom Untergang des Kommunismus und seinen Folgen überrascht.[456] Heute sieht die Zeitgeschichtsforschung eine ihrer zentralen Aufgaben darin, diesen Bruch in den langfristigen Verlauf der Geschichte einzuordnen.[457] Auch für die steirische Metal-Szene sind die Jahre um 1990 wichtig gewesen. Gleich einem Scharnier zwischen zwei Perioden der Geschichte dieser lokalen Metal-Szene verband ‚1990' die Gründungsphase mit der Zeit, in welcher die Szene sich konsolidierte und pluralisierte. ‚1990' ist heute ein denkbarer Standpunkt in dieser Geschichte, von welchem aus man sowohl in die damals weitgehend abgeschlossene Szenegründung zurückschauen als auch in die Phase der Pluralisierung als Zukunft vorausblicken kann. Wie ein Zeitzeuge, der die 1980er im Weizer Raum erlebt hatte, es selbstreflexiv beschrieb, war ‚1990' für die Szene eine Zäsur, zu welcher man versuchen konnte, „in den 1980ern zu bleiben" oder aber neue Wege zu gehen.[458]

Die steirische Szene entschied sich in weiten Teilen dafür, in Bezug auf Rechtserfahrungen, Moralvorstellungen und Klangempfindungen das Erbe der Gründung ihrer Szene weiterzuführen, es aber zugleich an die neue Zeit anzupassen. Wenn man so auf die Gründung als szenisches Erbe der steirischen Metalheads um 1990 blickt, kann man die zehn Jahre davor als kollektive Anstrengung und Handlung ihrer Gemeinschaft beschreiben. In der Gründung der Szene ging es darum, ausgehend von der Situation, die man in der Kultur- und Lebenswelt der Steiermark der frühen 1980er vorfand, eine neue Musik-Community nach den Wünschen der Mitglieder im Rahmen der Grenzen und Möglichkeiten der Zeit zu schaffen. Im Rechtsbezug des „Breaking the Law"-Mythos fand man ein Wissensinstrument, das taugte, ein gemeinsames Bild der Metalheads als Outlaws zu schaffen. Die ‚Metaller*innen' als solche Outlaws konnten in die Räume vordringen, die die kulturelle Liberalisierung nach 1968 in der Steiermark bereits geschaffen hatte und dort beginnen, ihre Szene nach ihren Vorstellungen und Sounds zu leben.[459] Dies geschah etwa in Jugendzentren, Pubs, Schulen, Pfarren, Studios, Diskos usw. Um 1990 waren Orte und ein Netzwerk zwischen ihnen entstanden, welche die Szene trugen.

Die Moralvorstellungen der Szene, welche in einem Prozess der Wertegenese in den Gründungsjahren wurzelten, waren genauso wichtig. Um 1990 war

---

456 Vgl. Pichler 2017.
457 Vgl. ebd.
458 Vgl. Interview Nr. 9.
459 Zur Geschichte der Steiermark: Ziegerhofer 2020.

das intuitive Wissen darum in der Szene etabliert und weitgehend kollektiv gesichert. Es ging um einen liberalen Pol, der oft in Form kultureller Transgression verschiedener Art auftrat, bei gleichzeitigem Beibehalten eines Pols konservativer Aspekte, welche von außerhalb der Szene übernommen wurden. Die Werte der Metal-Szene waren daher konstitutiv ambivalent. Einerseits waren sie daraufhin angelegt, den Szenemitgliedern – männlichen und weiblichen – mehr Freiheit für ihre Identität und Musik zu bringen, andererseits zugleich daraufhin, stabile Verknüpfungen zu den gewohnten moralischen Lebenswelten einer teils noch katholisch und autoritär geprägten Regionalkultur zu bilden. Letzteres betraf etwa die Übernahme von Geschlechterrollen, Rechts- und Marktdenken. Elementare Werte waren das Bekenntnis zur lokalen steirischen Szeneidentität, ihrem Sound, der Anspruch musikalisch antikommerziell und selbstständig zu denken und ein kritisch-aufmerksames Bewusstsein gegenüber traditionellen Autoritäten in Kirche, Ausbildung, Beruf und Familie. Um 1990 war dieses Ethos stabilisiert.

Schließlich war es in der Gründungsphase notwendig gewesen, das Hören und Spielen von Metal-Musik mit allen anderen diskursiven und imaginativen Ebenen der Szene zu verbinden. Dies geschah durch klangliche Codierungsprozesse, in denen dies ineinanderfloss. Die Szene brauchte nicht nur ein textliches, visuelles und wirtschaftliches Rahmengerüst, sondern vor allem auch ein klanglich-musikalisches. Wie Metal in Graz und der Steiermark klingen soll, wurde erarbeitet und im Szenediskurs verankert. Die NWOBHM war zuerst das prägende Vorbild, ihr Sound wurde dann aber lokal angepasst und auch andere prägende musikalische Stile wie Thrash Metal und Glam Metal steirisch interpretiert. Dabei spielte die Tendenz, ‚ernste' Themen mit der Transgression im Sound zu verbinden, eine Rolle. Um 1990 war klar, dass Metal in der Steiermark ‚welterfahren' zu klingen hatte, zugleich aber die distinkten Hörgewohnheiten und Bedürfnisse der steirischen Fans vor Ort erfüllen musste.

Wenn man den Standpunkt ‚1990' einnimmt und auf die Dekade davor blickt, zeigt sich die Gründung der steirischen Metal-Szene als Wissensprozess, in welchem das normenbezogene klangliche Wissen der Szene grundgelegt wurde. Die Trias aus intuitivem Rechts-, Moral- und Klangwissen war ein Teil der weitergehenden Liberalisierung der Gesellschaft, wobei die ersten Metalheads zugleich aber die konservativen Seiten ihrer Welt fortlebten. Das Recht und der Rechtsbezug hatten darin die ambivalente historische Funktion, die Freiräume der Szene in der Gründung im liberalen Rechtsstaat zu sichern und zugleich als moralischer Reibepunkt zu dienen. Dieser letzte Punkt verknüpfte sich mit der Wertegenese in der frühen Community der steirischen Szene, worin wieder Liberales und Konservatives zugleich auftraten. Die Werte hatten die Aufgabe, ein moralisches Rahmengerüst um die Identität der Szene zu konstruieren. ‚Richtig' und ‚falsch' mussten unterscheidbar sein. Der klangliche Codierungsrahmen verkittete die verschiedenen Formen der Imagination. Alles in allem kann der Gründungsprozess der steirischen Metal-Szene von 1980 bis 1990 so als historische

Entwicklung beschrieben werden, in welcher Rechts-, Moral- und Klangwissen das Steirische in der Szene konstruierten. Die Verknüpfung mit dem allgemeinen gesellschaftlichen Liberalisierungsprozess war ausschlaggebend.

4 Konsolidierung, Differenzierung und Pluralisierung der Szene, ca. 1990–2000

4.1 Die 1990er-Jahre in der Vogelschau

Global betrachtet waren die 1990er-Jahre für die Entwicklung des Heavy Metal eine Zeit der Umwälzungen. Oft wurde in Mediendiskursen behauptet, dass der Grunge dem Metal beinahe den Todesstoß versetzt hätte.[460] Zwar veränderte sich – gerade auch in Europa – die populäre Musiklandschaft in dieser Zeit tatsächlich stark, doch sind bisherige Forschungen noch zu keiner synoptischen Bilanz der Geschichte von Metal in dieser Dekade gekommen.[461] In Graz und der Steiermark waren die 1990er-Jahre im Metal durch drei ineinandergreifende Prozesse gekennzeichnet: die *Konsolidierung*, *Differenzierung* und *Pluralisierung* der Szene. In diesem Teil steht das Gefüge dieser Entwicklungen im Mittelpunkt. Die Darstellung folgt wieder einer Gliederung nach Rechtsbezügen, Werten und Klangcodierungen.

Das Recht hatte wie schon in der Gründungsphase der Szene die ambivalente Funktion, einerseits die Freiräume der Szene und ihre Aktivitäten zu schützen, andererseits als Reibebaum der Identitätskonstruktion zu dienen. Zugleich pluralisierten sich in den 1990er-Jahren mit der Musik und ihren neuen Substilen (vor allem Black und Death Metal) die Rechtsbezüge und damit verbundene Szenepraktiken. Das Recht war weiterhin eine fundamentale Wissenskategorie, um den Outlaw-Mythos der Szene zu begründen, wurde jedoch an eine neue steirische Umgebung angepasst. Die Liberalisierung war noch weiter vorangeschritten. Der EU-Beitritt Österreichs 1995 europäisierte auch die Metal-Szene der Steiermark und das (süd-)östliche Europa rückte näher an sie heran. Beispiele dafür sind die Intensivierung der kommerziellen Netzwerke der Szene, eine bessere Verfügbarkeit von Material und Instrumenten sowie neue Auseinandersetzungen mit dem Recht im Rahmen der genannten Subgenres und ihren musikalischen Formen.[462]

Auch die Moral- und Wertvorstellungen der Szene blieben als zentrale Wissenskategorien wichtig. Weiterhin musste man wissen, was ‚richtig' bzw. ‚falsch' war. Dabei blieben in den 1990er-Jahren die grundsätzlich ambivalenten Muster zwischen liberalen und traditionsorientierten Werten erhalten, wurden aber

---

460 Aus der Perspektive der Zeit der 1990er: Weinstein 2000; Walser 1993.
461 Vgl. Pichler 2020b.
462 Hierzu aus der Oral History: Interview Nr. 5; sowie die Musikanalysen Nr. 12, 13 und 17, Übersicht im Anhang.

auch an die breite Kultur der 1990er-Jahre angepasst. Der Szenediskurs fokussierte sich stärker auf Genderrollen und politische Werte wurden intensiver diskutiert.[463] Alles in allem kann in der Vogelschau von einer Pluralisierung der Werte gesprochen werden, die eigene Vorstellungen der Szene mit jenen des sozialen Umfelds verwob. Beispiele sind der Umgang mit weiblichen Mitgliedern in steirischen Bands, die Rolle von Frauen als Szenegängerinnen überhaupt und der Umgang mit neonazistischen und rechtsextremen Tendenzen.

Eine hohe Dynamik kann in den 1990er-Jahren für die Wissenskategorie „Klang" und damit die akustischen Codierungen der Metalness festgestellt werden. Nicht nur die innovativen und radikaleren Sounds der Subgenres des Extreme Metal, welche sich teils bereits in den 1980er zu manifestieren begonnen hatten und sich nun in der Steiermark voll entfalteten, sondern vor allem differenzierte, akustische Lokalbezüge wurden schlagend. In Mikro-Szenen wie in Gleisdorf, Leoben, Deutschlandsberg und Eisenerz wurden die neuen Rechtsbezüge und Wertvorstellungen mit diesen innovativen Sounds verbunden.[464] Diese historischen Entwicklungen in der lokalen Szene stellten Prozesse dar, in welchen neue Klangcodierungen Verknüpfungen zwischen Rechtsbezug, Moral und steirischer Identität schufen.

In der Gesamtschau kann das Jahrzehnt zwischen 1990 und der Jahrtausendwende als jene Phase der Geschichte der Szene verstanden werden, in welcher das normenbezogene klangliche Wissen und Metal deutlich ‚bunter' wurden. Die Wissenskategorien der Metalness blieben konstant, ordneten sich aber in ihren Inhalten und ihren Verhältnissen zueinander neu. Im Mittelpunkt dieses zweiten chronologischen Teils steht daher die Erzählung der Geschichte dieses Prozessgefüges von Konsolidierung, Differenzierung und Pluralisierung der Szene. In einem ersten Subkapitel (Abschn. 4.2) stehen die Formen der Rechtsbezüge und ihre Vervielfältigungen im Fokus. Dies war verknüpft mit der Weiterentwicklung der Wertvorstellungen der Szene, welche das Thema des nächsten Abschnittes (Abschn. 4.3) sind. Das Feld klanglicher Codierungsformen (Abschn. 4.4) ging mit beidem einher. Ein zusammenfassender Überblick zu Metal in der Steiermark um die Jahrtausendwende (Abschn. 4.5) schließt das Kapitel ab.

---

463 Aus weiblicher Sicht: Interviews Nr. 1, 3, 13, 17 und 22.
464 Zu Gleisdorf: Interview Nr. 18; zu Leoben und Eisenerz vor allem Interview Nr. 15; sowie zu Deutschlandsberg Nr. 8 und 20.

4.2 Die Vervielfältigung der Rechtsbezüge in den 1990er-Jahren

In der Gründungsphase war der Rechtsbezug in Form der Outlaw-Identitätskonstruktion weitgehend konstant gewesen. Nach dem Bruch, den ‚1990' auch für die Entwicklung der steirischen Szene brachte, veränderte sich dies – nicht abrupt, sondern graduell und prozessual. Mit den neuen Europa- und globalhistorischen Entwicklungen nach dem Fall des Eisernen Vorhangs und der sich verändernden Medienkultur der 1990er pluralisierten sich die Formen des Metal.[465] Neue Subgenres mit innovativen Ästhetiken und Themen schrieben die Geschichte des Outlaw-Mythos fort, pluralisierten und differenzierten ihn aber aus. Wie man sich identitär und im Alltag der Szene auf Gesetz und Recht bezog, nahm im Laufe der Dekade vielschichtigere Formen an. Dieser Prozess ist gemeint, wenn in diesem Subkapitel von der Vervielfältigung der Rechtsbezüge die Rede ist. Empirisch ist dieser Prozess auf allen Ebenen der für die Dekade zur Verfügung stehenden Daten erkennbar.

Für das normenbezogene klangliche Wissen in den 1990er-Jahren bedeutete dies, dass sich der Rechtsbezug in seinen Erscheinungsformen auffächerte – etwa in neuen explizit satanistischen Ideologien im steirischen Black Metal samt mit diesen einhergehenden Rechtsbezügen oder in ‚grünen' politischen Submilieus der Szene mit ebenso eigenen Imaginationen des Rechts.[466] Um diese Entwicklung empirisch angemessen zu erfassen, ist es zuerst notwendig, die sozialhistorischen Strukturprozesse der 1990er-Jahre, die mit diesen Tendenzen verbunden waren und dabei europäische Makro- und Szenegeschichte verbanden, zu thematisieren. Zunächst betrifft dies die Geschichte der europäischen Integration und den EU-Beitritt Österreichs 1995, welcher die Situation der Szene politisch, wirtschaftlich und rechtlich deutlich veränderte. Der Beitritt Österreichs eröffnete den mit der Mitgliedschaft verbundenen ökonomischen und rechtlichen Raum für die Szene.

EUropa und die Vervielfältigung der Rechtsbezüge

> P: „Und spätestens wie wir zur EU gekommen sind, war [...] plötzlich die Importware [d. h. Instrumente und anderes Equipment verfügbar] [...]. Gerade im härteren Bereich willst du

---

465 Grundlegend: Kahn-Harris 2007.
466 Zur Rolle des Ökologismus im Metal: Interviews Nr. 5, 6 und 9; sowie zu neuen Extremen im Black Metal: Nr. 9, 10 und 20; zu seiner Klanglichkeit wieder: Walch 2018.

[...] gewisse Verstärker, willst du gewisse Gitarren [benutzen] [...] und die sind [...] eklatant billiger worden [...]. [Zuvor schon] habe [ich] mir einen Marshall-Bassverstärker gekauft [...]. Den habe ich aus England einführen müssen und der Zoll hat [sehr viel] gekostet [...]. Das hat es nicht lagernd gegeben in Österreich [vor dem EU-Beitritt]. Oder wenn du dir eine Gibson-Gitarre [...] bestellen [wolltest] [...], wenn eine lagernd war, dann vielleicht ein Typus."[467]

Diese Passagen aus den Erinnerungen eines Musikers zur ökonomischen Transformation der Szene in den 1990er-Jahren thematisieren, wie der EU-Beitritt Österreichs die Metalheads in Graz und der Steiermark betraf.[468] Unter anderem durch die Verfügbarkeit billigerer und dennoch professioneller Instrumente wurde die Szene stärker in den globalen Metal-Diskurs eingebunden. Durch den Makro-Prozess der europäischen Integration Österreichs, welcher bereits 1989 mit dem ‚Brief nach Brüssel' als Aufnahmeantrag begonnen hatte, verzahnten sich europäische Geschichte und steirische Metal-Geschichte stärker als zuvor. Hatte derselbe Zeitzeuge schon für die Jahre vor 1985 von europäischem Austausch durch Reisen zu Festivals in Großbritannien und Interrail-Trips erzählt, so intensivierte sich dies danach aufgrund solcher systemischer und struktureller Faktoren noch mehr.[469]

Der Prozess der Einigung Europas, der den Vorrang des Europarechts gegenüber dem nationalen Recht in die steirische Szene brachte, war folgenreich. Er bewirkte, dass die Rechtserfahrung, welche zuvor vor allem national und lokal codiert wurde, auch zu einer Erfahrung der Europäisierung wurde. Mit den vom Zeitzeugen beschriebenen Wirtschafts- und Verfügbarkeitsprozessen – sowie in vielen anderen Punkten der alltäglichen Rechtserfahrungen[470] – wurde das Europarecht zum Teil der Szene. Der Diskurs um den Outlaw-Mythos, der zuvor vor allem die Liberalisierung gegenüber scheinbar zu engen steirischen und österreichischen Rechtsaspekten bedeutete, musste sich auch mit Europa als Rechtsraum auseinandersetzen. Dieser Prozess war systemisch verändernd; er touchierte den Alltag auf viele Weisen und rührte an die Praktiken der Szene. Der Outlaw-Mythos behielt den Bezug auf das steirische Umfeld bei, erweiterte sich aber um das Europäische als Imaginationsraum. Dies betraf alle wichtigen Quellen und Artefakte des Szenediskurses und wurde bei den Events der Szene gelebt.

Ein Beispiel ist die Veranstaltungsreihe „European Music Meetings", welche in der Steiermark im Zeitraum 1996 bis 2006 durch EU-Gelder gefördert wurde

---

467 Quelle: Interview Nr. 5.
468 Zur Geschichte der europäischen Integration siehe: Ziegerhofer 2021; Gehler 2017; Schmale 2001; im Metal: Pichler 2020b; die folgenden Ausführungen zur EU-Integration und zu Österreich beziehen sich hierauf.
469 Vgl. Interviews Nr. 5 und 6; zur Verzahnung mit Osteuropa auch Nr. 9.
470 Vor allem hierzu: Ziegerhofer 2021; sowie aus der Kultursicht: Schmale 2001.

4.2 Die Vervielfältigung der Rechtsbezüge in den 1990er-Jahren

und damit unter Europarechtsbezug unter anderem im „Explosiv" in Graz stattfand.[471] Bei diesen Meetings traten Bands aus Österreich und anderen europäischen Ländern auf und verbrachten Tage bis Wochen miteinander.[472] So kam es zu einer Intensivierung des Austauschs zwischen der steirischen Szene und anderen europäischen Metal-Communitys, wobei der europäisierende Rechtsbezug und der Outlaw-Mythos die gemeinsame Identitätskonstruktion beeinflussten. Ein in die Organisation involvierter Interviewee schilderte dies folgendermaßen:

> P: „[Die] ,European Music Meetings' [waren] ein Format [...], [um] mit EU-Geld Jugendaustausch zu machen, aber auf kultureller Ebene. [...] Die Theorie war [...], ein Metaler aus England versteht sich [...] super mit einem [...] Metaler aus Österreich. Egal woher sie kommen, [ob] aus dem [...] [Osten Europas], aus dem Süden, völlig egal, das war die Theorie. Damit könnten wir Jugendlichen die EU-Idee näherbringen, [...] weil eine Gemeinsamkeit [nämlich Metal] sie verbindet. Das ist [...] durchgegangen bei der EU [...] Bis zu vierzehn Tage haben diese Meetings gedauert, wo wir Workshops [und] Konzerte gemacht haben, [...] wir sogar mit den Leuten [...] nach Deutschlandsberg ins Jugendzentrum gegangen sind oder über die Grenze nach Slowenien [...]. [Durch ein] ,European Music Meeting' in Österreich sind wir [steirischen Szenegänger*innen] [...] [auch nach] Ungarn [eingeladen worden]."[473]

Die Eventserie schuf einen europäisierenden Erfahrungsraum im steirischen Metal. Dies stimmt mit anderen Befunden der Forschung zu Metal als kulturgeschichtlichem Prozess europäischen Zusammenwachsens nach 1970 überein, dass es um die Verzahnung europäisch geteilter Aspekte ging.[474] Insbesondere durch die Lage der Steiermark in der Grenzregion zu Südosteuropa und damit den vor 1989/90 ,realsozialistischen' Regionen des Kontinents ging auch hier die kulturelle Integration im Metal der politischen Osterweiterung voran. Auch dies bestätigt einschlägige Forschungen.[475]

Wie die zitierte Deutung des Zeitzeugen in den Vordergrund rückte, bestand die europäisierende Erfahrung darin, dass sich Szenegänger*innen und insbesondere junge Bands aus den beteiligten Ländern *im Rahmen des Metal-Diskurses* der Zeit trafen. Damit war der Raum, in welchem Europa konstruiert wurde, der Raum des Metal-Diskurses – samt seinen Rechtsbezügen und dem Outlaw-Mythos. Wie der Zeitzeuge im Interview ferner betonte, ging es vor allem um „wilde Bands"[476] – also solche, welchen für ihre Identität dieser Mythos zumindest performativ wichtig war. Strukturell – und auch dieser Situation war sich der Zeitzeuge selbstreflexiv bewusst[477] – war die Ausrichtung und damit der gesamte

---
471 Hierzu: Interviews Nr. 5 und 6; breiter auch: Nr. 9 und 11.
472 Vgl. ebd.
473 Quelle: Interview Nr. 5.
474 Vgl. Pichler 2020b; breiter: Schmale 2001.
475 Vgl. ebd.
476 Vgl. Interview Nr. 5.
477 Vgl. ebd.

Rahmenbau der „European Music Meetings" von Europarecht, EU-Förderungen und somit vom Prozess der Integration Europas abhängig. Somit flossen der Makro-Prozess der Geschichte der EU und die lokale Metal-Geschichte ineinander und das „Explosiv" sowie andere Szeneräume wurden zu Orten, wo sich die Rechtsbezüge der lokalen Metalness entsprechend europäisierten und vervielfältigten.

Damit wurde Europa zum Imaginationsraum der Rechtsbezüge. Dieser Prozess korrelierte auf allen semiotischen Ebenen mit der Differenzierung und Pluralisierung der Szene. Wenn man etwa die Plattencovers sowie die Konzertflyer analysiert, welche im Rahmen der empirischen Forschung erhoben wurden, fällt dies ins Auge. Neben religiöse Bezüge bei der christlichen Band Lithostrotos und ihrem Albumcover zu *Destroyer of Death*,[478] welches auf europäisch-christliche Rechtsvorstellungen verweist, traten nihilistisch-existenzialistische Semiotiken mit entsprechenden Rechtsbezügen beim Cover des Albums *The Darkside of Humanity* der Death-Metal-Band Skull Crusher[479] und allegorisch-surrealistische beim Cover zu *Trauer – Hoffnung – Freude* der obersteirischen Band System Absurd.[480]

Unter den analysierten Konzertflyern sticht jener[481] zum Event „Rage Against Fascism" ins Auge, welches am 15. Mai 1996 im Stadtsaal Bruck an der Mur stattfand. Die Veranstaltung, welche organisatorisch vom Jugendzentrum „Bunte Fabrik" in Kapfenberg mitgetragen wurde, umfasste unter anderem Auftritte der Bands System Absurd und Ekpyrosis. Im Hintergrund des Flyers ist die Darstellung eines Hakenkreuzes zu sehen, das von einer heldenhaften, an ‚realsozialistische' Ästhetiken erinnernden Figur zerstört wird (siehe Abb. 10).

Wenn man die semiotische Konstruktion der Metalness auf dem Flyer untersucht, ist ein impliziter, jedoch prägender Rechtsbezug erkennbar, welcher auf die Differenzierung und Pluralisierung der Szene verweist. Das Zertrümmern des Hakenkreuzes ist eine eindeutige Aussage, um gegen Nazismus und Faschismus – auch in der Szene – aufzutreten. Wie in späteren Phasen gab es damals sowohl einen breiteren, gesellschaftlichen als auch spezifisch szenischen Diskurs zum Umgang mit Neonazismus.[482] Für die Semiotik der Metalness ist in diesem Zusammenhang ein Rechtsbezug definierend. In Österreich fällt Betätigung im Sinne der NS-Ideologie unter das ‚Verbotsgesetz', welches in der österreichischen Zweiten Republik einen rechtshistorischen Kernpunkt der Staatsidentität

---

478 Vgl. Cover Nr. 18, Übersicht im Anhang.
479 Vgl. Cover Nr. 16, Übersicht im Anhang.
480 Vgl. Cover Nr. 17, Übersicht im Anhang.
481 Zugleich Flyer Nr. 6, Übersicht im Anhang.
482 Vgl. Interviews Nr. 5 und 6 zum Szeneumgang mit Neonazis; im Sinne einer teilweisen „reflexiven Antireflexivität" gegenüber Neonazis im Extreme Metal: Kahn-Harris, 2007, 151–156.

4.2 Die Vervielfältigung der Rechtsbezüge in den 1990er-Jahren

darstellt.[483] Damit stellte sich die Metalness-Konstruktion eindeutig auf die Seite des Gesetzes und des Rechtsstaates. Dieser Rechtsbezug wurde zugleich mit der Pluralisierung der Sounds (u. a. den neuen Genres Crossover, Death Metal und Grunge) verknüpft, für welche die auftretenden Bands standen. Hierin war der Rechtsbezug an politische Diskussionen gebunden. Europa bestimmte zugleich den Imaginationsraum der Differenzierung, da die gesamte politische Semiotik auf den Faschismus als europäisches Phänomen verwies. Ähnliche Differenzierungsbezüge lassen sich im Klang der Musik der Gruppe General Bomb Machine feststellen.[484]

Abb. 10: Flyer zum Event „Rage Against Fascism" (1996).[485]

---

483 Zur Rechtsgeschichte Österreichs wieder: Olechowski 2019; breiter, im Sinne der EU als Bewältigung der Zeit vor 1945: Ziegerhofer 2021.
484 So zeigt Efthymiou auf, dass bei General Bomb Machine das Bewusstsein, in einer neuen Zeit zu leben, musiksprachlich mit einer Betonung der Stimme als weiterem „Instrument" im Arrangement in eins fällt; vgl. Musikanalyse Nr. 12, Übersicht im Anhang.
485 Bildquelle: https://www.facebook.com/mm.andikrammer/photos/pb.100063542322512.-2207520000/535492063790914/?type=3 [18.1.2024].

Alles in allem kann man die Erkenntnisse dieses Subabschnitts zu EUropa und der Vervielfältigung der Rechtsbezüge so zusammenfassen, dass der Makro-Prozess der europäischen Integration die Rechtssemiotik der steirischen Szene berührte. Dies kam daher, dass sich, wie die Oral History aufwies, die strukturgeschichtliche Situation der Szene durch den EU-Beitritt veränderte. Der strukturelle Prozess lieferte neue europäische Imaginationsmöglichkeiten der lokalen Metalness in ihrem Rechtsbezug, was zur Pluralisierung beitrug.

Die Strukturgeschichte der Szenenetzwerke und die Vervielfältigung der Rechtsbezüge

Ein zweiter Strukturprozess in den 1990er-Jahren war die Weiterentwicklung der steirischen Szenenetzwerke. Der Netzwerkbegriff ist in der Wissenschaft ein schillernder Konzeptterminus, welcher zur Erklärung vieler, oft sehr unterschiedlicher Phänomene herangezogen wurde.[486] In der Geschichtswissenschaft wurden etwa die Erklärung europäischer und globaler Handelsnetzwerke in verschiedenen Epochen, von Verkehrsnetzwerken seit dem 19. Jahrhundert oder jüngst von Netzwerken der Digitalisierung durch ihn theoretisch gerahmt.[487] In dieser Perspektive war für die Geschichte der steirischen Metal-Szene in den 1990ern strukturprägend, dass alle Formen von soziokulturellen Netzwerken (Vermarktungsnetze, Kommunikationsnetze, die informellen Beziehungsnetze zwischen den Jugendzentren, digitale Netze seit den späten 1990ern usw.) sich soweit verfestigten, dass man von ihrer vollständigen Konsolidierung sprechen kann. Diese Netzwerke trugen den Metal-Diskurs strukturell.

Alle diese Netze waren in der Szenepraxis mit der Vervielfältigung der Rechtsbezüge verbunden. Wenn etwa für neue Platten, die dann im Marketing szeneweit zirkulierten, Artwork im Stil der sich pluralisierenden Ästhetik der 1990er-Jahren geschaffen wurde (etwa bei den genannten Bands Lithostrotos, Skull Crusher und System Absurd),[488] nahm das den Rechtsbezug auf und war zugleich mit der Strukturgeschichte der Netze verbunden. Ein weiteres Beispiel: Wenn in der Kommunikation zwischen lokalen Bands über neue Sounds und die Diversifizierung der Genres und die damit verbundenen Themen gesprochen wurde, wurde auch hier der Rechtsbezug des Outlaw-Mythos in seiner Vervielfältigung mit der Strukturgeschichte verknüpft.[489] Dasselbe galt für die entstehenden digitalen Netzwerke in Foren und Mailing-Listen.[490]

---

486 Vgl. Düring et al. 2016.
487 Vgl. ebd.; sowie kritisch auch: Pichler 2017; aus der Kulturgeschichte schon sehr früh: Schmale 2001.
488 Vgl. die Cover Nr. 16–18, Übersicht im Anhang.
489 Hierüber berichtet etwa Interview Nr. 8; teils auch Interview Nr. 16.
490 Hierzu vor allem Interview Nr. 16.

4.2 Die Vervielfältigung der Rechtsbezüge in den 1990er-Jahren

Alles in allem erlaubt also der strukturelle Blick auf die Netzwerke der Szene ein Erkennen der empirischen Zusammenhänge zwischen dieser Strukturgeschichte und der Pluralisierung der Rechtsbezüge auf semiotischer sowie musikalischer Ebene. In den für die 1990er-Jahre erhobenen Daten und Quellen schlug sich dies in allen untersuchten Schichten nieder: in der Oral History, auf Flyern, auf Covers und T-Shirts sowie in der lokalen Musiksprache. Um diese Zusammenhänge zu schildern, werden im Folgenden die für dieses Thema anschaulichsten Daten und Quellen aus dem Korpus der Analyse unterzogen. Es geht dabei nicht um die Gesamtvermessung dieser Netze, sondern um das Exemplifizieren ihrer strukturgeschichtlichen Bedeutung für die Vervielfältigung der Rechtsbezüge in den 1990er-Jahren; um das Zusammenspiel von Metalness, Netzen und Semiotik in diesem Kontext sowie um die Gedächtnis- und Musikdimensionen.

Ein erstes anschauliches Beispiel auf mehreren dieser Ebenen ist die Band General Bomb Machine, welche die Szene in dieser Dekade mitprägte. Ein Zeitzeuge zur Geschichte der Gruppe erzählte, wie für ihn Innovation der Sounds, Kommunikationsnetzwerke und Internationalisierung im Gründungszeitraum der Band zu Beginn der 1990er zusammenhingen:

> P: „Ja, die Mission an sich war ganz klar [...] [General Bomb Machine wollten] die originellste, coolste [Musik] der Welt machen [...] Das Spannende rückblickend finde ich ja nach wie vor [...] wie die ganze Vernetzung durchaus international funktioniert hat, jetzt so rückblickend, ohne Internet, ohne E-Mail [...] das ist ja eigentlich kompletter Wahnsinn, aber es hat funktioniert. Und warum hat es funktioniert? Es hat [...] eine intakte Undergroundszene gegeben [...] [deren Informationsnetzwerk die Szene trug]. [...] [General Bomb Machine sind mit] tausendprozentiger Euphorie gestartet und [waren sicher] [...] quasi die beste Band der Welt [zu sein]."[491]

Wie der Zeitzeuge beschreibt, war die Innovation des Sounds, die die Band für sich in Anspruch nahm, auf das Existieren gut funktionierender Netzwerke in der Szene angewiesen, welche die Information über neue und extreme Sounds in die Steiermark brachten.[492] Im Kern ist das Narrativ des Zeitzeugen eine strukturgeschichtliche Erzählung zur ‚Glokalität' der Szene. Zugleich war die Innovation im Sound mit der Vervielfältigung der Rechtsbezüge verbunden, da sie an den neuen Themen der Musik hing.[493] Es ist bezeichnend, dass die Rechtserfahrung des ‚geplatzten' Abschlusses eines internationalen Plattenvertrags für General Bomb Machine im weiteren Verlauf des zitierten Interviews eine bedeutende Stellung einnahm.[494] Zwar erzählte der Zeitzeuge, dass hauptsächlich mangelnde Motivation der Band und fehlende Bereitschaft, nach Deutschland zu

---

491 Quelle: Interview Nr. 9.
492 Vgl. ebd.
493 So wurden die zeitaktuellen Debatten um die neue Rolle der Frau, den Untergang des Kommunismus in Osteuropa und Abrüstung szenisch diskutiert. Hierzu zu den neuen Themen der 1990er: Interviews Nr. 1, 6, 10, 12, 16, 17, 18 und 21.
494 Vgl. Interview Nr. 9.

übersiedeln, den Erfolg konterkariert hätten, zugleich scheint aber konstant die Rechtserfahrung des ‚geplatzten' Plattenvertrags mit einer wichtigen deutschen Plattenfirma als bandbiographischer Kontext durch.[495] Der eigene Sound von General Bomb Machine, der für die Pluralisierung der Themen und Genres stand und zugleich lokal praktiziert wurde, entstand im Kontext dieser Rechtserfahrung – und dies war nur durch die Strukturgeschichte der Netzwerke möglich geworden, die der Zeitzeuge erwähnt hatte.[496] Hierin waren die Strukturgeschichte der Szenenetze und die Vervielfältigung der Rechtsbezüge miteinander verwoben.

Man kann diesen Zusammenhang empirisch noch besser einordnen, wenn man die musikwissenschaftliche Untersuchung Efthymious zur Klangsprache der Band hinzuzieht.[497] Diese Untersuchung wurde im Kontext der Oral-History-Forschung zur Frage des Klangs durchgeführt. Für die Band stellte nicht eine sprachlich präzisierte Message, sondern ein neuer, experimenteller Klang und die Atmosphäre der Musik die Kernwerte ihres Schaffens dar. Efthymiou kommt zu dem Schluss, dass bei General Bomb Machine die Analyse einzelner „Klangsituationen" in den Songs und somit die klanglich codierte Pluralisierung am wichtigsten sei. Efthymiou konkludiert:

> „Vielleicht meinen GBM [General Bomb Machine]: Der alte Sound muss Weg, die alten Werte [der Metal-Kultur der 1980er] müssen auch weg (sind nicht mehr aktuell). Es werden keine neuen Werte eingeführt. Die Werte spielen keine Rolle, sondern nur der Sound und die Atmosphäre."[498]

Die Erkenntnis, dass bei General Bomb Machine zumindest die traditionellen Werte der 1980er keine Rolle spielen würden, sondern nur mehr die Soundästhetik selbst, lässt sich auch als kulturhistorische Quelle lesen. Im Œuvre der Band, das im Kontext der genannten Strukturgeschichte und Rechtserfahrungen entstand, wurde der Sound selbst zum neuen Wert. Dies müsste noch tiefer in der Verbindung zu den Rechtsbezügen kultur- und sozialgeschichtlicher Art erforscht werden.

Aus diesem Beispiel und den generellen Überlegungen zur Rolle der Szenenetzwerke als tragenden Strukturen des Diskurses um die Rechtsbezüge lässt sich bereits schlussfolgern, dass die Netzwerke wesentliche Voraussetzung der Pluralisierung der Rechtsbilder waren. Sie brachten die neuen Genres mit neuen Themen und Sounds in die Steiermark. Dort wurden sie an die lokale Identitätswelt angepasst und ‚steirisch' praktiziert. Die allgemeine Pluralisierung der Metal-Kultur und jene der Rechtsbezüge waren an die Strukturgeschichte der Netze gebunden.

---

495 Vgl. ebd.
496 Vgl. ebd.
497 Vgl. Analyse Nr. 12, Übersicht im Anhang; die folgenden Ausführungen zur Band basieren darauf, wenn nicht explizit anders referenziert.
498 Quelle: ebd., 27.

4.2 Die Vervielfältigung der Rechtsbezüge in den 1990er-Jahren

Ein zweites, datenreiches Quellenbeispiel ist der Flyer, welcher für ein Konzert von Ekpyrosis und Dynamite am 20. Oktober 1990 im Jugendzentrum „Bunte Fabrik" in Kapfenberg warb. Schon diese chronologischen Eckdaten des Events weisen es als eines aus, das von den Netzwerken der Szene und dem Jugendzentrum als einer deren Kerninstitutionen in der Obersteiermark getragen wurde. Sie machen die Verknüpfung von Strukturgeschichte und Semiotik anschaulich. Wenn man den Flyer[499] der quellenkritischen Analyse unterzieht, wird der Zusammenhang noch deutlicher:

Abb. 11: Konzertflyer von Ekpyrosis und Dynamite (1990).[500]

In puncto traditioneller Quellenkritik ist dieser Flyer weitgehend unproblematisch. Die Traditionskette kann als gesichert angenommen werden, da das Dokument direkt dem Umfeld der Bands und des Jugendzentrums entstammt.[501] Auch die Authentizität des Dokuments ist (wie bei diesem Quellengenre beinahe immer) unproblematisch, da die Autorenschaft und das Motiv der Quellenproduktion leicht überprüfbar sind.[502] Historisch interessanter ist das Faktum, dass die

---

499 Zugleich Flyer Nr. 5, Übersicht im Anhang.
500 Bildquelle: https://www.facebook.com/photo/?fbid=288474528492670&set=pcb.288477465159043 [18.1.2024].
501 Hierzu aus der Sicht eines Fans und Hobbyhistorikers: Krammer 2023; kommentierend zur Quellenkritik in den Metal Studies: Pichler 2022b.
502 Vgl. ebd.

Quelle wie viele andere dieser Art heute bereits online verfügbar ist.[503] Dies impliziert, dass mit dem Voranschreiten der Digitalisierung das referenzierte historische Konzertereignis der 1990er in die Geschichte des Online-Narrativs der Szene integriert wurde. Wie in beinahe allen analysierten Fällen von Quellen dieser Art wurden auch hier die zeitgenössischen Konventionen der Metal-Ästhetik eingehalten.[504] An diesem Beispiel ist eine Professionalisierung der Medienproduktion, etwa in Bezug auf graphische Umsetzung und Druck, feststellbar.

Wenn man auf die Konstruktion der Metalness in diesem Fall blickt, sticht als erstes die hohe Genretreue der Abbildung ins Auge. Sich exakt an die Konventionen der klassischen Metal-Ästhetik haltend, rückt der Totenkopf zwischen den Bandnamen beziehungsweise unter der Nennung der Location ins Zentrum der Aufmerksamkeit. Totenköpfe sind kein semiotisches Alleinstellungsmerkmal der Metal-Szene, haben in dieser aber eine fundamentale Position (etwa als Symbol für Tod, Verderben, Krankheit, Gefahr usw.).[505] Es ist Ausdruck dieser Genretreue, dass die erste Grazer Metal-Band Skull Breaker und eine obersteirische Death-Metal-Band Skull Crusher hießen bzw. heißen. Dieses Kernelement der Metalness wird auf dem Flyer mit der Information zum Ereignis verknüpft.

Die klassische Metalness wird also mit Informationen über die Strukturgeschichte der Szenenetzwerke verbunden, nämlich der „Bunten Fabrik" als Institution des lokalen Netzes, das Ekpyrosis und Dynamite nutzten.[506] Hierin spiegelt sich die Pluralisierung der Sounds und Themen – und damit der Rechtsbezüge – wider. Gerade Ekpyrosis waren in ihrem Klang progressiver als andere Bands der Zeit und daher paradigmatisch für die Pluralisierung der Szene in dieser Phase. Dessen Praktizieren und Entwickeln spielte sich im Umfeld der „Bunten Fabrik" und anderer Szeneorte ab, die als Vereine und Jugendzentren mit allen Notwendigkeiten des Rechts und der Rechtserfahrungen verbunden waren.[507] Die Geschichte dieses Netzwerkes wurde daher auch hier zur Einflussgröße der Vervielfältigung der Rechtsbezüge.

Alles in allem kann die Erkenntnis dieses Abschnitts darin gesehen werden, dass die Strukturgeschichte der Szenenetze in der Steiermark in ihrer Verfestigung in den 1990ern eine notwendige Voraussetzung der Pluralisierung der Rechtsbezüge war. Über die Netze liefen die Informationen des Diskurses und damit auch alle Formen der Pluralisierung. Die Geschichte der Szenenetzwerke trug die Geschichte der Vervielfältigung der Rechtsbezüge strukturell.

---

503 Nämlich hier: Krammer 2023.
504 Vgl. breiter Scheller 2020.
505 Hierzu breit: ebd.; zu Kleidung und religiösen Konnotationen: Höpflinger 2020.
506 Vgl. Bunte Fabrik 2024; zu Dynamite aus musikwissenschaftlicher Sicht: Musikanalyse Nr. 11, Übersicht im Anhang; eine tiefere Erforschung der Musik von Ekpyrosis erschiene noch lohnenswert, konnte aber im Rahmen der Ressourcen des in Anm. 1 genannten Projekts nicht mehr verwirklicht werden.
507 Hierzu für den obersteirischen Raum: Interviews Nr. 12 und 15.

Extreme Metal und die Vervielfältigung der Rechtsbezüge

Die wichtigsten Pluralisierungstendenzen der 1990er-Jahre waren mit der Entwicklung der Stile des Extreme Metal verbunden. Dies gilt sowohl für den globalen als auch für den steirischen Metal. Zwar hatten in den Pionierszenen – etwa in den USA, Großbritannien, Schweden oder Norwegen – bereits Künstler*innen der 1980er-Jahre viel in Richtung extremerer Metal-Stile auf den Weg gebracht, doch waren die 1990er deren erste wirkliche Blütephase.[508] Mit der Entwicklung der neuen Subgenres ging die Genese eigener Communitys einher. Auch hierbei hatte die Entwicklung in der Steiermark zeitlich etwas „Verspätung". Was Kahn-Harris für die globale extreme Metal-Szene in soziologischer Hinsicht untersuchte – deren Kultur und Strukturen – stellt für die Steiermark eine weitgehend offene Forschungsfrage dar.[509] An dieser Stelle kann keine Beantwortung dieser Frage im Gesamten erfolgen, doch ist es möglich, aus dem gewonnenen Datenkorpus zu eruieren, ob und wie die Entwicklung der Subgenres des Extreme Metal (vor allem des Death Metal und des Black Metal) mit der Vervielfältigung der Rechtsbezüge zusammenhing.

Wie in gleichsam allen Szenen weltweit war die Geschichte des Extreme Metal in der Steiermark eine der Grenzüberschreitungen in den semiotischen Kernbereichen des Metal. Die Transgressionen betrafen den Sound, die Bilder, die Lyrics und das Tempo der Musik.[510] Der steirische Death Metal thematisierte gleichsam kommentarlos und aus nächster Nähe (sexuelle) Gewalt sowie Horrorthemen, der lokale Black Metal Satanismus sowie neue Extreme in puncto Drumming (‚Blastbeats') und der Thrash Metal lotete extremere technische Spielsphären aus.[511] Wichtige Exponent*innen waren (bzw. sind) unter anderem die Death-Metal-Bands Cadaverous Condition, Bloodfeast, Darkfall und Skull Crusher, die Black-Metal-Bands Asmodeus, Blessmon, Hellsaw und Sanguis sowie die Thrash-Metal-Bands General Bomb Machine und teils Ekpyrosis. Die Entwicklung des lokalen Szenediskurses reflektierte die Pluralisierung des Metal, inklusive der Vervielfältigung der Rechtsbezüge. Die Transgressionen, welche die kulturelle Hauptstoßrichtung der Entwicklung des Extreme Metal ausmachten, fielen dabei mit der Vervielfältigung der Rechtsbezüge in einem komplexen, semiotischen Bedeutungsspiel zusammen. Hier soll dies anhand der prägnantesten Beispiele aus dem Quellen- und Datenkorpus ergründet werden.

---

508 Hierzu als Referenztext: Kahn-Harris 2007.
509 Vgl. ebd.; auch Swiniartzki 2023, 176–241.
510 Vgl. Kahn-Harris 2007, 27–49.
511 So etwa im sehr frühen Diskurs der im Folgenden untersuchten Cadaverous Condition; sowie im Black Metal, der in den 2000er-Jahren in der Steiermark nahtlos die 1990er weiterführte; siehe Musikanalysen Nr. 13, 16 und 17, Übersicht im Anhang.

Die Ausführungen zweier männlicher Zeitzeugen, welche sich an die Gründungsphase der Band Cadaverous Condition, an die Pionierzeit des Death Metal in der Steiermark und die damit verbundenen Rechtsbezüge erinnerten, geben beispielhaft Aufschluss über wesentliche Tendenzen. Über die Frühzeit der Gruppe, ihre Inspirationen und die internationale Szeneverwurzelung berichteten sie:

> P1: „[Die Entwicklung des] Death Metal hat ja [...] erst Ende der Achtziger, Anfang der Neunziger angefangen und [Cadaverous Condition wurde] 1990 [...] als Demo-Band [gegründet] [...] [die Band war in der internationalen] Tapetrading-Szene [...] vernetzt mit [...] Ländern von Malaysien bis Deutschland oder Holland."[512]

Dieses Statement, das ziemlich am Anfang des Oral-History-Interviews abgeben wurde, macht deutlich, dass für die Band, die eine Pionierrolle für den Death Metal in Graz und der Steiermark innehatte, internationale Bezüge entscheidend waren. Der steirische Extreme Metal entstand in seinem Sound und seinen Rechtsbezügen sowie den damit verbundenen Transgressionen in einem ‚glokalen' Kontext. Internationale Einflüsse – etwa die genannten aus Malaysien, Deutschland und Holland – wurden vor Ort entscheidend. Dies macht eine weitere Passage zum Beweggrund der Band, sich dem Extreme Metal zuzuwenden, noch deutlicher:

> P1: „[Der Beweggrund] war [...], dass [der Band] [...] die Musik [aus dem Tapetrading-Netzwerk] [...] gefallen [hat], weil sie immer extremer geworden ist, [nämlich bei Bands wie] Carcass [und] Morbid Angel. [...] Und vor allem [war es] so [...], [sie haben sich] mit der extremen Metal-Musik aus Schweden [...], Amerika [und] England [identifiziert]."[513]

Diese Interviewpassagen zum Übergang vom Metal zum Extreme Metal in der Steiermark um 1990 beschreiben die Hörerfahrungen der Band. Diese schlugen sich bei Cadaverous Condition als Transgressionen in Sound und Konzept der Band nieder. Die Erinnerungen der Interviewten an das Selbstverständnis des Death Metal im Umfeld der Band bringen dies auf den Punkt:

> I: „Wofür steht [...] Death Metal?"
> P1: „Jugend würde ich sagen."
> P2: „Ich verbinde damit [...] einen Energieschub."
> P1: „Was mir [...] bei Death Metal im Vergleich mit anderen Metal[-Stilen] [...] gut gefallen [hat], das [ist] die tiefe [nämlich extremere und gutturale] Stimme. [...] Das war schon [...] mächtig [...] Es muss so fahren, das war eigentlich so das Wichtigste, oder?"
> P2: „Ja, genau."
> P1: „Und eher jetzt im positiven Sinn [...] stumpf, also [...] nicht irgendwie kompliziert oder gefrickelt."
> P2: „[...] es muss einfach primitiv, stumpf [sein], das ist [...] der Death Metal, den ich am liebsten habe."[514]

---

512 Quelle: Interview Nr. 21.
513 Quelle: ebd.
514 Quelle: ebd.

4.2 Die Vervielfältigung der Rechtsbezüge in den 1990er-Jahren

Diese Aussagen beschreiben, wie sich die beiden Zeitzeugen Death Metal in Klang und Musiksprache vorstellten. Dabei standen neue, akustische Werte wie „Energie", „Primitivität", „Stumpfheit" und eine Abkehr vom „Gefrickel" der 1980er im Mittelpunkt. Auf mehrere Weisen beschreiben die beiden Interviewees damit Formen der Transgression, die für den Death Metal ausschlaggebend waren: eine neue Form der „Mächtigkeit" und der Gesangscharakteristik, die seine eigene „Energie" ausmachten.[515] Diese Pluralisierung des Metal in Form der Entstehung des Subgenres des Death Metal war ohne die Rezeption internationaler Tapes in der Steiermark nicht denkbar gewesen, wie die ersten beiden Interviewauszüge für das Umfeld von Cadaverous Condition schilderten. Was das für die Vervielfältigung der Rechtsbezüge im Rahmen der Konventionen dieses neuen Substils implizierte, verdeutlichen folgende Aussagen, bei denen die Frage des Interviewers nach den Assoziationen der Zeitzeugen zu Judas Priests „Breaking the Law" die Referenzierung der kultivierten Rechtsbezüge evozierte:

I: "Kennt ihr [...] ‚Breaking the Law'?"
P1: „Natürlich, ja."
I: „Und was verbindet ihr damit?"
P1: „Ich finde den Song und das Video [...] lustig. [...] Aber [Verbindungen zu Themen wie] Freiheit [oder] Gesetzesbruch sehe ich [...] [nämlich in Bezug auf die Metal-Identität des Umfelds von Cadaverous Condition] überhaupt [nicht]. [...] Ich meine, gegen den Staat [...], alle staatlichen Institutionen [...] oder gegen die Gesellschaft [waren wir] nicht [...] Ich würde dann eher so sagen, dass wir gegen die [traditionelle] Metal-Szene [waren]."
I: „Das ist dann [...] die Rebellion gegen die Rebellion [...]?"
P1: „Also [...] [ein] Abgrenzen gegen die anderen Metal[-Stile der lokalen Szene] oder gegen das, was Norm ist [...], schon."
P2: „Ja [wir haben das] eigentlich absichtlich gegen andere gemacht [...]."
I: „[...] es geht um die eigene Identität [...]?"
P1: „Stimmt ja, [...] [Das Motto war] wir machen jetzt [...] ganz was Eigenes."[516]

Als Interviewer kam für den Autor diese Entwicklung des Gesprächsnarrativs weg vom Thema „Breaking the Law" hin zur Abgrenzung vom Szeneethos der 1980er überraschend. In der Reflexion und der Interpolation mit dem übrigen Datenmaterial hierzu wird dies jedoch schlüssig und entspringt der historischen Entwicklung der Vervielfältigung der Rechtsbezüge der Zeit.[517] Die „Rebellion gegen die Rebellion", die darin steckte, dass sich die lokale Death-Metal-Community um Cadaverous Condition ihre Identität suchte, indem sie bewusst die Abgrenzung von den Themen, Werten und Sounds des schon bestehenden Metal betrieb, bestätigt globale Forschungstrends.[518] Der Rechtsbezug, in der Form, dass der Outlaw-Mythos neu kontextualisiert wurde, wurde hierin einbezogen.

---

515 Vgl. ebd.; breiter zum Death Metal: Kahn-Harris 2007; sowie Purcell 2003; Phillipov 2014.
516 Quelle: Interview Nr. 21.
517 Vgl. hierzu die Interviews Nr. 4, 5, 6, 16 und 20.
518 Vgl. Kahn-Harris 2007; Purcell 2003; Phillipov 2014; Swiniartzki 2023, 213–230.

Im Falle der Begründung des lokalen Death Metal bei Cadaverous Condition bedeutete die Vervielfältigung der Rechtsbezüge eine durchaus konservative Neukontextualisierung des Outlaw-Mythos, der gegen die bisherige Szenepraxis gewendet wurde. Man war provokant ‚bürgerlich'. Der Death Metal als erstes lokal prägendes Subgenre des Extreme Metal brachte Extreme *und* ‚Bürgerlichkeit'.

Nicht nur das Genre des Death Metal kam um 1990 in die Steiermark, auch der Black Metal wurde ab Mitte der Dekade verstärkt rezipiert und in die Kultur der Szene integriert. Eine der Bands, die diesen Stil an den Vorbildern der skandinavischen Black-Metal-Welle orientiert spielte, ist Asmodeus. Die Band wurde 1994 unter dem programmatischen Namen Diabolus in Graz gegründet und hatte gegen Ende der Dekade ihre ersten Veröffentlichungen in Demo-Form. Charalampos Efthymiou hat für den Datenkorpus insbesondere die Musik der Band seit 2000 untersucht.[519] Diese Analyse ist gerade auch an dieser Stelle interessant, da sie den Schluss nahelegt, dass die Rezeptionsprozesse, die in den 1990ern zur Pluralisierung im Black Metal führten, bis weit nach 2000 andauerten. Es dauerte etwa 15 Jahre, bis sich der Black Metal in der Steiermark voll durchsetzte. Wiederum wäre eine Analyse dieser Jahre des Kulturtransfers besonders reizvoll, würde zur Vollständigkeit aber eine dichtere Datenlage erfordern.

Blickt man auf das bisherige Œuvre von Asmodeus, stechen die Songs „Enthronement of the Sovereign" und „Decretum Executionis" (beide vom Album *Imperium Damnatum*, 2006) ins Auge, die den langfristigen Prozess der Szene widerspiegeln. Sie sind zu den ‚langen 1990er-Jahren'[520] des steirischen Black Metal zu zählen und somit hier relevant. Bereits die Titel beider Lieder legen Bezüge auf das Recht und den Outlaw-Mythos nahe. Die nähere Untersuchung bestätigt dies. Asmodeus modifizierten den Rechtsbezug im Kontext der Werte und Themen ihres Subgenres, vor allem hin zu Religionskritik und Kriegsthematiken. Die Outlaw-Semiotik wurde extremer, ‚härter' und transgressiver. Explizit Gewalt, Krieg und Satanismus ansprechende Textpassagen, die zugleich den Outlaw-Mythos und darin das Recht referenzieren, verdeutlichen diesen Prozess. Dies war nur möglich geworden, da über die schon oben angesprochenen Netze die Sounds und Themen des Black Metal vom Norden Europas nach Graz und in die Steiermark diffundierten. In diesem Prozess kam es zur Ausdifferenzierung und Neugestaltung der Rechtsbezüge in Übereinstimmung mit den Werten und Themen des Subgenres. Die neuen Formen noch extremerer Transgressionen und Tabubrüche (vor allem im Bereich des Satanismus und der Religionskritik) trieben in Graz und der Steiermark die soziokulturelle Liberalisierung lokal noch weiter. Asmodeus, deren kompositorische Raffinesse Efthymiou betont, gaben dem Rechtsbezug eine aktualisierte, ihrem Diskurs angepasste Form.

---

519 Vgl. Musikanalyse Nr. 13, Übersicht im Anhang; so nicht explizit anders zitiert, beziehen sich die folgenden musikanalytischen Aussagen zur Band hierauf; als Kontext auch schon hier Analyse Nr. 17 zu Blessmon, Übersicht im Anhang; zu Black Metal breiter auch: Chaker et al. 2018; und hierin zur Klanglichkeit vor allem: Walch 2018.
520 In Analogie hierzu sprach Swiniartzki von den „langen 1980er-Jahren": Swiniartzki 2023.

4.2 Die Vervielfältigung der Rechtsbezüge in den 1990er-Jahren

Ein weiteres Beispiel ist die Band Blessmon. Efthymiou widmete dem Album *Imperial Hordes* von 2017, das wiederum den Anschluss an die nordische Black-Metal-Szene der 1990er-Jahre suchte, eine Mikro-Studie.[521] Auch hier sind dieselben Stil- und Differenzierungsprozesse der Metalness-Semiotik zu konstatieren. Besonders der Track „Styrians Gloria" springt aufgrund der lokalen Thematik ins Auge. Eine weitere Band im Subgenre waren Hellsaw aus Graz.[522]

Bisher ist somit zu konstatieren, dass die 1990er-Jahre mit dem Black Metal als zweitem die steirische Szene prägenden Substil des Extreme Metal eine Vervielfältigung der Rechtsbezüge brachten. Sie war mit den Werten, Themen und Sounds dieses Subgenres verknüpft. Interessanterweise ist dabei die schwedische Szene, weniger wie in anderen Fällen die norwegische, das Vorbild gewesen.[523] Efthymiou bezeichnet vor allem Marduk und Dark Funeral als zentrale Vorbilder der Musiksprache.[524] Das Recht hatte vor allem wieder die Funktion, als Aufhänger des Entwurfs der eigenen Outlaw-Identität als ‚Black-Metaller*innen' zu dienen. Interessanterweise dauert dieser Prozess zumindest auf der Ebene der Musiksprache bis in die jüngste Phase an. Er machte den Rechtsbezug – in Übereinstimmung mit Kahn-Harris' Diagnosen zu Transgressionen auf globaler Ebene[525] – dunkler, aggressiver und mit neuen Wertediskursen verbunden. Das neue Extrem dieses Substils vor Ort fand sich in der Transgression hin zu extremeren Formen satanischer Wertbilder (zumindest in der Semiotik) sowie im Klang.

Der dritte Stil des Extreme Metal in der Steiermark in den 1990er-Jahren war der Thrash Metal. Wie in vielen anderen Regionen wurde der Thrash auch hier ab Mitte der 1980er-Jahre gehört. In der Gründungsphase war jedoch klassischer Metal, vor allem die britische NWOBHM, das entscheidende Vorbild der lokalen Szene.[526] Der Thrash wurde in der Steiermark gespielt, scheint aber *cum grano salis* nicht jene Tiefenwirksamkeit in der Szene entfaltet zu haben wie Death und Black Metal. Warum dies so ist, ist eine weiterführende Forschungsfrage, die sich aus dem vorliegenden Datenkorpus nicht zufriedenstellend beantworten lässt.[527]

---

521 Vgl. Musikanalyse Nr. 17, Übersicht im Anhang.
522 Vgl. die noch aktive Facebook-Seite der Band, die sich 2015 trennte: Hellsaw 2016.
523 Vgl. wieder die Musikanalysen Nr. 13 und 17, Übersicht im Anhang.
524 Vgl. ebd.; kontextuell, aber eklektischer auch bei Python Regius, Musikanalyse Nr. 16, Übersicht im Anhang.
525 Vgl. Kahn-Harris 2007, 27–49.
526 Hierzu wieder vor allem Interviews Nr. 5, 6 und 9; historisch: Swiniartzki 2022.
527 Dies begründet sich mit den Grenzen der Ressourcen des in Anm. 1 genannten Projekts, welches die hier geschilderten Schwerpunkte setzte. Interessant wären vor allem noch komparatistische, weiter ausgreifende Fallstudien zu Bands aus verschiedenen Subgenres.

In der Oral History wurde der amerikanische Thrash Metal der „Bay Area" regelmäßig als Inspirationsquelle für Wertediskurse im Sinne von Gesellschaftskritik und Konstruktion des Outlaw-Mythos genannt.[528] Dies lässt sich um Befunde aus der musikologischen Forschung ergänzen, welche Hinweise auf die Wichtigkeit von technischen Fertigkeiten am Instrument, insbesondere einer Virtuosität an der Gitarre, einer ‚Do-it-yourself'-Mentalität sowie des Ideals eigenständigen künstlerisch-kritischen Denkens im Thrash Metal geben.[529] Der Rechtsbezug wurde darin vor allem mit der Ausdifferenzierung des Outlaw-Mythos der Metalheads als Träger*innen der liberalen Ethik des Thrash sowie dem hohen technischen Anspruch am Instrument verknüpft. General Bomb Machine integrierten dies in ihren Anspruch der Innovation.[530]

Zieht man an dieser Stelle ein Fazit zur Rolle des Extreme Metal in der Vervielfältigung der Rechtsbezüge in dieser Dekade, sind zwei Erkenntnisse zu nennen. Erstens ist zu konstatieren, dass vor allem Black und Death Metal in ihren jeweiligen Pluralisierungs- und Differenzierungstendenzen den Bezug zum Recht veränderten. Der Death Metal – zu sehen am Beispiel von Cadaverous Condition – verknüpfte neue Extreme des Sounds und der Themen mit ‚bürgerlicher' Attitüde im Rechtsbezug. Der Black Metal – vor allem nachweisbar bei Asmodeus – war im Rechtsbezug des Outlaw-Mythos den Extremen satanistisch-religionskritischer Moral und der Kriegs- und Gewaltthematisierung zugewandt. Der Thrash schien in Graz und der Steiermark etwas verhaltener zu wirken. Zweitens ist zu konstatieren, dass dieses Gefüge im Gesamten den Extreme Metal als weiteres Vehikel der ambivalenten Liberalisierung in der Steiermark zeigt – es wurde über Themen (etwa noch schärfere Religionskritik, liberale Sexualmoral, neue Politikdiskurse usw.) gesprochen, die vorher künstlerisch weniger Thema waren.

Zwischenfazit zur Vervielfältigung der Rechtsbezüge

Die drei entscheidenden Faktoren der Vervielfältigung der Rechtsbezüge in den 1990er-Jahren waren der Prozess der europäischen Integration, die weitere Entwicklung der Strukturen der Szenenetze *en gros* sowie die Kulturgeschichte der Subgenres des Extreme Metal vor diesem Hintergrund. Die Europäisierung berührte im gezeigten relevanten Maße die Rechtssemiotik der steirischen Szene. Die Strukturgeschichte der Szenenetze war eine notwendige Voraussetzung der Pluralisierung der Rechtsbezüge, da alle relevanten Informationen zu wichtigen Trends über sie liefen. Die Netze trugen die Vervielfältigung der Rechtsbezüge strukturell. Die Kulturgeschichte des Extreme Metal in den 1990er-Jahren in der

---

528 So vor allem in den Interviews Nr. 9 und 19.
529 Hierzu Efthymiou in den Musikanalysen 12 und 16, Übersicht im Anhang.
530 Vgl. ebd.; sowie Interview Nr. 9.

4.2 Die Vervielfältigung der Rechtsbezüge in den 1990er-Jahren   139

Steiermark ist vor allem eine des Death und Black Metal, weniger des Thrash. In der Gesamtwirkung war diese Form der Vervielfältigung der Rechtsreferenzen mit der noch weiteren Liberalisierung der Gesellschaft verbunden, wobei der konservative Pol des Metal jedoch erhalten blieb. Zusammengefasst: Die szenische Praxis, die Diskussion und das Leben des Rechts und der Rechtsbezüge (samt der Outlaw-Identität) wurden in den 1990er-Jahren aufgrund dieser drei Faktoren ‚bunter'.

4.3   Die Pluralisierung der Werte in den 1990er-Jahren

Die zweite wesentliche Entwicklung des normenbezogenen klanglichen Wissens betraf die Geschichte der Werte im steirischen Metal der 1990er. Parallel zur Gesellschaft allgemein pluralisierten sich auch die Wertvorstellungen im harten Rock. In der Gründungsphase der 1980er-Jahre war der Wertediskurs ambivalent gewesen und hatte sowohl liberale als auch konservative Züge. Immer schwang er mit der die Metal-Community umgebenden Gesellschaft. D.h. die Werte der umgebenden Gesellschaft dienten teils als Reibefläche *und* wurden teils im Metal reproduziert. Dies galt in den 1990ern weiterhin. In dieser Zeit wurde der Moraldiskurs als Wissensvorrat der Szene dazu, was ‚richtig' bzw. ‚falsch' ist, jedoch deutlich vielschichtiger.

Die Regeln, die man in moralischer Hinsicht mit der steirischen Metal-Identität assoziierte, wurden komplexer, wobei weiterhin eine grundlegende Ambivalenz zwischen Konservativismus und Liberalität existierte. Wenn in diesem Abschnitt von der Pluralisierung der Werte gesprochen wird, dann ist gemeint, dass die Komplexität des Moraldiskurses zunahm. Die Diskussion der Szene um Werte wurde mit neuen Themen und Inhalten verknüpft, sowohl am konservativen als auch am liberalen Pol. Die Pluralisierung der Werte implizierte, dass das Gespräch über, die Praktizierung und somit schließlich die Codierung der Ideale der Metalness, die es lokal zu wissen galt, deutlich ‚bunter' wurden.

In diesem Abschnitt wird dieser Prozess der Werte in den Blick genommen. Das Ziel ist, die Zunahme der Vielschichtigkeit des Szene-Moraldiskurses auf den Ebenen der Oral History, Semiotik und Musiksprache nachzuzeichnen. Aus dem gewonnenen Quellen- und Datenkorpus lassen sich drei Themenkreise identifizieren: die politischen Werte der Szene, die Entwicklung der Geschlechterbilder samt der Emanzipation von Frauen als Szenegänger*innen sowie die Repräsentation von Werten im Klang des lokalen Metal.

Politische Haltungen und die Pluralisierung der Werte

Die Diskussion darum, ob Metal an sich politisch oder unpolitisch sei, ist beinahe so alt wie Metal selbst.[531] In den Metal Studies gibt es dazu keinen Konsens, gerade was die Rolle und den Einfluss politischer Extremismen in der Szene angeht. Soziologische und kulturwissenschaftliche Forschungen beweisen aber, dass Metal als normierender und normierter Diskurs mit verschiedenartigen Vorstellungen von Politik und mit politischen Werten verknüpft ist.[532] Daher war von vornherein für den Fall der steirischen Szene anzunehmen, dass das Bild davon, was Metal ist, auch in den 1990er-Jahren durch politische Werte und Vorstellungen davon, wie die Gemeinschaft und das Zusammenleben gestaltet werden sollten, geprägt war.

Wie im Abschnitt zur Gründungszeit der Szene geschildert, waren die Vorstellungen zu Gemeinschaft und Metalness in den 1980er-Jahren mit der Ambivalenz zwischen liberalem Outlaw-Mythos und dem Fortschreiben der Traditionen des steirischen Umfelds verwoben. Die 1990er-Jahre brachten in Österreich und der Steiermark nicht nur einen Aufstieg des Rechtspopulismus, sondern allgemeiner eine fortschreitende Auflösung der Lagerbindungen an die Großparteien SPÖ und ÖVP.[533] Das Wähler*innenverhalten wurde dynamischer, Bindungen an Parteien und Wertvorstellungen flüssiger und der damit verbundene Diskurs komplexer. Die Art und Weise, wie politische Wert- und Ordnungsvorstellungen verhandelt wurden, nahm auch in der Metal-Szene entsprechend komplexere Züge an, da die Szene immer mit der sie umgebenden Großgesellschaft verbunden war. An dieser Stelle geht es daher darum, nachzuzeichnen, wie sich in der steirischen Metal-Gemeinschaft zwischen 1990 und 2000 durch diese neue ‚Flüssigkeit' Diskursmuster veränderten. Das Ergebnis wird keine Gesamtvermessung des politischen Diskurses der Szene sein, sondern eine aus den vorhandenen Quellen und Daten zur Pluralisierung schöpfende Beschreibung des politischen ‚Bunter-Werdens'.

Ausgehend von der Diagnose des Weiterbestehens der Ambiguität zwischen liberalen und konservativen Strömungen ist dabei zunächst die grundsätzliche politische Werteordnung zu beschreiben. Die Oral History, welche als Methode darauf abzielt, die subjektiven Deutungsmuster der interviewten Personen zu eruieren, ist der geeignete Ausgangspunkt. In der Oral History wurden politische Werthaltungen in explizite oder implizite Narrative, oft auch in anekdotische Szene-Erzählungen, eingebunden. Nach 1990 konnten zunehmend verschiedene

---

531 Zum Forschungsstand wieder: Brown et al. 2016; Heesch/Höpflinger 2014; Herbst 2023; Gardenour Walter et al. 2016; wie sehr Ästhetik und Politik zusammenhängen, arbeitet Scheller heraus: Scheller 2020.
532 Hierzu aus dem englischen Diskurs vor allem wieder Kahn-Harris 2007; sowie im Deutschen Diaz-Bone 2010.
533 Zur Steiermark: Ziegerhofer 2020; sowie zu Österreich: Rathkolb 2015.

4.3 Die Pluralisierung der Werte in den 1990er-Jahren

Bilder dessen, wie Metal als Gemeinschaft funktionieren sollte, immer auch in Verbindung mit der Pluralisierung der Genres, nebeneinander bestehen. Zwischen den verschiedenen Vorstellungen gab es Reibungen und Konflikte, immer blieb aber die grundsätzliche Kohärenz der Community erhalten.

Wenn man die Daten überblickt, die aus der Oral-History-Forschung zu den 1990er-Jahren für den Themenkomplex Politik und Werthaltungen gewonnen werden konnten, ist zunächst auffallend, dass vor allem männliche Zeitzeugen das Thema Politik im Metal erwähnten.[534] Auch für die Phase der Pluralisierung der Szene scheint Politik primär ein Handlungs- und Deutungsfeld der männlichen Szenegänger gewesen zu sein. Damit reproduzierte die Szene und ihr Gedächtnis ebenfalls in diesem Punkt traditionelle Muster der sie umgebenden Gesellschaft.[535] Wenngleich die Szene pluraler zu agieren begann und feministische Strömungen Fuß fassten, ist dies doch beobachtbar. Politik war somit ein primär ‚männlich' codierter Aspekt der Metalness. Es wird jedoch an dieser Stelle nur so weit wie verständnisnotwendig auf diese Geschichte der Genderrollen im steirischen Metal eingegangen, da im nächsten Kapitel (Abschn. 4.3, Gender, weibliche Emanzipation und die Pluralisierung der Werte) eine eigene Thematisierung dessen folgt.

Im vorhandenen Datensatz sind die Erinnerungen zweier männlicher Interviewees von anschaulicher Relevanz, da sie die Breite des Spektrums abbilden. Der erste Zeitzeuge, welcher seit Ende der 1980er-Jahre und dann vor allem zu Beginn der 1990er-Jahre mit Metal als Populärkultur im schulischen Umfeld aufwuchs, berichtete über die für ihn zu sehenden Verbindungen zwischen Politik, Werten und Metal:

> P: „Metal […] ist immer […] ein Aufbegehren gegen Obrigkeiten […]. Ich […] bin überhaupt kein politischer Mensch in [engerem] Sinne, da ich Politiker nicht mag. Es gibt ein Zitat, ich weiß nicht, ob es […] Klaus Kinski zugeordnet ist oder wem anders, der hat gesagt: ‚Wäre ich der Dümmste in der Schulklasse gewesen, wäre ich Politiker geworden'. Das kann ich […] unterschreiben […]! [Es ist wichtig, dass man] zu einer Meinung steht und [die politischen Narrative der Zeit] kritisch hinterfragen [sollte] […] und [schon der] Teufel […] [hat] gesagt: ‚Nein, ich ordne mich nicht unter!'."[536]

Dieses Zitat des liberal eingestellten ersten Zeitzeugen stellt als politischen Wert das „Aufbegehren gegen Obrigkeiten" in den Fokus. Auffallenderweise ‚bricht' dieses liberale Wertnarrativ bereits am Ende der Erinnerungspassage, wenn er dieses Deutungsmuster mit der katholischen Tradition verbindet. Die Ambivalenz und das Paradox, man könnte von einem Bruch im Bild der steirischen Metalness sprechen, wurden bereits in die Erinnerung eingewoben. Die persönliche Auseinandersetzung mit zum Empowerment und kritischem Denken anregenden Metal-Texten führte den Interviewee zu seinem politischen Bild der Metal-

---

534 So die Interviews Nr. 5, 6, 9, 10, 16 und 20.
535 Vgl. Ziegerhofer 2020.
536 Quelle: Interview Nr. 10.

Szene als Gemeinschaft sowie seiner gesellschaftspolitischen Sicht auf die Welt. Freiheit ist für ihn der Kernwert der Metalness, der Szene und der Gesellschaft:

> P: „Es waren teilweise Texte, die Mut […] zusprechen […]. Auch ‚Breaking the Law' von Judas Priest […]. Gesetze [muss man] hinterfragen […]. Und ich finde, […] das […] [geschieht] durch den Metal […]. Manches muss man weiter hinterfragen und sagen, was ist der Sinn dahinter, vielleicht für einen persönlich nicht, aber für die Gemeinschaft […]? Wo ist das Wohl der Gemeinschaft, wo ist das Wohl für mich selber, wo ist die Freiheit? Und das ist auch der Freiheitsgedanken beim Metal. Wo ist die ultimative Freiheit […], was erlebe ich? […] Es ist immer auch um einen gewissen Freiheitsbegriff gegangen."[537]

Im Sinne Jörg Schellers kann man dies als liberale Metalness bezeichnen.[538] Die Freiheit und kritisch-emanzipatives Denken stehen im Mittelpunkt dieser steirischen Metal-Identität. Für den Zeitzeugen ist die Gemeinschaft des Metal eine, welche durch Beschäftigung mit und Hören von Metal entstand. Hervorstechenderweise ist hier in durchaus traditionellem Sinne die Grenze der Freiheit dort, wo das Wohl der Gemeinschaft betroffen ist. Auch hier scheint die Ambivalenz in Form eines beinahe Kant'schen Moralideals durch.[539] Diese liberale Haltung zur Metalness ist paradigmatisch für den einen Pol der politischen Werte im Pluralisierungsprozess der 1990er. Die schon ins Erinnerungsnarrativ eingeschriebene ambivalente Bindung des Liberalen an Traditionen (in diesem Fall philosophische) führt hin zu anderen, konservativen Wertbildern. Diese finden sich in den Ausführungen eines zweiten, ebenso männlichen Zeitzeugen, welcher die lokale, vor allem ost- und südsteirische sowie Grazer Metal-Szene erlebt hatte. Er antwortete auf die Frage, welche für ihn die Werte der Metalness seien:

> P: „Sehr viele, […] eher auf der […] konservativeren Seite. Alles, was man sich konservativ vorstellen kann, inklusive einer Ausgrenzung [nämlich jener, die die Regeln der Metalness verletzen]. Also, wenn ich [etwa bei einem Konzert im Publikum] headbange […] [und jemand hüpft] mir ins Kreuz […], während ich in […] [dieser] Pose bin, […] dann grenze ich das aus. Und in meinem Fall klatsche ich den auf [d. h. der Zeitzeuge wehrte sich durch den Einsatz körperlicher Mittel], nicht […] gewalttätig, aber […] etwas auszugrenzen im Sinne von: […] ‚Mach den Scheiß nicht!'. [Dieses ‚Ausgrenzen'] halte ich für einen wichtigen Punkt […] für stabile Werte, aber halt konservativ natürlich, weil wenn man liberal handeln würde, [würde der Zeitzeuge zu der von ihm ‚ausgegrenzten' Person beim Konzert sagen]: ‚Komm, gehen wir ein Bier trinken, […] dürfte ich dir sagen, dass du das so nicht [machen solltest], […] bitte […] nur, wenn du magst'."[540]

Diese Beschreibung der Politik und Wertelandschaft der Metalness ist auf mehreren Ebenen datenreich. Zuerst ist sich der Zeitzeuge bewusst, dass er sich am konservativen Pol der Metalness befindet, er bezeichnete seine Werte selbst so.

---

537 Quelle: ebd.
538 Vgl. Scheller 2020, 215–231.
539 Zu Metal und Philosophie auch: Irwin 2007.
540 Quelle: Interview Nr. 16; die Ausführungen des Interviews fokussieren sich nachher vor allem auf spätere Phasen der Szene, aber die Kontinuität des präsentierten Narrativs zum Szeneprozess der 1990er macht das Geschilderte zur hier untersuchten Dekade aussagereich.

4.3 Die Pluralisierung der Werte in den 1990er-Jahren

Entscheidend für die in diesem Narrativ vollzogene Konstruktion des Metal als Gemeinschaft ist die Schilderung der Situation am Konzert. Das Konzert ist ein, womöglich *das* performative Gemeinschaftserlebnis der Szene.[541] Dort wird die Metalness performativ und musikalisch inszeniert. Die Werte, welche am Konzert Raum greifen, sind entscheidend. Am Konzert nimmt der Zeitzeuge für sich in Anspruch, jene „auszugrenzen", welche seiner Meinung nach die Regeln des Headbangens als zentraler Konzertpraxis verletzen.

Auch dass der Interviewte explizit von „Ausgrenzen" spricht, ist bedeutsam. Diese Sprachregelung bezeichnet inhaltlich präzise, was sozial vor sich geht. Die „Ausgegrenzten" werden aus der Gemeinschaft des Metals ausgeschlossen. Noch drastischer ist in der Folge die Form der Praxis des Ausgrenzens, welcher der Interviewee für sich in Anspruch nimmt. Körperliche Gewalt im Rahmen des – für ihn – situativ Notwendigen, um den Wertecodex der Metalness wiederherzustellen, sei das legitime Mittel der Wahl, um die Grenze der Gemeinschaft zu wahren. Man könnte sagen: Diese Form des konservativen Denkens ist mit Selbstermächtigung und dem Bild des (männlichen) Metalheads als Träger der Macht über die Identitätsdefinition der Szene verbunden. Metalhead sei nur, wer sich dem beugt. Diese Werthaltung stellt den zweiten, äußeren Pol des Diskurses dar. Die Pluralisierung der Bilder, wofür Metal werthaft steht, manifestierte sich darin, dass auch dieser Zeitzeuge sich bewusst war, nur eine Position im Spektrum der Werte zu vertreten. Dies lässt sich anhand seiner Antwort auf die Frage nach der Präsenz von Drogen und dem Umgang mit ihnen in der Szene analysieren:

> I: „Also so [im oben beschriebenen physisch-gewaltnahen Sinne] gehst du […] mit so einem Fall [von Grenzverletzungen oder Drogen in der Szene] um?"
> P: „Ja. Und die […] Drogenfrage ist immer gut, ich war immer drogenfern […]. Also ich war immer […] sehr […] [liberal im Zugeständnis des individuellen Umgangs mit Drogen]."
> I: „So denkst du, okay."
> P: „Ja."[542]

Diese kurze Passage zum Umgang mit Grenzverletzungen und Drogen in der Szene ist einer näheren Betrachtung wert. Erstens war gerade auch in den späten 1990er-Jahren in Graz, der Steiermark sowie österreichweit Drogenmissbrauch und Schutz der Bürger*innen vor „ausländischen Drogendealern" (so das rechtspopulistische Narrativ) ein zentrales Thema des rechtspopulistischen Diskurses. Das Thema und die Debatte um einen ‚Law and Order'-Zugang zu Drogen auch an Szeneorten war Teil der Pluralisierung und Dynamisierung des politischen Diskurses der 1990er.[543] Dass gerade dieses Thema aufgegriffen wurde, um die konservative Position zu verdeutlichen, aber gleichzeitig ambivalent zu betonen, dass hier die individuelle Freiheit zu respektieren sei, macht klar, dass,

---

541 Hierzu: Weinstein 2000, 199–235; Rosa 2023, 111–134.
542 Quelle: Interview Nr. 16.
543 Vgl. breit: Rippl/Seipel 2022; für Österreich allgemein wieder: Rathkolb 2015; sowie steirisch-lokal: Ziegerhofer 2020.

zweitens, diese Position auch nur eine im Spektrum war und man das auch wusste. Die Ambivalenz zwischen konservativen und liberalen Werthaltungen und Politiken bleibt erhalten und zugleich wird die eigene Position im Spektrum verortet.

Diese beiden Stimmen von zwei männlichen Interviewees verdeutlichen die Struktur der in der Szene existierenden politischen Wertordnung. Die grundsätzliche Spannung zwischen liberalen und konservativen Positionen, auch pendelnd zwischen linken und rechten Haltungen, war historisch seit den 1980ern eine Konstante. Der springende Punkt der Pluralisierung in den 1990er-Jahren war, dass innerhalb des Spektrums die Vielfalt der Standpunkte zunahm. Sie wurden jeweils mit neuen Themen und Sounds der extremeren Subgenres verbunden. Der historische Kulminationspunkt der Dekade in dieser Hinsicht war die selbstreflexive Anerkennung der Pluralität, die in beiden Statements präsent ist. Im Alltag der Szene waren Allianzen von Black Metal und konservativen bis rechten Strömungen, von Death Metal und linken Ideologien sowie zwischen Hardcore und ‚grünem' Denken Ausdruck dieser neuen Vielfalt.[544] Betrachtet man die folgenden drei Cover von steirischen Bands aus verschiedenen Subgenres dieser Periode, wird die Pluralisierung auch auf der Ebene der graphisch-semiotischen Umsetzung greifbar.

Das erste Beispiel ist das Cover[545] von *Destroyer of Death* (1999) der christlich orientierten Band Lithostrotos (Abb. 12). Die Band bewegte sich in ihrem Klang zwischen Power, Thrash und Death Metal. Die Konstruktion der Metalness auf dem Cover nahm die Werte christlicher Bildwelten auf, brach diese aber zugleich und fügte sie in den lokalen Metal-Kosmos ein. Man kann dies daher als zu gleichen Teilen liberal und traditionell bezeichnen. Hörproben des Albums sind online zu finden.[546] Dieses erste Beispiel führte die Themen der christlichen Religion, anschlussfähig für katholisch-bürgerliche Haltungen und Milieus, in den Diskurs des steirischen Metal zu Ende der 1990er-Jahre ein.[547] Die neuen und zugleich traditionellen Themen sind an den Klang der Band geknüpft. So wurde eine Pluralisierungsspur im Spektrum des Wert- und Politikdiskurses etabliert.

---

544 Zu den eher rechten Positionierungen kritisch: Interviews Nr. 2, 5 und 6; zur Verknüpfung von Death Metal und linken Werten: Interview Nr. 20; sowie zu grünem Denken, mit Blick auf Hardcore: Nr. 5, 6 und teils auch 9.
545 Vgl. Lithostrotos 1999; zugleich Cover 18, Übersicht im Anhang.
546 Siehe hierzu auf YouTube: Lithostrotos 2023.
547 Zu Metal und Christentum: Berndt 2012.

4.3 Die Pluralisierung der Werte in den 1990er-Jahren

Abb. 12: Cover von Lithostrotos, *Destroyer of Death* (1999).⁵⁴⁸

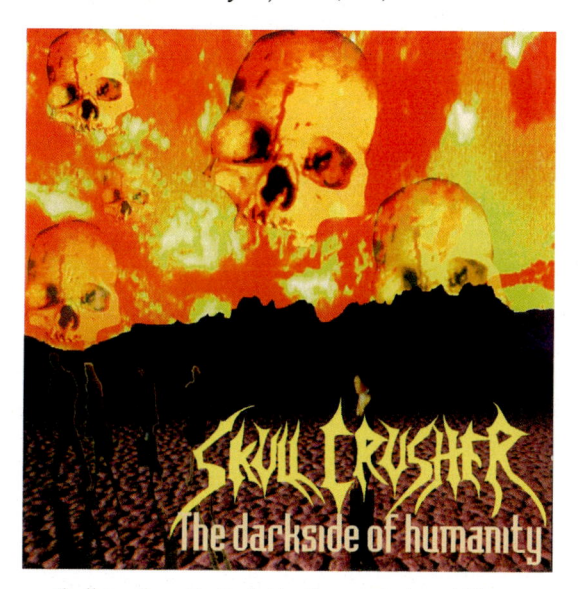

Abb. 13: Cover von Skull Crusher, *The Darkside of Humanity* (1996).⁵⁴⁹

---

548 Bildquelle: https://www.metal-archives.com/albums/Lithostrotos/Destroyer_of_Death/116079 [18.1.2024], © Lithostrotos 1999.
549 Bildquelle: https://www.metal-archives.com/albums/Skull_Crusher/The_Darkside_of_Humanity/8194 [18.2.2024], © Skull Crusher 1996.

Abb. 14: Cover von System Absurd, *Trauer - Hoffnung - Freude* (1998).⁵⁵⁰

Das zweite Beispiel (Abb. 13) findet sich im Cover⁵⁵¹ des Albums *The Darkside of Humanity* der Death-Metal-Band Skull Crusher (1996). Auch Hörbeispiele dieser Aufnahme sind online zu finden.⁵⁵² Der Klang der Band ist dem traditionellen Death Metal verpflichtet, was sich in der Semiotik des Covers widerspiegelt. Totenkopfsymbole, die Schrifttype, Titel usw. entspringen weitgehend einer hohen ästhetischen Genretreue.⁵⁵³ Die Werte der Metalness, die damit verbunden wurden, sind dem Death Metal verpflichtet und stellen eine pessimistische Weltsicht in den Mittelpunkt. Diese zweite Pluralisierungsspur im Spektrum verbindet den traditionellen Death-Metal-Klang mit diesen Werten. Diese Innovationsspur im steirischen Metal könnte in einer weitergehenden Analyse mit einschlägigen Forschungsresultaten zur politischen Kultur des Death Metal von Harris Berger verglichen werden.⁵⁵⁴

Das dritte und letzte Bild (Abb. 14) des beispielhaften Pluralisierungstableaus ist das Frontcover⁵⁵⁵ von *Trauer - Hoffnung - Freude* der obersteirischen Gruppe System Absurd (1998). Dieses sticht zuerst durch die anspruchsvolle Aufmachung heraus, die auf einem Werk des österreichischen Künstlers Ivo Saliger (1894–1987) basiert. Das Motiv stellt existenzielle Fragen, was die tiefgründigen

---

550 Bildquelle: https://www.metal-archives.com/albums/System_Absurd/Trauer_-_Hoffnung_-_Freude/679507 [21.01.2024], © System Absurd 1998.
551 Vgl. Skull Crusher 1996; zugleich Cover 16, Übersicht im Anhang.
552 Vgl. die Bandcamp-Seite der Band: Skull Crusher 2024.
553 Zum Death Metal vor allem wieder: Purcell 2003; Phillipov 2014.
554 Vgl. Berger 1999.
555 Vgl. System Absurd 1998; zugleich Cover 17, Übersicht im Anhang.

4.3 Die Pluralisierung der Werte in den 1990er-Jahren

Themen des Albums bildlich codiert. Der Sound der Band, der ebenfalls in einer Live-Aufnahme auf YouTube[556] nachgehört werden kann, bewegt sich zwischen Heavy, Doom und Death Metal. Man könnte Referenzen zu Bands wie My Dying Bride oder Paradise Lost zu Mitte der Dekade ziehen, gerade im Bereich des Gesangs. Die Themen und Werte, die verklanglicht wurden, scheinen ästhetisch vor allem mit existenziellen Sinnfragen verbunden. Diese dritte Spur der Pluralisierung verbindet diese Wertfragen des Individualliberalismus mit dem politischen Diskurs der Szene.

Es soll an dieser Stelle weniger um eine erschöpfende Analyse dieser einzelnen Beispiele als um ihre Gesamtbedeutung für den Prozess der Pluralisierung gehen. Jedes dieser drei Beispiele markiert einen Diskursstrang im Spektrum zwischen Liberalität und Konservativität. Die neuen Themen der jeweiligen Subgenres (bzw. ihrer Hybride) werden mit den jeweiligen „Klangsituationen" (Efthymiou) verknüpft und machen so jeweils einen Mikro-Prozess der Pluralisierung aus. In diesem differenzierenden Prozess aus Klang, Bild, Themen und Werten steigerte sich die Komplexität dieses Diskurses. Die politischen Haltungen ‚klangen' vielschichtiger. Der Raum der Metalness verfestigte sich durch die neue Vielschichtigkeit der politischen Werthaltungen. Es war die Zeit, in der sich der politische Diskurs der Szene samt seinem Wertespektrum voll auskristallisierte – und zwar immer in verklanglichter Form.

Ein weiteres wesentliches Debattenthema waren in dieser Phase der Umgang mit und die Stellung von politischen Extremideologien im Metal. Man könnte vermuten, dass sich die extremen Ideologien sowohl rechter als auch linker Couleur, die es in dieser Szene gab,[557] als eigene Stränge der Wertediskussion verfestigt hätten. Der Blick in den vorhandenen Datensatz lässt aber eher den Schluss zu, dass sich die extremen Ideologien in die bestehenden Ambivalenzräume einfügten und keine eigenen Diskursstränge begründeten. Die Gemengelage aus Ideologie, Musik und Szenecodes machte es schwierig, die Grenzen des moralisch Akzeptablen zu verhandeln, wie eine weibliche Interviewperson sich erinnerte.[558] Ausgehend von der Diagnose eines starken Identitäts- und Gemeinschaftsgefühls in einer wichtigen Institution der Szene beschrieb sie die mögliche Verwobenheit von Metalness und extrem rechter Ideologien im Black Metal:

> P: „Also ich glaube, was [...] großgeschrieben wird, [...] ist überhaupt einmal der Zusammenhalt [...] Weil, es ist ja oft nicht [...] einfach nachweisbar [...], dass [eine Band] eine NSBM-Band [‚National Socialist Black Metal', eine neonazistische Subschiene im Black Metal] ist, zum Beispiel."
> I: „[Gibt es in Bezug des politisch und moralisch Akzeptablen] eine ganz eindeutige Grenze?"

---

556 Vgl. System Absurd 2018.
557 Hierzu vor allem Interviews Nr. 5, 6 und 20.
558 Vgl. Interview Nr. 3.

> P: „Was ich immer eigentlich sehr witzig finde, man muss so ‚true' sein [d. h. die Werte der Metalness authentisch leben], gerade [...] im Black-Metal-Bereich [...], weil eben gerade der Black Metal da sehr, sehr zweischneidig ist. Weil, was heißt denn ‚true'? [Sind es] die Ursprünge [im norwegischen Black Metal der frühen 1990er], ist es [...] NSBM? [...] Es ist [...] ein schmaler Grat [...]. Wir [das Szeneumfeld der Interviewperson] [...] haben Diskussionen [...] mit [Meinungen wie], ein Metal muss politisch sein, der darf gar nicht unpolitisch sein, der muss extrem sein, da müssen die Schweine auf der Bühne aufgespießt irgendwo herumliegen und da gibt es kein Kunstblut, da gibt es nur echtes, das vom [...] Fleischer geholt werden [muss]'. Da [...] gibt es [...] echt interessante [...] und unterschiedliche Meinungen [...] in der Szene selbst."[559]

Basierend auf ihren Erfahrungen beschrieb die Zeitzeugin so die Eingewobenheit politisch extrem rechter Ideologien des NSBM in die Semiotik der Metalness. Es ging nicht einfach nur um das grundsätzliche Ausschließen des NSBM aus dem Wertediskurs der Szene, sondern um dessen quasi-chirurgische Entfernung aus den Praktiken und Codes der Szene. Es ist nicht nur spannend, dass die weibliche Interviewperson bewusst auf den Aspekt der Authentizität der Metalness hin reflektierte und deren Verwobenheit mit politischen Haltungen aufzeigte, sondern vor allem zu erkennen, dass extreme Ideologien teils integral in die Szenekultur eingewoben wurden. Dies machte den Grenzziehungsprozess dem Extremen gegenüber gleichsam zu einer ‚Operation am offenen Herzen' der Metal-Identität.

Aus dem vorhandenen Datensatz ist zu eruieren, dass die Debatte um rechte Extremismen deutlich ausgeprägter war als jene um linke oder anderweitig radikale Ideologien.[560] Auch in diesem Punkt schwang die Metal-Szene mit den sie umgebenden Gesellschaftsschichten. Die steirische politische Landschaft der 1990er-Jahre war deutlich stärker durch die Diskussion um Rechtsextremismus als um andere Ideologien gekennzeichnet. Gerade der Aufstieg der rechtspopulistischen FPÖ unter Jörg Haider beschleunigte diesen Prozess und ließ auch die Metal-Szene nicht unberührt. Aufgrund der Präsenz des Themas wurde auch im Metal ein Diskurs darum angestoßen.

Man könnte den Diskurs um extreme politische Haltungen in dieser Zeit der Differenzierung der steirischen Szene-Community so resümieren, dass diese nicht für sich allein standen, sondern komplexe Allianzen mit Codes der Metalness eingingen. Die Pluralisierung brachte sie mit sich – gerade der geschilderte Umgang und der durchaus ernsthaft betriebene Wunsch der Verbannung des NSBM aus der Grazer und steirischen Szene verdeutlicht dies. Ein männlicher Zeitzeuge fasste dies bildhaft so zusammen, dass in der Szeneinstitution, in deren Team er involviert war, politisch extremen Agitator*innen dieselbe Stellung zugedacht wurde wie Drogendealer*innen:

---

559 Quelle: Interview Nr. 3; im weiteren Verlauf fokussierte sich das Interview auf die aktuelle Phase der Szene, aber da gerade die Black-Metal-Szene der Steiermark erheblich in Kontinuität zu den 1990ern steht, sind diese Aussagen relevant. Vgl. zur Kontinuität im Musiksprachlichen auch wieder die Musikanalysen 13, 16 und 17, Übersicht im Anhang.
560 Hierzu wieder: ebd.; sowie die Interviews Nr. 2, 5, 6, 9 und 20.

4.3 Die Pluralisierung der Werte in den 1990er-Jahren

> P: „[...] der politische Agitator ist ja auch ein Dealer, das ist ein politischer Dealer, ja. Also ein rechtsextremer [...] Kader ist ein Dealer [sowie auch ein] linksextremer [...] Kader [...] und [...] IS-Leute [d. h. Vetreter*innen des ‚Islamischen Staates'], wenn das spruchreif werden würde [...]. Genauso wie der Drogendealer [...]. Dealer [...] müssen draußen bleiben, aber der Konsument kann kommen. Er darf nur bei uns nicht konsumieren. Das [...] gilt [...], wenn einer auf Drogen ist, ist er deswegen kein schlechter Mensch."[561]

Diese augenfällige Analogie zwischen politischen Extremist*innen und Drogendealer*innen wirft auch für die Metal-Szene die Frage nach der Bedeutung von Metaphern im politischen Diskurs auf.[562] Einerseits ist zu konstatieren, dass hier die zentralen Themen des lokalen politischen Diskurses der Zeit im Kontext des aufkeimenden Rechtspopulismus wichtig waren: Drogenmissbrauch und Rechtsextremismus. Andererseits wurden die Funktionen der Themen gewendet, vertauscht und durchbrochen: Politiker*innen des Rechts- und Linksextremen werden als „Dealer*innen" diskursiver Extremgüter markiert und so als Unpersonen der Metal-Szene.

Politische Extremismen, vor allem rechter Couleur, spielten in der politischen Diskussion der Metal-Szene der 1990er also eine Rolle. Dabei ging es aber nicht um eine Durchsetzung ‚purer' Ideologeme, sondern um deren Einweben in die Praktiken und Mechanismen des Metal-Diskurses der Zeit. Die Pluralisierung, gerade die Verästelungen im Death und Black Metal, wurde zum Amalgamprozess, der Extremismen mit sich brachte. NSBM war der äußerste Ausdruck dessen. Ereignisse wie das schon oben diskutierte „Rage Against Fascism"-Event sind als Versuche zu verstehen, dies offenzulegen und zu stoppen. Die Verquickung von Metal-Werten wie Toleranz gegenüber allen politischen Couleurs, selbst solchen Extremismen gegenüber, war zeittypisch. Auch dafür ist Kahn-Harris' Begriff der „reflexiven Antireflexivität" zutreffend.[563]

Man kann abschließend ein Resümee der Rolle des Diskurses um politische Haltungen und Werte in dieser Phase der Pluralisierung ziehen. Allgemein ist als erste Erkenntnis festzuhalten, dass das bereits in den 1980er-Jahren als Szenegrundprozess entstandene Spannungsverhältnis von konservativen und liberalen Haltungen auch in den 1990ern fortbestand. Die zweite wichtige Einsicht ist, dass im Kontext der Pluralisierung des Metal der politische Diskurs der Szene an Vielschichtigkeit und Komplexität gewann. Dabei hatten Extremideologien nicht in ‚purer' Form ihren Platz, sondern sie bzw. ihre Ausgrenzung wurden im Gewebe der lokalen Szenekultur verhandelt. Man könnte es so pointieren, dass die 1990er-Jahre jene Zeit der steirischen Szene waren, in welcher sich Metal zunehmend politisierte.

---

561 Quelle: Interview Nr. 5; kontextuell auch Nr. 10 und 19.
562 Vgl. Lakoff/Johnson 2018.
563 Vgl. Kahn-Harris 2007, 144–164.

Gender, weibliche Emanzipation und die Pluralisierung der Werte

Gender, Genderrollen sowie ein Erforschen und kritisches Hinterfragen von Rollenbildern sind wichtige Themen der Metal Studies.[564] An einigen Stellen, zuletzt bei der Schilderung von Politik als männlich codiertem Feld der Metalness, wurden bereits Fragen von Gender, weiblicher Emanzipation und damit verknüpften Aspekten der Szeneidentität behandelt. In den 1990er-Jahren kam es – im Kontext der Emanzipationsbewegungen von Frauen und anderen marginalisierten Gruppen – zu einer neuen Dynamik des einschlägigen Diskurses.[565] Die Werte bewegten sich noch stärker hin zu Emanzipation und Geschlechtergerechtigkeit, wenngleich die tatsächlichen politischen und sozialen Strukturen den Forderungen kaum zur Gänze entsprachen.[566] Ebenso in diesem Bereich spiegelten sich im Metal entsprechende Prozesse der Gesellschaft wider. Es ist kein Zufall, dass bereits Robert Walsers Buch *Running with the Devil: Power, Gender and Madness in Heavy Metal Music* 1993 als Pionierarbeit der Metal Studies „Gender" im Titel trug.[567] Die steirische Szene wurde von den genannten Prozessen erfasst. Die Pluralisierung der Werte bedeutete für die lokale Metal-Gemeinschaft neue Diskussionen um die Rolle von Frauen, um Männlichkeit(en) und damit eine Neuverhandlung von Kernaspekten der lokalen Metalness.

In der Tendenz kann man die 1990er-Jahre in der Steiermark so beschreiben, dass sich einerseits die Geschlechterrollen stärker pluralisierten, verflüssigten und Frauen in der Szene stärker präsent waren, andererseits jedoch der traditionelle Patriarchalismus fortlebte. Um diese Koexistenz von emanzipativer Pluralisierung bei gleichzeitigem Fortbestehen des Konservativen zu analysieren, bietet der für die 1990er erhobene Quellen- und Datensatz zahlreiche Erklärungspunkte. Die in den Oral-History-Interviews geäußerten Sinnmuster zu Genderrollen kartieren den Diskurs und stellen den Einstiegspunkt dar. Die Pluralisierung von genderbezogenen Narrativen war paradigmatisch.

Die Verflüssigung der Geschlechterrollen und die szenische Emanzipation der Frauen, bei gleichzeitiger historischer Kontinuität hegemonialer Männlichkeiten, lagerten sich in den Semiotiken des Diskurses sowie in der Musiksprache an. Bands integrierten stärker als zuvor weibliche Musiker*innen, aber zugleich blieben viele Schlüssel- und Gatekeeping-Positionen männlich besetzt.[568] All dies war mit dem Komplexer-Werden der Register der Subgenres, in der Steiermark

---

564 Vgl. Heesch/Scott 2016; kritisch auch: Digoia/Helfrich 2018.
565 Zur Geschichte der Frauen in der Steiermark siehe vor allem: Schmidlechner et al. 2017.
566 Vgl. ebd.
567 Vgl. Walser 1993.
568 Hierzu vor allem Interviews Nr. 3, 5, 6, 9 und 22.

4.3 Die Pluralisierung der Werte in den 1990er-Jahren

vor allem wieder der Rezeption des Black und Death Metal, verknüpft. Die ausführlichen Interviewaussagen eines männlichen Szenegängers zu Genderrollen im Kontext der Entwicklung des Black Metal illustrieren dies:

> P: „In den Achtzigerjahren [...] wurden Frauen [...] im musikalischen Zugang [...] der Szene [...] nicht einmal ansatzweise ernstgenommen. Thrash [...] und Death Metal [waren] [...] nicht die [Musik], wo [...] Frauen [...] leicht angedockt haben. Ich sage das deshalb, weil der Black Metal war [ein] Gamechanger, [...] weil der Black Metal nämlich nicht diese männliche [...] Virtuosität [...] forciert hat, sondern der [...] schafft Atmosphäre [...] eine weibliche, eine female Atmosphäre im Vergleich zum Thrash Metal, der sehr männlich konnotiert ist, finde ich [...]. Für mich ist [...] völlig klar, dass Frauen ab dem [...] Black Metal, also ab den frühen Neunzigerjahren, [...] in dem [...] undergroundigen, harten, verruchten, derben Metal [...] mehr Platz für sich [...] und [...] Akzeptanz in Folge gefunden haben. [...] Der Black Metal [...] hat eine weibliche Ebene hinzugefügt [...], ohne dass er das wollte, aber ich bin überzeugt davon."[569]

Im Narrativ dieses Zeitzeugen, das aus männlicher Sicht über die 1990er-Jahre berichtet, zugleich aber wesentliche faktische Züge dieser Geschichte abbildet, gingen Black Metal als „undergroundiger, harter, verruchter, derber" Substil und Weiblichkeit eine Allianz an. Waren solche Adjektive vorher an als männlich wahrgenommene Sounds gebunden, verflüssigte sich das nun. Dass diese neue Entwicklung nicht schlagartig kam, sondern prozessual, implizierten seine weiteren Ausführungen:

> P: „Also es hat ja als Missing Link diese Gothic-Metal-Geschichten [d. h. Gothic-Metal-Bands] gegeben [...], [zu] Ende [der] Achtziger [bzw.] Anfang [der] Neunziger [...], die [...] weiblich konnotiert waren, also vom Zugang [...] her. [...] aber, wenn du in den Achtzigerjahren auf einem Thrash-Metal-Konzert warst, [...] waren die Frauen halt wirklich nur die Puppis [d. h. ‚Püppchen'], die [...] mit waren mit [Männern als ‚echten' Metalheads]. [...] Und bei einem Black-Metal-Konzert ist das nicht so. Bei einem Black-Metal-Konzert ist das [...] tief in der [...] musikalischen Akzeptanz [...], dass [...] Frauen [das Genre ebenso musikalisch prägen]. Es ist total arg, dass [...] der Black Metal [...] eine Liberalisierung in Gang gebracht hat."[570]

Die Beschreibung der Zusammenhänge, welcher der Zeitzeuge zwischen der Entwicklung des Black Metal und einer neuen weiblichen Rollenkonstruktion in der steirischen Szene sah, fasst drei wichtige einschlägige Tendenzen der 1990er-Jahre zusammen. Erstens war die Pluralisierung und Verflüssigung der Genderrollen – sowohl weiblicher als auch männlicher – an die zunehmende Verästelung der Subgenres gebunden. Die Schilderung des Black Metal ist hier nur ein lokales Beispiel.[571] Zweitens war die neue Weiblichkeit, deren Entstehung der Black Metal – zumindest in der Erinnerung dieses Mannes – zu erlauben schien, primär klanglich codiert. Sie war keine bewusst herbeigeführte Innovation aus moralischer Intention, sondern kontingent mit der „female" Klangatmosphäre

---

569 Quelle: Interview Nr. 9.
570 Quelle: ebd.
571 Zu Männlichkeit und Death Metal: Interviews Nr. 20 und 21; zum Thrash Metal: Nr. 5.

des Black Metal verbunden. In diesem Punkt könnten weitere empirische Forschungen, wünschenswerterweise ebenso zu anderen Substilen in der Steiermark, erhellend wirken. Drittens verdeutlicht das Interview, dass diese Prozesse immer mit der Performanz des Geschlechts beim zentralen Szeneereignis des Konzertes verknüpft waren – sowohl Männlichkeiten als auch Weiblichkeiten mussten inszeniert werden.[572] Es ist daher wichtig, insbesondere die Stellung von Frauen als Live-Musikerinnen zu erforschen.

Die Oral-History-Forschung lässt hierzu keine abschließende Aussage zu.[573] Es deutet sich jedoch an, dass nach dem oben zitierten „Nicht-Ernstnehmen" von Szenegängerinnen in den 1980er-Jahren ab den 1990er-Jahren zunehmend Frauen in der Szene-Schlüsselrolle als Musikerinnen auftraten. Dies berichteten vor allem männliche Zeitzeugen.[574] Es ist eine historische Synchronie dieser neuen Rolle von Frauen als Musikerinnen und ihres Übernehmens von Führungsrollen in Szeneinstitutionen wahrzunehmen – etwa in Vorstandsfunktionen von Vereinen oder in Gastronomiebetrieben.[575] Damit deutet sich als Tendenz für die 1990er-Jahre an, dass durch die zunehmende gesamtgesellschaftliche Liberalisierung, Pluralisierung sowie die Emanzipation der Frauen eine Zunahme der Zahl von aktiven Musikerinnen in Bands sowie in Szeneführungspositionen begünstigt wurde. Eine tiefergehende, historische Untersuchung der Wurzeln dieses Prozesses bräuchte jedoch einen über den vorliegenden Datensatz hinausgehenden empirischen Umfang.

Die Erinnerungen einer langjährigen Szenegängerin aus dem Weizer und Grazer Raum, welche dem liberal-progressiven Spektrum des Wertediskurses zuzurechnen ist, liefern eine weibliche Sicht:

> P: „[...] man hat ja mitgekriegt, wie schwierig es [...] für weibliche [Musikerinnen in der internationalen Szene war] [...]. Es waren viele von ihnen Sängerinnen [...], es gab auch andere Musikerinnen, [...] aber Frontlady war natürlich schon eher die [typische] Rolle. Und [...], es war schon eine sehr männlich dominierte Szene [...], vom Musikbusiness her."
> I: „Sind dann [...] [Frauen als Szenegängerinnen und Musikerinnen] anders behandelt worden oder haben die sich anders verhalten [als Männer]?"
> P: „[...] hätte ich jetzt nicht den Eindruck gehabt, dass man weniger Gehör gefunden hätte, oder so. Aber auf Bandebene war es [anders], also habe ich nämlich gerade überlegt. Ich kann mich an keine [lokale] Band erinnern, wo ein [...] Mädel mit dabei gewesen wäre."[576]

Diese Passagen verdeutlichen den Status quo des Rollenbildes von Frauen in der Szene bezüglich der essenziellen Funktion als Musikerinnen in den 1990er-Jahren. Es konnte in der Recherche nicht bestätigt werden, dass gar keine weiblichen Mitglieder in Bands waren, aber ihre Anzahl war eher klein und auf bestimmte Schablonen fixiert, wie eben jene der „Frontlady" im Gothic und später

---

572 Hierzu jüngst: Rosa 2023, 111–134.
573 In Anklängen hierzu: Interviews Nr. 5, 9 und 22.
574 Hierzu Interviews Nr. 5, 6, 9, 10 und 20.
575 Vgl. Interviews Nr. 1, 3 und 13.
576 Quelle: Interview Nr. 22.

4.3 Die Pluralisierung der Werte in den 1990er-Jahren

Symphonic Metal.[577] Das Deutungsmuster, welches dieses Narrativ enthält, veranschaulicht die vorherrschende, geschlechterhistorische Szenedynamik. Frauen fanden zunehmend „Gehör", wie es die Zeitzeugin formulierte, zugleich war jedoch die Rolle von Frauen auf bestimmte Bandfunktionen beschränkt. Es kam zu Emanzipation, aber langsam und auch der Patriarchalismus der Szene blieb bestehen. Frauen kamen in neue Rollen, aber mühsam und prozessual.

Wenn man auf die weiteren diskursiven Schichten der genderbezogenen Metalness zu Ende des 20. Jahrhunderts blickt, manifestierte sich diese Entwicklung auch in der Semiotik auf Coverabbildungen, Konzertflyern und auf T-Shirts. Auch im steirischen Fall sind T-Shirts, wie es Anna-Katharina Höpflinger in ihrer Untersuchung von Kleidung im Black Metal der Schweizer Szene darlegte, mit Aspekten von Gender und Weiblichkeit verbunden.[578] Der Oral-History-Datensatz enthält Stimmen von Frauen, die über kaum erhältliche, „weibliche" Schnittformen bei T-Shirts berichteten.[579] In Folge wurden sie kreativ in der Anpassung von ‚normalen' Shirts, etwa durch Umnähen auf figurbetontere Formen.[580]

Einige Beispiele der Albumcovers aus dem Datenkorpus für die 1990er-Jahre sind besonders prägnant. Sie geben Auskunft über die dominante Kontinuität traditioneller Genderbilder sowie die langsam einsetzende Verflüssigung der Gendercodes. So ist etwa das schon zuvor genannte Cover der LP *Schrei es laut* (1990) von Shekinnah, welches die rein männliche Band an ihren Instrumenten präsentiert, ein Beispiel der Kontinuität traditioneller Männlichkeitsbilder in Rock und Metal.[581] Musiker als ‚Live-Heroen' in der Konzertsituation codieren einen substanziellen Aspekt der zeitgenössischen Vorstellung genderbezogener Metalness. Ähnliches gilt für das Cover von *Trauer - Hoffnung - Freude* (1998) der Band System Absurd, welches oben diskutiert wurde.[582] Die männliche Figur, die hier präsentiert wird, dominiert die weibliche.

Neben diesen zwei die Kontinuitätslinie repräsentierenden Covers finden sich auch Abbildungen, die der neuen Verflüssigung der Gendercodes Rechnung trugen. So etwa bei *Towards a Grief* von Children of a Lesser God (1996), welches einen alten, leidenden Mann in schwacher und beinahe resignierender Position zeigt. Die Figur ist nackt und erinnert in der Körperhaltung an den gekreuzigten Christus.[583] Männlichkeit wird hier nicht mit jugendlich-viriler Stärke, sondern mit Altern, Schwäche und Vergänglichkeit konnotiert. Der Sound der Band, in welcher eine Frau eine tragende Vokalrolle innehatte, ergänzt die Verflüssigung

---

577 Aus weiblicher Sicht: Interviews Nr. 1 und 3.
578 Vgl. Höpflinger 2020.
579 Hierzu Interviews Nr. 1 und 3.
580 Vgl. ebd.
581 Vgl. Cover 14, Übersicht im Anhang.
582 Vgl. Cover 17, Übersicht im Anhang.
583 Vgl. Cover 15, Übersicht im Anhang.

akustisch.⁵⁸⁴ Hierdurch taten sich für stärkere Weiblichkeiten diskursive Räume auf, die nur wenig später etwa von der Band Pantheon auf dem Frontcover von *Cimetière des Anges* (2001) zur Inszenierung einer dominanteren, wenn auch noch ‚engelshaften' Weiblichkeit genutzt wurden.⁵⁸⁵

Alles in allem deutet der Datensatz auf dieser Ebene der Covers eine weiterhin starke Stellung traditioneller Männlichkeiten und Weiblichkeiten an, die jedoch um 2000 aufgebrochen und verflüssigt wurden. Der Mann als Kämpfer für Metal-Werte, welcher in den 1980er-Jahren kaum ein weibliches Pendant kannte, wurde durch neue Weiblichkeitskonstruktionen der femininen Stärke ergänzt. Die Pluralisierung der Werte war hier Kontext und Anstoßgeber zugleich.

Im Diskursbereich der Konzertflyer, welcher in den 1990er-Jahren durch eine zunehmende Professionalisierung der graphischen und medialen Gestaltung gekennzeichnet war, zeigen sich die genannten Kontinuitäten und Neuerungen in analoger Form. Etwa der Flyer zum Event „Rage Against Fascism" im Mai 1996, bereits weiter oben dargestellt und aus anderer Richtung analysiert, repräsentierte über die dargestellte männliche Arbeiterfigur eine sehr traditionelle Form der Männlichkeit des 20. Jahrhunderts.⁵⁸⁶ Ähnlich beim Flyer zum Präsentationskonzert der LP *Schrei es laut* von Shekinnah (1990), welcher direkt die Bildsprache des Covers übernahm und die Musiker als männliche Instrumentalhelden inszenierte.⁵⁸⁷ Im selben Jahr fand im Jugendzentrum „Insel" eine „Trash Night" [sic!] mit der schon erwähnten Gruppe Ekpyrosis statt; der für das Event werbende Flyer symbolisiert Metalness über eine hedonistische Partysituation, in welcher männliche Jugendliche feiern und Alkohol als männliche ‚drug of choice' der Szene codiert wird.⁵⁸⁸ Diese drei Beispiele zeigen, dass auch im Imaginationsraum des Konzerts auf solchen steirischen Flyern der 1990er-Jahre traditionelle Männlichkeitsbilder die Szene beherrschten.

Zugleich jedoch kam es auch in diesem Areal des Diskurses zu den genannten Pluralisierungs- und Verflüssigungsprozessen. So ist die Inszenierung des männlichen Körpers am Flyer zum Präsentationskonzert der CD *Broken Body Cells* der Gruppe Valvadrach im „Explosiv" im Jahr 1999 eine deutlich androgynere, die weniger Stärke und klassische Heldenhaftigkeit der männlichen Metalheads in den Fokus rückt.⁵⁸⁹ Es tat sich ein Raum für die Imagination neuer Männlichkeiten und Weiblichkeiten auf, die weniger auf ‚männliche' Stärke und Heldentum bzw. ‚weibliche' Submissivität und Grazilität legten. Die Formen und Werte

---

584 Vgl. Rare Metal Albums 2016.
585 Vgl. Cover 22, Übersicht im Anhang; zwar ist dieses Werk 2001 erschienen, ist aber zum hier untersuchten Prozess in Kontinuität zu sehen. Daher erfolgt die Analyse in diesem Kapitel.
586 Vgl. Flyer 6, Übersicht im Anhang.
587 Vgl. Flyer 3, Übersicht im Anhang.
588 Vgl. Flyer 4, Übersicht im Anhang.
589 Vgl. Flyer 7, Übersicht im Anhang; siehe auch die Reproduktion in Abb. 6.

4.3 Die Pluralisierung der Werte in den 1990er-Jahren

wurden flüssiger, auch das Überschreiten der Grenzen zwischen ‚männlich' und ‚weiblich' wurde dadurch einfacher.

Was die Inszenierung von Männlichkeiten und Weiblichkeiten auf Band-T-Shirts angeht, sind weit ausgreifende empirische Aussagen schwierig, da wie geschildert (vgl. Abschn. 2.4) keine ausreichende Anzahl an Quellenexemplaren im Datensatz enthalten ist. Die Kombination der Analyse von Erinnerungsspuren aus der Oral History sowie von Abbildungen aus dem Online-Diskurs lässt jedoch darauf schließen, dass sich die genannte Ambivalenz (ein leichtes Aufbrechen der traditionellen Genderwerte bei gleichzeitiger weiterer primärer Dominanz des Konservativen) auch auf dieser Diskursebene fand. Abbildungen auf *Styrian Metal History* aus den 1990er-Jahren legen dies nahe.[590] Dabei sind die grundsätzlichen Erkenntnisse von Anna-Katharina Höpflinger zur Aufgeladenheit der Szenetextilien mit Genderwerten analog auf Graz und das umgebende Bundesland anzuwenden.[591] T-Shirts sind damit als weitere Quellenart zu bezeichnen, die tendenziell den Primärbefund der Ambivalenz bestätigen.

Wenn man an dieser Stelle einen Überblick zu den gewonnenen Erkenntnissen zur Geschichte von Gender, weiblicher Emanzipation und Pluralisierung der Werte in den 1990er-Jahren versucht, sind mehrere Gesichtspunkte zu nennen. Erstens wies die Oral-History-Forschung nach, dass sich im Zuge der Liberalisierung der Gesamtgesellschaft in der Metal-Szene eine Lockerung der Genderordnungen durchsetzte. Weibliche Emanzipation wurde im Diskurs wichtiger, zugleich jedoch dominierten weiterhin traditionelle Rollenbilder. Zweitens waren die Bindung dieser Lockerung an die Ausdifferenzierung der Metal-Subgenres (in der Steiermark vor allem Black und Death Metal) sowie die klangliche Codierung und Inszenierung von Geschlecht und Gender beim Konzert ausschlaggebend. Drittens zeigte sich auf der diskursiven Ebene, dass der Befund aus der Oral History sich durch die Semiotiken auf Flyern, Coverabbildungen und T-Shirts weitgehend bestätigte. Zusammengefasst lockerte sich die vorher eher starre und rigide Genderordnung in den 1990er-Jahren im gesellschaftlichen Gesamtkontext, aber nur langsam und in prozesshafter Form.

Genreklang und die Pluralisierung der Werte

Wie schon im letzten Abschnitt zu Tage trat, war die Ausdifferenzierung der Subgenres ein wesentlicher Zug der Geschichte der steirischen Metal-Szene in den 1990er-Jahren. Die neuen Sounds, die im Zusammenhang der Ausdifferenzierung der Genrediskurse vor allem um die Schwerpunkte Death Metal und Black Metal entstanden, wirkten mit der Pluralisierung der Werte zusammen. Historisch gesehen waren die Genredifferenzierung und die Pluralisierung der Werte

---

590 Hierzu vor allem Interviews Nr. 1, 3, 18 und 22; zum Online-Diskurs siehe Krammer 2023.
591 Vgl. Höpflinger 2020.

aufeinander verweisende Prozesse. Die Klammer, welche beide Prozesse verband, war die klangliche Codierung. Sowohl die neuen Genremarker als auch die neue Vielschichtigkeit der Werte wurden in der Szenegemeinschaft verklanglicht. In diesem Abschnitt wird diese Dynamik ausgehend vom vorhandenen Datensatz thematisiert. Es ergibt sich dabei keine Gesamtkartierung der Subgenres und der Normentwicklungen, aber einige grundlegende Züge des genannten Diversifizierungsprozesses lassen sich beschreiben.

Der Begriff des Genres bzw. des Subgenres ist weder in der breiteren Popularmusikforschung noch im engeren Feld der Metal Studies unproblematisch bzw. definitorisch fixiert.[592] Was ein (Sub-)Genre ist und vor allem welche Musik und welche Klangereignisse innerhalb bzw. außerhalb der jeweiligen Genrekategorien liegen, ist immer Ergebnis historisch kontingenter Diskursprozesse gewesen.[593] Der Ort und die Zeit als Kontext, in welchem die Musik gehört wird, bestimmt mit, wo die Grenzen der Genres gezogen werden. Die Ordnungen erreichen zwar ein grundsätzliches Maß an kategorieller Fixierung, bleiben aber über den langen historischen Verlauf variabel.[594] Auch in der Steiermark war die ‚Landkarte' der Metal-Subgenres, welche die 1990er-Jahre prägten, Ergebnis solch diskursiver Verhandlungen. Die globalen Entwicklungen waren wichtig, wurden aber lokal gehört, angepasst und somit neu verklanglicht.

Um die 1990er-Jahre als historisches Entwicklungsgefüge von Diversifizierungsprozessen der Genreordnung sowie der Wertemuster der Metalness, die im Aspekt der Verklanglichung zusammenhängen, zu beschreiben, sind die Musikanalysen, welche Charalampos Efthymiou zu unterschiedlichen Subgenres durchführte, der beste Anknüpfungspunkt. Zwar ist die Dichte der zur Verfügung stehenden Analysen zu strikt aus der interessierenden Dekade stammenden Musik nicht sehr umfangreich, doch da gerade die historisch lokal wichtigen Extreme-Metal-Genres noch weit nach 2000 den in den 1990er-Jahren geprägten Klangkern fortschrieben, erlauben die vorhandenen Analysen zeitlich weiter ausgreifende Aussagen. Dabei geht es weniger um die strikte Notation und Transkription der Stücke als um die Analyse der Hör- und Klangprozesse im Fluss der Bedeutungsgenese der lokalen Metalness. Wie gehört wurde bzw. wie die Konstruktion des Metal-Ethos im Diskurs dem Klang folgte, war szenecharakterisierend.

Death Metal wurde ab Ende der 1980er-Jahre intensiver in der Steiermark rezipiert.[595] Im globalen Diskurs, den Musik aus Pionierszenen wie jenen Floridas, Göteborgs oder Großbritanniens dominierten, war die steirische Szene peripher.[596] Vor Ort in der Steiermark wurden durch die neuen Klänge und Normen

---

592 Zu Metal als Genre vor allem Elflein 2010; sowie Walser 1993; soziologisch Weinstein 2000; sowie für den Extreme Metal: Kahn-Harris 2007, 11 f.
593 Vgl. ebd.
594 So sozialhistorisch orientiert: Swiniartzki 2023, 1–60.
595 Hierzu lokal eindrücklich: Interview Nr. 11.
596 Hierzu Purcell 2003; Phillipov 2014; auch Swiniartzki 2023, 147–242.

4.3 Die Pluralisierung der Werte in den 1990er-Jahren

des Death Metal aber wesentliche Differenzierungsprozesse angestoßen. Bevor diese im Spiegel der von Efthymiou durchgeführten Analysen betrachtet werden, ist ein abermaliger Blick auf die Oral History erhellend. Die Interpretationsmuster, welche dem Death Metal im Umfeld der schon genannten Band Cadaverous Condition in den frühen 1990er-Jahren zuerkannt wurden, exemplifizieren die Differenzierungsprozesse in der Steiermark. Die Erinnerungen an die Gründungsgeschichte der Band verdeutlichen, wie Hör-, Klang- und Werterfahrungen zusammenwirkten:

> I: „Hat es [...] so etwas wie ein Erweckungserlebnis gegeben, wie [...] sind die Sounds [von Cadaverous Condition als] Band entstanden [...]?"
> P1: „Naja [...], ich höre Musik seit ich acht Jahre alt [...] [war]. [...] Das hat begonnen mit Kiss, Judas Priest, also die klassischen Sachen. Und dann [...] [sucht man] immer Extremeres, nicht. Es ist [...] extremer geworden [...]. Ich glaube, Metal [als Sound, wie ihn Cadaverous Condition verstand] hat sich [...] entwickelt, es ist [...] immer [...] extremer geworden, nicht. Also es war [...] [zuerst] Thrash, dann war es Death Metal."[597]

Diese Erinnerungen eines Zeitzeugen zur persönlichen Hörgeschichte exemplifizieren, dass die Diversifizierung der lokalen Metal-Vorstellungen zentral von prägenden Hörerfahrungen abhängig war, die mit Werten (in diesem Fall der Suche nach neuen Extremen) verknüpft wurden. Der Beginn des steirischen Death Metal stand in Verknüpfung mit solchen Hörerfahrungen, die wiederum wesentlich durch die strukturellen Bedingungen der Szene in der Steiermark bestimmt waren:

> P1: „Also in der Steiermark [Death Metal zu kultivieren], ich meine, das [war für Cadaverous Condition als] [...] Projekt [...] nicht zuträglich [...] [Die Musiker der Gruppe] waren [...] allein [...] mit dem Sound."[598]

Diese ernüchternde Bilanz rückt als zentrales Deutungsmuster in den Fokus, dass die strukturellen Bedingungen der Szene in den frühen 1990er-Jahren der Band als Projekt „nicht zuträglich" gewesen seien. Dennoch wirkte das Hören der neuen Sounds effektiv auf die Werte- und Genre-Differenzierungsprozesse zurück und beschleunigte sie.[599] Ein weiteres frühes Beispiel des lokalen Death Metal waren Necrosis, die in den Erinnerungen des zitierten Zeitzeugen als weitere Referenz dieses Sounds auftauchen.[600] Alles in allem verdeutlichen die Oral-History-Daten zu Cadaverous Condition, dass seit der frühesten Rezeption des Death Metal in der Steiermark die mit der Rezeption verbundene Verästelung der Genreregister und die Differenzierung der Werte klanglich codiert wurden. Der neue und transgressivere Sound des Death Metal war die verbindende Klammer. Die Exemplifizierung dieser Erkenntnis stellt einen Punkt dar, von welchem

---

597 Quelle: Interview Nr. 21.
598 Quelle: ebd.
599 Vgl. ebd.
600 Vgl. ebd.; auch: Interview Nr. 11.

aus im Spiegel Efthymious Analysen nach dieser Verklanglichung in ihrer musiksprachlichen Form gefragt werden kann.

Im Kontext der vorhandenen Daten ist es kaum möglich, die Rezeption und die Konjunktur von Death Metal und Black Metal als Subgenres der steirischen Szene der 1990er in Form absoluter Zahlen etwa von existierenden Bands oder veröffentlichter Musikaufnahmen zu quantifizieren. Da jedoch sowohl in der Interview- als auch in der Diskursforschung die Sounds beider beständig wiederkehrende Fixpunkte der Konstruktion der Metalness darstellten, ist der Klang auch musiksprachlich in den Fokus zu rücken.[601] Vor diesem Hintergrund hat Efthymiou in seinen Untersuchungen zu Death Metal und Black Metal die Musik von Bands der lokalen Szene erforscht.[602] Es ging dabei weniger um eine Gesamtkartierung der Konstellation der Subgenres in den 1990ern im steirischen Raum als vielmehr um eine Identifikation wichtiger Tendenzen der musiksprachlichen Konstruktion der wertbezogenen Metalness.

Der Thrash Metal hatte eine weniger prominente Stellung. Efthymious Analysen legen den Schluss nahe, dass der Death Metal um 1990 in der Steiermark intensive Rezeption erfuhr. Die Oral History lässt ergänzend vermuten, dass um 1990 ein Vakuum der Wertvorstellungen bzw. ein ‚Formverbrauchseffekt' des klassischen Metal in der Szene vorherrschten, in welchem der Differenzierungsprozess hin zum Death Metal neue Impulse brachte.[603] Die Analysen der Musik der experimentellen Gruppe General Bomb Machine, die den Death Metal zwar nur streifte, in ihrer Bandbiographie aber als Ausdruck des Bedürfnisses nach neuen Werten und Sounds betrachtet werden muss, verdeutlichen diese Situation. Efthymiou schreibt über die Gruppe aus Sicht der musikwissenschaftlichen Klanganalyse:

> „Die Atmosphäre und der Sound [sind] die wichtigsten Merkmale von General Bomb Machine […]. Der Gesang wird wie ein weiteres Instrument der Band betrachtet und hat nicht die wichtigste Rolle bei der Instrumentation. Die Lyrics entstanden ganz zum Schluss. Die Musik und nicht der Text spielt hier die wichtigste Rolle."[604]

Stilistisch ist eine Einordnung von General Bomb Machine in das Register des Death Metal zweifelhaft. Doch legt diese Analyse klar die Situation offen, die am Anfang der Differenzierungsprozesse der Sounds und der Werte des Death Metal zu Beginn der 1990er-Jahre herrschte. Die Sounds und Normen der Metalness der 1980er-Jahre schienen verbraucht und der neue Zugang, musiksprachlich

---

601 So in der Oral History in Interviews Nr. 5, 6, 9, 11, 16 und 20.
602 Hierzu vor allem die Musikanalysen Nr. 12, 13, 16 und 17; Übersicht im Anhang; die folgenden musikanalytischen Aussagen beziehen sich hierauf. Die lange Kontinuität des Extreme Metal als ‚lange 1990er' des Black Metal lässt eine Inklusion der späteren Analysen zu.
603 Hierzu vor allem die Interviews Nr. 9 und 18.
604 Quelle: Musikanalyse Nr. 12, 1.

4.3 Die Pluralisierung der Werte in den 1990er-Jahren

Atmosphäre, Klang und Klangsituationen und damit weniger die gesanglich erzählende Stimme in den Mittelpunkt zu rücken, wurde zum Startpunkt des steirischen Death Metal. Lokale Bands wie Skull Crusher, Cadaverous Condition, Bloodfeast und Necrosis, später auch Darkfall, Heathen Foray und Python Regius waren Protagonist*innen dieses Prozesses.

Dieser Differenzierungsprozess, in welchem das lokale Paradigma des Musikmachens die neue Norm der Atmosphäre in den Mittelpunkt stellte, brachte eine Konjunktur gutturaler Vocals im tiefen Stimmregister, die ein wörtliches Verstehen der Texte oft schwierig machten. Angesichts des neuen Fokus auf Atmosphäre und Klang sowie der Ambition, den Gesang wie ein ‚normales' Instrument im Ensemble zu positionieren, war dies nur folgerichtig und konsequent. Im Death Metal wurde der neue dumpfe[605] und technische Sound mit den Werten von selbstständigem Denken und Kritik verbunden.

Auch das Subgenre des Black Metal wurde ab den 1990er-Jahren als zweiter neuer Schwerpunkt im Extreme Metal in der Steiermark rezipiert und in die Szenekultur integriert. Efthymiou hat daher in seine Forschung Bands, welche im Kern dieses Prozesses standen, miteinbezogen. Die schon genannten Gruppen Blessmon und Asmodeus standen dabei im Fokus des Interesses.[606] Sie sind beide der Fortschreibung des Traditionskerns des Subgenres nach 2000 in den ‚langen 1990er-Jahren' des steirischen Black Metal zuzurechnen. Wie Efthymiou in der Klanganalyse an mehreren Stellen schreibt, ist ein augenfälliger Zug des steirischen Black Metals, dass man sich in vielen musiksprachlichen Aspekten mehr an die schwedische Szene und weniger an die prominentere norwegische anlehnt. Besonders die beiden Bands Marduk und Dark Funeral werden von Efthymiou als wichtige Vorbilder des steirischen Black-Metal-Klangs identifiziert. Aus der Diskographie von Marduk wurden jene Werke der 1990er und frühen 2000er zum Vorbild erhoben, in denen Satanismus und Kriegsthemen vorherrschten. Sie wurden damit – gerade bei Blessmon – zur Inspirationsquelle der Werte, die mit dem neuen Subgenre verbunden wurden. Sowohl Blessmon als auch Asmodeus verfügen nach Efthymious Einschätzung über hohe kompositorische Kompetenz und Raffinesse in der Umsetzung ihrer klanglichen Ambitionen.

Wenn man den Black Metal in der Steiermark ab den 1990ern als einen historischen Prozess der Szene begreift, in welchem – analog zum Death Metal – neue Sounds und neue Werte zusammenwirkten, ist die musiksprachliche Hauptfrage, welche klangliche Klammer den Gesamtprozess integrierte. In der Musik wurden eine neue Ernsthaftigkeit, eine noch tiefergreifende Religionskritik und -skepsis als Werte mit dem zentralen Genremarker der Blastbeats verbunden. Für die Szene als Gesamtes bedeutete dies, dass die Metalheads in der

---

605 Hierzu wieder Interview Nr. 21.
606 Vgl. die Musikanalysen Nr. 13 und 17, Übersicht im Anhang; die folgenden Ausführungen basieren hierauf, wenn nicht explizit anders zitiert.

Steiermark aus einer breiten Palette an Sounds und Wertorientierungen, jeweils gebunden an die Subgenres als grobe Orientierungspunkte, wählen konnten bzw. sogar *wählen mussten*. Dass auch hier der Traditionskern des Genres Black Metal bis in die 2000er kontinuierlich blieb, bestätigt folgende Einschätzung Efthymious zum Album *Imperial Hordes* (2017) von Blessmon:

> „Über weite Strecken weist die Musik des Albums [...] klare Merkmale [der Klangsprache] von Marduk auf. Die [...] Ähnlichkeiten sind so groß, dass man beinahe von einem ‚Marduk-Klon' sprechen könnte. Die Übertragung des Globalen [d. h. der weltweit einflussreichen Sounds und Werte von Marduk] auf das Lokale [d. h. in die Musiksprache in der Steiermark bei Blessmon] hat hier also etwa einen Zeitraum von fünfzehn Jahren in Anspruch genommen."[607]

Diese resümierende Erkenntnis zu einer der prägenden steirischen Bands im Black Metal ist aus zwei Gründen von hoher Bedeutung. Erstes führt sie vor Augen, dass musiksprachlich der Differenzierungsprozess hin zum Black Metal im steirischen Raum durch die Vorbildwirkung der schwedischen Szene bestimmt wurde, auch was die Wertelandschaft angeht. Zweitens – und dies scheint bemerkenswerter – bringt die Musikanalyse zum Vorschein, dass die Rezeptionsprozesse, die hin zur Ausformung des spezifischen Steirischen im Black Metal führten, einen Transferzeitraum von etwa 15 Jahren, also weit bis ins neue Jahrtausend, umfassten. Dies lässt sich sehr gut mit dem Befund der Konstanz des Klangkerns des Genres bis lange nach 2000 in Übereinstimmung bringen. Zusammengefasst: Die Klangklammer des Subgenres des Black Metal, gerade nach schwedischem Vorbild, bewirkte in der steirischen Szene eine hohe Kontinuität dieses Subgenres in seinen Sounds und Werten, die bei der Analyse von Blessmon und Asmodeus genannt wurden. Weitere Bands neben den genannten beiden waren Hellsaw, Azrael, Sanguis und Pantheon.

Über die Analysen der Parallelentwicklungen von Soundinnovationen der Subgenres Death und Black Metal sowie der Pluralisierung der Werte lassen sich wesentliche Züge der Interdependenzen beider Prozessstränge in der steirischen Szene der 1990er-Jahre beschreiben. Die Verklanglichung war die Ebene, die beide verband. Death und Black Metal waren sowohl auf der Ebene der Sounds als auch der Werte Innovationsmotoren. Dies galt weniger für den Thrash Metal. Alles in allem ist somit keine komplette ‚Landkarte' der Genreentwicklungen in der interessierenden Dekade gegeben, aber eine Zusammenfassung des Konnexes von Genreklang und der Pluralisierung der Werte wird möglich. Wie die Oral History sowie vor allem die Musikwissenschaft zeigten, waren die neuen Sounds beider mit neuen Werten und Vorstellungen der Ausdifferenzierung der Metalness verbunden. Die Register der neuen Genres pluralisierten die Szene und ihre Werte.

---

607 Quelle: Musikanalyse Nr. 17, 17.

Zwischenfazit zur Pluralisierung der Werte

Wenn man am Ende dieses Abschnittes ein Zwischenfazit zur Geschichte der Pluralisierung der Werte zieht, sind die wichtigsten drei Themen jene der politischen Werthaltungen, von Gender, Genderrollen und weiblicher Emanzipation sowie des Genreklangs. Was den Zusammenhang von politischen Haltungen und Wertepluralisierung in den 1990er-Jahren angeht, war entscheidend, dass die grundlegende Ambivalenz zwischen konservativen und liberalen Werten Bestand hatte. Das Spektrum zwischen diesen Polen wurde aber ‚bunter'. Die Metal-Szene politisierte sich stärker als in der Gründungsphase. Im zweiten Punkt, der Geschichte von Gender, Genderrollen und weiblicher Emanzipation, war eine Konstanz traditioneller Mentalitäten festzustellen. Parallel jedoch wurden die Subgenres des Extreme Metal zu Katalysatoren neuer Dynamiken. Die Geschlechterrollen pluralisierten und liberalisierten sich, aber nur langsam. Was den dritten Punkt des Zusammenhangs neuer Subgenres mit Wertordnungen angeht, ist eine Interpendenz von Soundinnovationen und Ausdifferenzierung der Werte, vor allem bezüglich Death und Black Metal, feststellbar. Alles in allem waren die 1990er-Jahre daher eine Zeit der deutlichen Pluralisierung der Werte. Die Werte im steirischen Metal wurden vielfältiger, aber vor allem innerhalb des etablierten Spektrums zwischen liberaler und konservativer Metalness.

4.4   Neue Klangcodierungen in den 1990er-Jahren

Die dritte, entscheidende Dimension des normenbezogenen klanglichen Wissens war auch in den 1990er-Jahren die klangliche Codierung. Wie schon in der Gründungsphase war es für die sich nun konsolidierende Szene wichtig, die prägenden Wissensinhalte klanglich zu codieren und so verfügbar zu halten. Wenn im folgenden Kapitel von der Erforschung der neuen klanglichen Codierungen gesprochen wird, ist damit primär gemeint, dass beschrieben werden soll, wie die Innovationen im Metal-Soundcode der 1990er-Jahre mit der soziokulturellen Geschichte der Szene zusammenhingen. Empirisch sind dazu im vorhandenen Datensatz die Oral-History-Passagen zum Metal-Hören und dessen langsamen Wandel, zu Konzerten sowie zum Klang der neuen Subgenres aussagekräftig. Zugleich sind Flyer, Coverabbildungen und T-Shirts als Medien, die diesen Prozess ins Optische übersetzten, in den Blick zu nehmen. Die Daten aus der Musikanalyse verdeutlichen ferner, wie die neuen Klangcodierungen in musikalisch-formaler Hinsicht gestaltet waren. Im Überblick zeigt sich die Dekade in den Daten als historischer Szeneprozess, der sich von der Zeit der Gründung zuvor, aber auch jener der Digitalisierung danach unterschied. Vor allem die Ausdifferenzierung der klanglichen Wissensformen gab dieser Periode ihr Gepräge und unterschied sie von den anderen Phasen. Das lokale, steirische Hören von Metal und dessen Wandel im Sinne von Differenzierung und Komplexer-Werden der Wahrnehmungsformen machten diese Zeit aus.

Als erstes konkretes Thema ist im Folgenden der Wandel der Hörgewohnheiten der lokalen Metalheads zu beschreiben. Zweitens stellte auf der Ebene des Habitus die Moral, welche mit dem Sound des Grunge verbunden war, eine neue klangliche Form und Herausforderung der tradierten Metalness der 1980er dar. Besonders spannend zeigt sich als drittes Thema, wie an der Schnittstelle zwischen Ästhetischem und Klanglichem die Metalness mit Aspekten der Mode verknüpft wurde. Ein letzter Gesichtspunkt war die Abgrenzung der lokalen Metal-Identität von konkurrierenden Pop- und Subkulturen wie Techno oder Rap, welche teils in rigoroser Weise an die neuen Klangcodierungen geknüpft wurde. Das Ziel der folgenden vier thematischen Abschnitte zu den genannten empirischen Themen ist daher, wesentliche Grundzüge des klanglichen ‚Bunter-Werdens' zu beschreiben. Das erste genannte Thema ist ein guter Einstieg, da darin akustische Wahrnehmung und Sozialgeschichte der technischen Strukturen in ihrer Interaktion beleuchtet werden können.

Hören und Technologieentwicklung im Tandemschritt

Auf der einen Seite waren die 1980er-Jahre in Bezug auf die Medien- und Technologieentwicklung in der Metal-Szene ein innovatives Jahrzehnt (Stichworte Videoclips und Musikfernsehen).[608] Auf der anderen Seite waren in eher peripheren Szenen wie der steirischen die Hörgewohnheiten im privaten Umfeld primär durch schon langfristig etablierte Medien und Technologien wie Schallplatten, Musikkassetten und stationäre Stereoanlagen geprägt. Der Walkman brachte hier erste Neuerungen in Richtung Mobilität des Konsums von Metal-Musik.[609] In den 1990er-Jahren waren es dann vor allem die CD mit ihrer größeren zeitlichen Kapazität und neuen digitalen Qualität sowie erschwinglich werdende tragbare CD-Player, die das Hörverhalten beeinflussten. Metal wurde ein noch intensiver gelebter Aspekt des Alltags. Wie dieser Parallelprozess aus Hörgeschichte und Technologieentwicklung sich im Kontext der Szenepluralisierung in der Steiermark zeigte, ist Gegenstand der folgenden Ausführungen. Wenn man dabei die einschlägigen Daten aus der Oral History mit jenen aus der Diskursanalyse und Formalentwicklung der Metal-Musik in den 1990er-Jahren vernetzt, ergibt sich ein plastisches Bild der genannten Entwicklungen. Etwa die Erinnerungen eines männlichen Zeitzeugen, der im Gymnasium in den frühen

---

608 Zur Metal-Szene der 1980er und 1990er primär wieder: Walser 1993; Weinstein 2000.
609 Hierzu den Diskurs prägend und beginnend: Du Gay et al. 2013.

4.4 Neue Klangcodierungen in den 1990er-Jahren

1990er-Jahren in seinem persönlichen Hörverhalten durch die Technologieentwicklung und die Verfügbarkeit der CD beeinflusst wurde, verdeutlichen die Verknüpfungen zwischen Technologie und Hörgewohnheiten:

> P: „Das [Auftauchen des neuen Mediums CD in der persönlichen Szene-Biografie] [...] müsste gewesen sein zwischen 1989 und 1990. [...] In der Zeit habe ich mich [...] mehr mit Musik beschäftigt und [...] habe [...] als Firmungsgeschenk [...] einen Turm [d. i. eine vollwertige, turmförmige Stereoanlage] bekommen [...] Und dann habe ich meine erste CD [gekauft], [...] die Trash [ein Albumtitel der Band] [...] von Alice Cooper von 1989 [...] das war die erste CD, die ich dort gespielt habe."[610]

Die Erinnerungen dieses Zeitzeugen, der vor allem durch die global erfolgreichen Bands der 1980er und 1990er beeinflusst wurde, aber auch die lokalen Auswirkungen dieses Diskurses vor Ort in Graz bewusst reflektierte,[611] bringen einen zentralen Punkt zum Vorschein: Sein Hörerleben war vom Geschenk einer Stereoanlage als Technologiegut und dann vor allem vom Auftauchen des Mediums der CD abhängig. Es war das Vordringen des Elektronikprodukts Stereoanlage und des Mediums Compact Disk in die Routine des Jugendlichen, welche Metal alltäglich präsent und hörbar machten – hier geschildert am Beispiel des Albums *Trash* von Alice Cooper, das laut dem Zeitzeugen „auf und ab" lief.[612] Hierin verknüpften sich Technologieentwicklung und persönliche Hörgeschichte. Zusammen wurden sie zu einem identitätsformierenden, historischen Mikro-Prozess, der seine persönliche Metalness in der Formierungsphase bestimmte:

> I: „Das zentrale war das Hören [...]?"
> P: „Das Hören, die Kleidung, und sich dann definieren. Und das heißt, wenn der andere [...] Metal hört, [...] passt es eigentlich. [...] Das habe ich später [...] festgestellt bei einem Konzert von Iron Maiden [...] du singst gemeinsam, du stehst nebeneinander und [...] du umarmst dich und singst dazu und hüpfst ein bisschen. Du kennst den nicht, aber trotzdem ist was da."[613]

Der Zeitzeuge brachte damit implizit einen der wesentlichen Innovationsprozesse auf den Punkt, der mit den zuvor beschriebenen neuen akustischen Konsumformen per CD verbunden war. Das Hören, das so in den Alltag gekommen war, stiftete ein verklanglichtes Identitätsfundament, das ein noch stärkeres Gemeinschaftsgefühl als zuvor („du kennst den nicht, aber trotzdem ist was da") ermöglichte. Damit wurde das Hören in seiner Intensivierung an der Schnittstelle zwischen Technologiegeschichte und Sozialhistorie der Metal-Szene zum Transmissionsriemen der Identitätsstiftung. Die global erfolgreichen Bands wie Iron Maiden oder Alice Cooper wurden zu akustischen Alltagsbegleiter*innen

---

610 Quelle: Interview Nr. 10.
611 Vgl. ebd.
612 Vgl. ebd.
613 Quelle: ebd.

und codierten Werte wie Freiheit, Aufbruch in die Selbstbestimmtheit, Selbstreflexion und kritisches Denken. Metal hören bedeutete – nicht nur für diesen Interviewee – diese Werte und die damit verbundenen Affekte zu kultivieren.[614]

Die global erfolgreichen Bands waren jedoch nur ein Teil des Spektrums an Metal-Musik, die in den 1990ern im steirischen Raum gehört wurde. Auch die lokale Metal-Musik wurde an der Schnittstelle zwischen Technologie und Gesellschaft gespielt, produziert und konsumiert. Ein Beispiel dafür ist der Bericht einer Zeitzeugin, die als Jugendliche im Umfeld des Jugendzentrums „Explosiv" in Graz in die Metal-Szene einstieg. Sie beschrieb im Forschungsinterview, wie in ihrer Szene-Biographie steirische Metal-Identitätskonstruktion und Hören unter den sich verändernden technologischen Bedingungen zusammenhängen. Dabei war für sie die akustisch codierte „Stimmung" zentral, also der affektive Gehalt an in der Musik klanglich gespeicherten und identifikationswürdigen Werten:

> I: „Also mir fällt auf, dass du [...] [den Ausdruck] ‚sich wiederfinden' [nämlich im Hören von Metal-Musik] benutzt [...]. Was heißt denn das?"
> P: „Das heißt, dass die Musik [nämlich auch lokaler Metal aus Graz] das repräsentiert, was ich empfinde, also [...] eine gewisse Trostlosigkeit, Traurigkeit, natürlich aber auch [...] eine Aufmüpfigkeit, [...] die Stimmung, die [Metal] vermittelt."[615]

Was diese Zeitzeugin hier als „Stimmung" beschrieb, waren die akustisch codierten Werte (etwa die „Aufmüpfigkeit"), welche so durch das Hören zur Basis ihrer steirischen Metalness-Identitätskonstruktion wurden. In der Rückschau auf die Zeit ihres Szeneeinstiegs um 2000 erzählte sie, dass es dafür ein „aktives Hören" brauchte:

> P: „Das [Hören von Metal als Jugendliche] [...] hat schon geholfen, das hat ein bisschen Sinn gegeben [...], aber halt [...] aktiv Musik hören."
> I: „Also es ging eigentlich um Identität?"
> P: „Ja, [es ging darum] sich [...] mit etwas identifizieren zu können [...], sich nicht allein zu fühlen."[616]

Dieses „aktive Hören", welches ein bewusstes Suchen nach in der Metal-Musik enthaltenen Identitätsbausteinen darstellte, war nur durch die Verfügbarkeit globaler und lokaler Metal-Musik im Alltag durch die CD möglich geworden. Dieser technologische Sprung in der Verfügbarkeit im Zeitalter der Differenzierung der Szene ab den 1990er-Jahren, der das „aktive Hören" begleitete, wurde für die junge Frau zur Voraussetzung für den Szeneeinstieg im „Explosiv":

---

614 Vgl. ebd.
615 Quelle: Interview Nr. 1.
616 Quelle: ebd.

4.4 Neue Klangcodierungen in den 1990er-Jahren

> P: „Es waren ganz [...] viele tolle Konzerte dort [im ‚Explosiv'], [...] auch von Bands, die mir heute noch gefallen und die ich damals schon [nämlich von CD] gehört habe [...]. Das ‚Explosiv' war offen [...], so ist mir das vorbeigekommen."[617]

Diese abschließende Erinnerung an die Formierung ihrer weiblichen Metal-Identität um 2000 führt die Geschichte von lokalem Hören, Technologieentwicklung und Identitätsfindung zusammen. Für die junge Frau, die in dieser lokalen Metal-Szene nach Anschluss und Identifikation suchte, war durch die Verfügbarkeit des Metal und der in ihm codierten Stimmung und Werte *Identität* möglich geworden – und zwar eine weibliche, steirische Metal-Identität, die individuelles Empowerment bedeutete. Darin wirkten Hören und Technologiegeschichte zusammen.

Diese beiden Erinnerungsstränge, jeweils eines weiblichen und eines männlichen Szenemitglieds, welche beide dem liberalen bzw. linken Spektrum der Szene zuzuordnen sind, repräsentieren einen zentralen Prozess der 1990er. Das Vordringen neuer Hörmedien – vor allem der CD und mobiler Abspielgeräte – in den Alltag machte Metal noch öfter und leichter hörbar. Dies galt sowohl für global einflussreiche als auch für nur lokal gehörte Musik. Dadurch wurden Codierungen der Metal-Werte wie Freiheit, „Aufmüpfigkeit" und kritisches Denken noch stärker in die affektiven Welten dieser Szene eingebunden. Hören und Technologieentwicklung gingen im Tandemschritt.

Es ist derzeit kaum möglich, den Prozess, der so in der Oral History greifbar wird, in objektivierbare Zahlen, etwa zur Verbreitung von CDs oder CD-Playern in der Szene, zu fassen. Dazu fehlt das Datenmaterial, das noch weitere Forschungen statistischer Art bringen könnten.[618] Da jedoch bei nahezu allen befragten Zeitzeug*innen zu diesem Jahrzehnt das Hören von CDs als Erinnerungsmuster auftauchte,[619] kann von einer hohen Relevanz für die Lebenswelt der Szene ausgegangen werden. Im weiteren Forschungskontext ist es jedoch möglich, die inhaltlichen und formalen Strukturen sowie Semiotiken detaillierter zu erfassen, welche die so entstehenden neuen akustischen Codierungen begleiteten. Das vorhandene Datenmaterial aus tradierten Flyern, Covers, T-Shirts und Efthymious Musikanalysen ist dabei integral als ‚diskursives Archiv' der Szene im Zeichen der Pluralisierung und Differenzierung zu sehen.

Es lassen sich deutliche Veränderungen gegenüber den 1980ern ausmachen. So kam es zu einer Ausdifferenzierung der Gestaltungsformen von Coverabbildungen. CD-Covers waren in Haptik, Größe und Gestaltungsfläche anders als etwa kleinere Kassetten oder größere Schallplatten, die zuvor den Diskurs dominierten. Zugleich waren sie durch den Nimbus der ‚rauschfreien' und ‚digitalen' Qualität der CD-Aufnahmen auf andere Weise mit den akustischen Werten der

---

617 Quelle: ebd.
618 Vgl. Pichler 2021a.
619 Vgl. Interviews Nr. 1, 8, 9, 10, 15, 16 und 19.

Metalness verbunden.[620] Diese Werte schienen noch klarer ‚gehört' werden zu können, was sich auf Covers steirischer Bands niederschlug. So sind die Cover von System Absurd, Dynamite oder auch Skull Crusher aus der Zeit durch ein breites Spektrum von Metal-Semiotiken zwischen klassischer Hard-Rock-Ästhetik (Dynamite), kunsthistorischen Zitaten (System Absurd) und Collage-artigem Postmodernismus (Skull Crusher) gekennzeichnet.[621] Diese Pluralisierung entspricht weitestgehend direkt der sich in der Oral History zeigenden Differenzierung der Codierungen. Was gehört und gelebt wurde, nämlich die Intensivierung der Szenewerte, wie sie in den Erinnerungen der Zeitzeug*innen auftauchte, wurde genauso im graphischen Diskurs intensiviert veranschaulicht. Der Tandemschritt von Hör- und Technologiegeschichte fand im Semiotisch-Bildlichen seine Fortsetzung.

Die Musikanalyse Efthymious zu General Bomb Machine bestätigt dies.[622] Die Strukturen der neuen Codierungen lassen somit auf eine hohe Synchronie der verschiedenen Ebenen der Differenzierung – Bild, Text und Musik – schließen. Die vorhandenen Daten auf Flyern und zu Kleidung, die oft die gleichen bildlichen und textlichen Codes wie auf Covers verwendeten, weisen ebenfalls in diese Richtung.[623] Alles in allem kann von man von einer Synchronie der bedeutungstragenden Schichten der Metalness in Musik und begleitendem Diskurs sprechen. Die neuen Klangcodierungen wurden durch den Diskurs gestützt, indem die Metalness-Vorstellungen beinahe eins zu eins aus der Musik in die Strukturen des Diskurses übernommen wurden.

Resümiert man die Erkenntnisse zum Zusammenwirken von Hören und Technologie, vor allem dem Voranschreiten der CD, im Zeitalter der Differenzierung der Szene, sind drei Punkte wesentlich. Erstens ermöglichte die neue Verfügbarkeit der Musik auf CD im Alltag eine noch intensiver hörbare Identitätsbasis. Dies führte, zweitens, dazu, dass dieser Prozess in der Szene-Biographie vieler Metalheads in der Steiermark am Anfang des Wegs in die Community stand. Drittens zeigte sich der Metal-Diskurs – Bild- und Textwelten, Kleidung und Verhalten – als Katalysator dieses Prozesses.

---

620 Erinnernd an solche Unterschiede: Interviews Nr. 10 und 16.
621 Vgl. die Cover Nr. 12, 16 und 17, Übersicht im Anhang; zu Skull Crusher und System Absurd siehe auch Abb. 13 und 14.
622 So ist die Verwendung der Stimme als ein zusätzliches Instrument und weniger als ‚Erzähler', wie Efthymiou festhält, als Schritt in die Postmodernisierung zu sehen; vgl. Musikanalyse Nr. 12, Übersicht im Anhang.
623 Siehe hierzu die Flyer Nr. 3–7, Übersicht im Anhang, die die Vielfalt belegen; wie weiter oben beschrieben, sind in Bezug auf Kleidung analoge Schlüsse aus der Oral History zu Kleidung bzw. aus Fotographien zu ziehen. Die Interviews Nr. 10 und 18 betonen, dass die Kleidung auch in den 1990ern pluraler wurde, was sich durch Fotographien auf *Styrian Metal History* zumindest erahnen lässt; vgl. Krammer 2023.

Grunge, Moral und Verklanglichung

Das Aufkommen des Grunge um 1990 wurde im medialen und wissenschaftlichen Diskurs oft als einschneidend für die Popmusikgeschichte der folgenden Jahre beschrieben.[624] Bis heute gibt es sowohl in den Metal Studies als auch im breiteren Forschungsfeld der Popularmusikforschung keine tiefgehende, kulturhistorische Bestandsaufnahme der Auswirkungen der welthistorischen Zäsur um 1989/90, mit welcher das Phänomen des Grunge in Verbindung steht.[625] In europäisch-kontinentaler Perspektive scheint herausstechend, dass sich um 1990 die Grenzen zwischen den Genres der Pop- und Rockmusik deutlich verflüssigten und „Crossover" nicht nur zum Stichwort, sondern zum Paradigma wurde.[626] In der der steirischen Musikszene wurde der Grunge, welcher ab den späten 1980er-Jahren vor allem aus dem anglophonen Raum kam, breit rezipiert[627] und stieß Veränderungen an, die auch den Metal betrafen. Neben dem ‚erdigen' Sound und der Mode (Stichwort: Flanellhemden) waren es vor allem neue moralische Vorstellungen, die transformativ wirksam wurden.

War der klassische 1980er-Jahre-Metal durch heteronormative Codes und Machismo als Ausdruck männlicher Kraft und Stärke geprägt, so war der Grunge mit Themen von Selbstzweifel, Melancholie, Frustration, Entfremdung und politischen Idealen am linken Pol des Spektrums verknüpft.[628] Weibliche und queere Emanzipation, Pazifismus und andere ‚progressive' Wertkonstruktionen waren seinem Sound eingeschrieben. Der Fall der ‚realsozialistischen' Systeme in Europa und die Entstehung eines Utopismus des „Endes der Geschichte" (Fukuyama) waren mit der neuen Musik verknüpft, auch im Diskurs der lokalen Szene der Steiermark.[629]

Der Verfasser kam zu Mitte der 1990er-Jahre als Jugendlicher mit dieser Szene und so auch dem Grunge-Boom, der sich aber schon abschwächte, in Berührung. Da somit die eigene Biographie samt Kontakten zur steirischen Szene auch den zeitgenössischen Erfahrungshorizont des Autors sowie seine persönliche Erinnerungskonstruktion beeinflusste, ist hier im Sinne der oben beschriebenen selbstreflexiven Methodik (vgl. Abschn. 2.2, Fünf theoretische Prämissen) eine explizite, forscherische Verortung angezeigt.

---

624 Aus europäischer Perspektive: Pichler 2020b, 126–133; aus dieser Zeit: Walser 1993.
625 Vgl. ebd.; zeitnah: Petz 2003; sowie breiter aus dem zeitgenössischen Diskurs: Kemper 1999.
626 Vgl. Pichler 2020b, 126–133.
627 Ausführlich: Interviews Nr. 9 und 19.
628 Textlich wieder: Petz 2003.
629 So vor allem in Interview Nr. 9.

Im Graz der 1990er-Jahre – so die zentrale Erinnerung des Autors – war eine lebendige Rock-Szene präsent, deren Bands recht fluid zwischen Metal, Alternative, Hardcore und Grunge oszillierten.[630] In der Erinnerung des Autors waren zwei Punkte szeneprägend. Erstens war alternative Rockmusik verschiedener Couleurs bei jüngeren Menschen deutlich dominant. Zweitens – und dieser Punkt war mit dem ersten kausal verknüpft – war durch die Dominanz von Gitarrensounds ein Bewegen zwischen den verschiedenen Rockgenres gut möglich. Jedoch war zugleich eine deutliche Abgrenzung zu anderen Pop- und Subkulturen wie Techno oder Rap (welcher vor Ort Fuß langsam Fuß fasste) spürbar und schien auch die Metal-Identität zu stärken.[631] Die Anhänger*innen verschiedener Szenen gingen eher getrennte Wege, wodurch man den Genresound als Grenzziehung zwischen den Communitys interpretieren kann. Die Ausführungen, welche sich in den Oral-History-Interviews zu den zwei genannten Punkten finden, legen nahe, dass die Erinnerung des Autors den szenisch dominanten Deutungsmustern entspricht. Es scheinen tatsächlich – so die Erinnerungsnarrative mehrerer Interviewees – Gitarrensounds die Jugendkultur bestimmt zu haben und ein fließender Übergang zwischen Gitarrenmusik-Stilen geherrscht zu haben.[632] Methodisch bedeutet dies, dass die Erinnerung des Autors in Kombination mit den Daten aus der Oral History als repräsentativ für die Zeit erachtet werden kann.

And dieser Stelle interessiert primär der teils als radikal empfundene Bruch in der steirischen Szenekultur, der zeitgleich mit dem Aufkommen des Grunge geschah. Die steirische Metal-Szene war um 1990 in eine kurze Periode der Stagnation und dann eine längere der Differenzierung gekommen, in welcher der Sound und die Werte des Grunge verschiedene szenische Wege für Metalheads und Rockfans eröffneten, die sich später jedoch wieder kreuzen und so abermals ineinander übergehen konnten. Das Ethos des Grunge lässt sich für die steirische Szene der 1990er-Jahre nicht vollständig aus den vorhandenen Daten beschreiben.[633] Aber vor allem Affekte und Empfindungen wie Selbstzweifel und Entfremdung von der Mainstream-Gesellschaft sowie Wertvorstellungen linker Solidaritäts-, Gesellschafts-, Emanzipations- und Ökologievisionen scheinen den Diskurs strukturiert zu haben.[634] Der Grunge brachte diese Diskursinhalte klanglich codiert verstärkt in die Szene. Man kann daher die Jahre, die dem Bruch um 1990 folgten, unter diesem Blickwinkel als *moralische Innovationsperiode* betrach-

---

630 Hierzu ähnlich: Interviews Nr. 5, 6 und 9.
631 Siehe hierzu weiter unten den Abschn. „Gib Techno keine Chance!" – die klanglich codierte Abgrenzung der Metalness.
632 So männliche Erinnerungen in: Interviews Nr. 9, 10, 18 und 21; aus weiblicher Sicht: Nr. 1, 17 und 22.
633 Vgl. ebd.; sowie aus der Musikanalyse: Analyse Nr. 12, etwas früher ansetzend auch Analyse Nr. 11 als Ausgangspunkt des Klangwandels, Übersicht im Anhang.
634 Hierzu vor allem wieder: Interview Nr. 9; aus der Forschung lokal: Petz 2003.

4.4 Neue Klangcodierungen in den 1990er-Jahren

ten. Die entscheidende Forschungsfrage ist, wie die neuen Werte in den Klangkosmos der lokalen Metal-Szene eingebunden wurden und was sie dort bewirkten.

Die im Folgenden zitierten Stimmen zweier männlicher Zeitzeugen, welche beide bereits in den 1980ern zum Metal gefunden hatten, verdeutlichen die Dynamiken in der Szene um 1990. Beide erinnerten sich daran, dass zu dieser Zeit in der Szene ein Bedürfnis nach klanglicher und identitärer Erneuerung bestand, welches der Sound und der Wertdiskurs des Grunge stillen konnte. Beide Stimmen erkannten Zusammenhänge zwischen dem globalen Bruch um 1989/90 und der Dynamik der lokalen Szene in der Zeit des Grunge. So berichtete der erste Zeitzeuge:

> I: „[Das Aufkommen des] Grunge [...] fällt mit einem weltpolitischen Bruch zusammen [...] Die ganzen Themen [der Zeit], du hast sie selber [...] genannt [nämlich zuvor im Laufe der Interviewsession], Atombedrohung, Kalter Krieg, Zwentendorf und so weiter [...] das verschwindet mit 1989 nicht, aber es scheint ein historischer Moment zu sein, wo sich das entspannt [...] Würdest du sagen, es gibt da mit der Musik einen Zusammenhang [...]?"
> P: Das [der Bruch um 1989/90] war wichtig, [...] [für die Geschichte des] Grunge [...], aber auch der Thrash Metal. [...] Das [...] hat schon einen Schwung hineingebracht, [...] nämlich wieder [...] [zu den] Basics zurückzugehen und [...] man hat [...] gerade über Thrash Metal auch eher das Gefühl gehabt, es geht wieder um die Angefressenen."[635]

Dieses erste Erinnerungsnarrativ bringt eine deutliche affektive, memoriale und identitäre Verknüpfung der Zäsur von 1989/90 mit den Aufkommen des Wertediskurses des Grunge zum Vorschein. Für den Zeitzeugen war dieses ‚back to the basics', das für ihn ein Zurück zum Outlaw-Mythos, dem ‚Do-it-yourself'-Geist und der Rauheit des frühen Metal hieß,[636] sowohl mit dem Thrash Metal als auch mit dem Grunge verbunden. Die Werteinnovation, welche im Grunge steckte, war nach dieser Erinnerung klar mit dem Bruch um 1989/1990 assoziiert und verknüpfte zu Beginn der Pluralisierung der Szene Lokales und Globales. Der Grunge kam in die Steiermark, als man sich in der Szene stärker der globalhistorischen Zusammenhänge bewusstwurde und verklanglichte diese ‚Glokalisierung'. Noch differenzierter fiel die Rückschau eines zweiten Interviewten aus, der für die Zeit des Aufkommens des Grunge ein Spüren stattfindender Veränderungen beschrieb, die über die Musik manifest geworden seien:

> I: „Hat es [...] auslösende Faktoren [für die beginnende Pluralisierung und Transformation der steirischen Metal-Szene um 1990] gegeben [...]?"
> P: „Ja, das Spüren, dass die Achtzigerdekade vorbei ist. Und das Spüren, dass in Seattle was Neues entsteht. Und das war ja alles schon neunundachtzig [...]. Vieles, was [...] Grunge [...] betrifft."[637]

---

635 Quelle: Interview Nr. 6.
636 Vgl. ebd.
637 Quelle: Interview Nr. 9.

Empirisch ist diese Stelle für die Erforschung des genannten Bruchs in der steirischen Szene von hoher Relevanz. Der Interviewee berichtete, dass für ihn sowie die Mitglieder seiner Szenefraktion im Weizer Raum ein Bruch, ein Zu-Ende-Gehen der 1980er-Jahre spürbar war.[638] Diese Diktion des „Spürens" und damit das Betonen der affektiven Qualitäten der Transformationen in der Szene bestimmen das Erinnerungsmuster. Es handelte sich um einen Bruch des normenbezogenen klanglichen Wissens. Die Vorstellungen davon, was Metal ausmacht, waren fluider geworden. Da es sich um affektiv verfügbares und intuitives Wissen handelte, dass die Metal-Identität repräsentierte, war das Spüren und Hören fundamental. Es ging um die Verklanglichung des Bruches um 1989/90. Zugleich – und dies ist dann in weiterer Folge für die Geschichte der Szene in den 1990er-Jahren schlagend geworden – war der gefühlte Bruch der künstlerischen Reflexion und der diskursiv-rationalen Verhandlung zugänglich. Neue Stimmungen und Werte samt politischen Visionen wurden im Grunge klanglich codiert. So verknüpften sich Weltgeschichte und lokale Geschichte in der steirischen Szene, wie der Zeitzeuge weiter ausführte:

> P: „Genau, neunundachtzig [...] [kam auch in der lokalen Szene] der Bruch. [...] Es hat [sich] dann wirklich [in der] Szene, in der ich drinnen war [...], das Globale extrem widergespiegelt [...]. Ja, na klar, also es ist nicht umsonst die Mauer gefallen, es ist nicht umsonst ‚The End of Cold War' gewesen [...] es war spürbar eine neue Zeit [...]. Bei uns [d. h. im oststeirischen Umfeld des Zeitzeugen] hat [...] auch mitgespielt, dass es genau das Alter war, wo wir [...] alle nach Graz [...] gezogen sind, studiert haben [...]. Neunundachtzig [...] war [...] einfach dieser Bruch [...]. Manifestiert hat sich das ausgehend natürlich wie immer bei uns von der Musik."[639]

Der Interviewee beschrieb damit reflektiert und differenziert, was im Zeitalter des Grunge in dieser Szene geschah. Um 1989/90 kam es zum Bruch des verklanglichten Wissens um die Metalness der Szene, den man „spürte" und hörte. Auch in der lokalen Welt der Oststeiermark veränderte die Zeit des „End of Cold War" das popkulturelle Empfinden. Verklanglichung bedeutete, dass der Grunge die welthistorische Zäsur lokal hörbar machte. Es ist nicht so, dass die Veränderung der lokalen Musikszene eine monokausale Folge des Falls des Eisernen Vorhangs war; aber schon so, dass sich im lokalen Mikrokosmos globale Themen wiederfanden (etwa die Ökologiebewegung, die Friedensbewegung und die Kritik an den traditionellen Strukturen der katholisch-ländlichen Gesellschaft) und so neu kontextualisiert werden konnten.[640]

Die Folge dieses Bruches beschrieb der Zeitzeuge dann resümierend mit einem bildlichen Satz: „Ende der Achtzigerjahre ist sie [die Szene] dann ausge-

---

638 Vgl. ebd.; dies auch thematisierend: Interviews Nr. 11, 18 und 22; aus der Musikforschung wieder Musikanalyse Nr. 12, Übersicht im Anhang.
639 Quelle: Interview Nr. 9.
640 Zur Ökologie: vgl. ebd.; zur Friedensbewegung: Interviews Nr. 5, 6 und 19; zur Kritik des Katholizismus explizit: Nr. 11.

4.4 Neue Klangcodierungen in den 1990er-Jahren

franst [...] dadurch entstehen wie bei politischen Parteien [...] linker Flügel, rechter Flügel".[641] Dieses resümierende Zitat aus einer langen Oral-History-Session[642] ist insofern paradigmatisch, als es den Bruch und die Transformation in der Phase der Pluralisierung der Szene in den 1990er-Jahren metaphorisch („wie bei politischen Parteien") erklärt. Die Szene wurde als erstarrt, beinahe wie ein Parteiapparat empfunden, dem nur die Dynamik eines politischen Schismas („linker Flügel, rechter Flügel") wieder zum Leben verhelfen konnte. Dieses Empfinden des normenbezogenen klanglichen Wissens als gleichsam politisches Wissen um die Werte der Metalness, die immer affektiv und hörbar codiert bleiben müssen, führte historisch schlüssig zu neuen Sounds und neuen Klangcodierungen. Der Bruch, der um 1989/90 stattfand und lokal spürbar war, belebte die Szene und bereitete den Boden für die Pluralisierung. Was das konkret für die Moral der Szene bedeutete, beschrieb der Interviewee so:

> P: „[...] plötzlich hat es [...] das Gefühl gegeben, man kann [...] wieder was beitragen. Ich habe [...] [zur Metal-Kultur der Virtuosität der 1980er etwa im Kontext des Gitarristen] Yngwie Malmsteen [...] nichts beitragen können [...]. Technisch Wahnsinn, super, aber was soll ich da jetzt [...] beitragen, [...] da kann ich ja nichts beitragen [da nämlich ein Level der Virtuosität erreicht worden war, das ‚normalen' Musiker*innen unzugänglich blieb und entsprechende Frustrationen erzeugte]."[643]

Die Schlussfolgerung für den Interviewee in seiner persönlichen Annäherung an den Wertediskurs im Metal um 1990 war, dass die wieder aufkommende Robustheit, Bodenständigkeit und Mentalität des Grunge und Thrash Metal ihn dazu motiviert hatte, selbst Musik zu machen.[644] Für diesen Zeitzeugen war also der Bruch um 1989/90 ein einschneidender Prozess, der sich hörbar in der Musik offenbarte, Weltgeschichte und Lokalgeschehen verband, und sich schließlich in der pluralisierenden Dynamisierung der Szene in den 1990er-Jahren entlud. Werte wie eher linke politische Orientierungen, aber auch ein ‚back to the roots' zur Rauheit des frühen Metals sowie überhaupt eine noch stärkere Konjunktur moralischer Reflexionen machten die Zeit aus. Der Grunge war ein Cluster neuer klanglicher Codierungen, der all dies umfasste.

In der Bilanz zeigen die vorhandenen Daten also recht deutlich, dass die neuen Klangcodierungen des Grunge zum Vehikel wurden, um das allgemeine Empfinden hoher historischer Veränderungsgeschwindigkeit, das um 1989/90 vorherrschte, mit den Werten einer neuen Szenegeneration zu verknüpfen. Wie in vielen anderen Kulturbereichen wurde die Zeit um 1990 zum historischen Gelegenheitsfenster der Neujustierung, das der Grunge zwar in der Steiermark nicht geöffnet hatte, aber doch noch ein Stück weiter aufstieß. Bildlich beschrieben konnten die genannten neue Werte und Themen des Metal-Diskurses so in

---

641 Quelle: Interview Nr. 9.
642 Vgl. ebd.
643 Quelle: ebd.
644 Vgl. ebd.

der steirischen Szene den Boden der Differenzierungsphase der 1990er pflügen. Diese neuen klanglichen Codierungen, welche sich auch in der Pluralisierung der Semiotiken des Diskurses auf Flyern und Coverabbildungen bemerkbar machten, charakterisierten vor allem die frühen und mittleren 1990er-Jahre.[645] Dass etwa zugleich in der Steiermark eine sehr progressive Band wie General Bomb Machine neben stilistisch eher konservativen wie Dynamite existierte – und somit verschiedene Formen der Metalness – verdeutlicht auch auf der Ebene der musikgeschichtlichen Entwicklung die Wirkung des Bruches um 1989/90.[646]

Habitus, Haare, Kleider und ihr ‚Klang'

Das Metal-Wissen, das in den 1990er-Jahren im Kontext der Grunge-Revolution die Identität der Szene ausmachte, war ein affektives, spontan verfügbares und klanglich gebundenes. Gerade für diese Phase der Differenzierung der Stile und Sounds ist daher die Frage nach veränderten klanglichen Codierungen wichtig. Ebenso waren Aspekte des Habitus, der Kleidung und der Haarmode als Facetten der lokalen Metalness bedeutsam. Sie ‚schwangen' mit den Veränderungen des Sounds. Die Auffächerung der Metal-Sounds in den 1990ern war mit diesen öffentlich sichtbaren Aspekten der Metalness verknüpft. Habitus, Haare und Kleidung hatten somit ihre eigene Verbindung zum Klang der Szene – und umgekehrt.[647]

Angesichts seiner zeitgenössischen Involviertheit in die Szene ist wiederum eine explizite Diskussion des Forschungsstandortes des Verfassers angezeigt. Der Autor erinnert sich lebendig daran, dass im Öffentlichkeitsbild seiner Schule sowie in Graz im Allgemeinen die Kleidung und Haarmode des Grunge deutliche Spuren hinterließen hatte. Das zentrale Erinnerungsmuster des Verfassers ist, dass Kleidungsstücke wie zerrissene Jeans, Flanellhemden, Bandanas und Band-T-Shirts zu Markern der Metal-Szeneidentität wurden, die gleichzeitig den Grunge repräsentierten. Die oft getragenen ‚strubbeligen' und/oder gefärbten Haare setzten die Traditionslinie des Punk fort.[648] Dies ging mit der Gruppenbildung einher, etwa beim ‚Abhängen' im Grazer Stadtpark oder in (Metal-)Lokalen. Zusammengefasst waren Habitus, Haare, Kleider und ihr ‚Klang' in der Erinnerung des Autors weitere Ausgangspunkte der Differenzierung der Szene zu Beginn der 1990er. Zugleich war der rebellische Charakter bei weitem nicht mehr so ausgeprägt, als das noch zehn Jahre zuvor der Fall gewesen war. Dieses individuelle Erinnern des Autors ist breiter zu kontextualisieren.

---

645 Vgl. die Cover Nr. 12–19, die die Phase der Veränderungen von den späten 1980ern bis zu den 1990ern umfassen; siehe auch die Flyer 4–7, jeweils in der Übersicht im Anhang.
646 Vgl. die Musikanalysen 11 und 12, Übersicht im Anhang.
647 Hierzu wieder Höpflinger 2020; aus der Oral History: Interview Nr. 5.
648 Zum Punk vor allem: Interview Nr. 2; in Teilen zum ‚Flüssigwerden' der Stile: Nr. 18.

4.4 Neue Klangcodierungen in den 1990er-Jahren

Blickt man auf die vorhandenen Daten im Korpus sowie auch andere tradierte Quellen wie Fotos, scheint sich zu bestätigen, dass das Rebellieren, das sich in Mode und Habitus der Szene ausdrückte, stärker als zuvor sozial akzeptiert war.[649] Mit der Pluralisierung verschob sich die lokale Wirkung der Metal-Ästhetik und -Musik in der Steiermark. War in den 1980ern das grundsätzliche Sprengen der Grenzen des Traditionellen noch im Mittelpunkt gestanden, ging es nun darum, in einer weitgehend pluralistischen und liberalen Lokalkultur den Platz der Metal-Szene zu festigen. In diesem Prozess war die Sichtbarkeit der Szene im öffentlichen Raum wichtig. Wenn es um den ‚Klang' von Habitus, Haaren, Kleidern und ihrem Beitrag zur Geschichte der 1990er geht, ist die zentrale Forschungsfrage jene, wie die genannten Praktiken der Mode und des Alltagsverhaltens sich in ihrer Kulturwirksamkeit mit dem Sound verknüpften. Diese Frage ist aus den vorhandenen Daten der Oral History, Diskursanalyse und Musikologie integral zu beantworten – alle drei Daten-Sektionen sind daher gleich zu gewichten.

Da die vorhandenen Interviews zu dieser Frage tendenziell die Erinnerungsmuster des Verfassers bestätigen,[650] ist auch dafür die Oral History ein geeigneter Startpunkt. Die Erinnerung eines männlichen Zeitzeugen, welcher in den 1990er-Jahren in Gleisdorf intensiv in die Metal-Szene eintauchte und bis zur heutigen Phase aktiv mit ihr verbunden blieb, macht deutlich, welche prinzipielle Funktion Metal-Kleidung im öffentlichen Raum erfüllte:

> P: „[...] wenn ich mit so einem Leiberl [einem Band-T-Shirt, das die Szene-Ästhetik repräsentiert] herumrenne, oder mit einem verkehrten Kreuz, oder einem Teufel oben, werde ich [...] auffallen [...]. Okay, ja. Aber [...] das verändert sich glaube ich auch einfach mit dem Reifeprozess. Mir war das total wichtig, dass ich den Leuten zeige, ich höre die coole Musik und ich zeige euch [...] mit meinem Outfit, was ich höre."[651]

Die Stelle macht deutlich, dass – obwohl die weit vorangeschrittene Liberalisierung der 1990er das Bedürfnis zu rebellieren minderte – die Öffentlichkeitsfunktion von Kleidung noch immer wichtig war. Im öffentlichen Raum der oststeirischen Heimat des Interviewees war die Funktion der Kleidung, seinen Musikgeschmack zu kommunizieren. Der ‚Klang' seiner T-Shirts ist dabei so zu verstehen, dass die Musik ins Ästhetische[652] und Visuelle transformiert und somit zum sozialen Akt wurde. Es ging weniger als in den 1980er-Jahren darum, grundsätzlich die Grenzen des Konservativ-Bürgerlichen und Katholischen aufzusprengen, als mehr darum, die vorhandenen Räume der Community noch klarer im Diskurs der sozialen Welt zu verankern. Es war wichtig, so die Werte, für die Metal

---

649 Zu Kleidung und Mode als Thema: Interviews Nr. 1, 3, 5, 10, 18 und 22; eindrücklich auch wieder die Abbildungen auf Krammer 2023.
650 Vgl. ebd.
651 Quelle: Interview Nr. 18.
652 Hierzu wieder Scheller 2020.

stand – Freiheit, eigenständiges Denken, Kritik des Überkommenen und das Interesse an weiterer Liberalisierung –, öffentlich zu präsentieren.

Ein Aspekt dessen war auch, dass sich mehrere Interviewees in der Rückschau auf die 1990er verstärkt bewusstwurden, dass Metal sich pluralisierte und fragmentierte – nicht nur in Bezug auf Subgenres und Sounds, sondern auch in Bezug auf die soziale Zusammensetzung der Szene, die man mit bestimmten Kleidungsstilen zu verbinden meinte.[653] Jene weibliche Zeitzeugin, welche lange einen gastronomischen Szenebetrieb führte, berichtete:

> P: „[...] wir haben zum Beispiel einen Vertretertyp [als Stammgast] gehabt, der ist nach der Arbeit [ins Lokal gekommen und] der war Hard-Rock-Fan [...], aber [...] ist halt auch mit Anzug und Krawatte und Aktentasche [...] gekommen, weil da seine Musik gespielt worden ist. Und dann hat es ab und zu [...] [jemand] gegeben, der [...] gesagt hat, ‚Was machst denn du da?' Und ich habe dann gesagt, [...] ‚ruhig, bei uns ist jeder willkommen'. Also der muss jetzt nicht lange [...] Haare haben und schwarz angezogen sein, [...] es darf auch jemand mit Anzug herein oder eine Frau mit Dirndlkleid oder was auch immer, jeder ist willkommen."[654]

Abseits wirtschaftlich begründeter Offenheit des betroffenen Metal-Pubs war dies eine Konsequenz der Pluralisierung der Szene und damit auch ihrer Werte, Moden und Sounds. Der Raum der Bar als szenische Öffentlichkeitssphäre durfte nicht nur dem klassischen Metal-Stil von T-Shirts, ‚Kutte' und langen Haaren eine Bühne der Performanz bieten, sondern auch einem „Vertretertyp" und einer „Frau im Dirndlkleid". Damit veränderte sich die Art der szenischen Authentizitätserzeugung in diesem Raum. Sie wurde immer mehr zum Spektrum verschiedener Formen von Habitus, Haaren und Kleidung, wobei jedoch die klassische Metal-Mode im Zentrum blieb.[655]

Im obigen Erinnerungszitat wird auch die Rolle von Haarmode in der Phase der Pluralisierung in den 1990er-Jahren angesprochen. Schon waren nach wie vor die klassischen langen Haare, welche auch Teil der Grunge-Kultur waren, die primäre Vorstellung der Metalheads, doch wurde die Palette breiter. Etwa Fotographien von Fans und Bands aus der Zeit zeigen auch Rasta-Frisuren, Kurzhaarschnitte oder grell gefärbte Haare – sowohl bei Frauen als auch bei Männern.[656] Ebenso auf dieser Ebene der Repräsentation der Metalness wurde die Semiotik vielschichtiger und fächerte sich als Referenz der Sounds auf. Der ‚Klang' der Haare bestand dabei darin, dass sie in ihrer Sichtbarkeit mit der Auffächerung der Sounds ‚mitschwangen'. Es geht um den gelebten, intuitiven Wissensvorrat zur Metalness der steirischen Szene. Die Haare waren dabei in der Öffentlichkeitssphäre – nicht nur dieses Lokals – ein Marker der Szenedynamisierung.

---

653 So wieder in Interview Nr. 9; auch in Nr. 1, 5, 6 und 18.
654 Quelle: Interview Nr. 13; siehe auch die Darstellung im Abschn. 3.3, Wertegenese im Metal-Pub.
655 So etwa in den Interviews Nr. 11, 12, 13, 15 und 22.
656 Gut nachvollziehbar wieder in den vielen Bandfotographien auf Krammer 2023.

4.4 Neue Klangcodierungen in den 1990er-Jahren

Die Erzählungen eines weiteren männlichen Interviewees, welcher in den 1990er-Jahren im Rahmen der Schulgemeinschaft mit der Metal-Kultur in Kontakt trat, machen sichtbar, wie Kleidung, Klang und Metalness mit der Grazer lokalen Öffentlichkeit und Wirtschaft verbunden waren. Die Erinnerung an einen Stand, der – in der Erinnerung des Zeitzeugen – als einziger Metal-T-Shirts angeboten hätte, war ihm besonders wichtig:

> P: „[...] in der Annenstraße in Graz, da hat es ein Standl [d. h. einen Verkaufsstand] gegeben [...] mit einem Inder [als Inhaber]. Und [...] der hat dort auch Iron-Maiden-Leiberl gehabt. Und [ein Freund des Interviewees] hat sich so ein Iron-Maiden-Leiberl gekauft [...]. Und das hat mich einfach fasziniert. Und dann habe ich mir auch so eines [...] gekauft."[657]

Wie auch schon für die gastronomische Szenestruktur eines Lokals beschrieben, war der Diskurs auf solchen Wegen in die Wirtschaft eingeflochten. Die Visibilität der Metalness-Identität in der Öffentlichkeit war – exemplifizierbar anhand der Diskussion von T-Shirts – eine wichtige Frage. Die Öffentlichkeit wurde auf diesem Weg zum Aufführungsraum einer sich pluralisierenden Metal-Ästhetik, die nun weniger um den Kampf um grundsätzliche Freiräume als um die Konsolidierung des Raums der Szene in der steirischen Soziosphäre bestrebt war.

Auch auf Flyern, Plattencovern und Fotografien fand diese Entwicklung ihren Niederschlag. Flyer im Datenkorpus aus dieser Epoche zeigen die Differenzierung in Form der pluraler werdenden Ästhetiken, die auch den Grunge ausmachten.[658] Covers, die zu dieser Zeit zur Verfügung stehen, repräsentieren eine deutliche Diversifizierung der verwendeten Codes entlang der Register der neuen Subgenres, vor allem des Death und Black Metal.[659] Alles in allem bestätigen diese beiden Quellentypen den Eindruck, dass es im Zeitalter der Diversifizierung und Konsolidierung der Szene darum ging, durch eine breitere Palette der Formen der Metalness im öffentlichen Raum präsent zu sein. So klang die Musik im sozialen Raum sichtbar weiter.

Bringt man diesen Befund zum ‚Klingen' im sozialen Raum mit den Daten aus der Musikanalyse in Verbindung, lassen sich weitere Schlüsse ziehen. Zuerst ist anzumerken, dass der Korpus an Analysen zu strikt aus der Dekade der 1990er-Jahre stammender Musik begrenzt ist. Da jedoch gerade die Black-Metal-Kultur in der Steiermark bis weit nach 2000 den Sound-Idealen der 1990er-Jahre nacheiferte, lassen sich längere Linien in Bezug auf dieses Subgenre erkennen. Es ist zu untersuchen, wie über Kleidung, Haare, Habitus und ihre Reproduktion

---

657 Quelle: Interview Nr. 10.
658 So zeigt die – beschränkte – Auswahl an Flyern, gerade aus der Wendezeit um 1990, einen Bruch von der oft noch amateurhaften Gestaltung der 1980er zur pluralen Ästhetik der 1990er, die die klassische Schiene fortsetzt, aber auch Collage-artige, sehr professionelle oder an politischen Plakaten orientierte Formen kennt; vgl. Flyer 1–7, Übersicht im Anhang.
659 Vgl. die Cover 14–20, Übersicht im Anhang.

auf Flyern, Covers und anderen Fotos die Semiotik der Musiksprache in die Öffentlichkeit gelangte. Das Drehgelenk zwischen Akustik der Musik und ihrer Darstellung in der Szenekultur ist in den Blick zu nehmen.

Tut man dies, sind die Alben der progressiven Thrash-Metal-Band General Bomb Machine, der Hard-Rock-Gruppe Dynamite sowie der Black-Metal-Bands Asmodeus und Blessmon wieder wichtige steirische Referenzpunkte.[660] Schon die Aufzählung der Subgenres macht die Differenzierung klar. Die einzelnen Analysen der Bands von Efthymiou legen ein ausdifferenziertes, musikalisches ‚Funktionieren' der Subgenres nahe.[661] Der Übergang ins Öffentlichkeitsbild war über den Verlauf der 1990er-Jahre strukturell kontinuierlich. Immer ging es darum, die Werte der Metalness, also etwa die Dunkelheit des Black Metal, die Progressivität des Thrash bei General Bomb Machine und den Hedonismus des klassischen Hard Rock und Metal bei Dynamite, in die Öffentlichkeit zu tragen. Der Grunge hatte diese Kulturstruktur zwar nicht angestoßen, aber katalysiert. Die Musiksprache diffundierte in die weitere Öffentlichkeit und machte Metal so noch ‚bunter'.

Zusammengefasst kann man es so ausdrücken, dass die klanglichen Codierungen im Zeichen der Pluralisierung der 1990er-Jahren recht direkt mit dem Diskurs um Haarmode, Kleidung und Habitus der Metalness zusammenwirkten. In der Phase der 1990er-Jahre ging es der Szene nicht mehr darum, grundsätzlich die Grenzen ihres Umfelds zu sprengen, sondern darum, die Szeneräume, welche in den 1980er-Jahren entstanden waren, zu konsolidieren. In ihnen fand die Differenzierung der Szene statt. Der Grunge hatte dies katalysiert. Die Funktion von Mode, Haarmode und Habitus war dabei, die Musik im öffentlichen Raum sichtbar ‚weiter klingen zu lassen'. Es ging um Sichtbarkeit im Sinne der Konsolidierung der Szene.

„Gib Techno keine Chance!" – die klanglich codierte Abgrenzung der Metalness

Ein weiterer Aspekt, welcher die Erinnerung des Verfassers zur Szene in den 1990er-Jahren ausmacht, betrifft die klanglich codierte Abgrenzung der Metalness, vor allem gegenüber anderen pop- und subkulturellen Szenen. Insbesondere Techno, welcher in den frühen 1990er-Jahren in der Steiermark sichtbar starken Einfluss gewann (etwa in Zeitschriften, auf Plakaten sowie im Fernsehen

---

660 Vgl. die Musikanalysen 11, 12, 13 und 17, Übersicht im Anhang.
661 Vgl. ebd.

4.4 Neue Klangcodierungen in den 1990er-Jahren

und Radio),[662] wurde zur Kontrastfolie, vor der sich Metal definierte. Es erschien – zumindest in der Erinnerung des Verfassers – geradezu so, als ob Techno mit seiner Betonung von Konsum, Spaß und Unterhaltung die Antithese des ‚ernsten' und ‚kritischen' Metal gewesen sei. Wohlgemerkt ist dies eine Memorial- und Szene-Konstruktion. Im Detail erinnert der Autor sich lebhaft daran, dass ein Klassenkollege, welcher zugleich Musiker in einer jungen Szeneband im Spektrum zwischen Grunge und Metal war, ein Schulheft mit einem Sticker des Texts „Gib Techno keine Chance!" ausgestattet hatte. Dieser Sticker, der auf provokative Weise mit einem Sujet der HIV-Prävention der Zeit („Gib Aids keine Chance!") spielte, brachte den dahinterliegenden sozialen Abgrenzungsmechanismus in radikaler Form auf den Punkt.[663]

Abseits des höchst fragwürdigen Vergleichs von Techno mit einer um sich greifenden lebensbedrohlichen Erkrankung geht es um den Mechanismus der Abgrenzung, die in diesem Slogan steckte. Der Sound des Metal wurde als Marker der Abgrenzung der Szene-Community gegenüber ihrem ‚Außen', in diesem Fall Techno als prägender Popkultur der Zeit, konstruiert. Es geht an dieser Stelle weniger darum, die genaue Traditionslinie des genannten Stickers zu eruieren, als darum, nach der Rolle des Klangs als Marker der Abgrenzung zu fragen. Man kann den Sound als klanglich verfasste Einhegung der Gemeinschaft begreifen. In der Phase der Differenzierung der Sounds wurde die Szene durch die Identitätsklammer, gemeinsam als *alle* steirischen Metalheads gegen das ‚Außen' (d. h. Techno als definierende Antithese) zu stehen, in sozialer Kohäsion gehalten. In der (Schein-)Auseinandersetzung mit Techno als popkulturellem Anderen des Metal ist die Frage nach der Konstruktion der Abgrenzung und dann dem szenischen Vollzug der Abgrenzung wichtig. Wie wurde die Grenze im Diskurs der Szene aufgebaut? Die heranzuziehenden Daten aus der empirischen Forschung sind erstens die Oral-History-Interviews, da sie die Wertmuster und -narrative der Szene widerspiegeln, und zweitens die musikologischen Analysen, da sie den Klang der Szene wissenschaftlich beschreiben.

Das individuelle Erinnerungsmuster des Autors, welches die Abgrenzung in sehr deutlicher Form enthält, ist mit den Daten aus den vorhandenen Oral-History-Interviews zu verbinden. Hierbei ist zu konstatieren, dass in den Interviews eine offensive Auseinandersetzung mit anderen Popgenres selten ist, was sich aber auf die Leitlinien der Fragestellungen zurückführen lässt.[664] Aussagekräftiger ist, dass der Sound, wenn er als Grenzmarker reflektiert wurde, als soziale Einhegung der Szene begriffen wurde.[665] Dort wo Metal nicht mehr den sozialen Raum füllte, sondern etwa Techno, Rap oder Pop dominierten, war die Grenze

---

662 Als älterer Einstiegspunkt dient wieder die Szeneerkundung bei Schweidlenka/Strauß 2017; sowie als historische Fundierung: Reumüller et al. 2010; zur Analyse des Technodiskurses breit, auch im Vergleich zu Metal: Diaz-Bone 2010, 323–396.
663 Historisch: Tümmers 2013.
664 Hierzu ausführlicher weiter oben Abschn. 2.3 und Abschn. 2.4.
665 Vor allem zu Klang und Sound: Interviews Nr. 3, 4, 9, 10, 18, 19 und 22.

der Szene zu ziehen – so das prägende Deutungsmuster in mehreren Interviews mit sowohl weiblichen als auch männlichen Zeitzeug*innen.[666] Überwiegend wurde Metal als „ernsthaft", „freiheitsliebend", „kritisch" und „authentisch", verklanglicht im Sound der verzerrten Gitarren charakterisiert, während man ‚Künstlichkeit' und ‚Leere' anderer Genres zumindest nahelegte.[667] In diesem Prozess wurde der Sound des Metal zum Abgrenzungsmerkmal, was sich in extremster Form im genannten Sticker artikulierte.

Versucht man die Grenze, die hier konstruiert wurde, klanglich in den Blick zu nehmen, sind die wenigen vorhandenen musikologischen Daten durchaus von Aussagekraft. Wie Efthymiou in allen vorhandenen Analysen zur Phase der Neucodierung der Sounds im Zeichen der Differenzierung der Subgenres in den 1990er-Jahren darlegt, stand die Suche nach der Authentizität, der Kritik des Sozialen und eine deutlicher werdende eigene Musiksprache, gruppiert um den Kernbaustein des Gitarrenriffs, im Mittelpunkt des Komponierens.[668] Der musiksprachliche Baustein des Riffs erlaubte die Abgrenzung und damit die klangliche Grenzkonstruktion gegenüber Techno, Rap und Pop.

Dies bedeutet nicht, dass Metal schon in der Musiksprache gegen diese Genres war, aber, dass die musiksprachliche Grundstruktur diese Form des ‚Otherings' ermöglichte. Dass zugleich auch die Grenzen perforiert wurden und allgemeiner auch Crossover zum Paradigma wurde, kann aus den vorhandenen Daten nicht letztgültig erklärt werden.[669] Es liegt die Vermutung nahe, dass die diskursive Ebene der Szene in Bezug auf die Erinnerung oft eine schärfere Abgrenzungspraxis konstruierte, als die Musikproduktion der steirischen Szene es alltäglich tatsächlich tat.

Geht man zurück zum Titel dieses Abschnitts, welcher nach der Codierung der Abgrenzung im Klang fragte, zeigt sich dieser als gleichsam sozial raumfüllendes Medium der Szene. Fortgesetzt im Diskurs – Text, Bild, Kleidung, Praktiken usw. – wurde der Klang zum Grenzmarker der Gemeinschaft. Wo das intermediale Ensemble des Metal nicht mehr ‚schwang' – etwa, wo der soziokulturelle Raum des Techno begann – klang auch Metal nicht mehr. Diese Form der klanglichen Codierung mit ihren sozialen Auswirkungen wurde im titelgebenden Sticker im Extrem eingefangen. Zusammenfassend war der Sound Grenzziehungsprozess und dessen soziales Medium zugleich.

---

666 Vgl. ebd.
667 So etwa in den Interviews Nr. 3, 10, 18, 19 und 22.
668 So vor allem wieder in den genannten Musiken der Bands General Bomb Machine, Asmodeus und Blessmon sowie als Fortsetzung des Traditionsstroms der 1980er auch Dynamite: vgl. die Musikanalysen 11, 12, 13 und 17, Übersicht im Anhang.
669 Vgl. ebd.; breiter wieder Elflein 2010 und vor allem Diaz-Bone 2010.

Zwischenfazit zu den neuen Klangcodierungen

Bemüht man sich um ein Fazit zur Geschichte neuer Formen klanglicher Codierungen der steirischen Metalness in den 1990er-Jahren, sind vier Themen zu erwähnen. Als erstes verdeutlichten die Erkenntnisse zum Zusammenwirken von Hören und Technologie, dass das Voranschreiten der CD im Zeitalter der Differenzierung der Szene eine größere Verfügbarkeit und Präsenz von Metal im Alltag zeitigte. Zweitens ließen die Untersuchungen zu den Klangcodierungen des Grunge erkennen, dass das allgemeine Empfinden hoher historischer Veränderungsgeschwindigkeit, das um 1989/90 vorherrschte, mit den linken und ‚sensiblen' Werten der Szenegeneration der 1990er verknüpft wurde. Wie in vielen anderen Kulturbereichen wurde die Zeit um 1990 zum historischen Gelegenheitsfenster der Neujustierung. Der dritte Punkt betraf den Diskurs um Haarmode, Kleidung und Habitus im Metal. Deren Funktion war, die Musik im öffentlichen Raum sichtbar ‚weiter klingen zu lassen'. Es ging um Sichtbarkeit im Sinne der Konsolidierung der Szene. Viertens ging es um den Klang des Metal als Codierung der Abgrenzung der Szene, vor allem gegenüber anderen Pop- und Subkulturen wie Techno oder Rap. Alles in allem war damit die Zeit der 1990er-Jahre eine innovative Phase, in welcher die Konsolidierung, Differenzierung und Pluralisierung der Szene klanglich in Form dieser vier Prozesse auftrat – die Szene klang ‚farbenfroher' als je zuvor.

4.5 Metal in der Steiermark um 2000

Die Jahre um 2000 stellen die zweite Epochenscheide in der Geschichte des steirischen Heavy Metal dar. War ‚1990' das Scharnier zwischen der Pionierzeit und der folgenden Konsolidierungsphase gewesen, so leitete die Jahrtausendwende zur beginnenden Digitalisierung über. Denkt man sich ins Jahr 2000 als virtuellen Standort im Kontinuum dieser Geschichte und blickt auf die zehn Jahre davor zurück, erkennt man sowohl Innovationen als auch Kontinuitäten. Die erhebliche Anzahl neuer Metal-Fans, welche in den 1990er-Jahren in die steirische Szene kamen, waren zu gleichen Teilen Träger*innen der Kontinuität zu den 1980er-Jahren wie neuer Vorstellungen zur lokalen Metalness.

Vielen der jüngeren Metalheads der 1990er war das ‚Bunter-Werden' der Szene auf allen erdenklichen Ebenen das Kernanliegen. Am deutlichsten manifestierte sich das in neuen Subgenres, die aus dem globalen Strom kommend auch in der Steiermark rezipiert und lokal kontextualisiert wurden. Jedes Subgenre – vor allem Death und Black Metal – hatte seine eigenen Sounds, Texte, Bilder und Werte. Kontinuierlich hielt man jedoch an der Vorstellung *einer* gemeinsamen steirischen Szene fest. Alles in allem funktionierte die ‚bunter' werdende Szene der 1990er wie ein kulturelles Netzwerk, das im Sinne Weinsteins Begriff von Metal als kultureller „Bricolage"[670] von den mentalen Assoziationen zwischen den verschiedenen Ebenen (Bilder, Texte, Werte, Sounds, Verhalten, Kleidung usw.) zusammengehalten wurde. Sie war kein monolithisches soziales System, in welchem ein Zahnrad kausal ins nächste griff, sondern ein sozialer Raum, der viele Redundanzen und eher lose Verknüpfungen kannte.

Dieser Raum war durch die Kernprozesse der Konsolidierung, Pluralisierung und Differenzierung charakterisiert. Zu Beginn der 1990er war vor allem der Grunge mit seinen Sounds und Werten, die gleichzeitig ein Revival der ‚Do-it-yourself'-Ideale der ersten steirischen Metal-Bands brachten, innovationswirksam. Er belebte die Szene, ließ die Veränderungen, die emblematisch mit ‚Seattle' assoziiert wurden, auch in die Steiermark vordringen. In diesem Prozess wurden die Rechtsvorstellungen – noch immer war der „Breaking the Law"-Mythos das fundamentale Mythologem – vielschichtiger. Die drei entscheidenden Themen der Differenzierung der Rechtsdimension im weiteren Verlauf der Dekade waren die Europäisierung durch den EU-Beitritt, die dynamische Entwicklung der Strukturen der Szenenetze und die Kulturgeschichte der Subgenres des Extreme Metal. Die Rechtsbezüge im Metal wurden internationaler und stilistisch ‚bunter' – ein wesentlicher Zug der Pluralisierung und Differenzierung der Szene in den 1990er-Jahren, die gegen 2000 ihren Höhepunkt erreichten.

Die losen Assoziationen, welche in der steirischen Metal-Bricolage der 1990er bestanden, verknüpften diese Rechtsdimension mit den Wertvorstellungen in der Szene. Am Ende des Jahrzehnts war es zu einer deutlichen Pluralisierung der Werte gekommen. Das Aufkommen eines wesentlich komplexeren Diskurses zu politischen Haltungen in der Szene, eine Verflüssigung der Gendermodelle der 1980er sowie die spezifischen Werte der extremeren Substile machten die 1990er-Jahre aus. Kurz vor der Jahrtausendwende handelte es sich den Werten nach um einen hochpluralen Teilbereich der steirischen Gesellschaft.

Neben den Rechts- und Wertedimensionen, welche die zunehmende ‚Buntheit' der steirischen Szene strukturierten, war nach wie vor das Wissen um den Klang identitätsstiftend. *Wie* der Klang des Metal in den 1990er-Jahren vielschichtiger wurde, war für die lokale Metal-Identität essenziell. Dieser Prozess ließ sich anhand von vier Punkten beschreiben: dem Vordringen der CD, das Metal im Alltag präsenter machte; dem Gefühl hoher historischer Veränderungsgeschwindigkeit zu Beginn der 1990er, zu dem Grunge der Soundtrack war; dem ‚Weiterklingen' der Metal-Sounds im sozialen Raum durch Haarmode, Kleidung und Habitus und schließlich durch die Abgrenzung der Szene durch den Metal-Sound gegenüber Techno, Rap und Pop. Die zunehmende Polyphonie von unterschiedlichen Subgenreklängen machte die Szene gegen Ende der 1990er zu einem Soundkosmos, der so klanglich divers wie nie vorher war.

---

670 Vgl. Weinstein 2000, 1–10.

4.5 Metal in der Steiermark um 2000

Damit endete um 2000 eine Dekade der steirischen Metal-Geschichte, welche vor allem eines war: *bunter* als die 1980er, in Bezug auf Rechts-, Wert- und Klangdimensionen der lokalen Szene. Das normenbezogene klangliche Wissen hatte sich konsolidiert, pluralisiert und differenziert. Damit ging eine Ära der steirischen Metalness zu Ende. Die Digitalisierung, welche auch in Graz und dem umgebenden Bundesland schon gegen Ende der Dekade langsam in die Szene kam (etwa in Form von Mailing-Listen und Metal-Foren), begann das normenbezogene klangliche Wissen zu transformieren.

5 Die Digitalisierung der Szene (von der Jahrtausendwende bis zur Gegenwart)

5.1 Die Zeit seit 2000 in der Vogelschau

Neben der menschlich verursachten Klimaverschlechterung ist die Digitalisierung jener zeithistorische Prozess, welcher in unserer Gegenwart die zeitdiagnostischen Debatten am meisten beschäftigt.[671] Beide Entwicklungen interagieren miteinander. Im diesem dritten Buchteil zur Chronologie der steirischen Metal-Szene wird die Digitalisierung in den Blick genommen. Bezogen auf die Makro-Geschichte der Szene bedeutet dies, dass die Zeit seit ca. 2000 dargestellt wird. „Digitalisierung" wird dabei als Prozess der umfassenden digital-soziokulturellen Umwandlung von Szeneräumen, -strukturen und -diskursen verstanden. Dieser Prozess macht diese Zeit aus. Auch der Klimawandel wird gerade in den letzten Jahren im steirischen Metal diskutiert – vor allem digital. Blickt man jedoch aus der Makroschau, gleichsam im historischen Vogelflug, über diese mehr als zwei Jahrzehnte, ist die grundsätzliche Umwandlung der Szenekultur durch digitale Netzwerkeffekte der Aspekt, der die Einheit der Epoche ausmacht.

Nach der Diversifizierung der Community in den 1990er-Jahren folgte mit der Ära von etwa 2000 bis heute die längste zusammenhängende Periode der steirischen Metal-Geschichte. Waren in den 1980ern Themen des Kampfs um die grundlegende Liberalisierung und dann in den 1990ern der Absicherung der Szeneräume identitätsstiftend, so war ab 2000 der digitale Wandel primär strukturgebend für Identitätskonstruktionen. Neben die Diskurse und Strukturen des Analogen (etwa Jugendzentren, Auftrittsorte, Fanzines, Bars, Studios, Privatwohnungen, Szene-Ökonomiestrukturen usw.) traten die zuerst weniger sichtbaren Netze und Effekte des Digitalen. Heute tragen die digitalen neben den klassischen Strukturen und Räumen alle wesentlichen Debatten der lokalen Metalness. Der stattfindende Wandel betraf die Debatten zu Rechtsbezug, Moral- und Klangvorstellungen der Community. Diese *Hybridisierung* ließ die älteren Strukturen der Szene nicht verschwinden, sondern erweiterte sie um die Räume des Digitalen. Dieser Prozess ist gegenwärtig noch in voller Dynamik. Die Erweiterung aller Metalness-Diskurse um das Digitale sowie anschließend das weitere Ausverhandeln des Zusammenwirkens von analogen und digitalen Aspekten machen diese Phase aus. Es ging etwa um die soziokulturelle Verknüpfung des

---

671 Die Metal-Forschung zu diesen Fragen steht gleichsam noch am Anfang; als Einstieg eignet sich nach wie vor diese Untersuchung des Extreme Metal: Kahn-Harris 2007, 92–94; aber auch diese ‚Online-Anthropologie' der Gothic-Subkultur: Spracklen/Spracklen 2018, 123–136; allgemeiner zur Digitalisierung: Hofman et al. 2019.

physisch präsenten Erlebens eines Metal-Konzerts im Grazer „Explosiv" mit seiner Repräsentation in der Online-Sphäre als Stream auf YouTube.[672]

Blickt man aus einiger perspektivischer Entfernung auf diesen umfassenden Wandelprozess, ist zu erkennen, dass die Dimensionen, die schon in den 1980ern und 1990ern das Wissen um den Metal prägten (Recht, Moral und Klang), weiterhin die wichtigsten waren. Das Wissen blieb grundsätzlich durch diese Kategorien strukturiert, passte sich jedoch in seinen Formen und seiner Zirkulation der Digitalisierung an. In analogen Räumen (etwa bei Konzerten) ging es um andere Praxen dieses Wissens als online. Drückte etwa beim Konzert nach wie vor ‚Headbangen' physisch-präsent die Metalness aus, so war es auf Facebook das ‚Liken' von geschätzter Musik durch den Gebrauch des ‚Like'-Buttons.[673] Beide Praxen verfestigen und dokumentieren assoziativ und öffentlich wirksam das Wissen um die steirische Metal-Identität, aber in unterschiedlich strukturierten Öffentlichkeiten – einmal analog und lokal, einmal digital und globalisiert. Wie beides zusammenwirkte, ist das Kernthema dieser Phase.

Die Kategorien des Wissens wurden für dieses Zusammenwirken adaptiert. Dies betraf im Einzelnen den Rechtsbezug, die Wertelandschaften und die Sounds. Die steirische Metal-Szene wurde in dieser neuen Epoche mit den Realitäten des Rechts im Raum des Netzes konfrontiert – etwa in der Diskussion des Schutzes des Copyrights von Musik auf Filesharing-Plattformen um 2000. Der Outlaw-Mythos wurde digitalisiert – das Rebellieren der Metalheads wurde auch ein ‚Online-Rebellieren'. Dabei blieb weiterhin die Ambivalenz des Rechtsbezuges zwischen Kritik an ‚Unterdrückung' durch Rechtsnormen bei gleichzeitigem Schutz der Szene durch das Recht erhalten. Entscheidend war jedoch, dass schon im Rechtsbezug digitale und analoge Themen bzw. Rechtsräume in Interaktion traten. Die Rechtsbezüge digitalisierten sich.

Die Dynamik der Werte, welche in der Szene seit 2000 kultiviert und diskutiert wurden, wurde in erheblichem Maße durch die Digitaltransformation beeinflusst. Waren die Wertdiskurse schon in der Zeit der 1990er-Jahre deutlich ‚bunter' geworden, so brachte die Phase ab 2000 eine noch stärkere Beschleunigung sowie ein weiteres, noch stärkeres Anwachsen der geführten Debatten. In der Steiermark konnten die Debatten sich über die stetige Erweiterung der Netzstrukturen noch mehr an die global prägenden Metal-Diskurse anlehnen. Zugleich bewirkte dies eine intensivere – oft nur konstruktiv-virtuelle und ironische – lokale Verortung in Traditionen. Zusammengefasst ‚glokalisierte' die Digitalisierung das steirische Metal-Ethos so umfassend wie nie vorher. So intensiv wie nie zuvor wurden in der steirischen Metal-Bricolage global wirksame Werte

---

672 Siehe hierzu etwa den „Covid-Stream" eines Konzerts der Band Ellende im Grazer „Explosiv" am 10.6.2020: Ellende 2020.
673 Zentral wieder: Krammer 2023.

5.1 Die Zeit seit 2000 in der Vogelschau   185

(etwa die Werte des Numetal und Metalcore)⁶⁷⁴ mit lokalen Traditionen verbunden.

Auch die dritte Wissenskategorie „Klang" wurde umfassend durch die Transformationen erfasst. Da ab den frühen 2000ern zunächst über Filesharing-Plattformen, dann noch intensiver über Streaming-Dienste gleichsam alle global einflussreichen Sounds des Metal problemlos und ohne Wartezeit verfügbar wurden, wurde die steirische Szene noch stärker mit diesem globalen Strom von Klängen vernetzt. Dadurch konnte ebenso die Musik von lokalen Bands leichter internationales Gehör finden. In der Vogelschau ist vor allem herausstechend, wie sehr sich die Geschwindigkeit des Klangwandels in der lokalen Szene gegenüber den vorhergehenden Jahrzehnten nochmals beschleunigte. Stile und Genres sind heute so vielfältig, aber auch instabil und flüssig wie nie zuvor. Der Klang wurde zur Kategorie des Instabilen.⁶⁷⁵

Das Ziel der folgenden Abschnitte ist es, gegliedert nach diesen drei wesentlichen Kategorien die Geschichte der Transformation der steirischen Szene seit 2000 bis zur Gegenwart zu schildern. Zunächst (Abschn. 5.2) wird herausgearbeitet, wie das zunehmende Aufeinandertreffen von Analogem und Digitalem Rechtserfahrungen, -wissen und -bezüge veränderte. Im darauffolgenden Kapitel (Abschn. 5.3) steht die Geschichte der Wert- und Moraldiskurse im Fokus. Das abschließende Schildern der Entwicklung des Klangdiskurses in der Szene seit der Jahrtausendwende (Abschn. 5.4) beendet die inhaltliche Darstellung dieser Ära. Ein resümierendes Kapitel zu *Metal in der Steiermark in der Gegenwart* (Abschn. 5.5) fasst den gegenwärtigen Status quo der Entwicklungen zusammen.

5.2 *Die Digitalisierung der Rechtsbezüge seit 2000*

In den Jahren ab 2000 wurde die steirische Metal-Szene als ein Bereich der österreichischen Gesellschaft, der immer mit den sie umgebenden Strukturen und Debatten schwang, wie alle anderen Gesellschaftsbereiche zunehmend mit den rechtlichen Herausforderungen der Digitalisierung konfrontiert.⁶⁷⁶ Dies betraf die Rechtsbezüge und -erfahrungen sowie den Umgang mit beidem, sowohl individuell als auch im Szenekollektiv. Gegenüber den 1990er-Jahren, wo es um die Pluralisierung der Szene im gesamtgesellschaftlichen Kontext gegangen war, war nun das Aufeinandertreffen von Aspekten des Analogen und der neuen Gegebenheiten des Digitalen entscheidend für die Rechtsidentität. Die Entgrenzung und Globalisierung, die der Digitalboom mit sich brachte, führte dazu, dass

---

674 So zum Beispiel musiksprachlich analysiert bei Neil 2016.
675 So eindrücklich in Interview Nr. 16.
676 Hierzu allgemein schon früh: Boehme-Neßler 2008; anschaulich auch für die jüngste Phase des Deutschrap: Bruneder 2023.

sich die steirische Metal-Community auch in neuen digitalen Diskursformen auf das Recht bezog und zugleich mit neuen Rechtserfahrungen konfrontiert war.

So wurde der Outlaw-Mythos, der seit jeher das rechtsbezogene, mythologische Kernstück der Szene war, an die neuen Praxen der digitalen Metalness (etwa in Online-Foren, Webzines sowie zunehmend auf Social Media)[677] angepasst. Die Metalheads lebten und praktizierten ihre „Breaking the Law"-Identität nicht mehr nur physisch präsent (d. h. in den klassischen Strukturen und Institutionen der Szene), sondern zunehmend online und digital. Dabei waren etwa die Regeln eines Metal-Forums andere als jene im real Präsenten und das Rebellieren wurde somit ein ‚Online-Rebellieren' mit neuen Ausdrucksformen (etwa im Protest gegen in Online-Foren ‚verbotene' Themen und Musikstile).[678] Der Rechtsbezug passte sich an.

Wenn es um digital transformierte Rechtserfahrungen geht, war ab 1999 im Zuge der „Napster"-Debatte die Frage des Schutzes bzw. des Umgehens von Copyright auf Filesharing-Plattformen historisch szenebestimmend geworden.[679] Es wurde ein Diskurs geführt, der einerseits die Freiheit im Netz begrüßte, andererseits jedoch den Schutz des Rechts am künstlerischen Werk einforderte. Zugleich entfaltete sich die volle Wucht der Entgrenzung lokaler Szenen, die durch das globale Zirkulieren von MP3-Dateien und ähnlichen Formaten angestoßen wurde. Darin digitalisierten sich Rechtserfahrungen.

Diese Prozesse stehen paradigmatisch für die Entwicklung der Rechtsdimension des normenbezogenen klanglichen Wissens. Die Rechtsdimension war von nun an durch das Aufeinandertreffen von analogen und digitalen Kulturaspekten gekennzeichnet. Dies ist das Thema der folgenden Abschnitte. Die digitalisierten Rechtsbezüge, um die es hier geht, waren eine Diskursschicht, in welcher die Erweiterung und Hybridisierung der Szene manifest wurde. Rechtsbezüge, damit auch Rechtserfahrungen und Rechtskritik, passten sich dieser neuen Situation an. Neben den genannten Themen des Outlaw-Mythos und des Filesharing gab es zahlreiche weitere Bereiche, in welchen sich das Recht im digitalen Gewand präsentierte. Der Outlaw-Mythos im digitalen Wandel ist der geeignete Einstiegspunkt ins Thema, da er das prägendste Mythologem der Szene darstellt und sich an ihm der Wandel besonders deutlich bemerkbar machte.

---

677 Als Beispiele, vor allem auf Facebook: Krammer 2023; Metalheads Graz/GU 2024; Metal Fans Austria 2024; Metal Union Austria 2024.
678 Vgl. ebd.; sowie Interview Nr. 16.
679 Vgl. Haring 2002; sowie Wick 2010.

Outlaw sein – digitalisiert und noch steirischer

In den 1980er-Jahren und 1990er-Jahren hatte sich die Outlaw-Stilisierung als Kernstück des identitätsstiftenden Rechtsbezugs in der steirischen Szene etabliert. Wer Metalhead sein wollte, wollte Outlaw sein, musste sich zumindest damit auseinandersetzen. Das Recht wurde dadurch als ‚bürgerlich' und ‚konservativ' markiert. Sich über diese Konstruktion auf das Recht zu beziehen, so fiktional und vereinfachend dies geschah, war essenziell – zuerst für die Begründung und dann die Konsolidierung der Identität der Community.[680] Ab ca. dem Jahr 2000 wurden die Bilder, Praxen und Werte, die man mit dieser Stilisierung assoziierte, dem Prozess der Digitalisierung unterworfen. Was die steirischen Metalheads zu Outlaws machen sollte, also Menschen, die geltende Rechtsnormen hinterfragen oder brechen (wiederum vor allem in fiktiver Imagination), wurde nun auch im Digitalen verhandelt. Empirisch ist dabei als zentrales Phänomen zu erkennen, dass die „Breaking the Law"-Mythologie im Digitalen noch stärker mit Codes des Steirischen aufgeladen wurde. So wurde etwa in online geführten Diskussionen, in denen es um die rebellischen und rechtsbezogenen Werte der Szene ging, das ironische Verwenden das steirischen Dialekts und das Spielen mit lokalen Bildern (etwa dem steirischen Panther) häufiger.[681] Die Weiterentwicklung der lokalen Outlaw-Identität im Kontext der globalen Metal-Diskursarena des Digitalen forderte eine noch stärkere Betonung des Steirischen geradezu heraus.[682] Dies stellte einen wesentlichen Teilprozess des Verknüpfens digitaler und analoger Diskurse dar. Zwar verhandelte man den Mythos online, aber die Themen, die dabei verhandelt wurden, bezogen sich immer mit auf die ‚echten' Orte der Szene sowie die Lebenswelt im steirischen Umfeld.

In diesem Abschnitt geht es daher um die empirische Beschreibung dieser noch ausgebauten Betonung des Steirischen im rechtsbezogenen Imaginationskosmos der Metalheads. Es ist im Spiegel der vorhandenen Daten zu beleuchten, wie sich im Konstruktionsprozess des Outlaws ‚analog' und ‚digital' begegneten. Die Oral History als primäres Archiv der normativ codierten Narrative der Szene ist hierfür der zentrale Datensatz. Er wird durch die Daten zur szenischen Bedeutungsgenese aus Musikologie und Diskursanalytik ergänzt. Der empirische Ausgangspunkt sind die Erinnerungen der Interviewten an das Auftauchen des Internets als innovativer Szeneinfrastruktur um 2000. Die hierzu vorhandenen Oral-History-Narrative codieren diesen Prozess in der Regel bereits im Sinne der „Breaking the Law"-Stilisierung.[683] Die befragten Interviewten empfanden das

---

680 Siehe oben die Abschn. 3.2 und 4.2.
681 So etwa im Fall von Cover Nr. 41, Übersicht im Anhang.
682 Zum „Geständniszwang" unter digitalen Bedingungen: Pichler 2017, 105–120.
683 Vgl. die Interviews Nr. 8, 14, 16, 18 und 20.

frühe Internet als eine weitere Bühne, auf welcher das Bild der Metalheads als Outlaws inszeniert werden konnte.[684]

So fokussierten sich etwa die Erinnerungen eines männlichen Zeitzeugen, welcher um 2000 in der Region Deutschlandsberg in die Metal-Szene einstieg, auf die Wichtigkeit der erstmaligen Verfügbarkeit von Breitbandinternet in der Region für seine individuelle Metal-Biographie. Dabei flossen in der Gedächtniskonstruktion die faktische Geschichte des Vordringens des Breitbandinternets in diesen zunächst peripheren Raum und die normative Codierung im Sinne der „Breaking the Law"-Identität ineinander:

> P: „Superwichtig war [das Aufkommen von] Breitband [-internet] [...] ich meine, 56k-Modems [d. h. Internetzugang mit beschränkten Bandbreiten] haben wir früher auch gehabt. Aber wo der Breitbandzugang da war [...], bin [ich] zu [...] Tabs [d. h. zu gesuchten Musiknotationen einflussreicher Bands in Form von Gitarrentabulaturen] gekommen [...] vorher war [die] einzige Möglichkeit, dass du [...] Bücher kaufst. Metallica alle Songs drinnen [im Buch] oder so [...]. [Das bedeutete], dass du dann [durch Breitbandinternet] auch Programme [gehabt] hast, die die abspielen können [nämlich die als Tabulaturen notierten Songs], [...] dass man in Foren kommt, wo man sich informieren hat können über vieles von dem. Also vorher war [...] dein Dunstkreis [...] das [...] JUZ [Jugendzentrum] Deutschlandsberg, wo du [...] mit Leuten reden hast können, die schon in Bands sind. [...] Und dann ist alles irgendwie [...] zusammengekommen [...], aber nicht so weit, wie es jetzt ist, dass es für jeden Scheiß ein YouTube-Video gibt, wenn du irgendeine Frage hast [...]. Sondern [so], dass du es dir selber noch anlernen hast müssen."[685]

Diese Erinnerungen sind aus zwei Gründen paradigmatisch für die Entwicklung des steirischen Metal-Outlaw-Mythos um die Jahrtausendwende. Zuerst erinnerte sich der Zeitzeuge, der zugleich als Musiker aktiv war,[686] dass der Strukturprozess der Verfügbarkeit von Breitbandinternet ab den frühen 2000er-Jahren transformativ wirksam war. Diese Entwicklung ermöglichte ihm, im persönlichen Szeneeinstieg – als Fan und Musiker – über die Deutschlandsberger Region hinaus in globale Szeneräume vorzudringen. Das Lernen von Metal-Expertise in Internetforen sowie die Zugänglichkeit von Musiknotationen in Form von Gitarrentabulaturen im Netz waren fundamentale Facetten der Entwicklung seiner Metalness. Der erste Aspekt ist daher, dass die Möglichkeit, diese Erfahrungen zu machen, *strukturell und systemisch* vom Vordringen des Breitbandinternets abhing. Die Digitalisierung bestimmte die Szene-Biographie und ermöglichte das Entdecken von Metal in globalem *und* lokalem Bezugsrahmen.

Der zweite, wertebezogene Aspekt taucht in der abschließenden Aussage zu YouTube auf. Der Erinnernde grenzt seine Erfahrung mit dem frühen Internet um 2000, also vor der Etablierung von YouTube, deutlich von der heutigen Zeit ab. Heute gäbe es „für jeden Scheiß" ein Lernvideo auf dieser Plattform. Diese

---

684 Vgl. ebd.
685 Quelle: Interview Nr. 8.
686 Vgl. ebd.

5.2 Die Digitalisierung der Rechtsbezüge seit 2000

zunächst lediglich flapsig eingeworfen wirkende Bemerkung bestimmt bei näherem Hinsehen die wertegemäße Codierung der Erinnerung. Der Interviewee entwirft sich hierdurch als autodidaktisch handelnden, persönlich engagierten und die Metal-Regeln der heutigen Zeit brechenden Akteur. Diese normative Codierung stiftet den moralischen und rechtsbezogenen Sinn seiner Erzählung. Er erscheint als digitaler Outlaw, weil er im frühen Internet sowohl die Regeln seiner engeren lokalen Umgebung als ebenso die ‚zu einfachen' heutigen Regeln auf Plattformen wie YouTube brach. Die Perspektivierung, die so im memorialen Konstruktionsprozess in der Rückschau erfolgte, war außerordentlich wirkungsvoll: Sie codierte das Aufkommen des Internets um 2000 als das Entstehen einer neuen, digitalen Bühne für die Outlaw-Identität. Das Digitale wurde im Sinne des „Breaking the Law-Mythologems als Raum der Imagination kartiert und zugleich diskursiv mit den vorhandenen, analogen Szeneräumen (in diesem Fall dem Jugendzentrum Deutschlandsberg) verknüpft. Analoges und Digitales kamen hybrid im steirischen Outlaw-Mythos zusammen. Die anderen erhobenen Oral-History-Interviews dazu liefern analoge Schilderungen.[687]

Diese beiden Aspekte lassen erkennen, dass die Geschichte des frühen Internets – also das Auftauchen jener Netzstrukturen, die die Szene seither am stärksten transformierten – zur neuen Bühne des Outlaw-Mythos wurde. Es erscheint nahezu zwangsläufig, dass dieses identitäre Kernstück auch in diesen neuen Räumen wichtig wurde. Denn wenn die Metalheads in den analogen Räumen primär als Rebellen im Sinne von „Breaking the Law" gelten wollten, dann war die Anpassung dessen an die digitale Welt – oft im Nachhinein der Gedächtniskonstruktion – nur folgerichtig.[688] Der wichtigste Verständnisaspekt betrifft dabei die Frage, wie genau diese Memorialkonstruktionen analoge und digitale Aspekte des Mythos miteinander verwoben haben und wie dabei das Steirische gestärkt wurde. Die oben analysierte Passage gab dazu schon Einblicke genereller Natur, indem sie die strukturelle Wichtigkeit des Transformationsprozesses hervortreten ließ.

Die Aussagen eines zweiten, männlichen Interviewten zum Aufkommen des Internets, der noch stärker die normative, gemeinschaftsbildende Dimension in den Fokus rückte, bringen weitere Erkenntnisse. Auf die Frage, was Metal für ihn im Zeitalter um 2000 bedeutete, antwortete er:

> P: „Na ja, viel Katharsis, viel abarbeiten [...]. Aber halt eher für mich allein, also ohne Leute, weil man hat die Leute nicht gehabt. Online kennenlernen war [...] zu Anfangszeiten des Internets ein bisschen schwierig. [...] für gescheite Metal-Foren war ich zu jung [...]. Man kennt die Leute nicht, man kennt die Musik, die Szene nicht so, man hat weniger Gesprächsbasis, [das] war in Foren auch so. Und Metaller haben es halt extrem übernommen, [...] dieses Auf-Lücken-Beharren. Wenn du was nicht kennst, bist du weniger wert. Man [...] profiliert sich, so wie es in der Schule war, man bohrt in Lücken [...], anstatt zu sagen, ‚Hey, das kennst du nicht [...]? Hör dir das an!' [...] Das ist teilweise furchtbar."

---

687 Vgl. Interviews Nr. 4, 16, 18 und 20.
688 Vgl. ebd.

I: „Das ist so ein bisschen ein Nerdtum [...]?"
P: „Jaja. Da habe ich erfahren [...] müssen, [...] dass das eigentlich ein voller Scheiß ist."[689]

Auch das Narrativ dieses zweiten männlichen Szenegängers bestätigt, dass das Aufkommen des Internets wichtig war, um überhaupt an Informationen zu kommen; für ihn war es jedoch schwierig, dort gleichgesinnte Menschen kennenzulernen. Für ihn bildete die subjektive, wertorientierte Codierung im Sinne des Outlaw-Mythos den Fokus der Erinnerung. Er beschreibt das frühe Internet als Ort, an welchem eine Konkurrenz in der Expertise zu Metal bestand. Das „Bohren" in Wissenslücken junger Fans war eine formende Erfahrung. Die Schilderung dieser Erfahrung ist jene Passage, in welcher seine normative Sicht auf die Zeit des frühen Internets konstituiert wird. Die Szene wird als elitäre Gemeinschaft beschrieben, in welcher das Nicht-Kennen geschätzter Musik ein Ausschlussgrund war. Der Interviewee konstruiert in der Rückschau seine Identität, welche die Regeln dieses elitären Raums bricht, indem er diese Regeln als „Scheiß" bezeichnet.

Hieran fällt auf, dass auch er – analog zum ersten zitierten Zeitzeugen in der Sicht auf YouTube – eine derbe Sprache wählt, um die Regeln des Digitalen zu beschreiben. So entstand sprachlich die Bühne der Memorialkonstruktion, auf welcher der als Metalhead erfahren werdende Interviewte diese Regeln dann auch brechen konnte. Er rebellierte als digitaler Outlaw gegen diese Normen. Dies impliziert eine weitere Erkenntnis zu diesem Grundlagenprozess: Es ging um die Regeln der Metallness selbst, die durch die neue Verknüpfung von Digitalem und Analogem umgeschrieben wurden. Die Sprache war dabei das Transportmedium, das ‚digital' und ‚analog' verband. Dies führt schließlich auf die Spur des verstärkten steirischen Bezugs in dieser Identitätslandschaft, das sich in der zunehmenden Betonung des lokalen Dialekts zeigte.

Um noch tiefer zu verstehen, wieso im Digitalen die steirische Sprache zum lokalen Medium der rebellischen Rechtsidentität wurde, sind Analysen zu Musik und Diskurs der Grazer Band Heathen Foray empirisch aussagekräftig. Die Band, die bereits erwähnt wurde, existiert seit 2004 und hat bis heute sechs Alben vorgelegt. Stilistisch in die Subgenres Melodic Death Metal und Pagan Metal einordenbar, ist sie in der jüngsten Phase der Digitalisierung eine der bekannteren Bands der lokalen Szene. Diskurs und Musik der Band wurden in der Oral History, der Diskurs- und der musikwissenschaftlichen Analyse erforscht.[690] Auffallend ist, dass die Band ein Bündel an Liedern mit Lyrics in steirischem Dialekt veröffentlichte, 2021 auch eine nur online releaste Metal-Coverversion des weithin

---

689 Quelle: Interview Nr. 16.
690 Vgl. Interview Nr. 8, Cover Nr. 34, T-Shirt Nr. 6 sowie die Musikanalyse Nr. 15, Übersicht im Anhang.

5.2 Die Digitalisierung der Rechtsbezüge seit 2000

bekannten Volksmusikstücks „Steirermen san very good".[691] Aus diesen Gründen eignet sich die Band, die Rolle der lokalen Sprache für den digitalen Outlaw-Mythos zu untersuchen.

Efthymious detaillierte musikwissenschaftliche Untersuchung des Songs „No Mercy" vom Album *Inner Force* (2013)[692] sowie dessen Kontextualisierung mit „Wofür ich streit'" von *Into Battle* (2015) eignen sich als Ausgangspunkt, um zu verdeutlichen, wie die Band in ihren Kompositionen den Rechtsbezug erzeugt. In „No Mercy" wird die Textzeile „my word is law" mit derselben Riff-Figur unterlegt wie die Message des Songs („show no mercy"). So wurden in der Musiksprache der Band Recht, Rechtsbezug und Wertegenese zu einer hörbaren Einheit. Im Song „Wofür ich streit'" verdeutlicht sich diese Verknüpfung noch plastischer. Es werden jene Gesangspassagen betont, in denen explizit genannt wird, wofür es zu „streiten" gelte: für die „Freiheit" und für die „Wahrheit". Dies wurde so erreicht, dass das Singen der Message mit Moral- und Rechtsbezug ausschließlich in Passagen mit A als tonalem Zentrum erfolgt. Die Band nutzte musiksprachliche Mittel, um den Rechtsbezug in den Fokus zu rücken und mit den Outlaw-Werten der lokalen Szene zu verknüpfen.

Die Analyse der Geschichte des Stücks „Mei Laund" vom Album *Inner Force* als kulturhistorischem Szeneprozess zeigt im Detail, welche Funktion die Betonung des Steirischen im Kontext dieser Musiksprache für die Relokalisierung des Outlaw-Mythos unter global-digitalen Bedingungen hatte. Dies sind die zu untersuchenden Textauszüge des Songs in steirischer Mundart:

„Mei Vota is geistan gsturbm auft Nocht,
woa a gscheita, ehrnhofta, guata Maunn.
Er hot mia ois gleant wos ma wissn sui,
hot mia zagt wie schens draußn is.

Aufrecht steihn – ehrlich bleibm – Woahrheit reidn – niemois beign!
Ois wos von eam bleibt is unsa Laund
A Lebm laung hom wia do drauf gwouhnt
Aufrecht steihn – ehrlich bleibm – Woahrheit reidn – niemois beign!

I wead deis Laund bis zu meim letztn Otmzug
vateidign kana wiad mas neim.
Deis is deis wos I von meim Vota hob
Er hot deis von seim Vota kriagt
Und mittndrinn steht mei Ötanhaus
Aufbaut hot er's mit seine eignan Hend
Schweiß und Bluat hot ea gebm dafia
Hot nie locka lossn, wia man hoit kennt

---

691 Vgl. Heathen Foray 2021b.
692 Vgl. Musikanalyse Nr. 15, Übersicht im Anhang; alle musikanalytischen Aussagen zu Album und Band in diesem Abschnitt beziehen sich, so nicht explizit anders zitiert, hierauf.

> Ouft geh I in Woid
> Schau mi um and otm duach
> Daun meak I boid
> dass mia zum guatn Lebn eigntli goa nix föht
> [...]
> Und meim Buabm wead I a genau deis zagn
> Ois wos wichtig is auf dera Wöt
> Wou a waun zum kämpfm hot und waun a wou Gwoit hint aunstöt
> [...]
> Und denk ma daun ba mia
> Daunk da schen! Deis Gfüh muass I weitagebn!
> Und daun springt a nou deis Reh vom Untahuiz houch
> Und I deink ma nua: Jo! Do bin I daham!"[693]

Schon sprachlich und inhaltlich-formal ist das Narrativ, das die Lyrics präsentieren, außergewöhnlich. Die Geschichte wird aus der Perspektive eines anzunehmend männlichen Protagonisten erzählt. Kernmotiv ist das Weitergeben des Besitzes und des Landes einer Familie vom Vater an den Sohn. Der Song konstruiert somit eine Moral-, Rechts- und Gesellschaftsordnung, welche recht direkt an eine ständisch-feudale Gesellschaft angelehnt ist. Der Besitz des Landes zählt, es wird vom Vater an den Sohn weitergegeben und der Protagonist verpflichtet sich dazu, dies auch seinem Sohn gegenüber so handzuhaben.

Abgesehen von der patriarchalen Codierung, die ebenso einer weiteren Analyse wert wäre, war für die Rezeptionsgeschichte des Songs die Rolle des steirischen Dialekts im digitalen Raum entscheidend. Durch die Verwendung der lokalen Sprache wurde seine Geschichte eindeutig als *steirisch* markiert. Die quasi-feudale, patriarchale Rechtsordnung, die im Zentrum des Narrativs steht, wird so als steirische imaginiert. Es geht an dieser Stelle weniger darum, die Konstruktivität der Imagination zu betonen, als darum, dass diese Konstruktion im Internet ihre dominante Bühne fand – und mit ihr der geschilderte Rechtsbezug. Der Song wurde 2013 publiziert, also zu einem Zeitpunkt, zu welchem die Band bereits einige erfolgreiche Jahre Karriereweg hinter sich hatte; zugleich war dies ein Zeitpunkt, an welchem die Frühzeit des Internets bereits abgeschlossen war bzw. zu welchem Social Media sich zu etablieren begannen. Es ist auffallend, dass neben der Verbreitung des Songs auf etablierten Medien wie CD vor allem das Internet zur langfristigen Zirkulationsbühne wurde. Bemerkenswert ist, dass von verschiedenen User*innen hochgeladene Versionen des Songs auf YouTube besonders die Lyrics betonen.[694] Dabei wurde der steirische Dialekt fokussierend herausgestellt, indem die User*innen teils die Lyrics hochluden.[695] Zugleich be-

---

693 Quelle: Lyrics zu Heathen Foray, „Mei Laund", auf: *Inner Force*, Independent 2013, zitiert nach: Heathen Foray 2013.
694 Vgl. YouTube 2013a, 2013b.
695 Vgl. ebd.

5.2 Die Digitalisierung der Rechtsbezüge seit 2000

legt die Rezeptionsgeschichte des Albums *Inner Force*, auf welchem der Song erschien, dass gerade die steirische Sprache dieses Songs gesonderte Erwähnung, Würdigung und Betonung der lokalen Identifikationswürdigkeit bewirkte.[696]

Wenn man also zusammenfassend auf die Geschichte des Songs „Mei Laund" blickt, erweist sich diese als repräsentativ für den hier thematisierten Zusammenhang. Die Band komponierte einen Song in steirischem Dialekt, welcher die Musiksprache samt den Rechtsbezügen aufnahm, die Efthymiou beschrieb. Der Song wurde analog veröffentlicht, aber in den letzten zehn Jahren wurde vor allem das Internet zur Sphäre, in welcher er zirkulierte. Die steirische Sprache hatte dabei die kulturelle Funktion, die ‚echten' steirischen Lebenswelten, die im Song thematisiert werden (Land, Haus, Wald usw.) mit den digitalen Foren, wo sie repräsentiert wurden, zu verbinden. Kurz: Der lokale Dialekt war das integrierende Moment, das hybrid die Grenze zwischen Internet und ‚echter' Welt zu überwinden half.

Die Geschichte dieses Songs fügte sich paradigmatisch in die Gesamtgeschichte der Szene und ihres Outlaw-Mythos seit 2000 ein. Die Integrationskraft, welche dem Gebrauch des lokalen Dialekts innewohnte, und seine Potenz, im Diskurs Verbindungen zwischen gewohnten, analogen Lebenswelten und den neuen Online-Strukturen herzustellen, war historisch wirkmächtig. Die steirische Sprache verband beide in der Imagination. Da dabei wiederum der Outlaw-Mythos das Identitätskernstück war, fügte sich das Narrativ dieses Songs in dessen Fortschreibung ein. Die Bilder, die Slogans und die Sounds, die den Diskurs um den Song prägten, knüpften direkt an das Bild der steirischen Metalheads als Outlaws an; so etwa im Gesamtkontext des Artwork des Albums *Inner Force* mit seinen heldenbetonenden Symboliken,[697] dann auch im öffentlichen Auftreten der Band im digitalen Bereich, das immer mit rebellischen Attitüden kokettierte;[698] und vor allem in der Diskussion von Fans zum Album on- und offline.[699]

Die Geschichte des Songs mit seinem Narrativ fügte sich also nahtlos in den Gesamtkontext der Szene mit ihrer Outlaw-Stilisierung ein. Dabei hatte die Betonung und die wohl bewusste Heranziehung des lokalen Dialekts eine stark szeneintegrierende Kraft. So wurde das Bild des Metal-Outlaw in dieser Zeit digital und dabei noch steirischer. In anderen Fällen des Nutzens des steirischen Dialekts und/oder visueller steirischer Codes (etwa in Artworks der Band Darkfall,[700] im Diskurs und der Werbestrategie um das Kaltenbach-Openair als wichtigstem

---

696 So etwa nachvollziehbar in den Kommentaren und Diskussionen auf YouTube: vgl. ebd.
697 Vgl. Cover 34, Übersicht im Anhang.
698 So etwa im genannten Musikvideo: Heathen Foray 2021b.
699 So wieder gut nachvollziehbar in den Kommentaren auf YouTube zu „Mei Laund": YouTube 2013a, 2013b.
700 Vgl. Cover 41, Übersicht im Anhang.

steirischen und zugleich österreichischen Extreme-Metal-Festival[701] und der Onlinepräsentation der global einflussreichen Plattenfirma Napalm Records)[702] erfüllten diese ähnliche Funktionen des Brückenschlags.

Somit liefern die vorhandenen Daten aus Oral History, Diskursanalyse und Musikrecherche einen aufschlussreichen empirischen Befund: Im Digitalen hatte gerade die Betonung der eigenen sprachlichen Identität der steirischen Metalheads eine integrative Funktion in der Weiterentwicklung des Outlaw-Mythos. Der Betonung wohnte die kulturelle Kraft inne, die nur scheinbare Strukturgrenze zwischen analoger und digitaler Metalness zu überwinden. Der steirische Metal-Outlaw des ‚Digital Age' wurde in dieser Form hybrid geboren.

Filesharing, Copyright und das Zerbrechen einer Band

Wenn es um die Digitalisierung der Rechtsbezüge und des Rechtsdiskurses im steirischen Metal seit der Jahrtausendwende geht, sind Debatten um Filesharing (also das in der Regel illegale Teilen von Musik über das Internet) und damit verbunden um Copyright und Rechtsschutz von Musik ein elementares Thema. Sich fokussierend auf die Auseinandersetzung zwischen der Plattform Napster und der Band Metallica nahmen diese Debatten auch in der Steiermark einen breiten Raum ein und schufen ein neues Bewusstsein für geistiges Eigentum und Rechtsschutz durch Urheberrecht. Dies geschah im Rahmen intensiv geführter Diskurse um das Recht allgemein, die Wertebasis der kultivierten Rechtsbezüge sowie den Outlaw-Mythos als Kernstück szenischer Identität. Die steirischen Metalheads bewegten sich dabei in einem Raum zwischen struktureller Erneuerung und moralischer Ambivalenz: Einerseits war auf Plattformen wie Napster, die vom im vorigen Kapitel erwähnten Kernprozess des Vordringens des Internets in periphere Räume profitierten, Metal-Musik so verfügbar wie nie zuvor.[703] Andererseits war das Filesharing in der Regel illegal.[704] Nicht nur in der Steiermark bedeutete, sich auf solchen Plattformen mit Musik – lokaler oder global einflussreicher – zu versorgen, das Gesetz zu brechen, bewusst-intentional oder spielerisch-erkundend.

Im Prinzip war dies das erste Mal, dass die steirische Szene abseits ihrer fiktionalen Imagination, die den Kern der „Breaking the Law"- und Outlaw-Mythologeme bildete, in ihrer Szenekultur breiter mit Aspekten der praktizierten Illegalität konfrontiert war. Dies betraf gemeinhin selbstredend nicht nur diese

---

701 Vgl. Kaltenbach Open Air 2020.
702 Vgl. Napalm Records 2022.
703 Vgl. Haring 2002; sowie Wick 2010; die folgenden Ausführungen zu Filesharing basieren auf diesen Angaben.
704 Vgl. ebd.

5.2 Die Digitalisierung der Rechtsbezüge seit 2000

Szene und auch die einzelnen ‚Taten' waren meistens wenig publik oder gar öffentlich inszeniert.[705] Aber sowohl die Szenemitglieder als auch außenstehende Beobachtende waren mit der Situation konfrontiert, dass Metal so verfügbar und präsent wie nie zuvor war, der Bezug über das Internet jedoch in der Regel das geltende Recht brach. Dies führte – online und offline – zu einem breiten Diskurs um Recht, Gerechtigkeit, Authentizität und Kommerzialität, in welcher sich die Metalness der Szene weiter konturieren konnte.

In diesem Kapitel geht es nicht darum, den bereits oft analysierten globalisierten Diskurs, der im Schlagwort „Metallica vs. Napster" seinen Ausdruck fand, zu beschreiben, sondern um die Diskussionen vor Ort in der steirischen Community. Aus den vorhandenen empirischen Daten soll erklärt werden, wie der lokale Diskurs um Rechtsbezüge und Moralvorstellungen sich veränderte. Historisch prägend war die genannte, strukturell begründet ambivalente Situation von hoher Verfügbarkeit bei gleichzeitiger Illegalität. Die neue Situation auf Portalen wie Napster, LimeWire, eMule und anderen spiegelte sich sowohl in der Oral History und Diskursanalyse als auch in der Musikforschung wider. Sie ist als eine Entwicklung zu verstehen, in welcher sich über die Diskussion der Illegalität des Filesharing, über den Wert und den Schutz der Metal-Musik das normenbezogene klangliche Wissen deutlich beschleunigte – die Rechtsbezüge digitalisierten sich. Dieser Prozess ist zu beschreiben. Er zeigt sich als einer der Aspekte dessen, was weiter oben „Verklanglichung" genannt wurde.

Wenn man auf die Daten sieht, die zu dieser Entwicklung erhoben werden konnten, ist die Musikanalyse des Werks der Band Python Regius ein guter Ausgangspunkt.[706] Ein Hauptthema der Musiksprache und der Lyrics des von Charalampos Efthymiou analysierten Albums *Orior* (2014) sind die Moral und die Rechtsbezüge, welche am Ende der beschriebenen Debatten standen. Der Diskurs um das Album sowie die Musik selbst können als Aufarbeitung der prägenden, diskursiven Inhalte gesehen werden. Efthymiou hebt die kompositorische und technische Finesse der Gruppe hervor. In seiner Analyse nennt er ein breites Spektrum an Einflüssen aus den Bereichen des melodischen und symphonischen Metal mit Bands wie Nightwish und Helloween sowie aus dem Extreme Metal mit Dark Funeral. Diese Analyse bestätigt ein weiteres Mal, dass für die steirische Szene mitunter eine „Verspätung" in der Musiksprachenentwicklung von etwa 10–15 Jahren zu konstatieren ist. Die musiksprachlichen Hauptelemente, die Efthymiou identifiziert, repräsentieren global gesehen die einflussreichsten Strömungen der Stilentwicklungen um die Jahrtausendwende. Als für das Rechtsthema allgemein am gehaltvollsten bezeichnet der Musikwissenschaftler den Song „Die Horde der Regentschaft". Hier soll jedoch die Analyse des Lieds „Heiligtum in Asche" (in Verbindung mit dem gesamten Demoalbum und dem

---

705 Vgl. ebd.; auch Interviews Nr. 4 und 8.
706 Vgl. Musikanalyse Nr. 16, Übersicht im Anhang; die folgenden Aussagen zu Band, Album und Musiksprache referenzieren immer dies.

Diskurs darum) im Fokus stehen, da sie die in diesem Abschnitt thematisierten Debatten um Moral und Rechtsbruch am deutlichsten erhellt. Dies sind die Lyrics des Lieds:

> „Kein Laut zu hören, nur die Schwingen der Geier.
> Einzig die Stille ist Zeuge der Schönheit.
> Blutrotes Antlitz hüllt sich in grauen Schleier.
> Flora und Fauna aus Knechtschaft des Menschen befreit.
>
> Körper verbrannt, die Erde mit Asche gedüngt.
> Auf dass ihrem Schoß Unschuld entspringt.
>
> Die erste Ruhe nach schier endloser Zeit,
> ein Aufatmen das alles Leben eint.
> Vorsichtige Tiere entdecken erstmals die Pracht.
> Die Ruhe, den Frieden, unberührte Landschaft.
>
> Körper verbrannt, die Erde mit Asche gedüngt.
> Auf dass ihrem Schoß Unschuld entspringt.
>
> Klingen, Knüppel und Feuer haben ihre Arbeit verrichtet.
> Zerhackt, erschlagen, verbrannt – zu Recht gefürchtet.
> Vorerst werden sie ihre Stimmen nicht erheben.
> Nun herrscht Natur – nur sie richtet über das Leben!
>
> Körper verbrannt, die Erde mit Asche gedüngt,
> Auf dass ihrem Schoß Unschuld entspringt."[707]

Musiksprachlich und in der Klanganalyse sieht Efthymiou den Song durch Einflüsse der Bands Helloween, Nightwish und Dark Funeral geprägt. Er betont die Wichtigkeit des Gitarrenspiels in hohem Tempo in Terzen im Stile Helloweens in solistischen Abschnitten und des symphonisch konstruierten Keyboardsounds für das Gesamtklangbild. Entscheidend für das hier untersuchte Thema sind die Text- und Gesangsabschnitte im Chorus, welche die Message enthalten. Efthymiou schreibt, dass die Musiksprache des Black Metal angelehnt an Dark Funeral als Inspiration für die kompositorische Ausarbeitung der Message-Konstruktion gedient haben dürfte. Die Benutzung eines eher langsamen Blastbeats im Drumming markiert die Message. Auf der Ebene der Verklanglichung werden so die guttural vorgetragenen Textpassagen „Körper verbrannt, die Erde mit Asche gedüngt/Auf dass ihrem Schoß Unschuld entspringt" hervorgehoben. Sie spitzen die Moral der Geschichte zu, fassen den darin enthaltenen Rechtsbezug zusammen und machen einen Vorschlag zur Profilierung der Metalness.

Auf den ersten Blick scheinen die Lyrics ‚nur' eine Geschichte der Dystopie und des Untergangs der Menschheit zu erzählen, welche in der Message kulminiert, dass ein Verschwinden des Menschen die Natur und damit die Erde positiv

---

707 Quelle: Lyrics zu Python Regius, „Heiligtum in Asche", auf *Orior*, Demoalbum 2014, zit. nach: ebd.

5.2 Die Digitalisierung der Rechtsbezüge seit 2000

beeinflussen würde. Dies bezieht sich direkt auf den Titel, der an den Topos der ‚Reinigung durch Feuer' anknüpft. Für die Interpretation ist die tieferliegende und in sich extrem radikale Botschaft auf der Werteebene ausschlaggebend. Der Chorus liefert ein menschenfeindliches, ja den humanistischen Anthropozentrismus ablehnendes Wertekonstrukt, das durch die von Efthymiou beschriebenen Klangmittel pointiert wird. Die vorzunehmende Analyse sollte sich aber nicht auf einzelne Partiturabschnitte in Isolation fokussieren, sondern auf ein Verständnis der Gesamtkonstruktion aus Text und Klang und der so evozierten Bilder und Narrative abzielen. Diese Evokationen repräsentierten die Szeneimagination im Zeitalter der Diskussion um Filesharing und Copyright.

„Heiligtum in Asche" fällt in der Aufnahme und Produktion in die Periode um 2014, als die in diesem Abschnitt untersuchte digitale Neuverhandlung von Teilaspekten der lokalen Metalness ihren Höhepunkt fand.[708] Ab 2010 wurden vor allem Social Media zum neuen zentralen Konstruktionsfeld der einschlägigen Identitätsfacetten. Die Wertskala, welche in der Message des Songs steckt, ist extrem radikal. Sie verneint das Gute im Menschen, stellt ihn in beinahe zynischer Form als Zerstörer des Planeten, seiner Flora und Fauna dar. Pointiert gesprochen: Es wäre besser, wenn der Mensch durch eine Katastrophe verschwinde.

Diese Message von „Heiligtum in Asche" als letztem Lied des Albums ist wohl bewusst als Klimax des Narrativs des gesamten Langspielers *Orior* an dessen Ende platziert worden. Auch Efthymiou untermauert dies argumentativ. Mit dieser nihilistisch-misanthropischen Moral ist eine Imagination der Rechtsordnung verbunden, die im Laufe der Lyrics des Albums wiederholt auftaucht. Sie fordert das Herstellen von Gerechtigkeit, Gleichheit sowie die (demokratische?) Kontrolle staatlicher und gesellschaftlicher Macht. In den Lyrics zu „Im Feuer der Utopie", „Die Horde der Regentschaft", „To Redeem and Dictate Humanity's Soil (The Watchtower Part 1)" und „Subordi-Nation (The Watchtower Part 2)" taucht wiederholt der Kampf um Recht, Gerechtigkeit und gegen tyrannisch-destruktive Herrschaft als Kernmotiv auf. Gerade in „Die Horde der Regentschaft" wird dies musiksprachlich unterstrichen, indem die Message-stiftenden Parts durch Lagenwechsel im Gesang markiert sind.

Auf den ersten Blick scheint dieses Vertreten einer misanthropischen Moral und der lyrische Kampf um Recht und authentische Gerechtigkeit wenig mit den Debatten um Filesharing und Copyright zu tun zu haben. Gräbt man jedoch tiefer, tauchen eindeutige Parallelen der Motiv-, Werte- und Rechtsdiskussionen auf. Nicht nur, dass die Auflehnung und Rebellion gegen Unterdrückung sowie der Kampf für Gerechtigkeit Kernmotive des „Breaking the Law"-Mythos seit jeher waren – noch darüberhinausgehend thematisiert das Album *Orior* im Gesamten und der Song „Heiligtum in Asche" in besonders fokussierter Form jene Themen, die lokal diskutiert wurden. In der Message von „Heiligtum in Asche" verdichten sie sich in der radikalsten Form: Das Narrativ des gesamten Albums

---

708 Vgl. vor allem wieder die Interviews Nr. 4, 8 und 16.

thematisiert den Kampf um eine neue Rechtsordnung, die aus dem rebellischen Kampf um die Wiederherstellung der Gerechtigkeit hervorgehen soll. Es geht um nicht weniger als die Frage, was gerecht ist, wo der Rechtsbruch beginnt und welche Werte die Szene zu vertreten habe.

Der empirische Kreis zu den Debatten um Moral und Rechtsbruch im Rahmen des Diskurses um Filesharing und Copyright schließt sich endgültig, wenn man die breitere Geschichte der Band Python Regius und des Albums *Orior* miteinbezieht.[709] Noch bevor das fertig produzierte, professionell eingespielte und designte Album von einem Label veröffentlicht werden konnte, zerbrach die Band an internen Streitigkeiten um Urheberrechte an der Musik und deren Vermarktung. Im Verlauf des Splits bildeten sich in der Gruppe zwei Lager. Auf beiden Seiten wurden Anwälte eingeschaltet, die Situation schließlich in einem mediationsartigen Prozess gelöst. Die Band zerbrach, die Musik des Albums zirkuliert jedoch bis heute teils auf YouTube.[710] Im Diskurs während des Zerbrechens der Gruppe ging es um den Wert der einzelnen, von den Mitgliedern komponierten Stücke, um Copyright und um Vermarktung. Zugleich wurden Recht und Rechtssystem als Schutz der Metal-Musik wahrgenommen und so eine Lösung gefunden. Eine Oral-History-Stimme zu dieser Episode betont, dass Rechtsbezüge, Protest gegen Ungerechtigkeit und Moralphilosophie schon vor dem Streit Hauptthemen der Stücke gewesen seien und somit in gewissem Sinne in der Bandgeschichte zu Realität wurden.[711] Damit schließt sich der Kreis zur hier untersuchten Debatte: In den Streitigkeiten in der Band Python Regius um 2014 wurden die Fragen um den Wert der Musik, den Rechtsbruch bei illegaler Teilung, Veröffentlichung und Vermarktung so beantwortet, dass ein ‚Gentlemen's Agreement' – vor dem drohenden Schatten eines Gerichtsprozesses mit unabsehbaren Rechtsfolgen – die Situation auflöste. Am Ende dieser Mikrohistorie waren die Bandmitglieder Metalheads und Wahrer*innen ihrer Rechte zugleich.

Kondensiert fasste diese Lösung zusammen, wie in den etwa 15 Jahren davor der Diskurs geführt wurde. Nach teils heftiger lokaler Kritik an Protagonist*innen wie Metallica, aber auch an Plattformen wie Napster, die die Künstler*innen entrechten und hemmungslos ihre Musik teilen würden, wurde im Verlauf von mehreren Jahren Diskussion ein neuer moralisch-rechtsbezüglicher Status quo erreicht. Die Debatte oszillierte längere Zeit zwischen Befürworten des freien Teilens und dessen Verurteilung, bevor sich ein Beschwören des Szenezusammenhalts und weiteres Unterstützen der Bands per CD-Kauf als neuer Minimalkonsens durchsetzten.[712] Die Konstruktionen der lokalen Metalheads als Rebell*innen gegen das kapitalistische Mainstream-Popsystem *und* zugleich

---

709 Hierzu zentral: Interview Nr. 4; kontextuell auch Nr. 1 und 8; die folgenden Ausführungen zu Band- und Album-Geschichte beziehen sich hierauf.
710 Vgl. YouTube 2015.
711 Vgl. Interview Nr. 4.
712 Zentral wieder: Wick 2010 und Haring 2002; kontextuell auch die Interviews Nr. 8 und 16.

5.2 Die Digitalisierung der Rechtsbezüge seit 2000

Wahrer*innen des Rechts auf Schutz der Metal-Musik flossen im Bild der authentischen Metal-Fans, die die Musik weiterhin bewusst kauften, zusammen; zumindest in der Öffentlichkeit des nun weitgehend digitalen Diskurses. Die durch die weitergehende Digitalisierung der Rechtsbezüge im Diskurs um Filesharing und Copyright vorangetriebene Konturierung der Metalness basierte auf den Werten des Respekts vor der Musik, authentischer Hingabe an die Szene-Community und der Verteidigung des Outlaw-Mythos.

Die Geschichte der Band Python Regius, ihres Songs „Heiligtum in Asche" und des Albums *Orior*, welche in einer Mediationslösung um den Schutz und die Vermarktung der Musik endete, fasst diesen lokalen Debattenprozess gleich einem mikrohistorischen Resümee zusammen. Im Zuge der Debatten mussten sich die steirischen Metalheads die Fragen stellen und folgend beantworten, was ihnen ihre Musik als Hauptkulturgut der Szene wert war und welchen Rechtsschutz sie ihr praktisch und moralisch zuerkannten. Indem am Ende dieser Entwicklung, die auf *Orior* vertont wurde, die Metalheads als Wahrer*innen des Respekts vor Metal und des Rechts auf Schutz der Musik konstruiert wurden, war die Frage beantwortet. Die Antwort bestand in einer weiteren Konturierung der Szeneidentitätskonstruktion über digitale Rechtsbezüge, die auf Appelle an die authentische Moral der Mitglieder abzielten. „Breaking the Law" als Protesthaltung wurde weiterhin kultiviert, aber *nicht* gegen die eigene Community.

Drei digitale Rechtsgeschichten aus der Steiermark

Die letzten beiden Abschnitte drehten sich um die Weiterentwicklung des Outlaw-Mythos sowie Filesharing und Copyright als zwei Teilprozesse der Digitalisierung der Rechtsbezüge ab 2000. Die Digitalisierung war noch durch ein ganzes Bündel weiterer Rechtsgeschichten im und um Metal in der Steiermark gekennzeichnet. Historisch verbunden waren die einzelnen Stränge dadurch, dass sie in ihrer Gesamtheit eine weitere hybride Verflechtung der analogen und digitalen Diskursräume bewirkten. Sie mögen im Einzelnen teils nur wenig reichweitenwirksam gewesen respektive nur einzelne Subareale der Szene betroffen haben, in ihrer Verflechtung fügten sie sich aber transformationswirksam in den historischen Gesamt-Szeneprozess ein. Dies betraf Rechtsthemen, die in der Musikproduktion zunehmend digital verarbeitet wurden;[713] ferner die Bildwelten der Szene, die zunehmend digital entstanden und immer mehr einer postmodernen Digitalästhetik folgten; und auch die ‚realen' Diskussionen bei Konzerten oder in Lokalen, wo über diese Themen gesprochen wurde.[714] Im folgenden Abschnitt werden drei solcher digitalen Rechtsgeschichten beschrieben.

---

713 So etwa in der Produktion des eben analysierten *Orior*; vgl. Interview Nr. 4 sowie Musikanalyse Nr. 16, Übersicht im Anhang.
714 Zu Szenediskussionen zur Digitalisierung: Interview Nr. 16.

Cyberästhetik

Die erste dieser digitalen Rechtsgeschichten betrifft die Entwicklung der Bildwelten auf Plattencovers, Konzertflyern und Band-T-Shirts. Wenn man auf die für den Zeitraum von 2000 bis zur Gegenwart gesammelten Quellen dieser Typen blickt, fällt auf, dass sich ihre visuelle Gestaltung in Richtung einer Digital- oder Cyberästhetik veränderte.[715] Zumeist sind sie dadurch gekennzeichnet, dass entweder deutlich erkennbar ist, dass sie digital gestaltet wurden oder dadurch, dass sie die Digitalisierung zum Thema machen. Der Flyer zum Konzertevent „Bloodworks" (Abb. 15),[716] welches am 3. November 2006 mit den Bands Sanatorium, Azrael, Darkfall, Kroenmorth und Wydfara's Prophecy im „Explosiv" in Graz stattfand, ist ein Beispiel dessen. Die Quelle wurde mit hoher Wahrscheinlichkeit in einem digitalen Umfeld gestaltet und referenziert die Digitalisierung als Kontext der frühen 2000er-Jahre. Der Flyer enthält abseits der Namen der Bands und Informationen zu Ort, Zeit, Veranstalter*innen und Eintrittspreis eine eher schemenhafte Szenerie, die Assoziationen zu toten Körpern bzw. Blut und Blutlachen weckt. Die Komposition erscheint als eine digitalisierte Aktualisierung jener Codes, die in den 1980er-Jahren schon Covers der Band Slayer oder jenes von Metallicas Debüt *Kill 'Em All* ausmachten.

Analysiert man den Flyer, geht es weniger um die Quellenkritik im klassischen Sinne.[717] Wie in beinahe allen Fällen solcher Quellen ist die Traditionskette unproblematisch und auch die Autorenschaft gut zu rekonstruieren. Analytisch entscheidend sind vielmehr die im Bild semiotisch konstruierte Form der Metalness, die Art des Rechtsbezugs sowie die Rekonstruktion der Veröffentlichungsbahnen, über die der Flyer zirkulierte. Wie in vielen Fällen ist dieser Flyer heute online zugänglich.[718] Er ist im globalen Raum des Digitalen als steirische Szenequelle repräsentiert. Wenn man auf das bildliche Motiv blickt, ist der erste Eindruck, dass kein Zweifel daran gelassen werden sollte, dass das Motiv per PC oder mit anderen, digitalen Instrumenten der Zeit gestaltet worden war. Dies ist aus der figürlichen, aber ‚pixelhaften' und wenig detailreichen Darstellung erschließbar. Dies impliziert keine qualitative Bewertung der Darstellung. Die semiotische Analyse lässt vielmehr aus dem Motiv und seinen kulturellen Querbezügen ein Selbstzitat der Szene erkennen: Da die Abbildung – im Zeitalter der zunehmenden Digitalisierung! – den digitalen Produktionskontext des Flyers so deutlich hervortreten lässt, ist das Bild als Selbstthematisierung der Szene im Zeitalter ihrer digitalen Durchdringung zu werten. Das Motiv arbeitet mit den

---

715 Vgl. die Flyer 8–38, auch die Cover 20–41, sowie alle T-Shirts als Quellen im Korpus, jeweils in der Übersicht im Anhang.
716 Zugleich Flyer 37, Übersicht im Anhang.
717 Vgl. Pichler 2022b.
718 Nämlich wieder hier: Krammer 2023.

5.2 Die Digitalisierung der Rechtsbezüge seit 2000

klassischen Metal-Codes von Blut, Gewalt usw. Über den Cyberlook wurde es jedoch zur Thematisierung der damals gegenwärtigen Szenezeit im November 2006. Die ästhetische Message der Quelle lautete: „Wir sind Metal, aber wir sind digital!"

Abb. 15: Flyer zum Event „Bloodworks" (2006).[719]

Durch diese semiotische Konfiguration entsteht der Rechtsbezug der Quelle. Die Darstellung durchbricht über die benutzten Codes die im Mainstream gewohnte Darstellung einer ‚heilen Welt' – genau wie es die Bildwelten des Metal im Falle Slayers und anderer Thrash- und Extreme-Metal Bands schon seit den 1980ern taten. Damit ist diese Quelle im semiotischen Gehalt sowohl mit transgressiven Werten verbunden (da sie die Freiheit einfordert, ansonsten im Mainstream-Pop nicht dargestellte Themen zu verbildlichen) als auch mit traditionellen (da sie zugleich die Traditionen der Metal-Werte seit den 1980ern bewahren will). Der Rechtsbezug ist mit der Selbstthematisierung der Szene direkt verknüpft: In der Selbstthematisierung nimmt man gleichsam für sich in Anspruch, die mit den Bildern evozierten ‚Rechtstatbestände' (Gewalt, Tötung, vielleicht sogar Mord) *selbst bewerten* zu können. Dadurch wird die Selbstthematisierung zum *claim*, selbst die (Szene-)Gesetze bestimmen zu dürfen. Ein Akt, so fiktional und imaginativ, wie der Rechtsbezug im Metal seit jeher war – ganz auf Linie des „Breaking

---

[719] Bildquelle: https://www.facebook.com/photo/?fbid=448700762470045&set=pcb.448704135803041&locale=de_DE [18.1.2024].

the Law"-Mythos. Indem dieser Bezug durch das Prisma der Digitalästhetik gebrochen wurde, schrieb sich der Rechtsbezug transformiert und in neuer Form in die Szeneimagination ein. Dies war nicht ‚alter Wein in neuen Schläuchen', sondern eine ästhetische Neukonfiguration, die bewusst die damalige Gegenwart zum Ausgangspunkt eines neuen Blicks auf die lokale Szene machte. Der Flyer zu „Bloodworks" ist ein Beispiel dieses neuen, digitalästhetischen Blicks.

Der Diskurs um „Bloodworks" mag sich auf einen historischen Mikro-Raum beschränkt haben, aber die Vielzahl weiterer, eine ähnliche Ästhetik aufweisende Quellen dieser Periode verdeutlichen die vernetzte Wirkung mehrerer solcher Episoden.[720] Diese ästhetische Digitalisierung fügt sich in den Gesamt-Szeneprozess ein. Dieses erste digitale Rechtgeschichte verbindet sich mit einer zweiten, welche zunächst vor allem in den Daten der Oral-History-Forschung greifbar wird. Das Vordringen des Internets in alle Regionen der Steiermark war der Hintergrund dieser Entwicklungen. Dieser Prozess, der schon weiter oben als prägend geschildert wurde, scheint um 2010 weitgehend abgeschlossen gewesen zu sein. Er war die Voraussetzung einer neuen Verfügbarkeit von Musik (und zwar Musik aller Couleurs und Stile), die sich auf die Sozialisationsformen der betroffenen Szenen auswirkte. Die Grenzen zwischen den Genres wurden noch durchlässiger und ein stilistischer Eklektizismus zum Wert des Musikgeschmacks. Dieser Stileklektizismus macht die zweite zu schildernde steirische Rechtsgeschichte aus.

Stileklektizismus

Der eklektische Zugang wurde für die Metal-Community zu einer regelrechten kulturellen Herausforderung. Das Outlaw- und „Breaking the Law"-Mythengeflecht der Metalheads setzte ja voraus, dass ‚Metaller*innen' *nur* Metal repräsentierten (zumindest weitestgehend). Diese Mythologie samt ihrem Rechtsbezug beruhte schließlich auf dem Konstrukt der Singularität der Metal-Szene. Der Mythos legte daher eine *ausschließliche* Identifikation mit der Rolle als Metalhead nahe. In der Zeit um 2010 scheint sich dies unter den neuen Verfügbarkeitsvoraussetzungen aller Popmusikformen gewandelt zu haben. Die Erinnerung eines männlichen Zeitzeugen an eine für ihn einschneidende Erfahrung in diesem Kontext lässt den Wandel anekdotenhaft und anschaulich hervortreten. Auf die Frage nach dem momentanen Zustand der steirischen Szene zum Zeitpunkt des Interviews im Jahr 2021 antwortete er zur Überraschung des Interviewers mit einer memorialen Rückblende:

> P: „Na ja, eine Szene kann es nur geben, wenn es Bands gibt. Und die [aktiven] Metal-Bands, glaube ich, […] in der Umgebung [in Gleisdorf als Umfeld des Interviewees], kannst du an einer Hand abzählen […]. Also […] das war 2008 noch ganz anders […]. Für mich hat

---

[720] Vgl. die Flyer 8–38, auch die Cover 20–41, sowie alle T-Shirts als Quellen im Korpus, jeweils in der Übersicht im Anhang.

5.2 Die Digitalisierung der Rechtsbezüge seit 2000

es [...] einen Schlüsselmoment gegeben [...]. Das wird gewesen sein [...] [um] 2010 [...] irgendein Kulturkellerkonzert [d. h. ein Konzert im ‚Kulturkeller Gleisdorf'[721] als zentrale Location dieses Raums]. Es war irgendeine Deathcore-Partie [...] [nach dem Konzert stieg der Sänger der Band von der Bühne herunter] zu seinen Freunden; seine Freunde [...] [waren] ein Punk, ein Technofutzi [eine abwertende Bezeichnung für einen Technofan], ein Hippie, ein Rastafari und ein [...] DJ und dann sagten sie, ‚Passt, und jetzt fahren wir in die Disko!'. Und da habe ich gemerkt, da ist jetzt was anders. Weil, das hätte es früher nicht gegeben. Auch ohne Wertung, die Punks sind mit den Punks fortgegangen, die Metaler mit den Metalern und so weiter und so fort."[722]

Als memoriales Narrativ ist diese Schilderung in mehrerlei Hinsicht bemerkenswert. Sie fasst in sich zusammen, wie die Szene als Community der Metalness mit dem neuen Stileklektizismus umging und wie sich dieser auf die Digitalisierung des Rechtsbezugs auswirkte. Zunächst ist die gleichsam suggestive Form der Narration, welche der Zeitzeuge konstruiert, auf der Wert- und Rechtsbezugsebene zu beleuchten. Zwar betont er, dass die geschilderte Episode des gemeinsamen Diskobesuchs von Metal-, Techno-, Punk-, Hippie-, Rasta- und DJ-Kultur-Anhänger*innen „ohne Wertung" zu sehen sei. Dennoch konstatiert er, dass es *vor* dem Einbruch dieses Eklektizismus eine vitale Metal-Szene mit zahlreichen Bands gegeben habe, *danach* aber nicht mehr. Als Moral der Erzählung enthält diese Anekdote daher die These, dass der Eklektizismus zu einer Aushöhlung authentischer Szeneidentitäten, vor allem der Metal-Identität, geführt habe. Dafür wird die erzählte Episode gleichsam als Beleg angeführt – auch in anderen Passagen dieses Interviews.[723]

Für den hier analysierten Prozess ist dann weiterführend der strukturelle Hintergrund der geschilderten Episode bedeutsam. Waren in den 1990er-Jahren die Anhänger*innen von gitarrenorientierten Popgenres noch weitgehend unter sich geblieben, so waren Szeneidentitäten um 2010 deutlich flüssiger geworden. Nicht nur dieser Interviewee, sondern mehrere – jüngere und ältere – befragte Interviewpersonen schilderten ähnliche Erinnerungen an einen starken Stileklektizismus.[724] Es liegt nahe, dass in allen Fällen die neue digitale Verfügbarkeit von Popmusik aller Couleurs zeitlich mit dem Aufkommen dieses forcierten Eklektizismus zusammenfiel. Der Aspekt der imaginierten Singularität der Metal-Identität macht verständlich, warum die geschilderte Episode für den oben zitierten Interviewee so hohe Relevanz hatte. Als Erfahrung stellte sie gleichsam seine gewohnte Metal-Identität in Frage. Da der Rechtsbezug des Outlaw- und „Breaking the Law"-Mythologems an der Identitätsbasis in die Singularitätsimagination eingeflochten war, wurde die Metal-Identität *gerade dort* durch den Eklektizismus erschüttert. In der neuen Verfügbarkeit von Musik

---

721 Vgl. die Website der Location: Kulturkeller Gleisdorf 2024.
722 Quelle: Interview Nr. 18.
723 Vgl. ebd.
724 Vgl. zu diesem Eklektizismus und einem vertretenen Szene-Pessimismus: Interviews Nr. 2, 5, 6, 15 und 20.

durch Digitalisierung als strukturellem Hintergrund der Erschütterung um 2010 schließt sich daher der Kreis in dieser zweiten Rechtsgeschichte. Die Identitätserschütterung führte dazu, dass ein erweiterter Diskurs um Recht, Rechtsbezug und Wertebasis des „Breaking the Law"-Mythos geführt wurde – wie im Falle des Interviewees. Die in den vorigen beiden Kapiteln geschilderten Prozesse sind teils auch Aspekte dessen. Die Identitätsneuverhandlung startete dann folgerichtig dort, wo die Erschütterung die Szene örtlich-kulturell traf: in den digitalen Diskursen. Die Orte der Infragestellung wurden zugleich zu jenen Orten, an denen die notwendige Teilneubestimmung verhandelt wurde.

Gerade für die Zeit um 2010 sind in den Oral-History-Interviews subtile, aber bemerkenswerte Verschiebungen in Erzählungen zum Outlaw-Mythos feststellbar. Wurde der Mythos vorher zwar teils schon hinterfragt, so wurde er doch immer als das ‚beste' und im Prinzip singulär ‚wahre' sowie ‚authentische' Identitätsangebot repräsentiert – zumindest im tragenden Szenediskurs im Netzwerk um die Jugendzentren und andere neuralgische Strukturen der Community.[725] Um 2010 ist gerade in der Rede jüngerer Szenemitglieder (sowohl männlicher als auch weiblicher) das Aufkommen einer neuen, stärker ironischen Sprechhaltung festzustellen.[726] Nach wie vor werden die Metalheads als Outlaws konstruiert, die gegen „ungeschriebene Gesetze" einer unfairen Gesellschaft kämpften, aber durch die Ironie wird die Singularität relativiert und gebrochen. Noch viel stärker als zuvor schon im Wertediskurs der 1990er-Jahre wurde nun auch der Outlaw-Mythos als nur ein Identitätsangebot unter vielen einer digitalen und globalen Postmoderne betrachtet. Der neue Eklektizismus bewirkte dies durch die von ihm ausgelöste Erschütterung von Singularität, Identität und Rechtsbezug. Dies war der Kern der zweiten hier geschilderten digitalen Rechtsgeschichte. Die Transformation, die sie ausmachte, führte im Bereich ihrer Wirksamkeit dazu, dass die Digitalisierung die Anpassung der Einzigartigkeitsforderung an die Wirklichkeiten der sie umgebenden hochpluralen Kulturwelt erzwang – zumindest dort, wo dieser Identitätsschock digital Fuß fasste.

Auch diese zweite Rechtshistorie mag in ihrer Reichweite begrenzt wirksam gewesen sein. Die zunehmende Präsenz der ironischen Sprechhaltung illustriert jedoch die Relevanz für den Gesamt-Szeneprozess. Ein Oral-History-Interview mit einer weiblichen Szenegängerin, die in den Jahren um 2010 in die Szene fand, zeigt ein weiteres Mal den strukturhistorischen Hintergrund dieser Entwicklung auf und führt zugleich zum Thema der dritten, hier zu schildernden Transformation über. Die interviewte Szenegängerin geriet gegen Mitte ihres vierten Lebensjahrzehnts durch den Tod ihres Ehepartners in eine Lebenskrise.[727] In dieser

---

725 So zum „Explosiv" etwa in Nr. 1, 5 und 6; zur „Bunten Fabrik" in Kapfenberg in Nr. 15 und teils in Nr. 12; zum „Kulturkeller Gleisdorf" in Nr. 18; zum Jugendzentrum Deutschlandsberg in Nr. 8 und 20.
726 So etwa in Bezug auf Geschlechterbilder in Interview Nr. 1; zu Musik in Interview Nr. 20; zu Authentizität in Interview Nr. 3.
727 Vgl. Interview Nr. 14.

5.2 Die Digitalisierung der Rechtsbezüge seit 2000

Krise und auf der Suche nach persönlichem Sinn erinnerte sie sich an die positiven Emotionen, welche sie in ihrer Jugend mit Rock- und Hardrock-Musik verband. Sie besuchte ab diesem Zeitpunkt in zunehmender Frequenz Metal-Konzerte und -Festivals und wurde zu einem tragenden Mitglied der steirischen Community. Für die Untersuchung ist an dieser Stelle fundamental, dass für ihr Anknüpfen an die Metal-Szene und für die Konstruktion ihrer individuellen Metal-Identität die immer wichtiger werdenden Social Media, vor allem Facebook, zur strukturgeschichtlichen Voraussetzung wurden. Neben den Besuchen von Konzerten etablierte sie ihre eigene Facebook-Seite als Kristallisationspunkt ihrer Szeneaktivitäten. Ihren Umgang mit der Lebenskrise und der persönlichen Suche nach Sinn erinnerte sie so:

> P: „[...] ich habe mich [...] auf das zurückbesonnen, was ich in meiner Jugend gerne [gehabt] [...] habe, und das war die [Hardrock-]Musik. Und irgendwann ist [...] die Idee entstanden, dass ich mit meinem Sohn [...] zum Nova Rock [einem Rockfestival in Nickelsdorf, Burgenland] fahre. [...] Ich bin [...] zu der Bühne gegangen und habe mir alles Mögliche angeschaut. Und [am] Nova Rock [...] waren [...] Plakate von Konzerten und dann haben wir gesagt, ‚Okay, fahren wir halt ab und zu auf ein Konzert.' [...] so ist das [...] immer mehr geworden mit den Konzerten. Dann [besuchte] [...] ich zuerst [...] österreichische Festivals, dann sehr viele deutsche Festivals [...]. Und [schließlich war ich auch auf Festivals] in Norwegen [...] und Finnland."[728]

Diese Erinnerungen bilden den memorialen Vorspann zu den grundlegenderen Passagen ihrer Erzählung, in denen sie über die wesentlichen Umstände der Entstehung ihrer individuellen Stellung in der Szene und ihre Auffassung zur Metal-Community und -Identität in der Steiermark berichtete.[729] Dieser memoriale Vorspann macht deutlich, dass die existenzielle Krise des Verlusts des Ehemanns für sie zum Ausgangspunkt einer gleichsam logischen Entwicklung hin zum Metal werden sollte. Metal steht hier für Sinn und Halt im Leben. Die folgenden Passagen zu Identität, Metal-Szene und ihrer Einstellung zu beidem verdeutlichen dies:

> I: „Was macht [...] Metal [...] für dich aus?"
> P: „[...] ein Familiengefühl irgendwie. Es ist die Begeisterung für die Musik auf der [...] einen Seite. Und auf der anderen Seite, du kommst dorthin [zu einem Szeneevent wie einem Konzert oder Festival], da kommen sie [die anderen Szenemitglieder] dir entgegen [...] das ist einfach die Herzlichkeit."[730]

Diese Metapher der Metal-Szene als „Familie" tauchte schon weiten oben auf – sie war wichtig im Kontext der Geschichte des „Jugend- und Kulturzentrum Explosiv" (siehe Abschn. 3.3, Wertegenese im „Jugend- und Kulturzentrum Explosiv"). Diese individuelle Biographie, in welcher die Metal-Familie noch stärker als sonst als Garant von Sinn und Halt im Kontext existenzieller Krisenerfahrung

---

[728] Quelle: Interview Nr. 14.
[729] Vgl. ebd.
[730] Quelle: ebd.

fungierte, verdeutlicht abermals die Wichtigkeit dieser Metapher für die Imaginationswelt der Szene. Die ‚Familie' des Metal füllte gleichsam einen vorhandenen Leerraum im Leben dieser Szenegängerin. Dies macht die eben zitierte Passage der Erinnerung deutlich, sie baut auf dem Schildern der Festivalbesuche auf. Entscheidend für ihre persönliche Rollenfindung in dieser Szenefamilie wurde die journalistische Tätigkeit der Zeitzeugin. Nachdem sie bei einem Online-Webzine erste Erfahrungen im Schreiben von Konzert- und Plattenreviews sowie als Konzertfotografin gesammelt hatte,[731] fasste sie den Entschluss, ihre eigene Facebook-Seite zu etablieren:

> P: „Und dann habe ich mir gedacht, ‚okay, dann mache ich meine eigene Seite auf Facebook'. [nämlich sozusagen eine] [...] Neuigkeiten-Seite, nicht. Weil da bin ich frei zu entscheiden, was tue ich hinein, genau. Und ich nutze sie jetzt [...] auf der einen Seite für CD-Reviews, auf der anderen Seite für Konzertfotos und dann auch wieder für Reisebilder."[732]

Diese zunächst scheinbar nur kurz eingeworfene Bemerkung macht bei näherer Betrachtung die Klimax des Identitätsnarrativs der Zeitzeugin aus. Erstens war das Starten der eigenen Facebook-Seite für die Konstruktion ihrer Szeneidentität faktisch von elementarer Relevanz. Im weiteren Verlauf der Jahre um 2010 wurde die Seite[733] zum zentralen Knotenpunkt ihres Metal-Diskurses. Die Facebook-Seite bestimmt bis heute ihre Funktion und Rolle in der Szene. Ohne diese Seite wäre ihre Szeneidentität eine erheblich andere. Zweitens verdeutlicht dies nochmals den strukturgeschichtlichen Hintergrund der zweiten oben geschilderten Rechtsgeschichte. Computer und das Digitale, vor allem Social Media, waren um 2010 so wichtig geworden, dass ganze Szene-Biographien und Identitäten in ihnen konstruiert wurden, faktisch von ihnen abhingen. Das Digitale war gleich wichtig wie das Analoge geworden – und verband sich zusehends mit Letzterem.

‚Computer-Metal'

Dies führt über zur dritten, hier zu schildernden Rechtsgeschichte. Die Erzählung der Zeitzeugin, welche von Festivalbesuchen als Krisenbewältigung über das Eintauchen in die Metal-Familie hin zur Rolle als Szenejournalistin auf Facebook führte, legte offen, dass das Digitale spätestens ab diesen Jahren zur zweiten zentralen Infrastruktur der Szenekultur geworden war. Durch diesen Wandel wurden Metal und Metalness immer stärker auch im digitalen Umfeld produziert. Mit dem raschen technologischen Fortschritt und dem Billiger-Werden von Equipment wurde es einfacher, Metal-Musik als das zentrale Kulturgut der Szene zumindest semiprofessionell gleichsam zuhause aufzunehmen. Damit

---

731 Vgl. ebd.
732 Quelle: ebd.
733 Aufgrund der Anonymisierung wird hier auf einen Detailverweis und die Nennung der Seite verzichtet.

5.2 Die Digitalisierung der Rechtsbezüge seit 2000

wurde auch steirischer Metal – analog zum globalen Prozess – immer mehr zum ‚Computer-Metal', der digital produziert wurde. Parallel dazu wurde das Digitale selbst stärker zum Thema der Musik, samt der Rechtsbezüglichkeit. Dass Metal immer mehr von der Digitalinfrastruktur abhing, ist das Kernthema dieser dritten, steirischen Rechtsgeschichte.

Die Erzählungen[734] eines Zeitzeugen, welcher auch als Gitarrist in einer Band aktiv war, veranschaulichen, wie sehr Computer zur technologisch-materiellen Basis der steirischen Metal-Kultur geworden waren. Besonders anschaulich sind die Erinnerungen an seinen Präsenzdienst beim Österreichischen Bundesheer. Es ließe sich zunächst vermuten, dass die hierarchische Struktur einer sozialen Formation wie des Bundesheeres mit den rebellischen Identitätsmustern des Metal konfligieren könnte. Dies war in der Erzählung dieses Interviewees nicht der Fall, was wiederum die Frage nach uniformierenden und konservativen Aspekten des Metal aufkommen lässt. In anderen Interviews wurde das Umfeld des Militärischen als Anlass zu rebellieren geschildert.[735] Über seine Zeit des Grundwehrdienstes berichtete der Interviewee:

> P: „Ja und dann war ich beim Bundesheer [...] das mit dem Proben [...] und in [einer] Band [aktiv] sein [war dadurch] unter der Woche [...] und [auch] am Wochenende schwierig [...]. Aber sie [d. h. die Verantwortlichen beim Militär] haben mich die Gitarre mit hinein nehmen lassen [in die Kaserne]. Ohne Verstärker halt."
> I: „Wie war das so als Metaller im Bundesheerumfeld, fällt man da auf [...]?"
> P: „[...] nein, gar nicht so. [...] Du hast ja einen persönlichen Gegenstand haben dürfen, wenn er halt zugelassen war, wenn er größer war. Die haben beim Empfang gesagt, ja, wenn ich es halt nicht laut mache [...] die E-Gitarre allein, ohne irgendwas, aber es hat gereicht [um Songs zu] schreiben."[736]

Diese Passagen weisen abermals daraufhin, wie eng das Zusammenspiel von konservativ-uniformistischen und rebellischen Wertskalen im Metal war und ist. Die hierarchische Welt des Bundesheers wurde zum Ort, an dem der Zeitzeuge Metal-Musik schrieb, wenn auch unter Maßgabe der genannten Einschränkungen. Für die Rechtsgeschichte des ‚Computer-Metal' paradigmatisch sind die folgenden Stellen der Erinnerung, wo beschrieben wird, wie das Komponieren vor sich ging:

> P: „Und ich habe mir [...] damals den ersten Laptop gekauft [...]. Das war so ein fettes Ding, [...] wenn du ihn eingeschalten hast, dachtest du, du machst einen Kaffee [...] also [...] von den Lüftern her [welche einen hohen Geräuschpegel des Computers beim Hochfahren verursachten]. Aber es war genug, dass ich [...] in [...] einem Tabulatoren-Programm [...] die Ideen aufschreiben habe [...] können. Und [...] das habe ich auch immer mitnehmen

---

734 Vgl. Interview Nr. 8.
735 Hierzu vor allem für die 1980er: Interviews Nr. 5 und 6; kontextuell zum Umgang mit Autoritäten auch: Nr. 9 und 11.
736 Quelle: Interview Nr. 8.

"[...] können [...], wenn sie uns irgendwo hinverschoben haben in Österreich [...]. Und nachdem ich kein Auto gehabt habe [...], war ich [...] unter der Woche immer in der Kaserne [...]. Und da bin ich halt immer alleine gesessen [mit der Gitarre und dem Laptop]."[737]

Der Interviewee schilderte also, wie für ihn das Schreiben neuen Songmaterials vor sich ging. Aufgrund der freien Zeit, die er in der Kaserne zu überbrücken hatte, wurde diese die Zeit des Komponierens. Hierfür war sein Notebook, das aufgrund der technologischen Entwicklung taugte, für die Notation von Kompositionen eingesetzt zu werden, die notwendige Hardwarevoraussetzung. Ohne dieses Notebook würde es die in dieser Zeit vom Interviewee geschriebene Musik nicht geben – zumindest nicht in der auf diese Weise komponierten Form. Diese Episode verdeutlicht auf anschauliche Weise, wie in den Jahren nach 2000 der steirische Metal immer mehr zum ‚Computer-Metal' wurde. Die Musik wurde nicht mehr nur auf PCs gespeichert, sondern zunehmend digital notiert und schließlich auch digital produziert.

‚Computer-Metal' beinhaltet, dass das Digitale zum Thema und zugleich zum Ursprungsort der Musik wurde – auch im Rechtsbezug. Die Rechtsbezüglichkeit und die Werte, die am Outlaw-Mythos hingen, mussten zunehmend den Filter des Schaffens von Musik im Digitalen passieren. Der Prozess der ‚Computerisierung' wurde auch in der Musik selbst reflektiert. Die Untersuchungen, welche Charalampos Efthymiou für Musikwerke dieser Phase vorlegte, lassen hierzu zwei wichtige Aspekte erkennen. Erstens folgte der steirische Metal ebenso in diesem Kontext den globalen Entwicklungen – wenn auch gerade im Subgenre des Black Metal mit dem schon öfter genannten „Delay" von bis zu 15 Jahren.[738] Zweitens wurde diese „Verspätung" umso weniger, je weiter die Digitalisierung in die peripheren Regionen der Szene vordrang. Dies liegt nicht nur intuitiv nahe, sondern bestätigt globale und lokale Forschungen.[739]

Für die Untersuchung des ‚Computer-Metal' und die Rolle des Rechtsbezugs impliziert dies, dass Efthymious Musikanalysen als das Erforschen zunehmend digitalen Kulturmaterials zu begreifen sind. Die Musik, die erforscht wurde, entstand zunehmend digital und wurde digital vermittelt. Die Analysen der Werke der steirischen Bands Klynt, Blessmon, Asmodeus und Python Regius legen dies nahe.[740] Der Rechtsbezug im Diskurs dieser Bands ist hierauf hin zu analysieren. Am deutlichsten sind die Kernparameter der Veränderung in Efthymious Analyse von „Lawless Darkness" und „Outlaw" der Band Watain zu erkennen. Watain sind eine schwedische Band. Da aber die steirische Szene sich gerade im Black Metal den schwedischen Stil als Vorbild nahm und äußerst starke musiksprach-

---

737 Quelle: ebd.
738 Vergleiche vor allem die Musikanalysen 13, 16 und 17, Übersicht im Anhang.
739 Vgl. ebd.; sowie zur zunehmenden ‚Glokalität': Pichler 2022b; und für die Gothic-Subkultur wieder: Spracklen/Spracklen 2018, 123–135.
740 Vgl. Musikanalysen Nr. 13, 16, 17 und 18, Übersicht im Anhang.

5.2 Die Digitalisierung der Rechtsbezüge seit 2000

liche Parallelen zu konstatieren sind, erlauben sich Analogieschlüsse. Zum instrumentalen Song „Lawless Darkness", welcher im Transformationsjahr 2010 erschien, schreibt Efthymiou:

> „Das Tempo bleibt bis auf eine kurze Stelle durchgehend langsam. [...] Dieser instrumentale Song klingt somit ganz anders als alle anderen Songs des Albums [gleichen Titels]. [...] Es ist festzustellen, dass der Song im Hinblick auf das Tempo und die Soli einmalig im kompositorischen Schaffen der Band [...] zu diesem Zeitpunkt ist."[741]

Efthymiou leitet dieses Urteil aus einer ausführlichen musikhistorischen Kontextualisierung des Songs und des Albums her.[742] Er arbeitet einen klaren Entwicklungsbogen von der Musik der ‚ersten Welle' des Black Metal hin zur ‚zweiten Welle' heraus, in welcher die schwedische Szene und Watain deutlich identifizierbare, musiksprachliche Eigenheiten aufweisen. Dieser Entwicklungsbogen zeigt sich mit der genannten Zeit des „Delays" auch im steirischen Black Metal, was Analogieschlüsse erlaubt.[743]

Zwar sieht Efthymiou im Musikmaterial von „Lawless Darkness" keine direkte Umsetzung der Outlaw-Mythologie, doch bringt seine Analyse als kulturhistorische Quelle eine entscheidende Erkenntnis.[744] Musiksprachlich ist der Song „einmalig" und somit singulär im Schaffen der Band bis 2010. Pointiert gesprochen: In der Musiksprache setzen Watain die Singularitätsforderung der Outlaw-Mythologie, die ja einmahnte, dass die Metal-Identität die einzig wahre und authentische sei, gerade in jenem Song, der das Thema der Gesetzlosigkeit im Titel trägt und für das Konzept des gesamten Albums steht, in der höchsten Stringenz um. Zeitlich geschah dies just in der Klimax der Transformationsjahre um 2010, in denen der oben beschriebene Eklektizismus durch das Digitale Fuß fasste und das Digitale zur zweiten wichtigen Szeneinfrastruktur wurde.

Was dies nun mit der Geschichte des ‚Computer-Metal' zu tun hat, wird deutlich, wenn man noch Efthymious Analyse des Songs „Outlaw" hinzuzieht.[745] Der Song stammt vom Folgealbum *The Wild Hunt* (2013) und spinnt den Faden des Themas der Gesetzeslosigkeit fort. Der klassische Outlaw-Mythos des Metal wird dabei ins Extrem gesteigert und mit dem Kampf gegen die ‚bürgerlichen' und für die Band oppressiven Werte und Regeln der christlich-jüdischen Tradition in eins gesetzt. Über die Konstruktion der Message in dem Song schreibt Efthymiou:

> „Es gibt mehrere Besonderheiten in der Musik rund um die Message [...]:
> - Im Kontext der Message erklingen im Song erstmals langsame Rhythmen. Das gibt den nötigen Raum, die Message hören zu können.

---

741 Quelle: Musikanalyse Nr. 8, 141.
742 Vgl. ebd., 1–141.
743 Vgl. Musikanalysen Nr. 13, 16 und 17, Übersicht im Anhang.
744 Vgl. Musikanalyse Nr. 8, vor allem 141 ff.
745 Vgl. Musikanalyse Nr. 9.

- Das Riff, das genau dort erklingt, wo die Message (‚Outlaw') gesungen wird, besteht im Bereich des Rhythmus aus identischen Notenwerten wie der gesungene Rhythmus. Anders formuliert: Bei der Textstelle ‚Outlaw' [...] hört man bei den Vocals und bei der Gitarre denselben Rhythmus. Die Textverständlichkeit ist somit exzellent.
- Das Message-Wort ‚Outlaw' besteht aus zwei Silben: ‚Out' und ‚Law'. Der Rhythmus besteht aber aus drei Einheiten: ‚Out' – ‚Law' – ‚LAW'. Die Betonung ist auf der letzten Silbe. Dadurch bekommt die Message eine weitere Hervorhebung."[746]

Mit gutem Grund wurde Efthymious Analyse der musiksprachlichen Parameter der Konstruktion der Message hier ausführlich zitiert. Er nennt drei Punkte, die hervorstechen. Erstens wird die Message, die den Outlaw-Mythos in radikalisierter und religionsfeindlicher Form konstruiert, mit langsamem Musikmaterial kombiniert. Zweitens ist das Musikmaterial an den Message-Stellen so konzipiert, dass eine rhythmisch klare Identifikation möglich wird und eine sehr gute Texthörbarkeit besteht. Und drittens wird die Message gerade auf der Silbe „Law" nochmals betont. Wenn man zurückgeht zur Analyse des Stücks „Lawless Darkness"[747] lässt sich der Song „Outlaw" als dessen kulturhistorisch-semiotische Fortschreibung, gar Perfektionierung bezeichnen: Tauchten bei „Lawless Darkness" langsame Tempi als musiksprachliche Innovation im Sound der Band auf, so sind dies genau die Parameter, die in der Komposition von „Outlaw" mit der Message verbunden wurden. Zugleich sind Gitarrensoli, die dies noch extra unterstreichen, ebenso in der Message-Konstruktion von „Outlaw" präsent. Zusammengefasst ist also das musikalische Material dieses Songs die Zuspitzung des „Outlaw"-Mythos im Kontext des Black Metal. Die Metal-Identität besteht im Sinne der Message von „Outlaw" darin, sich von *allen* Normen zu lösen und nur sich selbst zu gehorchen, wobei die christlich-jüdische Tradition die Stellung des abgewerteten ‚Anderen' einnimmt. „Lawless Darkness", also die „gesetzlose Dunkelheit", die 2010 nur vertont worden war, wurde in „Outlaw" explizit verklanglicht und versprachlicht.

Was hat nun diese Geschichte der Radikalisierung der Outlaw-Mythologie bei einer schwedischen Black-Metal-Band mit der Geschichte des ‚Computer-Metal' in der Steiermark zu tun? Sie hat sehr viel damit zu tun, da sie im Analogieschluss, der sich aus der Vorbildwirkung der schwedischen Szene für die steirische Szene um 2010 erlaubt, die Geschichte der Rechtsbezüglichkeit des ‚Computer-Metal' zu erklären hilft. Zuallererst fällt schon die zeitliche Analogie ins Auge. Das Album *Lawless Darkness* mit dem von Efthymiou analysierten, instrumentalen Titeltrack erschien *genau* im Jahr 2010, das als Fokusjahr der hier untersuchten Rechtsgeschichte gesehen werden kann. Das Album *The Wild Hunt* mit dem Track „Outlaw" erschien 2013 als Radikalisierung der darauf konstruierten, rechtsbezüglichen Mythologie. Da es sich um auf Höhe der Zeit komponierte und produzierte Black-Metal-Musik handelte, kann man davon ausgehen, dass sich die Digitalisierung auch im Produktionskontext von *Lawless Darkness* (Song und

---

746 Quelle: Musikanalyse Nr. 9, 149.
747 Vgl. Musikanalyse Nr. 8.

5.2 Die Digitalisierung der Rechtsbezüge seit 2000

Album) sowie „Outlaw" und *The Wild Hunt* niederschlug.[748] Die Konstruktion der Message ging durch den Filter der Digitalisierung. Entscheidend ist, dass somit die Radikalisierung des Outlaw-Mythos und die Digitalisierung zur selben Zeit geschahen.

Mehr noch: Es lässt sich vermuten, dass das Passieren der neuen kulturellen Filter des Digitalen und die Radikalisierung zusammenfielen. Sie waren wohl *ein* Prozess. Dies macht den Kern der dritten hier zu schildernden digitalen Rechtsgeschichte aus. Alle verfügbaren Daten zur steirischen Szene um 2010 sowie der Analogieschluss vom schwedischen Diskurs auf den steirischen lassen vermuten, dass die Digitalisierung den Outlaw-Mythos teils noch radikalisierte. Der ‚Computer-Metal' lebt im Kern seines Rechtsbezugs von einer ultraliberalen Freiheitsideologie, die wohl auch als Teilreaktion auf den beschriebenen Eklektizismus und die Notwendigkeit, die Metal-Identität in der neuen digitalen Vielfalt noch stärker zu konturieren, begriffen werden muss.

Am Ende dieses Abschnitts kann daher die additive Gesamtwirkung dieser drei digitalen Rechtsgeschichten für den steirischen Gesamt-Szeneprozess beschrieben werden. Die Geschichte der Digitalästhetik führte zu einer stärkeren Selbstreferenzialität und damit einer stärker bewussten Hinwendung der Szene zum Rechtsbezug der Outlaw-Identität im Digitalen. Die dazu parallellaufende Entwicklung des neuen Eklektizismus um 2010 bewirkte, dass diese Rechtsbezüglichkeit der Metalness zugleich erschüttert und folgerichtig teils relativiert wurde. Die Geschichte des Rechtsbezugs im ‚Computer-Metal' schließlich forcierte Tendenzen der Radikalisierung des „Ultraliberalismus" im Outlaw-Denken, vor allem im Extreme Metal. Die Gesamtwirkung dieser drei Stränge bestand darin, dass diese digitalisierten Rechtsbezüge zu Innovations- und Transformationsriemen der Szene im Kontext der Digitalisierung wurden.

Zwischenfazit zur Digitalisierung der Rechtsbezüge

Als Zusammenfassung der drei vorhergehenden Kapitel kann nun ein Zwischenfazit zur Digitalisierung der Rechtsdimension des normenbezogenen klanglichen Wissens seit 2000 gezogen werden. Der Abschnitt zum Outlaw-Mythos zeigte, dass gerade die Betonung der steirischen Sprache dazu beitrug, diesen Mythos als identitäres Kernstück der Szene ins digitale Umfeld zu transferieren. Die Sprache konnte gleichsam mühelos digitales und analoges Metal-Leben miteinander verbinden. Im Abschnitt zu Filesharing und Copyright verdeutlichte sich anhand des Beispiels der Geschichte der Band Python Regius, wie die rechtsbezogenen Identitätsfacetten ab den 2000er-Jahren im Digitalen neu verhandelt

---

[748] Beide Alben wurden im schwedischen „Necromorbus Studio" eingespielt, dessen Website zumindest für heute eine digitale Ausstattung auf Höhe der Zeit beschreibt: vgl. Necromorbus Studio 2024.

wurden – die Authentizität der Metalness wurde darin diskursiv mit dem Wert des Bewahrens der Rechte der Musiker*innen an ihren Songs verknüpft. Das Subkapitel zu den drei digitalen Rechtsgeschichten um die Digitalästhetik, den Szene-Eklektizismus sowie den ‚Computer-Metal' thematisierte schließlich, wie solche einzelnen digitalgeschichtlichen Stränge, die das Rechtsbild im Metal berührten, im Gesamten szenetransformierend wirkten. Resümierend lässt sich sagen, dass das Recht – vor allem wieder in Form der Identitätsbasis des Outlaw- und „Breaking the Law"-Mythologems – zu einer Wissenskategorie der Metalness wurde, die sich zunehmend ins Digitale verlagerte. Die Rechtsbezüge digitalisierten sich in der steirischen Szenekultur auf den beschriebenen Wegen.

5.3 Die Digitalisierung von Moralbezügen seit 2000

Die zweite wichtige Wissenskategorie der steirischen Metal-Szene in der digitalen Transformationsphase seit 2000 war die Wert- und Moraldimension der lokalen Metal-Kultur. Wie die Debatte um die Rechtsbezüge wurde der Moral- und Wertediskurs der steirischen Szene durch den Prozess der Digitalisierung transformiert. Die gegen Ende der 1990er-Jahre in ihren moralischen Landschaften deutlich ‚bunter' gewordene Community wurde um 2000 durch den digitalen Wandelprozess erfasst; er bewirkte, dass Werte ab diesem Zeitpunkt digital verhandelt wurden. Wie schon die Rechts- und Rechtsbezugsdiskurse wurde die Debatte um den moralischen Kompass der Szene zu einer jener Sphären, in welchen analoge und digitale Öffentlichkeiten hybrid verwuchsen. Was in der Szene ‚richtig' bzw. ‚falsch' wahr, was sich ‚schickte' und was nicht, wurde von da an auch an den Schnittstellen zwischen analoger und digitaler Sphäre verhandelt.

Die bis heute bereits mehr als zwei Jahrzehnte, die dieser Prozess andauert, waren durch eine erstaunliche Menge an (Schein-)Paradoxien der steirischen Metalness geprägt. Einerseits wurde die steirische Metal-Szene – wie die sie umgebende Gesellschaft – durch einen weiteren Liberalisierungsschub in Bezug auf Werte der Sexualität, Genderrollen, (Ehe-)Beziehungsformen, Religiosität und in zahlreichen weiteren Bereichen erfasst. Andererseits kam es zugleich vor allem im Zuge der ‚Polykrise' ab 2015, die mit Schlagworten wie Migrationskrise, Polarisierung, Klimaverschlechterung, Pandemiekrise und Krieg grob umrissen werden kann, zu einer neuen Konjunktur traditioneller Werte wie Heimat, Monogamie, Traditionsverbundenheit usw.[749] Die Metal-Szene schwang in diesem Punkt mit der sie umgebenden sozialen Welt, wenn auch in ihrer eigenen sozialen und kulturellen Sprache. Man kann von einem neuen ‚digitalen Biedermeier' des Me-

---

749 Aus der zeitgeschichtlichen Forschung zu diesen Krisendiskursen: Pichler 2017.

5.3 Die Digitalisierung von Moralbezügen seit 2000

tal in Steiermark sprechen *und* zugleich von einer neuen Welle des „Ultraliberalismus".[750] Offensichtlich taugte die steirische Szene als kulturelles Bett beider Entwicklungen – respektive sollten beide als aufeinander verweisende Ströme dieser Phase der Hybridisierung interpretiert werden.

In den folgenden Abschnitten wird beschrieben, wie dies möglich war. Die Digitalisierung der Moralbezüge wird dabei als Wandelprozess verstanden, in welchem sich der Wertediskurs und die szenekulturellen Moralbezüge immer stärker hybridisierend über die Grenze zwischen ‚analog' und ‚digital' hinwegbewegten. Die genannte Konjunktur scheinbar paradoxer Entwicklungen war die Form, die dies alltagspraktisch annahm. Es gab eine neue Form des digitalen Liberalismus *und* eine simultane Hinwendung zum Lokal-Traditionellen; eine Fortschreibung der immerwährenden Transgressionen des Metal bezüglich Normen *und* eine Absicherung des Konservativen; eine Verflüssigung der Geschlechterbilder *und* einen höchst konservativen Strang hegemonialer Männlichkeiten.[751] Für all diese Prozesse wurde zunehmend das Digitale zur Austragungsfläche. Dabei wurden gleichsam entlang einem historischen Zeitvektor, der von der Zeit um 2000 in die Gegenwart weist, immer stärker digitale und analoge Strukturen miteinander hybridisiert. Das Scheinparadox war der dominante Praxismodus der Hybridisierung.

Im Folgenden werden vier Einzelthemen untersucht, die schöpfend aus den vorhandenen Daten Erkenntnisse zum Hybridisierungsprozess erlauben. Diese Themen sind die Geschichte des neuen ‚digitalen Biedermeier' im Metal, das vor allem seit etwa 2015 zu beobachten ist; dann die Entwicklung einer zunehmend ironischen Sprechhaltung in der Selbstbetrachtung der Szene; ferner die Geschichte der Jahre 2002 bis 2004 in der Ost- und Südoststeiermark als einer Mikrogeschichte der Werte, zu welcher ein besonders dichter Datensatz vorliegt; und schließlich die Geschichte der Metalness als einer Wertidentität unter vielen. Gemeinsam verdeutlichen diese Themen die Digitalisierung der Moralbezüge in der Phase der Hybridisierung.

Das ‚Metal-Biedermeier' auf Social Media

Der Begriff des Biedermeier bezeichnet zunächst eine kultur- und kunsthistorische Epoche zwischen dem Ende des Wiener Kongresses 1815 und dem Revolutionsjahr 1848 in Europa, in welcher ‚biedere' Werte der Bürgerlichkeit, des Rückzugs ins Private, der Traditionen u. ä. den Moraldiskurs zu beherrschen schienen. Abgesehen von den Forschungsbefunden zur Geschichte des Bieder-

---

750 Zum „Ultraliberalismus" wieder: Scheller 2020, 215–231.
751 So etwa spielerisch aufgelöst im Verbinden von steirischer Tracht und Metal: Heathen Foray 2021b.

meier, die verdeutlichen, dass die Realität dieser Epoche in der Tat viel facettenreicher war als solch ein oberflächlicher Blick auf die Zeit zu zeigen vermag,[752] so beschreibt dies Tendenzen, die erstaunlicherweise gerade auch für die Zeit der Social Media im Metal seit etwa 2015 festzustellen sind.

In diesen vergangenen etwa zehn Jahren, also der jüngsten Phase der Hybridisierung von Analogem und Digitalem, wurde auch die steirische Metal-Szene vom Aufkommen und der folgenden um sich greifenden Präsenz Sozialer Medien erfasst.[753] Die oben geschilderte Geschichte der Zeitzeugin und ihrer Facebook-Seite (Abschn. 5.2, Drei digitale Rechtsgeschichten aus der Steiermark) war schon ein Beispiel dessen. Auf der Ebene der Werte und Moralnormen ist für diesen Zeitabschnitt festzustellen, dass ausgerechnet jene digitale Sphäre, die technologisch am innovationsträchtigsten erscheint – Social Media wie Facebook, Instagram, Twitter (X), Tiktok, Linkedin und andere – durch konservative Werte der Metalness gekennzeichnet ist. In vielen gegenwartsdiagnostischen Befunden, etwa im Feuilleton etablierter Qualitätsmedien, geißelt man regelmäßig den kultivierten ‚Narzissmus' und die ‚Oberflächlichkeit' auf Social Media.[754] Der Moraldiskurs der steirischen Metal-Szene in Social Media rückte Werte wie Beständigkeit der Metalness, Bewahrung der Metal-Traditionen und klassische Männlichkeiten in den Fokus. Ein neues ‚digitales Biedermeier' des Metal brach auf Social Media an.

Wenn man die vorhandenen Daten aus der Oral History,[755] vor allem aber aus der Diskursanalyse von bildhaften Quellen sowie die Musik auf Informationen zu diesem Prozess untersucht, lassen sich Social Media als digitale Metal-Öffentlichkeit des Steirisch-Traditionalen bezeichnen. Die Bilder, Kurztexte und Videos, welche primär auf Facebook, Instagram und Twitter (X) zirkulieren, sind technisch und visuell auf Höhe der Zeit produziert, appellieren aber dominant an die genannten Werte des konservativen Pols der Metalness. Warum dies so ist, kann mit einem einfachen Hinweis auf eine womöglich anzunehmende technisch-inhärente Neigung von Social Media zur Konservativität nicht beantwortet werden.[756] Viel eher ist in der lokal-steirischen Agentur auf Social Media, die ein moralisches Sich-Artikulieren in visuell-digitaler Form darstellt, eine weitere, notwendige Konturierung des Steirischen unter Globalisierungsbedingungen zu vermuten. Potenziell sind Sphären wie Instagram, Facebook, Tiktok usw. Räume des Globalen mit Teilnehmer*innenzahlen, die in die Milliarden gehen. Sich in diesem Raum zu verorten, bedeutet, sich gleichsam der Welt *als Ganzes* gegenüber zu verorten. In dieser Globalsphäre den eigenen Platz zu markieren,

---

752 Siehe Engel 2011; Bleek 2019.
753 Die Erforschung von Metal auf Social Media ist bisher sehr spärlich erfolgt; siehe etwa Sackl-Sharif 2021; sowie wieder breiter: Spracklen/Spracklen 2018, 125 ff.; allgemeiner zur Orientierung der Geschichtsforschung hierbei: Pichler 2017.
754 Kontextuell etwa: Mangold/Weisbrod 2022.
755 So etwa kritisch: Interviews Nr. 19 und 20.
756 Kontextuell wieder: Sackl-Sharif 2021; sowie breiter: Pichler 2017.

5.3 Die Digitalisierung von Moralbezügen seit 2000

bedeutet, dem Weltgesamten gegenüberzutreten und folglich die moralische Identität dementsprechend zu konstruieren.[757]

Es liegt daher nahe, dass in dieser komplexen, globalen Welt Werte und Moralschichten dominieren, die eine einfache Verortung ermöglichen, sowohl temporal als auch räumlich. Die Werte am konservativen Pol der Metalness leisten für steirische Metal-Identitätskonstruktionen im globalen Kontext genau dies: Die Orientierung etwa an der Beständigkeit des klassischen Metals der 1980er, dem klassischen männlichen Metal-Fan mit ‚Kutte' und langen Haaren als Idealtyp von Fantum sowie der Betonung anderer Metal-Traditionen in der Steiermark lokalisierte solche Konstruktionen leicht identifizierbar in Raum und Zeit. Es handelt sich um eine Form der werteorientierten Komplexitätsreduktion, die Steirisches auf Social Media unter globalisierten digitalen Bedingungen erkennbar bleiben lässt. Aus dem vorhandenen Datenmaterial aus der Oral History, die die Geschichte wie etwa im Falle der oben zitierten Zeitzeugin zu Facebook in normativ codierte Narrativform bringt, sind einige wichtige Wertmuster des digitalen Biedermeier erschließbar. So erzählt ein Interview[758] von der Wichtigkeit des Bewahrens der klassischen Metal-Identität im Facebook-Zeitalter, ein anderes[759] stellt die klassische weibliche Position von ‚Groupies' u. ä. in den Fokus, ein drittes berichtet auch vom ‚Metal-Outlaw' als männlichem Kämpfer auf Social Media.[760] Am anschaulichsten zeigt sich der Diskurs aber in Form der Postings steirischer Metal-Akteur*innen auf Instagram und Facebook, die hier als zusätzlicher Datenfundus herangezogen werden.

Ein paradigmatisches Beispiel besteht in den Facebook-Postings der Band Heathen Foray zu ihrer Metal-Coverversion des Volksmusikstücks „Steirermen san very good", das bereits weiter oben thematisiert wurde (siehe Abschn. 5.2, Outlaw sein – digitalisiert und noch steirischer). Im Verlauf der Promotion des Online-Releases des Stücks veröffentlichte die Bands mehrere Ankündigungsposts für das Video und anschließend das Video selbst.[761] Die Postings bezogen sich auf die genannten, traditionellen Wertschichten der Metalness. Klassische Männlichkeit und Stärke, welche mit Codes steirischer Tracht und Brauchtum verknüpft wurden, standen im Fokus. Der folgende Post aus der Ankündigungsserie verdeutlicht dies:

> „We will release a crushing metal cover of the Austrian multi-platinum hit 'Steirermen San Very Good' on 7th May [2021]. Will there be a video? Of course! Will it feature many scenes with us headbanging in traditional Austrian clothing? Yes! Will it be metal? You can bet your a**!"[762]

---

757 Vgl. Pichler 2017, 118 ff.
758 Vgl. Interview Nr. 16.
759 Vgl. Interview Nr. 17.
760 Vgl. Interview Nr. 4.
761 Vgl. Heathen Foray 2021b.
762 Quelle: Heathen Foray 2021a.

Obwohl das Posting auf Englisch verfasst ist, verortete es die Metal-Identität, die es konstruierte, eindeutig in der Steiermark. Die Bezugnahme auf den „Austrian multi-platinum hit", auf „headbanging in traditional Austrian clothing" sowie der Titel des Stücks selbst referenzieren das Steirische unter globalisierten Bedingungen. Das Englische ist dabei die Sprache des Globalen und Medium der Übersetzung. Wie sehr in der scheinbar innovativen Diskurslandschaft des Sozialen Mediums Facebook eine traditionell normierte Ästhetik, gleich einem habituellen ‚Biedermeier' im Digitalen betont wurde, fängt das Bild zum Posting ein:

Abb. 16: Ankündigungsbild zu Heathen Foray, „Steirermen san very good" (2021).[763]

Das Bild zeigt einen Ausschnitt aus dem Video. An der Komposition der Darstellung sind mehrere Aspekte des digitalen ‚Metal-Biedermeier' beispielhaft beschreibbar. Erstens bezüglich der Kleidung der Musiker, die am augenscheinlichsten steirische und österreichische Traditionen in den Fokus rückt; zweitens bezüglich der Inszenierung der Musiker als klassisch-männliche Metal-Helden, die in die Rolle der „Steirermen" schlüpfen; sowie drittens in der graphischen Wahl einer traditionellen Schrifttype, die seit den 1980er-Jahren einen Kerncode und optischen Marker der Metal-Ästhetik ausmacht.[764] Interpretativ entscheidend für diese individuelle Quelle ist, dass sie all diese Werte von klassischer Männlichkeit, Stärke und lokalem Patriotismus prominent ins Feld führt, zugleich aber schon in der sprachlichen Tonalität des Postings einen ironischen Bruch mitschwingen lässt. Interpretativ zeigt die Quelle paradigmatisch, dass ab 2015 konservative Werte der Metalness häufig waren. Sie repräsentiert eine do-

---

763 Bildquelle: https://www.facebook.com/HeathenForay/photos/a.329258533832218/3823602707731099/?type=3 [18.1.2024], © Heathen Foray 2021.
764 Vgl. Vestergaard 2016.

5.3 Die Digitalisierung von Moralbezügen seit 2000

minante Perspektive auf das kollektive ‚Wir' der Szene, das in Texten und Öffentlichkeiten der Szene konstruiert wird. Dabei rückt auf häufig sehr direkte Weise eine Privat-, Bürgerlichkeits- und Rückzugsmentalität, die man auch mit dem historischen Biedermeier verbinden könnte, in den Vordergrund. So manifestierte sich in Song-Lyrics,[765] in Interviews während der Corona-Pandemie[766] und im medialen Zurücktreten von Künstler*innen im steirischen Black Metal eine Tendenz, die Metalness als private, zurückgezogene, anonyme, ja oft ‚biedere' Identität zu konstruieren.[767] Der ironische Bruch lässt die Relativierung zu und ermöglicht die einführend genannten (Schein-)Paradoxien.

In mehreren Abbildungen auf T-Shirts und CD-Covers aus dem vorhandenen Datenkorpus, die im Kontext des Diskurses auf Social Media zu lesen sind, zeigt sich das ‚Metal-Biedermeier' auf ähnliche Weise. So etwa im Falle des T-Shirts zum Album *Faustbreaker* (2017) der Band Klynt, das das Thema der klassischen Metal-Heroen im Sinne der 1980er aufgreift, dies aber zugleich ironisch bricht.[768] Ellendes T-Shirt mit dem Motiv „Cellist" (2020) repräsentiert den bei Ellende konzeptuell stark gegebenen Rückzug ins Eigene optisch.[769] Im Diskurs der Coverabbildungen auf Alben dieser Zeit ist etwa Badhovens *Obsession* (2013), das eine Traditionslinie zu Beethoven und damit dem 19. Jahrhundert optisch konstruiert, zu nennen.[770] Heathen Forays *Inner Force* (2013), auf dessen Cover ein berittener, ritterlicher Fantasyheld das zentrale Motiv ist, und Sonic Riots selbstbenanntes Album (2019), das in dunklen Farben comicartig eine Verbildlichung des „klanglichen Aufstands" zeigt, sind weitere Beispiele klassischer Metal-Codes.[771] In allen Fällen zeigte sich die Sphäre der Social Media (beziehungsweise die Folgewirkung ihres Diskurses als historischer Prozess) als eine neue Metal-Teilöffentlichkeit, in welcher die lokale Metalness unter dem Druck der Informationsdichte des Global-Digitalen erzeugt werden musste. Um die eigene Konstruktion der Metalness unter diesen dichten und ‚hyperkomplexen' Bedingungen überhaupt zu ermöglichen, bot sich die Strategie des Betonens der konservativen Wertschichten geradezu an. Das ‚Metal-Biedermeier' des Digitalen ist damit auf der Ebene der Ästhetik eine ‚moralische Krücke', um das Steirische vereinfacht erkennbar bleiben zu lassen.

Wenn man die vorhandenen Daten der Musikanalyse hinzuzieht, zeigt sich als Generalbefund, dass die untersuchten Stücke zumindest Aspekte des ‚Metal-Biedermeier' klanglich verarbeiten. So rücken Stücke der Band Python Regius auf Ihrem Album *Orior*, die auf YouTube zirkulieren, die Perspektive auf das in-

---

765 Zum Verfassen und zur Bedeutung von Song-Lyrics aus der Oral History: Interview Nr. 20.
766 Hierzu etwa Interview Nr. 13.
767 So etwa im Diskurs und Musik von Ellende: vgl. Musikanalyse Nr. 14, Übersicht im Anhang.
768 Vgl. T-Shirt 1, Übersicht im Anhang.
769 Vgl. T-Shirt 5, Übersicht im Anhang.
770 Vgl. Cover 33, Übersicht im Anhang.
771 Vgl. Cover 34 und 40, Übersicht im Anhang.

nere Selbst der Musiker*innen und Fans, die Selbstreflexion und den menschlichen Rückzug in den Fokus.[772] Die Musik von Klynt, die in vielen Aspekten – sowohl textlich als auch klangsprachlich – als Realisierung des Postmodern-Ironischen zu sehen ist, spielte mit dem konservativen Bild des ‚Metal-Warriors', der seit den 1980er-Jahren im Zentrum der Metal-Kultur stand.[773] Entsprechend ist die Musiksprache beider genannter Gruppen zumindest zum Teil durch die Formen des klassischen Metal geprägt. Die Musik der Zeit kann also zumindest teils als Verklanglichung der analysierten Trends betrachtet werden.

Zieht man daher ein Kurzresümee der Geschichte des neuen Biedermeier auf Social Media als einer ersten Form, die die Digitalisierung der Werte vor allem ab den 2010er-Jahren annahm, steht ein Mechanismus im Fokus: Die zentrale Funktion des Betonens der konservativen Werte war es, unter den dichten und ‚hyperkomplexen' Bedingungen der Social Media das Steirische erkennbar bleiben zu lassen. Die Reduktion von Werten auf Steirisch-Traditionales leistet genau dies. Das ‚Metal-Biedermeier' auf Social Media ist daher als ‚Krücke' der Identitätsformation unter global-digitalen Bedingungen zu betrachten – das Auftauchen der Ironie als immer möglicher Bruch des Konservativen verwies dabei schon auf den nächsten zu untersuchenden Prozess.

Ironisierung als Hybridisierung

Schon im letzten Kapitel (5.2, Drei digitale Rechtsgeschichten aus der Steiermark) begegnete eine ironische Sicht auf die Metalness. Bereits auch in der lokalen Szenekultur der 1980er- und 1990er-Jahre war eine ironische Sprechhaltung, wenn es um die Moral der Metalness ging, zumindest nicht verurteilt worden.[774] Aber ab den 2000er-Jahren, verstärkt noch ab den 2010er-Jahren, kam es parallel zum Voranschreiten der Digitalisierung der Szene zu einer Konjunktur der ironischen Perspektive, die es so vorher nicht gegeben hatte. Im Szenegespräch gab es nun einen tragenden Strang des Diskurses, der das ‚Wir' der Szene ironisierte. Die Funktion der Ironie war eine doppelte: Sie stellte einerseits Distanz her, relativierte die eigene Identität und ermöglichte so Selbstreflexion. Andererseits rückte sie zugleich das ironisch Thematisierte in den Fokus und unterstrich so affirmativ dessen Wichtigkeit.

Wenn man auf die nun schon mehr als zwei Jahrzehnte der Digitalisierung der steirischen Metal-Szene seit 2000 blickt, ist diese Konjunktur der ironischen Perspektive als ein zweiter Prozess der Digitalisierung der Moralbezüge zu diagnostizieren. Mit dem Voranschreiten der digitalen Netzwerke ging ein Wertekulturprozess einher, der die Ironie als einen Modus, auf das ‚Wir' der Szene zu

---

772 Siehe Musikanalyse Nr. 16, Übersicht im Anhang sowie YouTube 2015.
773 Siehe Musikanalyse Nr. 18, Übersicht im Anhang.
774 So in der Tonalität etwa Interviews Nr. 9 und 13.

5.3 Die Digitalisierung von Moralbezügen seit 2000

blicken, stärkte. Die Digitalisierung bewirkte, dass neben die klassischen Metal-Öffentlichkeiten in den begründenden Strukturen der Szene (etwa Pubs, Labels, Jugendzentren usw.) die digitalen Räume (etwa Foren, Online-Tauschbörsen für Musik, Streaming-Dienste, Social Media usw.) traten. Der die Zeit prägende Prozess der Ausbildung von strukturhybriden Diskursbrücken zwischen beiden Formen der Öffentlichkeit erfolgte zeitgleich mit der Ironisierung. Als kultureller Modus erlaubte die Ironie die Distanznahme, den perspektivischen Bruch und somit das hybride Ausbalancieren von scheinbar paradoxen Werthaltungen.

Damit scheint bereits eine vorläufige Antwort auf die Frage gegeben zu sein, warum in dieser jüngsten Phase der Moraldimension des normenbezogenen klanglichen Wissens der steirischen Metal-Community die Ironie prägend wurde. Damit ist aber eigentlich nur der Kontext aufgezeigt, der dazu führte, dass die Ironie zu einer dominanten Werteinstanz im Zeitalter der Digitalisierung wurde. In diesem Kontext ging es darum, eine moralische Strategie der Selbstbetrachtung der kollektiven Identität der Szene parat zu haben, die ein ‚Switchen' zwischen konservativen und progressiven Polen ermöglichte. Wie dies genau vor sich ging, indem ein neuer Prozess der Digitalisierung von Wertebezügen erfolgte, ist in diesem Abschnitt näher zu beschreiben. Ironie bedeutet dabei, dass mit ihrer Perspektive eine intuitive Wissenskategorie geschaffen wurde, die es erlaubte, das kollektive Selbst der Szene in Frage zu stellen *und* zugleich seine Wichtigkeit zu betonen.[775] Die digitale Kunst der Ironie der Metalheads besteht bis heute darin, über sich zu lachen und dabei zugleich zu wissen, dass das Szenekollektiv in seiner Identität stabil genug ist, um die Karikatur der Metalness als Versicherung ihrer Relevanz anzusehen. Es geht um Ironie als dekonstruktive Bestätigung der Identität der Community.

Blickt man auf die hierzu vorhandenen Daten, wobei es vor allem darum gehen soll, empirisch zu beschreiben, wie die Ironie dazu beitrug, hybride Brücken zwischen analogen und digitalen Räumen des Diskurses zu festigen, sind die Daten aus der Oral History sowie der Diskursanalyse zum Zeitraum ab den frühen 2000er-Jahren die wichtigsten. Primär die Oral History lieferte als Methode der Erfragung der Selbstdeutungen der Szene Daten dazu, wie die Ironie in die Selbsterzählungen einfloss. Dies geschah nicht plötzlich, sondern prozessual und in Verbindung mit dem Vorrücken der digitalen Netze. Die Befunde aus der Diskursanalyse ergänzen dies. Bilder und Texte auf Flyern, Coverabbildungen und T-Shirt-Sujets spiegelten das Ironische wider. Die ironische Distanz und Brechung wurden über das Karikieren erreicht.

Die Ausführungen eines Zeitzeugen zu Kleidung und Identität, die er im Jahre 2021 traf, sind bezüglich der Konjunktur der Ironie im digitalen Zeitalter paradigmatisch. Es ging bei dieser Konjunktur weniger um digitale Themen selbst als um die Konstruktion der ironischen Perspektive auf beinahe alle Bereiche der Metalness *im Kontext der Digitalisierung*. Die folgenden Ausführungen,

---

775 So schon in der postmodernen Geschichtstheorie: White 1991.

welche bereits weiter oben (siehe Abschn. 4.4, Habitus, Haare, Kleider und ‚Klang') weniger ausführlich und in einem anderen Zusammenhang analysiert wurden, machen dies deutlich:

> P: „Rebellieren war sicher ein wichtiger [Teil der Metal-Identität des Zeitzeugen als Teenager] [...]. Natürlich [...], wenn ich mit so einem Leiberl herumrenne [nämlich einem provokativen Metal-T-Shirt] [...] oder mit einem verkehrten Kreuz oder einem Teufel [...] werde ich mehr auffallen [...]. Mir war das total wichtig, dass ich den Leuten zeige, ich höre die coole Musik und ich zeige [...] mit meinem Outfit, was ich höre."
> I: „Da ist [...] es [...] um Identität gegangen, nicht?"
> P: „Identität und [...] Rebellieren natürlich, nicht. Sicher auch gegen daheim [...] in den Teenie-Jahren."[776]

Diese kurze Einstiegsstelle in das Interview zum Themenkomplex Kleidung, Musikgeschmack und Identität im oststeirischen Raum in seiner Teenagerzeit in den 1990er-Jahren führt bereits zur Ironie hin. Indem der Interviewte in der Rückschau die Wichtigkeit der Rebellion bereits betonte, diese dann aber auch leicht satirisch pointiert formulierte, wird die ironische Distanznahme der Perspektive ins Narrativ eingeführt – und zwar in der Betrachtung eines Themas, das mit der Digitalisierung wenig zu tun hat. Aber das Interview und somit die Narrativkonstruktion fand im Kontext der Digitalisierung statt. Vollends entwickelt wird die ironische Perspektive als Modus der Betrachtung der eigenen Metalness in den anschließenden Passagen des Gesprächs zur Authentizität von Metal:

> I: „Was verstehst du unter authentisch?"
> P: „Authentisch bist du dann, wenn ich dir das glaube, was du darstellst."
> I: „Also überzeugend?"
> P: „Ist vielleicht ein bisschen zu wenig. [...] Ist natürlich wahnsinnig schwer für eine neunzehnjährige Band [als Beispiel, das der Interviewee nennt] authentisch zu sein. Ja [...], wenn die [neunzehnjährigen Bandmitglieder als Beispiel wiederum] jetzt Teenie-Punk machen, ist es einfacher, ihnen das zu glauben."
> I: „Würdest du sagen, dass Metal authentisch sein muss? Oder kann Metal überhaupt authentisch sein?"
> P: „Na ja, [...] ich finde [...] die Kraft [macht die Authentizität des Metal aus] [...] Metal live ist ja auch genau das, dass sich der [Metal-Musiker] hinstellt wie der König der Welt, oder? Das ist ein Riesenunterschied zum [...] kleinen Jazzer, der so einen alten Pullover anhat und kein einziges Mal ins Publikum schaut. Und [...] dieses ganze Geflecht [...] von Darstellen, Performance, [...] Können, [...] Show, diese Power, [...] das Große, das Pathetische [...] Und im besten Fall will ich auch so sein."[777]

Diese Ausführungen zum Themenkreis, was Metal und Metal-Musiker*innen authentisch macht, führen die ironische Perspektive prototypisch vor Augen. Der Interviewee zeichnete das Bild des authentischen Metal-Musikers (den er männlich konnotiert), als einen, der sich als „König der Welt" inszeniert. Der „Jazzer" dagegen sei „klein", trage einen „alten Pullover" und „schaue nie ins Publikum".

---

776 Quelle: Interview Nr. 18.
777 Quelle: ebd.

5.3 Die Digitalisierung von Moralbezügen seit 2000

Die Konstruktion der Authentizität der Metalness geschieht prototypisch durch Ironie. Der Metalhead als „König der Welt", aber auch das Stereotyp des „Jazzers" werden durch die Verfremdung und das Stilmittel der Ironie als Musikertypen inszeniert. Damit stellt der Interviewee zugleich eine selbstreflexive Distanz her *und* betont die Wichtigkeit der Authentizität.

Darin zeigt sich paradigmatisch, wie die Ironie als Kulturmodus im Zeitalter der Digitalisierung funktionierte. Es ging nicht darum, die Digitalisierung selbst ins Zentrum zu rücken, sondern darum, unter den Bedingungen der Digitalisierung, die der Kontext des Interviews im Jahre 2021 war, die Themen der Metalness sinn- und werthaft zu codieren. Die Ironie erlaubte, die Metalness zu karikieren, sie also in die Distanz zu rücken und zugleich in ihrem So-Sein bestehen zu lassen. Es erwies sich beispielhaft, dass die Digitalisierung nicht die erinnerten Inhalte, sondern die Perspektive auf sie – in Richtung des Ironischen – veränderte. Es liegt hier nahe, geschichtstheoretisch an jene Überlegungen anzuschließen, die Hayden White zur Ironie als narrativem Modus anstellte.[778]

Die Ausführungen dieses männlichen Zeitzeugen sind nicht die einzigen im Datenpool, die die Ironisierung der Perspektive zum Kern der Narrativkonstruktion machten. Die Ausführungen einer weiblichen Zeitzeugin zum Gebrauch von Alkohol in der Szene und dem Leben auf Festivals,[779] die Erzählungen eines zweiten männlichen Zeitzeugen zur religionsnahen Form vieler Rituale und Praktiken der Szene,[780] die Erzählungen einer zweiten Zeitzeugin zum NSBM in der Steiermark[781] und jene eines dritten männlichen Szenegängers zur seiner Meinung nach wenig wichtigen Stellung von guten Texten im steirischen Metal[782] folgen alle diesem Kulturmodus. Nie ging es dabei darum, die Digitalisierung als Prozess zu verstehen, sondern immer darum, die eigene Selbsterzählung zum Zeitpunkt des Vordringens der digitalen Medien und Netze sinnhaft und wertstiftend zu codieren. Empirisch zeigt sich in der Oral History deutlich, dass das Zeitalter des Digitalen seit 2000 im steirischen Metal auch ein Zeitalter der Ironisierung der Metalness war.

Damit ist die Frage nach der Ironisierung empirisch beantwortet, aber noch nicht analytisch beschrieben, wie die ironische Perspektive als neue Werteinstanz mit der Hybridisierung von analoger und digitaler Metalness zusammenhing. Die Kernfunktion der Ironie in diesem Prozess war, den perspektivischen Bruch, Distanz und eine gleichzeitige Fokussierung auf die Metal-Identität zu erlauben. Damit konnten scheinbar widersprüchliche Werthaltungen, etwa Konservativismus und Liberalismus, zu einem Narrativ verflochten werden. Die Daten aus der Diskursanalyse veranschaulichen, wie dies mit der Hybridisierung zusammenspielte.

---

778 Vgl. wieder: White 1991.
779 Vgl. Interview Nr. 1.
780 Vgl. Interview Nr. 9.
781 Vgl. Interview Nr. 3.
782 Vgl. Interview Nr. 20.

Das im vorhandenen Datenpool anschaulichste Beispiel ist das T-Shirt der schon mehrmals erwähnten Grazer Band Klynt zum Album *Faustbreaker*, das an anderer Stelle als historische Quelle ausführlich analysiert wurde.[783] Auf dem T-Shirt wird durch die Abbildung eines klassischen Metal-Helden, der comichaft auf einem fliegenden Hai reitet, das Ironische auf die Spitze getrieben, bis hin zur scheinbaren Absurdität. Die Band verortete sich so bewusst im Traditionsstrom der Metalness, um diesen dann genauso bewusst zu ironisieren und die Essenzialisierung der Tradition zu brechen. Die Parodie des Metal-Helden, die das Hauptmotiv bildet, macht sich über die klassische Metal-Pose lustig, bestätigt aber zugleich ihre Wichtigkeit als Referenzpunkt von Authentizität.

Diese Quelle als Beispiel ermöglicht zu beschreiben, wie solche stilistischen Ironisierungen mit der Hybridisierung von ‚digital' und ‚analog' zusammenhängen. Das T-Shirt ist als materiale Quelle einer der primären, analogen Quellenarten der Metal-Kultur zuzuordnen. Zugleich wurde das T-Shirt – wie das Album *Faustbreaker*, dazu produzierte Videos und Social-Media-Posts im begleitenden Diskurs – vor allem digital auf den Kanälen der Band publiziert.[784] Quer durch alle verschiedenen, analogen *und* digitalen Erscheinungsformen des Motivs am T-Shirt (das zugleich das Albumcover zu *Faustbreaker* ist) war die Ironie der dominante Kulturmodus. Es scheint so zu sein, dass neben der weiter oben beschriebenen Betonung der steirischen Sprache (siehe Abschn. 5.2, Outlaw sein – digitalisiert und noch steirischer) gerade der Kulturmodus der Ironie erlaubte, ‚analog' und ‚digital' besser zu verflechten. Ein anderes Beispiel im Quellenkorpus, das einer zumindest satirischen Annäherung an die Metalness gleichkommt, ist ein T-Shirt der Band Darkfall.[785] Die Kraft der Ironie lag somit für die Szene darin, über sie als Kulturmodus die neuen digitalen Netze noch besser mit den klassischen Strukturen der Szene verzahnen zu können.

Die ironische Überzeichnung war somit ein weiterer Motor der Hybridisierung. Die Ironisierung brach die Metal-Identität und bestätigte zugleich die Wichtigkeit der mit ihr verbundenen Werte, sowohl Werte konservativer als auch liberaler Provenienz. Die Ironisierung zeigte sich darin als Modus der Hybridisierung analoger und digitaler Metalness. Digitalisierung von Moralbezügen bedeutete dabei, über den Relativismus der Ironie Brechung und somit Neues zu ermöglichen. Damit wurde die Ironie selbst im Verlauf der Entwicklung bis zur Gegenwart immer stärker zum Wert der Szenekultur.

---

783 Vgl. Pichler 2022b; die folgenden Ausführungen und Beschreibungen folgen dieser Referenz.
784 Vgl. den Webshop der Band: Bandcamp 2024; und ihre Facebook-Präsenz: Facebook 2024.
785 Darkfalls Verwendung des steirischen Wappens kann als ‚metallisierte' Karikatur verstanden werden: vgl. T-Shirt Nr. 7, Übersicht im Anhang.

5.3 Die Digitalisierung von Moralbezügen seit 2000

Eine Mikrogeschichte der Werte

Als Glücksfall erwies sich, dass in der Recherchephase zu dieser Studie ein lokaler Metal-Musiker an den Autor herantrat und sein Archiv von Konzertflyern, das er vor allem für die Jahre 2002 bis 2004 zu Metal-Konzerten im ost- und südoststeirischen Raum angelegt hatte, zu Forschungszwecken überließ.[786] So ergab sich für diesen Zeitraum von ungefähr zwei Jahren in dieser Teilregion eine besonders dichte Datenlage. Abseits quantitativer Aussagen zur Häufigkeit von Events in dieser Zeit erlaubt dies eine eigene Mikro-Fallstudie zu den Wertprozessen in dieser Phase in diesem Raum. Es lässt sich gut nachvollziehen, wie sich Werte in der Phase der beginnenden Digitalisierung in dieser Quellengattung niederschlugen. Für die folgenden Ausführungen stellen die überlassenen Flyer aus den Jahren 2002 bis 2004 den Hauptquellenkorpus dar, der durch weitere Daten aus der Oral History ergänzt wurde.[787]

Der Zeitraum, der im Folgenden einer vertieften Analyse bezüglich der Moralentwicklung im Digitalisierungskontext unterzogen wird, fällt in jene Jahre, für die angenommen werden kann, dass Digitalisierungsnetze in Form von Breitbandinternet immer stärker auch in den zunächst peripheren Metal-Raum der Ost- und Südoststeiermark vordrangen. Der Raum der Metalness in diesem Gebiet, der bis dahin ein analoger Raum gewesen war, wurde zusehends ein digitaler.[788] Wie überall in der Steiermark wuchsen digitale und analoge Öffentlichkeiten stärker zusammen. Die Wertskalen wurden an den Schnittstellen zwischen beiden teils neu verhandelt bzw. neu codiert. Abseits der genannten quantitativen Schlüsse zur Dichte der Szene, die dieser Quellenkorpus ermöglicht, ist es so vor allem gut möglich, Aussagen darüber zu treffen, wie in dieser Quellenform zu dieser Zeit Werte der Metalness präsentiert wurden.

Es lässt sich primär erschließen, welche Werte- und Normenskalen überhaupt in der Zeit von 2002 bis 2004 im Mikrokosmos der Ost- und Südoststeiermark mit Metal-Konzerten verknüpft wurden. Zugleich lässt sich über die Nennung von Webseiten und Digitaladressen auf den Flyern (etwa Websites oder Mailadressen von Bands, Locations oder der Events u. ä.) zeigen, wie intensiv die Digitalisierung hier mit dem Werteprozess einherging und diesen beeinflusste. Die zur Verfügung stehenden Flyer sind in der Form der Öffentlichkeit, die sie konstruierten, selbst als hybride Variante des Metal-Diskurses zu bezeichnen, da sie vielfach bereits digital zirkulierten und/oder über solche digitalen Referenzen auf das Internet verwiesen. Dieser Mikro-Wertediskurs hatte die Funktion, die klassische Metalness der 1980er und 1990er, die wiederum vor allem von der

---

786 Ich danke Dinko Bakic (Ellende) herzlichst für das Überlassen seines Archivs.
787 So ergänzend vor allem die Interviews Nr. 9, 11, 16 und 18.
788 Vgl. ebd.

Outlaw-Thematik zehrte, mit dem Digitalisierungskontext zu verbinden. Die folgende Übersicht (Tabelle 2)[789] informiert über die Flyer, die für den Zeitraum März 2002 bis Juli 2004 mit einem Schwerpunkt auf die Region Ost- und Südoststeiermark gesammelt werden konnten:

Tab. 2: Übersicht von Konzertflyern zur Mikro-Fallstudie (2002 bis 2004).

Nr.	Eventtitel, Ort (Location)	Datum	Digit. Ref.
1.	Rock in the Hall, Hainersdorf (Georgshalle)	9.3.2002	ja
2.	Rock In' Ilz, Ilz (Kulturhaus)	16.3.2002	ja
3.	Heavy Xmas Event 3, Sinabelkirchen	21.12.2002	ja
4.	Metal Night IV, Gleisdorf (Kulturkeller)	8.3.2003	nein
5.	Tunes of Time 2003, Hartberg (Hartberghalle)	3.5.2003	ja
6.	Aut-Scream-Festival 2003, Großsteinbach (Veranstaltungsgelände)	23./24.5.2003	ja
7.	1. G.G.1-Zwei-Tage-Rockfestival, Wörth an der Lafnitz (Festhalle)	4./5.6.2003	nein
8.	Moshpit Festival 2, Unterbuch bei Hartberg (Raiffeisenhalle)	14.6.2003	ja
9.	No Frontiers Part 1, Weiz (Volkshaus)	28.6.2003	nein
10.	4. Rock im Zelt-Festival, Neudau (Sportplatz Neudau, Area 51)	18./19.7.2003	ja
11.	Rock the Station-Festival, Leitersdorf bei Bad Waltersdorf (Bahnhof)	23.8.2003	nein
12.	Fiesta Nacional 3, Vornholz/Vorau (Eisschützenhalle)	8.11.2003	ja
13.	Heavy Xmas Event 4, Sinabelkirchen	20.11.2003	ja
14.	Knut-Fest 2, Hartberg (Edelweisshaus)	27.12.2003	ja
15.	Winter-Rock-Festival 2004, Edelsbach	7.2.2004	ja
16.	Benefizkonzert für Lebenshilfe Hartberg, Vornholz (Gasthaus Reithofer)	13.3.2004	ja
17.	Firestarter Jam-Session, Hainersdorf (Georgshalle)	26./27.3.2004	ja
18.	A Real! Jam-Session, Gleisdorf (Kulturkeller)	2.4.2004	ja
19.	Rock im Vulkanland, Auersbach/Feldbach (Festhalle)	3.4.2004	ja

---

789 Die Tabelle überschneidet sich mit den Flyer-Quellen im Anhang, die Nummerierung hier ist aber eigens für die Fallstudie dieses Kapitels erstellt worden und differiert von jener im Anhang.

5.3 Die Digitalisierung von Moralbezügen seit 2000

20.	Heavy Xtreme Event, Gleisdorf (Urschahalle)	17.4.2004	ja
21.	Night to Remember, Gleisdorf (Kulturkeller)	23.4.2004	nein
22.	Aut-Scream-Festival 2004, Großsteinbach (Veranstaltungsgelände)	14./15.5.2004	ja
23.	Hardcore Metal Meeting, Oberwart (Oho)	19.5.2004	ja
24.	Woodrock-Festival, Vornholz (Gasthaus Reithofer)	19.5.2004	ja
25.	Metalnight IX, Gleisdorf (Kulturkeller)	28.5.2004	nein
26.	Peace Party 2004 Eichberg-Trautenburg (Naturpark Südsteirisches Weinland)	25./26.6.2004	ja
27.	Rock im Zelt-Festival, Neudau (Sportplatz)	16./17.7.2004	ja
28.	Scream out #4, Pöllau (Schloßhof)	24.7.2004	ja

Die Tabelle enthält in der zweiten Spalte den Namen und den Ort des im Flyer referenzierten Events sowie, wenn genannt, die Location. Die dritte Spalte enthält das Datum, an welchem das Event stattfand. Die vierte vermerkt, ob in der betreffenden Quelle digitale Referenzen genannt werden. Diese Spalte ist für die Forschung aufschlussreich, da sie über die Verwobenheit des Diskurses der Flyer mit digitalen Räumen Aufschluss gibt. 22 von 28 Quellen, also beinahe 80 % der Quellen in der Tabelle, nennen digitale Referenzen. Man kann daher bereits für diese frühe Phase der Digitalisierung in der Ost- und Südoststeiermark von einem hohen Grad der Verwobenheit der digitalen und analogen Metal-Diskurse ausgehen. Die Wertdebatten und -imaginationen, die sich in diesem Quellenkorpus manifestierten, konnten mit hoher Wahrscheinlichkeit aufgrund dieser digitalen Anknüpfungspunkte über die Grenze zwischen digital und analog hinweg zirkulieren. Die Datenlage erlaubt es jedoch nicht, präzise quantitative Aussagen zum Ausmaß der Intensität dieses Hybridisierungstransfers im Untersuchungszeitraum der etwas mehr als zwei Jahre zu treffen.

Aus der Übersicht der insgesamt 28 Quellen lässt sich aber erschließen, dass es in der untersuchten Zeit eine recht hohe Dichte an Veranstaltungen und somit chronologisch wiederkehrende Möglichkeiten der Inszenierung der Metal-Werte in der Region, vor allem im Raum Hartberg und Fürstenfeld, gab. Das Event „Hardcore Metal Meeting", das am 19. Mai 2004 in Oberwart und somit im Burgenland stattfand, fällt etwas aus der Reihe. Die geographische Nähe Oberwarts zum untersuchten Kernraum lässt jedoch eine methodische Integration in das untersuchte Mikro-Netzwerk der Szene zu. Dasselbe gilt für das Event „Peace Party 2004", das am 25. und 26. Juni 2004 in Eichberg-Trautenburg im südsteirischen Weinland stattfand. Auch in diesem Fall lässt die geographische Situierung eine Anbindung an den untersuchten Raum vermuten. Diese kurzen quantitativen Bemerkungen zeigen, dass es mit Schwerpunkt auf die Bezirksstädte Hartberg und Fürstenfeld eine recht intensive Abfolge von Konzertevents gab und eine hohe Anbindung des damit verbundenen Flyer-Diskurses an digitale Netzstrukturen gegeben war. Inhaltlich ist nicht in allen Fällen der Events eine klare Unterscheidung zu treffen, ob es sich rein um Konzerte des Genres Metal in engerem Sinne und/oder aber auch um Rock- bzw. Pop-Musik handelte. Immer jedoch war schon über den Überbringer der Quellen eine Anbindung an die Metal-Szene und damit dessen Wertediskurs gegeben.

In ihrer Gesamtheit können die in der Tabelle aufgelisteten Flyer als Repräsentation eines steirischen Mikro-Diskurses der Metal-Werte interpretiert werden. In diesem Diskurs fanden über diskursive Imaginationsakte jene Werte der Metal-Szene, die für Konzertevents relevant waren und bei diesen gelebt wurden, ihren Niederschlag. Es geht in der qualitativen Analyse der Semantik der Quellen daher darum, die Codes der Metalness, die sich in den Texten und Bildern finden, als kollektive Anstrengung der Szene, ihre Werte zu imaginieren, zu verstehen. Wie schon weiter oben angemerkt, sind die Quellen durch Eventtitel, Textbausteine und visuelle Codes geprägt, die die Werte der Rebellion, des Outlaw-Mythos und des Hedonismus betonen. Es stehen die klassischen Metal-Werte der Freiheit, des authentischen Lebens der Metal-Musik und ihrer Gemeinschaft im Vordergrund. Diese Codes finden sich textlich und visuell repräsentiert auf den Flyern. Die folgenden Darstellungen von vier Exemplaren aus dem Korpus können als repräsentativ angesehen werden, da sie die genannten Inhalte zeigen.

Die erste Darstellung (Abb. 17) zeigt den Flyer[790] zum „Moshpit Festival 2", das am 14. Juni 2003 in Unterbuch bei Hartberg stattfand. Der Flyer ist optisch anspruchsvoll gestaltet. Neben den Informationen zum Event enthält die Quelle als bildliche Wertecodierung eine schematisch dargestellte Explosion. In Verbindung mit dem Titel wird das Ereignis so als das Feiern der Metal-Werte im ‚explosiven' Ritualraum des Moshpits codiert. Somit stehen im Kontext dieser Quelle die klassischen Metal-Werte des Hedonismus und der Authentizität des Feierns der Musik beim Konzert im Vordergrund. Zugleich kann die Darstellung einer Explosion als gegenüber Mainstreamgenres transgressive Repräsentation von Aggressivität gelesen werden.

Der zweite abgebildete Flyer[791] (Abb. 18) referenziert das Event „Night to Remember" vom 23. April 2004 im Kulturkeller Gleisdorf als zentraler Szenelocation in Gleisdorf. Der Flyer ist der einzige unter den vier gezeigten, der keine digitale Referenz enthält. In seiner Optik ist die Quelle in ‚monochromer' Darstellung gehalten. Neben den organisatorischen Informationen zum Konzertevent ist eine bildliche Codierung zu erkennen, die Dunkelheit, Dystopismus und

---

790 Zugleich Flyer 15, Übersicht im Anhang.
791 Zugleich Flyer 28, Übersicht im Anhang.

5.3 Die Digitalisierung von Moralbezügen seit 2000

damit verbunden die Werte des Death Metal in den Fokus rückt. Als Wertecodierung imaginiert diese Quelle die diesem Genre eigene, dunkle Perspektive der Kritik, Misanthropie und Dystopie.[792]

Abb. 17: Flyer zum Event „Moshpit Festival 2" (2003).[793]

Die dritte gezeigte Quelle[794] (Abb. 19) ist die Ankündigung des schon genannten „Hardcore Metal Meeting" vom 19. Mai 2004 im burgenländischen Oberwart. Obwohl die Bands für das Event sich aus den Genres Hardcore und Metal rekrutierten, ist die optische Darstellung eines Totenkopf-Symbols, das prominent auf dem Flyer prangt, als eines der traditionellsten Bilder des Heavy Metal dominierend. Neben den Informationen zur Veranstaltung verweist die Wertereferenz in dieser Quelle daher auf den traditionellen Moralkern der Szene seit den frühen 1980er-Jahren. Im Kern ist der hier vorgenommene Imaginationsakt ein Verweis auf den „Breaking the Law"- und Outlaw-Basismythos des Metal, der mit dem Symbol des Totenkopfs in unzähligen Metal-Kontexten verknüpft wurde. Auffallend ist das erwähnte Faktum, dass hier die Codes des Metal jene des Hardcore zu überschreiben schienen.

---

792 Siehe wieder Purcell 2003; Phillipov 2014.
793 Quelle: Archiv Dinko Bakic, Foto: Peter Pichler.
794 Zugleich Flyer 30, Übersicht im Anhang.

228   5 Die Digitalisierung der Szene

Abb. 18: Flyer zum Event „Night to Remember" (2004).[795]

Abb. 19: Flyer zum Event „Hardcore Metal Meeting" (2004).[796]

---

795 Quelle: Archiv Dinko Bakic, Foto: Peter Pichler.
796 Quelle: Archiv Dinko Bakic, Foto: Peter Pichler.

5.3 Die Digitalisierung von Moralbezügen seit 2000

Als letzte Quelle wurde der Flyer[797] zum Festival „Rock im Zelt" in Neudau am 16./17. Juli 2004 abgedruckt (Abb. 20). Obwohl diese Quelle schon dem Namen des Ereignisses nach kein reines Metal-Event ist, ist die optische Codierung dennoch primär an die klassische Metalness angelehnt. Die Abbildung zeigt einen Gitarristen mit langen Haaren (ein männlicher Musiker ist anzunehmen), der Gitarre spielend den Hedonismus, die Freiheitsideale und die Rebellion als klassische Metal-Moral repräsentiert. Damit handelt es sich den Genres nach zwar um ein ‚buntes' Festival, aber die Codes der klassischen Metalness sind auch hier dominant.

Abb. 20: Flyer zum Event „Rock im Zelt" (2004).[798]

Für die Imagination der Werte der Szene im Raum Ost- und Südoststeiermark der untersuchten Jahre sind aus diesen repräsentativen Quellen sowie den übrigen einige zentrale Schlussfolgerungen möglich. Erstens ist deutlich zu erkennen, dass die Szene die Flyer als Medium benutzte, um die klassischen Werte der Metalness – den Drang zur Rebellion, das Freiheitsstreben, die Suche nach Transgression und die Konstruktion der Outlaw-Identität – zu festigen und in den Mittelpunkt des Diskurses zu rücken. Man stellte sich die Szene als Kollektiv der Träger*innen dieser Werte vor. Überraschend und aussagekräftig in einem

---
797 Zugleich Flyer 34, Übersicht im Anhang.
798 Quelle: Archiv Dinko Bakic, Foto: Peter Pichler.

zweiten Aspekt ist, dass diese Werte der Metalness die Werte anderer Genres, die auch thematisiert wurden und somit Facetten der Veranstaltungen waren, gleichsam überschrieben. Man kann daher die Werte der Metal-Szene als dominant im untersuchten Kulturraum annehmen. Dies führt zum dritten Punkt: Auf drei von vier abgedruckten Flyern und damit in einem ähnlichen Verhältnis wie im Gesamtkorpus (22 von 28 Quellen) werden digitale Referenzen erwähnt.

Aus diesen drei Punkten lässt sich ein Resümee dieser Mikrogeschichte der Metal-Moral ziehen. Es wurde ersichtlich, dass für die Jahre 2002 bis 2004 als einem Zeitraum der frühen Digitalisierung in der Ost- und Südoststeiermark die klassischen Metal-Werte stark präsent waren. Kollektiv stellte man sich die Szene als Gemeinschaft dieser Werte vor. Wertewelten abseits der klassischen Metalness – etwa im Falle der düsteren Codierung des Flyers zu „Night to Remember" oder des Verweises auf andere (Rock-)Genres – wurden von dieser traditionellen Form der Metalness an den Rand gedrängt. Ergänzende Oral-History-Interviews weisen ebenfalls in diese Richtung.[799] Interpretativ entscheidend für diese Mikro-Historie der Werte ist, dass diese Wertewelten bereits intensiv in hybrider Form zwischen digitalen und analogen Metal-Öffentlichkeiten zirkulierten, wie die digitalen Referenzen aussagekräftig unterstreichen.

Die steirische Metalness als eine Werteidentität unter vielen

Bereits in den 1990er-Jahren war die Szene in der Steiermark deutlich ‚bunter' geworden, gerade auch in Hinblick auf Wertvorstellungen (siehe Abschn. 4.3). In dieser Zeit hatte sich auch die Szene im Kontext der breiteren sozialen Liberalisierung und Pluralisierung der Moralvorstellungen in Richtung dieser Tendenzen bewegt. In der Zeit der Digitalisierung manifestierte sich ein weiterer, an die 1990er-Jahre anschließender Entwicklungsschritt. Durch die Digitalisierung, die einen erheblichen Schub der Globalisierung von Metal-Wissen und somit auch von auf Metal bezogenen Moralvorstellungen auslöste, wurde prinzipiell *jede* Form von Werten erheblich relativiert. Im digitalen Kontext eines unabgeschlossenen und globalen Zirkulierens verschiedenster Formen von Werten war die spezifisch steirische Vorstellung der Metalness immer ‚nur' eine Werteidentität unter vielen. Dies brachte mit sich, dass ein selbstreflexives Bewusstsein der Kontextualität und der Relativität der Metalness, welches in den 1990er-Jahren schon zu beobachten war, in den 2000er-Jahren zu einem Signum des Szenediskurses wurde. Dies macht einen vierten wichtigen Wesensprozess der Digita-

---

[799] So ergänzend vor allem Interviews Nr. 9, 11, 16 und 18; allgemein wird die Metalness-Werteskala immer als robust und stark präsent im kulturellen Raum der Steiermark angenommen.

5.3 Die Digitalisierung von Moralbezügen seit 2000

lisierung von Wertbezügen aus. Die steirische Metalness als ‚nur' ein Wertkonstrukt unter vielen ist von der zuvor schon akzeptierten Tatsache zum Zeitsignum geworden.

Im Folgenden soll dieser Prozess erläutert werden. Die wichtigste zu untersuchende Frage ist, wie die Digitalisierung als gesellschaftlicher Fundamentalprozess mit der Wertrelativierung zusammenhing. Wie gestalteten sich die Wertelandschaften der steirischen Metal-Community im Zeichen des Bewusstseins der Relativität? Diese Frage wird anhand der aussagekräftigsten Quellen aus dem diskursanalytischen Datenkorpus sowie ergänzender Daten aus der Oral History beantwortet. Digitalisierung bedeutete dabei primär, dass die Werte der Metalness – an ihren konservativen und liberalen Polen – im Digitalen *immer* in relativer Beziehung zu anderen gesehen wurden. Die Werte der Metal-Fans kamen unter einen stärkeren Begründungs- und Legitimationsdruck, was auch dem Authentizitätsdiskurs im lokalen Metal neuen Schub verlieh.[800]

Der Bilddiskurs zu den Szenewerten, der sich insbesondere in Abbildungen auf Albumcovers, T-Shirts und Konzertflyern als zu untersuchenden Quellen manifestierte, bot die Gelegenheit, diesen Prozess visuell, oft metaphorisch codierend zu verhandeln. Gerade die Abbildungen auf Musikaufnahmen der Jahre seit ca. 2000 zeigen eine deutliche Tendenz, die Wertcodierungen immer expliziter und pointierter zu stilisieren. Die auf ihnen gezeigten Ästhetisierungen der Metalness wurden drastischer und expliziter in der Darstellung, somit auch transgressiver. Dies korrelierte direkt mit der neuen digitalen Situation, in welcher die Profilierung und Herausarbeitung der Authentizität im global dichten Netzwerk umso wichtiger wurde. Die folgenden drei Beispiele von Covers von Bands aus verschiedenen Subgenres der lokalen Szene verdeutlichen diese Entwicklungen.

Das erste Cover[801] (Abb. 21) ist jenes zu *Return of the Cold Times* der Death-Metal-Gruppe Scarecrow von 1999,[802] welche später unter dem Namen Scarecrow NWA firmierte. Das Bild eines Atompilzes referenziert die Atomangst des Kalten Kriegs und übersetzt so die Semantiken der Musik ins Visuelle. Die „Rückkehr der kalten Zeiten", vor denen das Album in Musik, Text und Bildwelt warnt, funktionierte als „Retrodystopie" der Warnung vor der menschlich selbst ausgelösten Zerstörung.[803] Die Werte der Metalness, die hier im Bild kultiviert wurden, sind Kritik und Sozialkritik, verbunden mit einhergehenden Authentizitätsforderungen an die steirischen Metalheads. Und: Expliziter und konturierender

---

800 So gut nachzuvollziehen in Interviews Nr. 8, 16 und 20.
801 Zugleich Cover 19 im Korpus, Übersicht im Anhang.
802 Mit dem Erscheinungsjahr 1999 stammt das Album zwar noch aus dem alten Jahrtausend, ist aber historisch-prozessual der hier untersuchten Entwicklung und damit ästhetisch bereits der Digitalisierungsperiode zuzuordnen.
803 Vgl. hierzu die Gedanken des prägenden Soziologen: Bauman 2017.

als im Bild einer nuklearen Explosion hätte diese Wertecodierung kaum ausfallen können. Scarecrow fordern die Metalheads zu kritischem Denken auf und sehen dies als identitätsstiftende Tugend der Szene.

Abb. 21: Cover von Scarecrow, *Return of the Cold Times* (1999).[804]

Das zweite Cover[805] (Abb. 22) stammt von der Aufnahme ... *Alone Against All* (2006) der oststeirischen Band Verreck-Attack. Die Gruppe, die auch eine Musikerin in ihren Reihen hatte, ist stilistisch nicht klar in die ‚Schubladen' der gängigen Subgenres einzuordnen. Höreindrücke[806] legen ein Crossover von Thrash und Death Metal nahe. Charakteristisch für die Band ist ein eher satirischer und ironischer Zugang zur Metalness, der auch mit dem steirischen Dialekt und anderem Lokalkolorit spielte.[807] Das Cover thematisierte auf der Wertebene Hedonismus, die Transgression bürgerlicher Normen und somit auch den Outlaw-Mythos. Es geht also primär um die klassischen und eher traditionellen Werte der Metal-Szene. Die beinahe ‚punkige' ästhetische Gestaltung legte den Fokus auf das „Dionysische", das bereits Deena Weinstein als charakteristisch für die Metalness der 1980er sah.[808] Es fällt ins Auge, dass schon die Sprache der Band (etwa im Bandnamen Verreck-Attack), vor allem aber auch das Cover sehr pointiert diese

---

804 Bildquelle: https://www.metal-archives.com/albums/Scarecrow_NWA/Return_of_the_Cold_Times/56568 [18.1.2024], © Scarecrow 1999.
805 Zugleich Cover 27, Übersicht im Anhang.
806 Vgl. etwa dieses Live-Video: YouTube 2012.
807 Vgl. ebd.
808 Vgl. Weinstein 2000, 35–38.

5.3 Die Digitalisierung von Moralbezügen seit 2000

Werte darstellen. So ist auch bei ... *Alone Against All* die Schärfung der Stilisierung auffällig.

Abb. 22: Cover von Verreck-Attack, ... *Alone Against All* (2006).[809]

Abb. 23: Cover von Hellsaw, *Trist* (2012).[810]

---

809 Bildquelle: https://www.metal-archives.com/albums/Verreck_Attack/...Alone_Against_All/164642 [18.1.2024], © Verreck-Attack 2006.
810 Bildquelle: https://www.metal-archives.com/albums/Hellsaw/Trist/325482 [18.1.2024], © Napalm Records/Hellsaw 2012.

Das erste analysierte Beispiel stammt aus der Frühphase der Digitalisierung. Das zweite datiert von 2006, also auch aus der Phase vor dem Durchbruch von Social Media, die den beschriebenen Prozess der Relativierung nochmals beschleunigten. Die dritte, gewählte Quelle (Abb. 23) kommt aus der beginnenden Epoche der Sozialen Medien. Das Album *Trist* der Black-Metal-Band Hellsaw wurde 2012 veröffentlicht.[811] Auch diese Quelle schrieb, aus der Richtung der optischen Repräsentation der Werte des Black Metal, den aufgezeigten Stilisierungsprozess fort. Das Cover enthält düstere, an frühneuzeitliche Todesdarstellungen gemahnende Elemente. Die Werte des Subgenres wie Antireligiosität, Ablehnung des Mainstreams und vor allem die das Genre begründenden Misanthropie und Nihilismus werden in deutlicher Form transportiert. Auch dieses Cover ist in der Deutlichkeit der Darstellungen, die eng an den Sound der Band und deren semantische Botschaften angelehnt sind, pointiert. Die genannten Werte werden fokussierend in den Mittelpunkt gerückt.

Betrachtet man diese drei Coverabbildungen – wenige, aber paradigmatische Beispiele – als visuell codierten Längsschnitt durch die ersten etwa 15 Jahre der Digitalisierung, sind einige wichtige Schlüsse möglich. Zuerst ist anzumerken, dass die Bilder, die diese Quellenart prägen, in meistens nicht oder nur leicht veränderter Form ebenso auf T-Shirts, Flyern sowie anderen Artefakten des Diskurses Verwendung fanden. Sie prägen somit den Bilderhaushalt, der Auskunft über das hier untersuchte Thema der Metalness als ‚nur' einer Moralidentität unter vielen gab. Ferner ist wichtig, dass schon diese wenigen hier analysierten Bilder ein breites Spektrum der Wertschichten der Metalness enthalten. Dabei blieb der Wertevorrat im Vergleich zu den 1990er-Jahren weitgehend konstant, aber die deutlich zugespitztere Stilisierung und Ästhetisierung ist neu. Der Prozess der immer stärker notwendig werdenden Konturierung, zuweilen Radikalisierung der Wert- und Authentizitätsforderungen unter den genannten global-hypertextuellen Bedingungen zieht sich als roter Faden durch diese Bildwelten. Zusammengefasst: Die Werte der Metalness blieben weitgehend dieselben, aber ihre stilistische Ästhetisierung im Bild radikalisierte sich in Richtung fokussierter Authentizitätsforderungen – eine Antwort auf den Relativierungsdruck durch die Digitalisierung.[812]

Die Analyse der Beispiele und die angedeutete Kontextualisierung führten schon das Argument ins Feld, dass die Metalness als nur eine Werteidentität unter vielen ein Ergebnis der neuen Bedingungen des digitalen Diskurses war, der sich vor allem auf die Ästhetisierungsformen auswirkte. Empirisch zeigt sich ein deutlicher synchroner Zusammenhang zwischen der zunehmend expliziter und pointierter werdenden, somit auch transgressiveren Ästhetik des Metal und dem Voranschreiten der Digitalisierung. Der historische Mechanismus dahinter lässt sich so umreißen, dass je mehr Informationen im digitalen Diskurs, auf Social

---

811 Zugleich Cover 32, Übersicht im Anhang.
812 Hierzu wieder: Pichler 2017; auch breiter zur Ästhetik: Scheller 2020.

5.3 Die Digitalisierung von Moralbezügen seit 2000

Media vor allem auch in bildlicher Gestalt, verfügbar waren, desto stärker musste sich die Wertidentität des Metal zu diesen in Bezug setzen. Warum gerade die Ästhetik und das Bild zum zentralen Verhandlungsfeld dieses Digitalisierungsprozesses wurden, liegt einerseits am hohen Anteil an Bildern auf Social Media sowie andererseits an deren komplexitätsreduzierender Kraft. Bilder brachten die Werte am besten auf den Punkt. Oral-History-Interviews zu diesem Themenkreis bestätigen diesen Kontext.[813] Der Kreis schließt sich in diesem Resümee dieses Subabschnitts darin, dass die thematisierten und dargestellten Bilder heute primär digital zirkulieren und dem Autor auch so als Erstes in der Recherche begegneten.[814]

Zwischenfazit zur Digitalisierung der Moralbezüge

In diesem Abschnitt ging es um die Digitalisierung der Moralbezüge. Für diesen zweiten wesentlichen Prozess der Entwicklung des normenbezogenen klanglichen Wissens in der Phase der Digitalisierung waren vier Entwicklungen ausschlaggebend: die Entwicklung der Werte auf Social Media hin zu einem digitalen ‚Metal-Biedermeier'; die Ironisierung der Werte als Facette des Voranschreitens der Hybridisierung; die Mikrogeschichte der Werte in der Ost- und Südoststeiermark und die Relativierung der Metalness im digitalen Kontext. Die Funktion des ‚Biedermeier' auf Social Media war es, unter den dichten und hyperkomplexen Bedingungen der Social Media das Steirische erkennbar bleiben zu lassen. Im zweiten Thema der Ironisierung brach die Identität und bestätigte zugleich die Wichtigkeit der mit ihr verbundenen Werte im digitalen Kontext. Im dritten Punkt zeigte sich, dass für die Jahre 2002 bis 2004 als einem Zeitraum der frühen Digitalisierung in der Ost- und Südoststeiermark die klassischen Metal-Werte stark präsent waren und zur Hybridisierung beitrugen. Der historische Mechanismus hinter der vierten Entwicklung lässt sich grob so umreißen, dass je mehr Informationen im digitalen Diskurs zur Metalness vorhanden waren, desto relativer wurde diese im digital-globalen Raum. Resümierend lässt sich die Entwicklung der Wissensbereiche der Moral und Werte daher so auf den Punkt bringen, dass sich der Wertdiskurs an die neuen Strukturen des Digitalen anpasste – durch Traditionalismus, ironische Relativierung und Betonung des Lokalen.

---

813 So in Interview Nr. 20, wo der Interviewee die Ausdruckskraft von Lyrics bezweifelte und Bildhaftes, etwa Kino und Film, stärker wirksam sah.
814 Vgl. die Gesamtübersicht der Daten im Anhang.

5.4 Die Digitalisierung des Klangs und der Klangbezüge seit 2000

In den bisherigen beiden Abschnitten zur Wissensgeschichte steirischen Metals im Zeitalter der Digitalisierung ging es um Recht und Moral als die ersten beiden Dimensionen dieses Wissens. Beide Kategorien blieben im Vergleich zu den vorhergehenden beiden Phasen in vielem ident, passten sich aber in der Form des Diskurses an die Hybridisierung und den neuen digitalen Kontext an. Ähnliches ist für die dritte Wissenskategorie des Klangs und der Klangbezüge zu konstatieren. Zwar ist für die Phase ab 2000 – wie im globalen Diskurs – auch eine Entwicklung von neuen musiksprachlichen Formen (primär des Subgenres Numetal)[815] zu konstatieren, vornehmlich nahm aber die Dichte von Aufnahmen und Bands in den schon bestehenden Genres zu. Als zentrale Tendenz der Entwicklung im digitalen Kontext ist zu sehen, dass sich der Wandel der Klangwelten, vor allem in Form einer neuen Flüssigkeit klangbasierter Identitäten, enorm beschleunigte.[816] Das ‚Switchen' von Akteur*innen zwischen verschiedenen Metal-Genres, aber auch zwischen Metal und anderen Musikstilen, nahm eine zuvor ungekannte Geschwindigkeit an. Der Versuch, durch das Hören von Klang und Musik über die Szene Bescheid zu wissen, wurde somit weniger zuverlässig. Die Wissensformation „Klang" wurde deutlich instabiler und flüssiger.

Die Klangformen der steirischen Szene in dieser Zeit zu untersuchen, heißt daher, ein gegenüber den anderen Kategorien und auch den vorhergehenden Phasen noch deutlich dynamischeres Wissensfeld zu untersuchen. Die Fragen sind daher nicht primär darauf zu richten, welche Subgenres (bzw. Bands als Träger*innen dieser) das Wissen charakterisierten, sondern darauf, wie sich die soziale Beschleunigung und Dynamisierung im Klangwissen auswirkten. Welche Aspekte, Metal als Klangwelt in der Steiermark zu praktizieren und zu leben, veränderten sich? Und wie hingen diese Beschleunigungsprozesse mit dem Fundamentalprozess des digitalen Wandels zusammen? Man kann daher die Untersuchung der Digitalisierung dieser Wissenskategorie als Untersuchung einer auditiven Beschleunigungserfahrung bezeichnen.

Was um 2000 in der Klangbedeutung noch stabil war (etwa bestimmte Gitarrensounds oder Gesangsstile im Death Metal),[817] konnte zum Zeitpunkt des Schreibens dieses Kapitels im Winter 2023/24 deutlich anders zu interpretieren

---

815 Hierzu etwa Neil 2016.
816 Breit hierzu: Seifert 2018.
817 So etwa die Interpretation von Gitarrensounds und Vocals in einem oststeirischen Studio: Interview Nr. 18; auch vor allem Musikanalyse Nr. 16, Übersicht im Anhang.

5.4 Die Digitalisierung des Klangs und der Klangbezüge seit 2000

sein. Die Suche nach den Kernprozessen der Beschleunigung und Dynamisierung seit der Jahrtausendwende brachte im verfügbaren Datensatz vier wesentliche Einzelthemen zum Vorschein: die radikale Erweiterung des Vorrats verfügbarer Musik, betreffend Metal und andere Musikstile, vor allem durch Musik-Streaming; eine zunehmende Instabilität der Hörgewohnheiten; eine neue soziale Flüchtigkeit der Sounds aufgrund der enormen Dynamik der Kulturprozesse im Feld und das Narrativ, dass der heutige Metal musikalisch und technisch ‚besser' als in früheren Phasen der Szene sei. Da die radikale Erweiterung der verfügbaren Musik und Klänge zentral mit dem Grundlagenprozess des Ausbaus digitaler Netze zu tun hat, ist sie als Thema der geeignete Einstiegspunkt.

So viel Metal zu hören wie nie zuvor

Es ist bereits in mehreren Abschnitten thematisiert worden, dass mit dem strukturellen Basisprozess der Durchdringung des steirischen Raums durch digitale Netze ab Ende der 1990er-Jahre eine Beschleunigung der Kulturzirkulation einherging.[818] Vor allem global einflussreiches Wissen über Metal und seine wichtigen Szenen außerhalb der Steiermark war leichter und in deutlich umfangreicherem Maße verfügbar.[819] Es entstand eine neue Kultursituation der Metalness, in welcher Lokales und Globales leichter, intensiver und oft konfliktuöser in Kontakt traten. Wie schon in vorherigen Abschnitten zu Social Media angemerkt, vervielfachte sich das Metal-Wissen und die Formen des digitalen Zugangs zu Szene-Expertise. Es handelte sich seit etwa 2000, nochmals stark dynamisiert seit etwa 2010, um einen neuen kulturellen Status der Metalness, der auf wesentlich breiteren Wissensfundamenten aufbaute, die aber zugleich umkämpfter waren.

Wenn man die soziokulturellen Dynamiken des Hörens sowie der musikalischen Praxis in dieser neuen Situation der Metalness untersucht, bestand der einschneidendste strukturelle Aspekt in der Vervielfachung der verfügbaren Metal-Musik auf Streaming-Portalen wie Spotify, Amazon Music, Apple Music, Deezer und anderen.[820] Seitdem es die technischen Möglichkeiten erlaubten, wurden die Angebote der Streaming-Anbieter, die historisch den schon beschriebenen Filesharing-Portalen folgten (siehe Abschn. 5.2, Filesharing, Copyright und das Zerbrechen einer Band), zu einer Grundlagen-Infrastruktur der globalen und lokalen Metal-Szene. Gegenwärtig sind im Prinzip *alle* Formen des Metal rund um die Uhr, oft sogar unentgeltlich, für Hörer*innen verfügbar. Man

---

818 Zur sozialen Beschleunigung prägend: Rosa 2005; dies jüngst auch im Kontext der Resonanztheorie auf Metal hin erweiternd: Rosa 2023; zur Theorie der „flüchtigen Moderne" auch früh schon: Bauman 2003; breiter wieder: Seifert 2018.
819 So gut nachvollziehbar in den Interviews Nr. 8 und 16.
820 In Anklängen auch dazu: ebd.

kann die neue Situation so zusammenfassen, dass es so viel Metal zu hören gibt wie nie zuvor.

Durch diese neue Verfügbarkeitssituation beschleunigte sich das Wissen um den Klang von Metal und um die kulturell verarbeiteten Klangbezüge radikal. Auch in der Steiermark – wie in wahrscheinlich allen anderen digital erreichbaren Szenen – führte die Digitalisierung dazu, dass „Klang" zu einem Wissensfeld des auditiven Überflusses, des kaum überschaubaren Musikvorrats und damit auch des zuweilen Überfordernden wurde. Die steirischen Metalheads sind heute nicht mehr wie in den 1980ern und teils noch in den 1990ern in der Situation, hohen Aufwand betreiben zu müssen, um überhaupt an ihre Musik zu kommen, sondern stehen in einem Auswahl- und Bewertungszwang, der zum kulturellen Szene-Apriori wurde.[821]

Methodisch mag an dieser Stelle eine selbstreflexive Verortung des Autors diese Situation zu verdeutlichen helfen. Zu Mitte der 1990er-Jahre, als der Autor als Jugendlicher in Graz ersten Anschluss an die dortige Metal-Szene fand, hatte er deutlich unter hundert Metal-Alben, vor allem in Form von CDs, als ‚Hörvorrat' in seinem Jugendzimmer zur Verfügung. Hierdurch war der Pool an hörbaren Klängen – und somit auch das Klangwissen – limitiert; sodass es möglich war, von allen als ‚kanonisch' geltenden Alben die Tracklist, die wichtigsten Texte und den sie begleitenden Diskurs umfassend und rasch zu lernen. Das verfügbare, klangliche Metal-Wissen war so begrenzt, dass es mit etwas Anstrengung immer möglich war, es jederzeit spontan und damit intuitiv für die Konstruktion der lokalen Metalness parat zu haben. Es war keine Überforderung an Information der Fall, sondern ein stabiler Bezugsrahmen des Hörens kanonisierter Musik. Abseits jeglicher Bewertung der heutigen Hörsituation veränderte sich dies mit der Digitalisierung radikal. Seinen Musikkonsum zu organisieren, bedeutet heute, im gleichsam unlimitierten Streaming-Vorrat von Metal viel mehr auswählen und bewerten zu müssen. Der Filter, der das Hörwissen prägt, ist notgedrungen rigider, das Hörwissen selbst flüssiger und dynamischer. Die Situation des Hörens ist eine von permanenter Neuverhandlung, unter Informationsdruck und des Kaum-möglich-Seins der Kanonbildung. Es geht nicht darum, diese neue Hörsituation als schlecht oder gut zu bewerten, sondern darum, die Dynamisierung, die strukturell begründet ist, zu verstehen. Methodisch bedeutet dies, das Wissen um die Klangdimensionen als soziales und sensuales Beschleunigungsfeld zu sehen.[822] Es gibt eben so viel Metal zu hören wie nie zuvor.

Um diese neue Situation der klanglichen Bezüge im Kontext des vorhandenen Datenvorrats beschreiben zu können, sind vor allem die Resultate aus den musikanalytischen Explorationen und ergänzend aus der Oral History sowie der

---

821 Breit theoretisch hierzu: Pichler 2017, 105–120; auch wieder auf Höhe der Zeit: Rosa 2023.
822 Um diesen Prozess, der die Moderne radikalisiert, tiefer einzuordnen wieder: Rosa 2005; breiter zur Popmusik: Seifert 2018.

5.4 Die Digitalisierung des Klangs und der Klangbezüge seit 2000

Diskursanalyse wichtig. Die Daten aus der Musikwissenschaft sind dem Rohmaterial der Musik als Klangphänomen am nächsten und reflektieren den zu untersuchenden Wandelprozess der Digitalisierung und der Vervielfachung der verfügbaren Klänge. Oral-History-Interviews sowie Diskursdaten aus der Zeit seit 2000 machen die sozialen Kontexte deutlich.

Charalampos Efthymiou hat für die Zeit seit der Jahrtausendwende steirische Bands in den Blick genommen, deren Musik Auskunft über die kompositorische und musikperformative Verarbeitung der neuen Hörsituation gibt. Dazu zählen Asmodeus, Blessmon, Heathen Foray, Klynt und Python Regius.[823] Im Überblick zeigen die Analysen den Trend auf, dass sich zwar die Genres an sich wenig veränderten, die eklektische Kombination mehrerer Genres im Werk der Bands sich aber häufte. So sind etwa gerade im jüngsten steirischen Kontext Python Regius und Klynt als Künstler*innen zu begreifen, die aus der neuen Verfügbarkeit unzähliger Sounds eine eklektische Auswahl trafen. In geringerem Maße ist dies auch für Asmodeus, Blessmon und Heathen Foray festzustellen. Betrachtet man die Analysen Efthymious, die immer danach trachteten, die kompositorischen Bausteine und damit die musikalischen Grundelemente des möglichen Hörens zu beschreiben, als Grobkartierung des verfügbaren Musikmaterials und seiner klanglichen Organisation, ist dieser neue Eklektizismus im Komponieren auffällig. Für den Fall der Band Python Regius hat Efhymiou den kompositorischen Eklektizismus folgendermaßen kommentiert:

> „Die Band verwendet viele unterschiedliche Stile (von Power Metal über symphonischen Metal und experimentellen Metal bis hin zum Black Metal) und nimmt die musikalische Sprache von mehreren Bands (Helloween, Nightwish, Dark Funeral, eventuell auch Dream Theater und Slayer) [...] als Ausgangspunkt. [...] Die Band hat einen klaren Weg gefunden, heterogene Einflüsse zu einer Einheit zu verschmelzen."[824]

Dieses abschließende analytische Urteil zieht der Musikwissenschaftler nach intensiver Auseinandersetzung mit den klanglichen Elementen, die die Musiksprache von Python Regius am Album *Orior* ausmachten. Das professionell-analytische Hören des Musikologen kommt also zu dem Urteil, dass die Musik der Band als Verschmelzung mehrerer verschiedener Stile und Vorbilder zu werten sei. Gemünzt auf das Thema und den Kontext dieses Abschnitts bedeutet dies nichts anderes, als dass die Komponist*innen im Kontext eines radikal erweiterten verfügbaren Pools an (digital) zugänglichen Vorbildern diesen eklektischen Modus wählen konnten – vielleicht in der Konstellation des Bandgefüges sogar mussten.[825] Die Band konnte um 2014, als das Album produziert wurde, aus einem wesentlich größeren, verfügbaren Pool an Musik und Klangwissen wählen als etwa

---

823 So zu Asmodeus Musikanalyse Nr. 13, zu Blessmon Nr. 17, zu Heathen Foray Nr. 16, zu Klynt Nr. 18 und Nr. 16 zu Python Regius, Übersicht im Anhang; Die folgenden Aussagen musikanalytischer Natur zu diesen Bands referenzieren diesen Analysen.
824 Quelle: Musikanalyse 16, 13.
825 Vgl. ebd.; sowie aus der Oral History: Interview Nr. 4.

in den 1990ern – beziehungsweise musste sie dies sogar. Ähnliche Prozesse lassen sich hinter dem postmodernen Eklektizismus von Klynt vermuten.

Was bedeutet dieser Befund für die Frage nach der Beschleunigung als auditiver Erfahrung? Wenn man Efthymious Analysen als Beschreibungen liest, die die Möglichkeiten des Hörens reflektieren, dann lässt sich im Eklektizismus – also der Struktur der Musik selbst – eine direkte Reflexion der neuen Fülle von Metal auf Streaming-Portalen vermuten. Da Komponist*innen wie Klynt und Python Regius, aber eben auch etwa Asmodeus, Blessmon und Heathen Foray ein wesentlich größerer Pool an Einflüssen leicht zugänglich war, spiegelte sich dies im Komponieren in dieser Form wider. Die Aussage „es gab so viel Metal zu hören wie nie zuvor" kann daher in diesem Zusammenhang in zwei wesentlichen, kulturhistorischen Aspekten der sozialen Beschleunigung zusammengefasst werden. Erstens kam es zu einer Beschleunigung des Austausches zwischen verschiedenen Metal-Genres – paradigmatisch zu sehen im Falle des Eklektizismus bei Python Regius und Klynt. Zweitens – und dies ist die wichtigere und grundlegendere Erkenntnis – führte die Digitalisierung offensichtlich zu einer weniger starken identitären Bindung an die spezifischen Sounds von Metal-Subgenres. Diese neue ‚klangliche Flüssigkeit' passt gut zu den Befunden im vorhergehenden Abschnitt zur Ironisierung und Relativierung der Moral der Metalness (siehe Abschn. 5.3.).

Damit zeigen die musikanalytischen Daten den Zusammenhang zwischen neuer Verfügbarkeit von Musik und der Beschleunigungserfahrung auf. Dass es so viel Metal wie nie zuvor gab, machte die neue Situation des Hörens zu einer deutlich dynamischeren. Der Orientierungsrahmen der Einordnung der Klangbezüge und damit auch von auditiven Identitätsaspekten dynamisierte sich zusehends. Abseits dieses direkten Konnexes zwischen struktureller Beschleunigung des Informationsflusses und den Modi der Komposition weisen die Daten aus Oral History und Diskursanalyse darauf hin, wie dies die Selbstdeutung der Szene beeinflusste. Die folgende Einschätzung eines männlichen Szenegängers auf die Frage hin, wie das Aufkommen von Streaming sich auswirkte, fassen die Auswirkungen im Topos einer empfundenen neuen „Schnelllebigkeit" der Szene zusammen:

> P: „Es wird alles schnelllebiger, alles [...] weniger wert [...]. Also, ob ich [...] mit [...] Tapetrading [...] endlich die Scheiben aus, sagen wir Teheran, oder wo auch immer her [bekomme] [...], wenn man sich freut, dass das ankommt, [...] ist [das] eine ganz andere Liga, als dass man [...] nur mehr den Suchbegriff ‚Metal' braucht und dann kriegt man [...] eine Auswahl ohne Herz, ohne Seele, ohne Empfehlungen [...] nur mit [...] Algorithmus dahinter. [...] Oder [...] Streaming-Konzerte [...], im Extrem-Metal waren Necrophobic [eine schwedische Band][826] eine der ersten, die was gemacht haben. Weiß nicht mehr wie lange her, das war einfach großartig. [...] Ein Streaming-Konzert [...] daheim [...] anschauen [...],

---

826 Zur Band: Necrophobic 2024.

5.4 Die Digitalisierung des Klangs und der Klangbezüge seit 2000

war geil. Man haut sich ein, zwei [...] Bier hinein, man sieht den Livestream [...], aber es war ein bisschen eigen."[827]

Diese Ausführungen eines erfahrenen, männlichen Szenegängers, der sich selbst auch bewusst als „Netzwerker" im Digitalen versteht,[828] bringt paradigmatisch auf den Punkt, wie sich die Narrative zur Hörsituation ab 2000 änderten. Es werde alles „schnelllebiger" und auch „weniger wert". Dies bringt eine kulturpessimistische Haltung auf den Punkt, die sich in mehreren Interviews fand.[829] Die neue Verfügbarkeit von Musik, etwa in diesem Interview am Beispiel von Streaming-Konzerten beschrieben, wird zwar auch positiv gesehen, aber oft grundsätzlich eine Entwertung der Musik beklagt.[830] Somit wird die neue Hörsituation in der Oral History als eine der empfundenen Überforderung, Entwertung und damit auch des teilweisen Identitätsverlustes bewertet. So viel Metal wie nie vorher hören zu können, bedeutet das Erleiden einer Entwertungserfahrung; die Entwertungserfahrung führte ferner zum Gefühl des auditiven Identitätsverlusts und der ständig notwendigen Suche nach neuer Orientierung und neuen Sounds und somit weiterer Beschleunigung. Die Daten aus der Diskursanalyse repräsentieren sowohl den Eklektizismus der Musik in Form eklektischer Darstellungen auf T-Shirts und Coverbildern als auch das Gefühl der Schnelllebigkeit und Relativität der Metal-Identität in Gestalt zunehmend ironischer Darstellungen.[831] Sie bestätigen daher die genannten Befunde.

Man kann die Erkenntnisse so zusammenfassen, dass die neue Verfügbarkeit von Metal im digitalen Streaming-Umfeld einen neuen Eklektizismus im Komponieren förderte. Zugleich machen die Befunde aus der Oral History das vorherrschende Gefühl von Beschleunigung, Schnelllebigkeit und Identitätsverlust deutlich. „Klang" war vor allem durch das Streaming zu einer Kategorie der sozialen Beschleunigung geworden. Die hiermit zusammenhängende neue Instabilität von Hörgewohnheiten ist das nächste zu beleuchtende Thema.

Die neue Instabilität der Hörgewohnheiten

Die Beschleunigung führte in weiterer Folge, wiederum mit einer weiteren Steigerung der sozialen Dynamiken ab 2010, zu einer neuen Instabilität der Hörgewohnheiten. Diese ist das zweite Einzelthema, welches in Bezug auf die Wissens-

---

827 Quelle: Interview Nr. 16.
828 Vgl. ebd.
829 Vgl. ebd.; sowie ähnlich in einem Ton des Szene-Pessimismus: Interviews Nr. 2, 15, 18 und 20.
830 Vgl. ebd.
831 So wieder der Eklektizismus bei Klynt: Cover 38, sowie T-Shirt 1; wiederum auch bei Darkfall: Cover 41, sowie T-Shirt 7, Übersicht im Anhang.

kategorie Klang im Rahmen der Digitalisierung zu untersuchen ist. Mit „Instabilität" ist gemeint, dass der soziale Rahmen, der darüber entschied, welche Bedeutungen Sounds und der Musik zugeschrieben wurden, in Fluss kam. So galt etwa um 2000 der Versuch von Künstler*innen, möglichst authentischen Speed Metal im Stile der 1980er-Jahre zu spielen, als antiquiert und anachronistisch. Heute hingegen existiert ein dynamischer Diskurs, beinahe ein eigenes Subgenre, das diesem Substil nacheifert und ihn als Authentizität des ‚wahren' Metal inszeniert.[832] Hierin hat sich die soziokulturelle Art und Weise, wie das Gehörte mit Sinn und Identitätsbewusstsein bedacht wurde, stark verändert.

Ein ähnlicher Prozess lässt sich in der steirischen Szene in Bezug auf die Semiotiken von Post-Black-Metal-Sounds feststellen, die in kurzer Zeit von einem eher als randständig empfundenen Stil zu einem zentralen Marker der lokalen Metalness wurden. In den Jahren von 2010 bis zur Gegenwart hatte sich im Diskurs um Bands wie Ellende ein neuer Referenzrahmen für Sounds entwickelt, der Post-Black-Metal-Klänge als authentisch, mystisch, selbstreflektiert und als bedeutsame Facette der lokalen Metalness konstruiert.[833] Die Hörgewohnheiten und Interpretationsmuster der lokalen Metal-Fans hatten sich erstaunlich rasch in diese Richtung bewegt.[834] Diese rasche Bewegung legt eine potenziell hohe Instabilität der Hörusancen nahe.

Ein anderes Beispiel ist die Dynamisierung von Hörgewohnheiten im Death Metal. Um 2000 galt orientiert an global einflussreichen Bands wie Opeth oder Edge of Sanity ein progressiver Zugang zum Death Metal in der steirischen Szene als wegweisend.[835] Nur einige Jahre später war aber ein deutliches Revival des klassischen und „stumpfen" Death Metal der frühen 1990er zu konstatieren.[836] Es handelte sich um einen Trend der Dynamisierung der Hörgewohnheiten, der sich durch Streaming und Social Media nochmals beschleunigte. Auch hier ist von einer prinzipiell höheren Instabilität des sozialen Rahmengeflechts, insbesondere der Konstruktion von Identitäten und Authentizitätsmustern, als in den 1980er- und 1990er-Jahren auszugehen.

Um diesen zweiten Prozess der Veränderung und Beschleunigung der Klangbezüge zu erforschen, ist zunächst wiederum der Hinweis auf die strukturellen Voraussetzungen der Beschleunigung des Musikdiskurses durch die Digitalisierung grundlegend. Ohne die neuen Strukturen von Breitbandinternet und Filesharing, später von Streaming und Social Media, die die Veränderung und

---

832 Man kann zumindest teils wiederum Klynt in diesen Diskurs einordnen. Global gesehen sind Bands wie Night Demon u. a. hier zu nennen.
833 Vgl. Musikanalyse 14; aus der Oral History mit großem Sinn hierfür: Interviews Nr. 16 und 19, Übersicht im Anhang.
834 Vgl. ebd.
835 Kontextuell hierzu vor allem Interview Nr. 21, auch teils Nr. 11; aus der Studioperspektive auch Nr. 18.
836 Vgl. ebd.

5.4 Die Digitalisierung des Klangs und der Klangbezüge seit 2000

Beschleunigung trugen, sind solche Dynamiken nicht zu erklären.[837] Entscheidend auf der kulturhistorischen und musikologischen Ebene ist dann, wie diese Facette der Digitalisierung in der Szene erlebt wurde; und ob sie sich in der musikalischen Praxis und Musiksprache widerspiegelte. Es sind daher Daten aus der Oral History, die die Beschleunigung thematisieren beziehungsweise Hören, Hörgewohnheiten und Klangbezüge im Identitätskontext reflektieren, primär wichtig. In der Ergänzung sind Erkenntnisse aus der Analyse der zeitgenössischen Musik in Bezug auf diesen Themenbereich aussagekräftig.

Ein guter empirischer Startpunkt sind die Erinnerungen eines männlichen Zeitzeugen aus dem Deutschlandsberger Raum, der in den 1990er-Jahren in die Szene eingestiegen war. Als Musiker und Organisator von Szene-Events erlebte er anschließend die Phase des Beginns der Digitalisierung in diesem Raum, wobei sein Interesse insbesondere dem Extreme Metal und Death Metal galt.[838] Somit stellte die Dynamik der frühen Digitalisierung, die die Etablierung der digitalen Netze brachte, einen wesentlichen soziokulturellen Kontext seiner damaligen Hörgewohnheiten dar. Auf die Frage, was Metal und insbesondere Death Metal in ihrem Klang für ihn bedeuteten, führte er aus:

> P: „Ich glaube, [es geht um] ein Gefühl an und für sich, was aber schon mit dem Sound [...] zusammenhängt. Das ist ein eigener Klang. [...]. [Es geht um das Gefühl], dass das die Musik ist, die einem einfach zusagt."
> I: „Was [...] ist das [für ein] Gefühl?"
> P: „Das [...] Gefühl, was einem die Musik vermittelt [...], ich glaube, das nimmt auch mit der Zeit ab, [es bleibt] [...] nicht [...] immer das Gleiche."
> I: „Was ist denn das Gefühl, kannst du das irgendwie auf den Punkt bringen?"
> P: „Nein eigentlich gar nicht."
> I: „Eigentlich gar nicht, das heißt, das ist sowas, was man spielen muss, ist das was, das man musikalisch ausdrücken muss?"
> P: „Nein. [...] Ist eine gute Frage. [...] Gefühle in Worte fassen ist ja generell recht schwierig. Singen eh genug Leute darüber, oder probieren es."[839]

Dieser kurze Dialog zwischen dem Zeitzeugen und dem Autor als Interviewer führte bei Letzterem sowohl in der Interviewsituation als auch in der später folgenden Reflexions- und Transkriptionsphase zunächst zu Irritation. Der Interviewee macht zuerst klar deutlich, dass Metal für ihn hohe emotionale Bewandtnis und somit identitäre Bedeutung habe, insbesondere für ihn als Musiker.[840] Aber auch nach mehrmaligem Nachfragen durch den Autor blieb der tatsächliche Inhalt dieser Bedeutung eine sprachliche Leerstelle. Der Zeitzeuge ließ sich lediglich auf die Formulierung ein, dass die Musik ein bestimmtes Gefühl vermittle, welches aber identitätsstiftend sei – und, dass sich dieses Gefühl über den

---

837 Grundsätzlich diesen Prozess erinnernd wieder: Interviews Nr. 8 und 16; breiter aus der Literatur: Seifert 2018.
838 Vgl. Interview Nr. 20.
839 Quelle: ebd.
840 Vgl. ebd.

Lauf der Zeit verändern könne. Der Death Metal und die Szene im Raum Deutschlandsberg waren hierfür der lokale Rahmen der Hörgewohnheiten und der Interpretation der Musik.

Man könnte zunächst vermuten, dass der Zeitzeuge sich einfach nicht auf eine interpretative Deutung seiner Identität einlassen wollte; oder aber, dass in der Interviewsituation tatsächlich die sprachlichen Ressourcen nicht zur Verfügung standen, um dies eindeutig und für ihn zufriedenstellend zu leisten. Eine umfassendere Analyse und auch eine Auflösung der Irritation wird möglich, wenn man diese Erinnerungen, die vor allem die Zeit um 2000 erzählten, mit den übrigen vorhandenen Daten zum Thema aus der Oral History vernetzt. Im Datenkorpus finden sich drei weitere Interviews, die in der Interpretation der lokalen Metalness Death Metal in den Fokus rückten.[841] Die schon weiter oben zitierten Interviewpassagen zweier weiterer, männlicher Szenegänger zur Band Cadaverous Condition (siehe Abschn. 4.2, Extreme Metal und die Vervielfältigung der Rechtsbezüge sowie 4.3, Genreklang und die Pluralisierung der Werte), welche Death Metal mit „Jugend", „Energie", „Stumpfheit" und „Kraft" im Klang identifizierten, sind paradigmatisch.[842] Alle diese Interviews legen einen Trend nahe: Erinnerungen, welche die Bedeutungskonstruktion der Identität im Subgenre des Death Metal für den Zeitraum von 2010 bis zur Gegenwart als erzählte Zeit thematisieren, geben klare Antworten zum Inhalt der Identität. Im Zeichen der neuen Gegebenheiten von Social Media und Streaming steht Death Metal für Rohheit, „kein Gefrickel",[843] Energie und Kraft. Der Diskurs verfügt über eine klare, digitale Death-Metal-Identität.

Schien für die Zeit um 2000 das, wofür der Death-Metal-Sound stand, unsprachlich beziehungsweise nur unspezifisch fühlbar zu sein, so konnte dies im Erzählkontext der späteren Digitalisierung ab 2010 unmissverständlich auf den Punkt gebracht werden. Die erzählerische und memoriale Selbstkonstruktion über die Klangbezüge sowie die Hörgewohnheiten scheinen grundsätzlich davon abhängig gewesen zu sein, in welche Phase die Erzählenden Death Metal in seiner kulturellen Bedeutung einordnen wollten. Für die Frühphase der Digitalisierung um 2000 scheint der Hinweis auf ein intuitives „Gefühl" bzw. eine klangliche Leerstelle, welche als Irritation im Interview beschrieben wurde, die Sinnkonstitution im Hören noch gut genug geleistet zu haben – was sich wie gesehen nur einige Jahre später deutlich verändert hatte. Es hatte sich also in kurzer Zeit der soziale Rahmen der Interpretationsmuster, nach denen der gehörte Klang an die Metalness der Szene gebunden wurde, signifikant verändert. Vom eher diffusen Begriff des „Gefühls" hin zu einer elaborierten Ressourcenvielfalt an Begriffen dauerte es in der erzählten Chronologie der Szene nur etwa zehn

---

841 Vgl. die Interviews Nr. 11, 16 und 21.
842 Vgl. Interview Nr. 21.
843 Vgl. ebd.

5.4 Die Digitalisierung des Klangs und der Klangbezüge seit 2000

Jahre – nämlich vom Beginn der Digitalisierung bis zu deren vollem Durchbruch mit Social Media und Streaming um 2010.

Was folgt daraus für die Frage nach der Instabilität des Hörens als Folge der Beschleunigung der Soziokultur der Szene? Die vorhandenen Daten zu den Hörgewohnheiten im Death Metal zeigen eine enorme Instabilität und Dynamik. Vom Kaum-Nennen-Können der Bedeutung der Musik für die Identität bis zur vollständigen Aufladung mit Werten und sprachlichen Kollektivbegriffen wie „Jugend" sind in der erzählten Zeit nur etwa zehn Jahre vergangen. Die Dynamik ist hoch, sie lässt sich mit der Strukturgeschichte der Digitalisierung heuristisch gut in Einklang bringen. Je größer der Vorrat an hörbarer Musik durch Streaming wurde, desto instabiler wurden die Hörgewohnheiten – hier am Beispiel des Death Metal in der Steiermark gut erkennbar. Man kann es so auf den Punkt bringen, dass die neue Instabilität der Hörgewohnheiten klanglich codierte Identitäten wesentlich rascher zu generieren verhalf, sie jedoch auch vulnerabler und instabiler waren. Die Digitalisierung erschafft und zerstört klangbasierte Metal-Identitäten in kurzer Zeit. Ähnliches wie für den Death Metal lässt sich für die anderen genannten Beispiele des Post-Black-Metal und Speed Metal vermuten.[844]

Dieser Befund aus der Oral History, welcher Hörgewohnheiten und damit verbundene Sinnzuschreibungen als dynamisch, aber auch vulnerabel wie nie zuvor ausweist, kann durch die vorhandenen Analysen zeitgenössischer Musik kontextuell gestützt werden.[845] Der schon genannte Eklektizismus im Komponieren, der sich als Folge der neuen Verfügbarkeit von Sounds im Digitalen annehmen lässt, trug zur Instabilität der Hörgewohnheiten bei; vor allem beförderte er die Bereitschaft, Sounds immer wieder dynamisch neu zu bewerten. Die Musik von Bands wie Klynt und Python Regius, in Teilen ebenfalls jene von Asmodeus, Blessmon und Heathen Foray kann als Prozess der musiksprachlichen Verarbeitung der neuen Instabilität verstanden werden.[846] Je variabler und uneindeutiger der Klangkosmos einer Band (gemessen am eklektischen Kompositionszugang und am tradierten Subgenre-Raster) ist, desto instabiler ist auch ihre Einordnung in den Rahmen der Genres, Hörgewohnheiten und Szeneidentitäten. Die Analysen Efthymious zeigen hier nicht nur eine Beschleunigung des Wandels der Kompositionsstrategien in der Szene als musikalischer Gemeinschaft, sondern ebenso eine musiksprachliche Verarbeitung klanglicher Identitätskrisenerfahrungen auf.

---

844 Neben Bands wie Night Demon ist hier in der Steiermark eben vor allem an Klynt zu denken; zum Post-Black-Metal vgl. wieder Musikanalyse 14; aus der Oral History Interviews Nr. 16 und 19, Übersicht im Anhang.
845 Vor allem wieder Musikanalysen 16 und 18 zu Python Regius und Klynt, Übersicht im Anhang.
846 Vgl. ebd.; siehe hierzu auch die Musikanalysen 13 zu Asmodeus, 17 zu Blessmon und 15 zu Heathen Foray, Übersicht im Anhang.

Am Ende dieses Abschnittes kann man daher die Untersuchung der neuen Instabilität der Hörgewohnheiten so bilanzieren, dass sie, erstens, strukturell gesehen eine direkte Folge der Digitalisierung war. Zweitens ist sie chronologisch in ihrer Entwicklung in deutlicher Parallelität zur Dynamisierung der Digitalisierung (vor allem mit dem Aufkommen von Streaming) zu sehen. Drittens bewirkte sie eine weitere Erschütterung der Zuverlässigkeit klanglich codierter Identitätsvorstellungen der Szene. Die Digitalisierung erschafft und zerstört Identitäten in kurzer Zeit. Hörgewohnheiten sind immer mehr vorläufige Hörgewohnheiten und Ordnungsmuster auf Zeit.

Die neue soziale Flüchtigkeit der Klänge

Ein dritter Teilprozess, welcher mit der Digitalisierung des Klangs und der Klangbezüge als sozialer Wissensgeschichte zusammenhängt, ist eine seit 2000 festzustellende soziokulturelle Flüchtigkeit[847] der Klänge. Was ist hierunter zu verstehen? Wie etwa auch in der Untersuchung von Haar- und Kleidungsmoden der Szene in den 1990er-Jahren (siehe Abschn. 4.4., Habitus, Haare, Kleider und ihr ‚Klang') thematisiert wurde, sind Metal-Musik und ihr lokaler Klangkosmos keine sozial isolierten Phänomene. Sounds, die Fans begeistern und global einflussreiche Bands, die steirische Musiker*innen inspirieren, ‚klingen' im soziokulturellen Raum weiter. Die Identitäten, Selbsterzählungen und Werte, die an Klängen und Klangbezügen hängen, ‚schwingen' sozial mit den Klangwellen der Musik. Allein, dass bei Metal-Konzerten als primären Aufführungen der Szenemusik bestimmte Kleidungsstücke wie Band-T-Shirts und ‚Kutten' dominant sind, gibt dazu beredt Auskunft.[848] In der Zeit der Digitalisierung der Szene, verstanden als Umwandlungsprozess, der den ‚sozialen Schwingungsraum' der Musik umfassend transformierte, wurden die dominanten Klangensembles mit ihren sozialen Implikationen deutlich flüchtiger als in den vorhergehenden Phasen. War etwa in den 1990er-Jahren längere Zeit fixiert, welche Werte mit dem Grunge zusammenhängen, so ist die Kopplung von Inhalten an musikalische Ereignisse später deutlich loser und flüchtiger geworden. In der lokalen, steirischen Szene war nach dem russischen Einmarsch in die Ukraine im Frühjahr und Sommer 2022 kurzzeitig eine relevante Welle an Releases steirischer Bands – vor allem digitaler Releases – zu merken, die Kritik und Entsetzen über dieses Zeit-

---

847 Grundsätzlich zur „Flüchtigkeit" der Moderne: Bauman 2003; 2017; sowie Rosa 2005, 2023; auch wieder breit: Seifert 2018.
848 Hierzu wieder Cardwell 2022 und Höpflinger 2020.

5.4 Die Digitalisierung des Klangs und der Klangbezüge seit 2000

geschehen mit den Sound des klassischen Metal der 1980er-Jahre sowie des Industrial Metal der frühen 2000er verbanden.[849] Der Autor erwartete zunächst, dass der Aufschrei, der so an die Sounds gekoppelt wurde, länger in der Szene ‚schwingen' würde. Jedoch nur einige Wochen später hatte sich diese spezifische Codierung der Klänge im sozialen Raum ‚verflüchtigt'. Wie spielt diese soziokulturelle Flüchtigkeit der Klänge mit dem Prozess der Digitalisierung als sozialer Beschleunigungserfahrung zusammen? Diese Frage ist in diesem Abschnitt zu untersuchen.

Methodisch macht es auch hier wieder Sinn, zuerst an die strukturell neuartige Situation des Hörens und damit des Metal-Diskurses als sozialem Raum im Digitalzeitalter zu erinnern. Wie schon öfter angemerkt, blieben zwar die klassischen Metal-Öffentlichkeiten der 1980er und 1990er erhalten, wurden aber kontinuierlich um digitale Räume erweitert. Entscheidender Faktor wurde, dass das soziale Gewebe, das die semiotischen ‚Schwingungen' der Musik transportiert, so erheblich dichter wurde.[850] Die soziale Kommunikation, die für den Aufbau klanglich basierter Metal-Identitäten Voraussetzung ist, wurde dynamischer und intensiver, aber eben auch flüchtiger. Es ist etwa aussagekräftig, dass die genannte Welle an Musik mit Protest gegen den Einmarsch in die Ukraine rasch und lokal intensiv erfolgte, genauso rasch aber wieder abebbte. Diese soziale Flüchtigkeit der Klänge näher zu betrachten, bedeutet daher, erstens, die Musiksprache auf die Inhalte solcher Prozesse zu analysieren. Zweitens ist es ergänzend notwendig, den ‚sozialen Schwingungsraum' in seiner neuen Dichte in den Blick zu nehmen. Die folgenden Ausführungen basieren daher einerseits auf den musikologischen Analysen zu dieser Thematik sowie andererseits ergänzend auf Oral-History-Interviews, die Rückschlüsse auf die soziale Struktur des digitalen Raums erlauben.

Kulturhistorisch kann man die Musikanalysen, die Charalampos Efthymiou für die Zeit der Digitalisierung als sozialem Umwälzungsprozess seit der Jahrtausendwende durchgeführt hat, als Untersuchung klanglich codierter Informationen mit soziokulturellem Gehalt betrachten. Betrachtet man die sozialen ‚Wellen' und ‚Schwingungen', die sie wie beschrieben auslösen, ergibt sich eine geeignete Analyseebene. Abgesehen von der stilistischen Breite, die sich im Eklektizismus manifestiert, ist auffällig, dass die transportierte Attitüde der Metalness im Querschnitt der Daten einheitlich ist. In allen vorliegenden Analysen der Musik der steirischen Bands Asmodeus, Blessmon, Heathen Foray, Klynt und Python

---

849 So veröffentlichte die Heavy-Metal-Band Till Eulenspiegel im April 2022 ihren Song „Verpiss Dich", der im Video sehr deutlich zur Politik Putins Stellung nimmt: Till Eulenspiegel 2022; auch im April 2022 fand im „Explosiv" in Graz ein Benefizkonzert mehrerer steirischer Bands zugunsten der angegriffenen Ukraine statt: Explosiv 2022; die Industrial- und Progressive-Metal-Band Mossadeq veröffentlichte online im August 2022 den kritischen Track „Vladimir", der auch auf dem Album *Adolf Resister* zu finden ist: Mossadeq 2022.
850 So wieder gut nachvollziehbar in den Interviews Nr. 8 und 16, teils auch in Nr. 1.

Regius steht die Konstruktion einer ‚lauten' Metal-Identität, welche rebellisch und expressiv ihr Anliegen performativ inszeniert, im Mittelpunkt.[851] Es geht immer um die musikalisch-klangliche Stilisierung eines sozialen Appells oder gar eines kritischen Aufschreis.

Mögen die Lyrics auch unterschiedliche inhaltliche Schwerpunkte haben, so ist die verklanglichte, stilisierte Attitüde immer die eines soziokulturellen Appells. Dieser musikalisch verwurzelte Aufschrei wurde dann folgerichtig über die sozialen Mechaniken der lokalen Metal-Diskurse weitertransportiert – die Identität ‚schwang' im sozialen Raum. Betrachtet man aus dieser Sicht die Musik als Epizentrum solcher Appellationsprozesse und Stilisierungen des sozialen Aufschreis, ist die Analyse des musiksprachlich traditionellen Black Metal der Gruppe Asmodeus aussagekräftig. Gerade die Analysen der Stücke „Enthronement of the Sovereign" und „Decretum Executionis" vom Album *Imperium Damnatum* (2006) zeigen schon für eine frühe Zeit der Digitalisierung die klangliche Codierung solcher Expressivität – und zugleich das Erbe des Black Metal der 1990er.

Die folgende tabellarische Skizzierung von „Enthronement of the Sovereign", in welcher die Buchstaben (A, B, C usw.) die identifizierbaren Abschnitte des Songs markieren, gefolgt von der Notation der zeitlichen Abschnitte im Verlauf des Stücks und der funktionalen Bezeichnung des Songteils (Intro, Strophe, Instrumental usw.), entschlüsselt die musikalische Struktur des Stücks:

A. [00:01–00:30] Intro
B. [00:30–01:02]
C. [01:02–01:23] Strophe 1
D. [01:23–01:40] Instrumental
E. [01:40–01:54] Strophe 2
F. [01:55–02:26] Strophe 3
G. [02:27–02:31] Instrumental
H. [02:31–02:37]
I. [02:37–02:48]
J. [02:49–03:00] Strophe 4
K. [03:00–03:08] Instrumental
L. [03:08–03:39] Strophe 5
M. [03:39–03:57] Instrumental
N. [03:57–04:10]
O. [04:11–04:29] Strophe 6
P. [04:29–04:35] Messagewiederholung
Q. [04:35–04:55] Outro[852]

---

851 So zu Asmodeus Musikanalyse Nr. 13, zu Blessmon Nr. 17, zu Heathen Foray Nr. 15, zu Klynt Nr. 18 und Nr. 16 zu Python Regius, Übersicht im Anhang; die folgenden Aussagen musikanalytischer Natur zu diesen Bands referenzieren diesen Analysen.
852 Strukturdarstellung nach Musikanalyse 13, 3.

5.4 Die Digitalisierung des Klangs und der Klangbezüge seit 2000

Schon aus dieser Notation der Grundabschnitte ist gut zu erkennen, dass der Song komplex ist und in seinen kompositorischen Mustern einer gewissen Zyklik folgt. Eine besondere Rolle kommt dabei den Blastbeats im Drumming zu, die in teils schnellen, teils langsameren Mustern in Kombination mit den Melodiefiguren für die Ermöglichung der Message-Konstruktion verantwortlich sind.[853] Alles in allem führt dies Efthymiou zu folgender Deutung:

> „Bis zum Abschnitt M gibt es fünf größere Abschnitte (A+B/C+D/E+F/G bis J/K+L). Die Blastbeats bestimmen diese Unterteilung. Jeder Abschnitt endet mit stark ausdrucksvollen Melodien in Kombination mit schnellen Blastbeats. Anschließend ist der Beginn des jeweiligen nächsten Abschnittes ruhiger als das Ende des vorigen. Die Band erzeugt Wellen des Ausdrucks. [...] Das ist ein [...] dramaturgischer Verlauf, den man zum Beispiel bei fast jedem Werk Beethovens findet."[854]

Diese Analyse, die Efthymiou in seiner Detailstudie noch in Richtung der Funktion des Drummings und der melodischen Komponenten für den Ausdruck auf die Parts nach dem Abschnitt M erweitert,[855] gibt entscheidende Hinweise für das in diesem Abschnitt untersuchte Thema. Wie es hier auf den Punkt gebracht wird, erzeugt die Komposition in ihrer Struktur „Wellen". Diese Wellenartigkeit des Ausdrucks gipfelt in der aufschreiartigen Konstruktion der Message des Songs, die in folgender, abermals an den Abschnitts- und Strophenstrukturen orientierten Darstellung der Lyrics, deutlich erkennbar wird:

C: **Strophe 1**	To my old homeland I return again enshrouded by autumnal fragrance. Blood trickling down from bleaking woods to the drenched soil – squandered – and seeps away.
E: **Strophe 2**	On the field through accomplished cruelty an eminence grise strides, scattering ash on fallen heroes.
F: **Strophe 3**	Is he the spirit of forgotten ancestors which takes charge of a conquered land? Is it in his mind to end up destruction which dominated the last centuries?
J: **Strophe 4**	He should be the comrade of our blood enforced with honor and strength of old days.

---

853 Vgl. ebd.
854 Quelle: ebd., 7.
855 Vgl. ebd.

L: Strophe 5	He wields his ceptre, ash eclipses sunset and commands silence over this decease. It makes me shudder in consideration of this deed of the source of all fulfillment.
O: Strophe 6	**I retreat and bow down in reverence for the new sovereign.**[856]

Die anhand der Strophen dargestellte Strukturierung veranschaulicht die von Efthymiou gefundene Wellenhaftigkeit des Songs. Die Wellen der Geschichte in den Strophen kulminieren in der auf den Titel verweisenden sechsten Strophe und der fett dargestellten Message („I retreat and bow down in reverence/for the new sovereign"), die die mystisch-kämpferisch anmutende Story beschließt. Abseits des erzählten Inhalts ist die klangliche Stilisierung der Message-Konstruktion entscheidend. Die sich zuspitzende Wellenbewegung des Songs kulminiert in der betont appellativen Message. Als soziokultureller Impuls wird die Message gleich einem klanglich verfassten sozialen Aufschrei, schlagartig und anklagend stilisiert präsentiert. Die Message, dass Metalheads im Ideal kämpferisch, stark und loyal sein sollten, wird als Höhepunkt der Welle betont fokussiert und intensiv hörbar gestaltet. Man kann das Beispiel so zusammenfassen, dass sich in der Musiksprache des Songs die beschriebene Stilisierung der Attitüde paradigmatisch zeigt – und das schon 2006, als sich die Streaming-Technologie erst zu entwickeln begann.

Was bedeutet dies für die untersuchte Tendenz der neuen Flüchtigkeit solcher musikalischer Appelle? Im Kern ist die Analyse des Beispiels, das paradigmatisch für die Zeit der Digitalisierung steht, bereits eine musikologische Erklärung der neuen Flüchtigkeit. Das Beispiel zeigt, dass die Übertragung der Message auf das die Musik umgebende soziale Gewebe schlagartig und intensiv, als heftiger Impuls erfolgt. Die Musik hat somit nicht nur eine appellhafte klangliche Struktur, sondern von vornherein eine hohe ‚soziale Geschwindigkeit'. Die Identität, die präsentiert wird, ist im Moment intensiv, beinahe klanghaft rauschförmig und ekstatisch, verhallt aber aufgrund der neuen Instabilität wieder ebenso rasch im sozialen Raum – auch aufgrund der hohen Dichte der neuen digitalen Kommunikationssituation. Es handelt sich nicht um ‚viel Lärm um Nichts', sondern um eine grundsätzlich neuartige Verfasstheit der Konstruktion klangbasierter, popmusikalischer Identitäten in der Digitalkultur.[857] Die neue soziale Flüchtigkeit der Klänge ist die Kehrseite einer neuen Intensität und Dichte des digitalen Diskurses als sozialem Trägermedium der Musik. Neben Asmodeus

---

856 Songstruktur und Lyrics von Asmodeus, „Enthronement of the Sovereign", auf: *Imperium Damnatum*, Twilight Records 2006, zitiert nach: Musikanalyse 13, 10.
857 Dies reflektierend: Interview Nr. 19.

5.4 Die Digitalisierung des Klangs und der Klangbezüge seit 2000

und Blessmon sind vor allem auch die Analysen Klynts und Heathen Forays, international auch Watains, als Beispiele dessen zu nennen.[858]

Auch wenn ein breiter musikologischer Untersuchungskorpus für den Zeitraum der Digitalisierung, der schon mehr als zwei Jahrzehnte umfasst, wünschenswert wäre, so ist die heutige Flüchtigkeit der Klänge aus den genannten Aspekten gut deutbar: Im Kontext einer gegenüber den 1980er- und 1990er-Jahren deutlich dichteren Kommunikationswelt ist die Stilisierung von Musik in schärferer Appellform der Identitätsbezüge konsequent – die Flüchtigkeit ist ihr gleichsam sozialmechanisch notwendiger Folgeaspekt. Die vorhandenen Daten aus der Oral History stützen diesen Befund: Generell wird die Zeit der Digitalisierung als eine eigene Epoche höheren Lebenstempos, größerer Dichte der Ereignisse und damit einhergehender Herausforderungen beschrieben, die Metal als Klangwelt beschleunigt und flüchtiger macht.[859] Die oben schon genannte „Schnelllebigkeit" (siehe Abschn. 5.4, So viel Metal zu hören wie nie zuvor) ist eine Facette dessen. Alles in allem informiert die Interviewforschung darüber, dass sich die Szene der neuen Dichte des Sozialen durchaus bewusst ist. Resümierend lässt sich sagen, dass die neuartige soziale Dichte der digitalen steirischen Metal-Szene seit ca. 2000 die Flüchtigkeit der Klänge gleichsam strukturell präjudizierte. Klanghaft-ekstatische Intensität und rasches Verklingen von Messages gingen sozial Hand in Hand.

‚Besserer Metal' durch Digitalisierung?

Der vierte und letzte Themenbereich, der in der Untersuchung der Dynamik des Wissens um Klang und Klangbezüge im Rahmen der Digitalisierung zu berücksichtigen ist, ist ein Topos, der informelle Gespräche der Szene charakterisiert. Wiederholt wurde etwa vor Beginn oder nach Ende des eigentlichen Oral-History-Interviews dem Autor als Interviewer gegenüber geäußert bzw. mit ihm diskutiert, dass Metal und seine Musiker*innen heute ‚besser', zumindest professioneller wären als früher, vor allem gegenüber den 1980er-Jahren. In der Szene, aber auch in ihrer Wahrnehmung von außen, hat sich ein Narrativ verdichtet, das in etwa so zusammengefasst werden kann, dass mit dem Zunehmen der Verfügbarkeit von Musik sowie der leichteren Zugänglichkeit von Aufnahmetechnik und Instrumenten eine Professionalisierung der Musiker*innen einhergegangen sei. Man kann diesen Topos so resümieren, dass die Digitalisierung dazu geführt hätte, dass die Musiker*innen heute bessere Songschreiber*innen und Instrumentalist*innen und somit überhaupt heutiger steirischer Metal ‚besser' sei.

---

858 Vgl. die im Anhang aufgelisteten Musikanalysen Nr. 8, 9, 13, 15, 17 und 18 – in der Konstruktion der Message ist der beschriebene soziale Appell prägend.
859 Vgl. wieder etwa Interviews Nr. 8, 16 und 20.

Abgesehen von der kritisch zu sehenden Frage, inwiefern aufgrund der grundlegend differenten Produktionssituation von Metal in den 1980er- und 1990er-Jahren überhaupt ein transhistorischer Szenevergleich möglich ist, stellt sich noch dringlicher die Frage nach den Bewertungskriterien. Auch wenn etwa Charalampos Efthymiou aus analytischer Sicht gerade für die jüngere Phase seit 2000 immer wieder die technische und kompositorische Finesse der untersuchten Musikaufnahmen betont,[860] so scheint es dem Verfasser als historisch denkenden Kulturwissenschaftler doch sehr schwierig, wenn nicht grundlegend zweifelhaft, jegliche Musik aus über 40 Jahren steirischer Szenegeschichte nach *denselben*, gegenwärtig gültigen Qualitätskriterien zu bewerten. Zwar lässt sich schon im direkten Hörvergleich von steirischem Hard Rock und Metal aus den 1980er-Jahren von Bands wie Dynamite und Blessed Virgin mit heutigem steirischen Metal von Klynt oder Heathen Foray eine deutliche Qualitätssteigerung der Aufnahmetechniken über die Jahre erkennen;[861] doch ist dies eher ein Hinweis auf das heute deutlich dichtere Netz der hierzu notwendigen Ressourcen als ein Hinweis auf ‚besseren Metal' an sich.

Somit ist der Topos, der im Titel dieses Abschnittes bewusst mit einem Fragezeichen formuliert wurde, vor allem in seiner Genese und seiner historischen Bedeutung in Bezug auf den digitalen Wandel des Klangwissens zu untersuchen. Was führt etwa Musiker*innen der Szene oder auch Kritiker*innen in Plattenrezensionen dazu, zu sagen, dass Metal heute besser sei? Welche Kulturgeschichte des Hörens steckt dahinter, dies so formulieren zu können? Das Instrumentarium, das hierzu zur Verfügung stand, ist vor allem die Oral History, welche als Methode der Erfragung der Selbstdeutung der Szene auch solche Prozesse erfassen konnte. Die Ausführungen in Efthymious musikologischen Analysen zur Instrumentation, zu musikalischer Virtuosität und Kompositionsgüte ergänzen dies. Generell ist dabei die Erforschung der Genese des Topos der heute besseren Musik wichtiger als die Bewertung der Inhalte des Topos.

Wenn man auf die vorhandenen Oral-History-Forschungen zur Zeit seit 2000 sieht und diese mit thematischen einschlägigen Erinnerungen zur Qualität des Metal vorher vernetzt, präsentiert sich ein recht deutlicher Befund, der in diesem Abschnitt herausgearbeitet werden soll. Paradigmatisch für die Wahrnehmung der Szene von außen in den frühen 1980er-Jahren sind folgende Erinnerungen eines Betreibers eines Tonstudios, in dem einige der ersten steirischen Metal-Platten produziert wurden. Auf die Frage, wie er die Qualität und Fähigkeiten der damaligen Bands und Musiker*innen einschätzen würde, entstand die folgende Interviewpassage:

---

860 Hierzu wieder paradigmatisch Musikanalyse 13 zu Asmodeus und 16 zu Python Regius, Übersicht im Anhang.
861 Wieder erlauben vor allem Efthymious Analysen eine Einordnung des Gehörten: Musikanalysen 10, 11, 15 und 18, Übersicht im Anhang.

5.4 Die Digitalisierung des Klangs und der Klangbezüge seit 2000

> I: „[...] kann man das so richtig zusammenfassen, dass alles, was es so an Rock, Hard Rock, Metal [gegeben hat in den frühen 1980er-Jahren in der Steiermark], das waren [...] Amateure? Ist das [...] aus Ihrer Sicht so gewesen [...]?"
>
> P: „Also die, die [...] bei mir [im Studio zu Aufnahmezwecken] [...] waren, waren also einmal auf jeden Fall Amateure, und halt manche schon [...] sehr gut [...] und manchmal halt blutig."[862]

Diese Erinnerungen stehen an der Wurzel des Topos des heute scheinbar besseren Metal. Sie geben darüber Auskunft, dass schon in der frühesten Phase der Szene – um 1983 – das Deutungsmuster vorherrschte, dass die Musiker*innen „(blutige) Amateur*innen" gewesen seien. Abgesehen von der Verzahnung dessen mit der kultivierten ‚Do-it-yourself'-Ideologie des Metal ist historisch ein anderer Punkt ausschlaggebend gewesen: Die Qualitätsbewertung erfolgte *im Vergleich* mit anderen in diesem Studio produzierten Aufnahmen, etwa aus Genres wie Jazz, Klassik oder Volksmusik, welche schon durch strukturierte Ausbildungen auf teils akademischem Niveau, erfahrene Produzent*innen mit genrespezifischer Expertise und gute Verfügbarkeit notwendigen Equipments charakterisiert waren.[863] Die Wurzel des Topos von der Unzulänglichkeit hat also teils strukturelle Ursachen, die hierin gründen. Entscheidend wurde dann aber auch die Selbstsicht von Fans, Musiker*innen und Bands, die sich in mehreren Interviews zu den 1980er-Jahren fand.[864] So berichtete ein bereits in dieser Zeit aktiver, männlicher Fan und Musiker über die Einschätzung der Fähigkeiten seiner Band, seiner selbst, der Musik sowie die zeitgenössische Rezeption in lokalen Medien und der breiteren Gesellschaft:

> P: „Die meisten Bands waren am Anfang grottenschlecht [...], wie ich ja genauso, ja, grottenschlecht. Aber wir [die Band des Interviewees] haben [...] einen Bandwettbewerb gewonnen [...] [mit] einem Publikumssieg von circa zweihundert Leuten [...]. Wir haben genug [mediale] Kritik einstecken müssen, auch [...] [durch die Berichterstattung einer] Zeitung [...] mit [...] [Schlagzeilen wie] ‚Hart aber laut' und [...] ‚Hart aber herzlich' [...] aber das war auch von Musikkritikern, die vorher schon die Meinung [hatten], wir sind ein [...] Scheiß, [...] was ja bis heute noch der Fall ist, wenn man es genau nimmt. Wenn man [...] unsere Musikindustrie anschaut. Das hat [...] nicht aufgehört, also Österreich ist ja altbacken."[865]

Diese Ausführungen, welche in der Selbstdeutung repräsentativ für die Zeit sind, bringen diese Selbstwahrnehmung deutlich auf den Punkt. Die zu dieser frühen Zeit vor allem männlichen Musiker nahmen sich – ex post – als „grottenschlecht" war.[866] Es gibt jedoch in der Bewertung und im Deutungsmuster eine entscheidende Erweiterung des Topos. Zwar sah man sich selbst als technisch amateurhaft, aber *dennoch* als erfolgreich – die mindere Qualität der Darbietung

---

862 Quelle: Interview Nr. 7.
863 Vgl. ebd.; breiter zur Rockmusik in der Steiermark: Reumüller et al. 2010.
864 So etwa in den Interviews Nr. 2, 5, 6, 9 und 19.
865 Quelle: Interview Nr. 5.
866 So auch Interviews Nr. 2, 9 und 19.

am Instrument wurde als durch die Authentizität der Performance aufgewogen betrachtet. Zusätzlich begab man sich in Opposition zum Mediendiskurs und zur etablierten Musikkritik.

Damit zeigt die Oral-History-Forschung auf, welche Aspekte für die Geschichte des Topos strukturbildend wurden. Die Wahrnehmung des ‚schlechten' frühen Metal wurde bereits mit diesem selbst geboren – und zwar im Kontext der beschriebenen strukturellen Situation von mangelnden Ressourcen an Instrumenten, spezialisierten Studios, Equipment und Ausbildungen sowie unter Betrachtung durch eine kritische Medienöffentlichkeit. Damit ist die Wurzel des Topos nicht (nur) an Bewertungskriterien musikalischer Fähigkeiten gebunden, sondern an den gesamten historischen Kontext.

Wichtig für den Gesamtbefund ist dann, wie dieses Selbstdeutungsmuster als Szenenarrativ in Interviews der aktuellen Zeit der Digitalisierung seit 2000 eingewoben wurde. Zusammenfassend ist in Interviews, die hierzu chronologisch und thematisch zur Verfügung stehen,[867] die deutliche Tendenz zu erkennen, dass, erstens, das um 1983 gebildete Narrativ der ersten Metal-Musiker*innen als „blutige Amateur*innen", die eigentlich „grottenschlecht" musizierten, fortgeschrieben wurde. Zweitens wurde aber deutlich hervorgehoben, dass in der Zeit der Digitalisierung durch die Behebung der Mangelsituation an Expertise, Instrumenten und Strukturen eine neue Form von Metal entstanden sei, der ‚besser' sei. In den Interviews wird dies in Bewertungen und Formulierungen gepackt, dass man heute produktions- und spieltechnisch „jeden Scheiß schon auf YouTube lernen könne";[868] dass heute kein Aufwand mehr betrieben werden müsse, um aufnahmegeeignete Instrumente und Gerätschaften zu beziehen;[869] oder, dass Bands heute keinerlei soziales Risiko oder ähnliches eingehen müssten.[870] Der Topos des ‚besseren Metal' durch die Digitalisierung zeigt sich also im Kern als Kulturgeschichte der Eigen- und Fremdinterpretation der Szene, welche die Bewertungskriterien der Musik aus dem sozialen Prozess bezieht.

Was bedeutet dies für den Topos als Teil der Wissensgeschichte von Klangbezügen und einer Erfahrung der sozialen Beschleunigung? Es bedeutet, dass der Topos schon in den 1980er-Jahren grundgelegt wurde; aber vor allem, dass seine Entwicklungsgeschichte als Maß des Empfindens der Beschleunigung zu gelten hat. War das Narrativ bis Ende der 1990er-Jahre weitgehend strukturkonstant gewesen, so hatte es sich mit dem Einbruch der Digitalisierung mit ihren neuen Musikkonsum-, Produktions- und Verteilungsformen deutlich verändert. Für Musiker*innen und Musikfans des frühen 21. Jahrhunderts ist Metal der frühen

---

867 So Interviews Nr. 4 und 8.
868 So in Interview Nr. 8.
869 So in Interview Nr. 5.
870 So in Interviews Nr. 10 und 16.

5.4 Die Digitalisierung des Klangs und der Klangbezüge seit 2000

1980er nicht nur „grottenschlecht" und von „blutigen Amateur*innen" gemacht, sondern vor allem eines: weit entfernt von der heutigen Zeit. Die Aussage „heute ist steirischer Metal besser" ist nichts anderes als eine zeitlich-kulturelle Distanzangabe, die diskursiv vermisst, wie weit sich die Szene durch die Beschleunigung bereits von der Situation der Gründungsphase entfernt hat – und zwar durch die Digitalisierung entfernt.

Liest man Efthymious positive Bewertung der Kompositionsfähigkeiten bei Künstler*innen des jüngeren steirischen Metal (Asmodeus, Blessmon und Klynt)[871] und die entsprechende Bewertung der instrumentell virtuosen Fähigkeiten von Python Regius[872] in diesem Kontext, unterstützen sie diese Interpretation. Die Steigerung der Fähigkeiten der Musiker*innen und Komponist*innen sowie die Analyse durch den Musikwissenschaftler korrelieren direkt mit dem jüngsten Entwicklungsstand der Kulturgeschichte des Topos – allerdings sind sie eben vor dessen Geschichte zu lesen, weswegen gerade die Oral History aus der Frühzeit hier ausführlicher zitiert wurde.

Man kann das Thema dieses letzten Subabschnittes zur Digitalisierung der Klangbezüge also so zusammenfassen, dass das Narrativ von der heute höheren Güte steirischen Metals historisch seit den 1980er gewachsen ist, neben strukturellen Ursachen aber vor allem auf die Beschleunigung der Hörerfahrung im Rahmen der Digitalisierung verweist. ‚Besserer Metal' ist Metal, der sich durch die Möglichkeiten und Bedingungen der Digitalisierung weit vom Diskurs der 1980er entfernt hat.

Zwischenfazit zur Digitalisierung des Klangs und der Klangbezüge

In diesem letzten der drei größeren Abschnitte zur Geschichte der Digitalisierung der Szene ging es um die Wissensdimension des Klangs und der Klangbezüge. Sie erwiesen sich als hochdynamisches Feld, das vor allem durch Erfahrungen auditiv codierter sozialer Beschleunigung strukturiert war. Dabei waren vier Einzelphänomene prägend, die jeweils vom Grundlagenprozess der Durchdringung der Szene durch digitale Netze abhängig waren. Die neue Verfügbarkeit von Metal im digitalen Streaming-Umfeld begünstigte als erstes solches Phänomen einen Eklektizismus im Komponieren. „Klang" war vor allem durch das Streaming zu einer Kategorie der sozialen Beschleunigung geworden. Das zweite Phänomen – eine aufkommende Instabilität der Hörgewohnheiten – hing damit zusammen. Die Digitalisierung erschafft und zerstört Identitäten in kurzer Zeit.

---

871 So zu Asmodeus wieder Musikanalyse 13, zu Blessmon 17 und zu Klynt 18, Übersicht im Anhang.
872 Vgl. Musikanalyse 18, Übersicht im Anhang.

Hörgewohnheiten sind immer mehr vorläufige Hörgewohnheiten auf Zeit. In Bezug auf das dritte Thema, der sozialen Flüchtigkeit der Klänge, lässt sich sagen, dass die hohe soziale Dichte der digitalen steirischen Metal-Szene seit ca. 2000 diese gleichsam strukturell vorherbestimmte. Klanghaft-ekstatische Intensität und rasches Verklingen von Messages gingen sozial Hand in Hand. Im vierten Thema des Narrativs von der heute höheren Güte steirischen Metals manifestierte sich abermals die Beschleunigung der Hörerfahrung im Rahmen der Digitalisierung: ‚Besserer Metal' ist Metal, der sich durch die Möglichkeiten und Bedingungen der Digitalisierung weit vom Diskurs der 1980er entfernt hat. Man kann es als Zwischenfazit so formulieren, dass der Klang die dynamischste Kategorie des Metal-Wissens wurde.

5.5   Metal in der Steiermark in der Gegenwart

Mit diesem Abschnitt endet die inhaltliche Darstellung der Geschichte des normenbezogenen klanglichen Wissens seit 2000. Damit kommt die Darstellung im ‚Jetzt' an, der Gegenwart des Metal in der Steiermark der 2020er-Jahre. Gegenüber den vorhergehenden Phasen unterscheidet sich dieses ‚Jetzt' dadurch, dass an ihm *kein* Bruch der Szenegeschichte festgemacht werden kann. Die Zeit um 1990 hatte eine deutliche Veränderung in Richtung der ‚bunteren' Szene der 1990er-Jahre gebracht und um 2000 ließ sich ein signifikanter Transformationsschub in Richtung der folgenden Digitalisierung feststellen. Nimmt man hingegen die Zeit des Abschlusses des Manuskripts zu diesem Buch im Jänner 2024 als Punkt des Blicks auf die Szenegeschichte, ist dies anders: Die Kernprozesse der dritten Phase des steirischen Metal sind noch in vollem Gange. Es erlaubt sich jedoch eine vorläufige Bilanz zu diesem Zeitpunkt.

Wie die davorliegenden zwei Phasen war auch die bisherige Geschichte des Metal im digitalen Wandel durch dieselben drei Kernfelder des normenbezogenen klanglichen Wissens (Recht, Moral und Klang) charakterisiert. Die groben kategoriellen Wissensraster der Metalness blieben also konstant. Was sich jedoch rasant und in einer zuvor nicht gekannten Geschwindigkeit veränderte, war die Zunahme der Dichte der Metal-Diskurse sowie die kulturelle Zirkulation in ihnen. Die analogen Netze und Strukturen der Szene (Jugendzentren, Pubs usw.) blieben bestehen, aber sie vernetzten sich mit den entstehenden Metal-Öffentlichkeiten im Digitalen wie in Foren, auf Webseiten, Filesharing- und, Streaming-Plattformen sowie auf Social Media. Gerade die letzteren zwei führten zu einer neuen Dichte des Metal-Diskurses, die eine explosionsartige Intensivierung der Zirkulation des kulturellen Flusses zeitigte.

5.5 Metal in der Steiermark in der Gegenwart

Die Musik sowie das Wissen um Metal als Sub- und Popkultur waren so zugänglich und verfügbar geworden wie nie zuvor. Die neuen digitalen Räume verdrängten dabei die alten nicht, sondern vernetzten sich in der Regel hybrid und in Synergiebildung mit ihnen. Dieser Prozess der Hybridisierung, der sich etwa in der Geschichte des ‚Metal-Biedermeier', des Outlaw-Mythos, des Filesharing und zahlreicher anderer Teilprozesse beobachten ließ, legte bleibende Austauschbahnen zwischen ‚analog' und ‚digital'. Er verwandelte die steirische Szene von einem lokalen und eher noch abseits liegenden Raum zu einem hochintegrierten Teil der digitalen Metal-Globalität. Die steirische Metalness bezieht sich heute nicht nur auf ihre analogen lokalen Verortungen, sondern immer auch auf den digital-globalen Referenzrahmen. Gerade die Abschnitte zum Klang verdeutlichen diese Zunahme der Transformationsgeschwindigkeit.

Prinzipiell ist die Geschichte des Metal in der Steiermark seit 2000 eine neuartige Szeneära des kulturellen ‚Mehr': mehr Geschwindigkeit, mehr Information, mehr Wissen, mehr Musik – kurz, die Digitalisierung ist eine Zeit, in der es *mehr steirischen Metal* in all seinen kulturellen Facetten gibt. So sehr wie nie zuvor geht die individuelle, lokale Form der Metalness hinaus in die Welt; genauso sehr verlangt jedoch die ‚große Welt' des Metal ihren Platz im Steirischen. Das Ende dieses Prozesses ist noch offen. Strukturiert nach den drei grundlegenden Kategorien der Wissensbezüge – Recht, Moral und Klang – ist es aber möglich, die bisherige Geschichte zu konturieren.

Blickt man auf das Recht, so ist dieses kulturelle ‚Mehr' in verschiedenen rechtsbezogenen Formen aufgetreten. Der Outlaw-Mythos wurde im Digitalen noch ‚steirischer' codiert und erzeugte so im zentralen Rechtsbezug der Szene einen Zuwachs lokaler Identität. In den Diskursen um Filesharing und Copyright erfolgte über die digitalen Authentizitätsdiskussionen ein Zuwachs an lokalen Ressourcen rechtsbezogener Metalness. Allgemein war das ‚Mehr', das sich in den Rechtsbezügen zeigte, eines, das in Form der Ausbildung neuen Kulturmaterials die hybride Strukturbrücke zwischen ‚analog' und ‚digital' stärkte.

Ähnliches lässt sich für die Wissensgeschichte der Werte seit der Jahrtausendwende beobachten. Sowohl die konservativen Werte in Social Media und die Ironisierung des Blicks auf die Metalness als auch der Blick auf die Mikrogeschichte in der Ost- und Südoststeiermark sind als Prozesse zu werten, welche ein ‚Mehr' an Wertdiskurs bewirkten – indem sie den digitalen Diskurs intensivierten und die hybriden Vernetzungen zu traditionelleren Szeneöffentlichkeiten stärkten. Es gab nicht unbedingt einen Zuwachs an Werten und Moral, aber einen deutlichen Zuwachs des Gesprächs über beide.

Noch augenscheinlicher war diese Grundcharakteristik des Transformativen im Wissensbereich des Klangs und der Klangbezüge. Das Hören und die Klangwelten des Metal wurden zunehmend zu einem digitalen Erfahrungsraum der auditiv codierten, sozialen Beschleunigung – klangbasierte Identitäten sind heute im Metal instabiler, flüchtiger, aber auch intensiver und rascher in der Entstehung. In diesem Feld zeigte sich das ‚Mehr' am augenscheinlichsten – und am hörbarsten. Metal heute zu hören, heißt sich in einem sozialen Rahmengeflecht der Deutung der Klänge zu bewegen, das prinzipiell im Fluss ist.

Damit ist Metal in der Steiermark in der Gegenwart der 2020er-Jahre, gemessen an Recht, Moral und Klang, dynamischer, aber auch deutlich unzuverlässiger für die Bildung stabiler szenischer Identitäten als je zuvor. Was heute ein Versprechen szenischen Sinns, von Identität und musikalischer ‚Heaviness' ist, kann in nur kurzer Zeit sowohl steirisch-lokal als auch global schon wieder ‚verklungen' sein. Für Musiker*innen, Hörer*innen und alle Mediator*innen des steirischen Metal ist es die wohl spannendste bisherige Periode, da das ‚Mehr' ein beständiges Versprechen innovativer Sounds, Stile und Themen ist. Zugleich ist es aber auch die bisher kulturell schwierigste Periode für die genannten Gruppen, da der kommunikative Aufbau der lokalen Metalness-Identität kraftraubend und notorisch schwankend wie nie zuvor ist. Mit etwas Fantasie kann man resümierend die folgenden, in steirischem Dialekt verfassten Textzeilen des Songs „Ahnenreih" der Grazer Band Heathen Foray (2023) als Beschreibung der Herausforderungen des Szenelebens in dieser Gegenwart lesen:

„I wochs, geh auf, ealeb mei Lebm
Moch Föhla, deïs muass sein
I tua, I wü, gib rua, bin stü
Probiern muasst's, jedn Tog
Is as gaunz dunkl, loudan'd Feia vui auf
Zagn ma wouhin
Irgandwaun werd I a zum Liacht
Dass ihr daun a guat sechts."[873]

---

873 Quelle: Lyrics zu Heathen Foray, „Ahnenreih", auf *Oathbreaker*, Massacre Records 2023, zitiert nach: Heathen Foray 2023.

6 Schlussbetrachtung und Ausblick

Das Anliegen in diesem Buch war, die Geschichte des normenbezogenen klanglichen Wissens in der Steiermark in seinen drei Phasen seit den frühen 1980er-Jahren zu erzählen. Diese theoretische Begrifflichkeit wurde eingeführt, um *das rechtsbezogene, wertbasierte und klanglich codierte Praxiswissen darum, was Metal in der Steiermark ausmacht*, erklären zu können. Die Geschichte des Metal in der Steiermark wurde chronologisch als die Geschichte dieses Wissens erzählt.

Hierzu wurden als Rahmen der Erzählung eingangs vier Hypothesen formuliert, die den empirischen Gang durch diese Geschichte prästrukturierten. Die *erste These* besagt, dass die Imagination des Rechts, die seit ca. 1980 zentral mit dem Outlaw-Mythos verknüpft wurde, für die Begründung der individuellen Identität dieser Szene elementar war. Man bezog sich auf das Recht, indem man sich im Sinne des „Breaking the Law"-Mythos von den ‚bürgerlichen' Werten und Regeln, die man im Recht gespeichert sah, abgrenzte. Dieses konstitutive, rechtsbezogene ‚Othering' machte in der Szenebegründung die Identitätskonstruktion überhaupt erst möglich. In der Pluralisierungsphase der 1990er strukturierte es das ‚Bunter-Werden' der Szene und ab den 2000er-Jahren wirkte das Mythologem im Digitalen. Kurz, genau in dieser Form ist steirischer Metal seit Anbeginn und kontinuierlich ‚Metal im Recht' – eine Sub- und Popkultur, die ohne diesen konstitutiven Rechtsbezug nicht gedacht werden kann.

Die *zweite Annahme* ist, dass es vor allem den Klang, den ‚Sound' und das Hören von Metal brauchte, um die Szene in der Steiermark entwickeln zu können. Gerade der geschilderte, fundamentale Rechtsbezug der Szene musste immer *verklanglicht* werden, um die Szene gründen, dann konsolidieren und schließlich ‚fit für die Digitalisierung' machen zu können. In den 1980er-Jahren wurde der rechtsbezogene Protest gegen Katholizismus und Autoritarismus lokal mit der Sound-Schablone der NWOBHM verbunden. Dies zeigte sich schon bei der ersten Grazer Metal-Band Skull Breaker. In der Differenzierungsphase der 1990er war der Kampf um prinzipielle Räume der Szene bereits erfolgreich abgeschlossen. Die daran anschließende Pluralisierung der Sounds hatte die Funktion, in der Zeit nach dem globalen historischen Bruch um 1989/90 die Identität und Kohäsion der Szene in einer sich pluralisierenden Welt zu erhalten. Die Etablierung von Black Metal und Death Metal als Pluralisierungsspuren in Form neuer Subgenres machte wesentliche Teile der steirischen Metal-1990er-Jahre aus. Im Zeitalter des digitalen Wandels wurde „Klang" dann zur Kategorie der sozialen Beschleunigung – eine Entwicklung, deren Ende historisch noch offen ist. Zusammengefasst: Die Kultur der steirischen Metal-Szene, vor allem der Outlaw-Mythos, musste immer *verklanglicht* werden, um Metal in der Steiermark überhaupt lebbar zu machen. Die Geschichte des steirischen Metal ist eine von über 40 Jahren, vor allem rechtsbezogener Verklanglichung.

Die *dritte Eingangshypothese* besagt, dass die Metal-Szene in der Steiermark seit ihren Ursprüngen, verursacht durch ihre strukturelle Verankerung im lokalen Rechts-, Sozial und Wirtschaftssystem, mit der sie umgebenden steirischen Welt schwang. *Über mehr als vier Jahrzehnte liefen die Geschichte des steirischen Metal und die steirische Geschichte an sich parallel.* In den 1980er-Jahren schwang die Metal-Szene etwa in Bezug auf Bilder der Männlichkeit, aber auch in Bezug auf Drogenkultur und auf ökonomisches Denken in Einklang mit der sie umgebenden Welt. Dass das „Hard Rock Ost" als die Zeit prägende Szene-Diskothek in der Welt eines oststeirischen Dorfgasthauses entstand, ist Ausdruck dessen. In den 1990er-Jahren nahm die Metal-Szene die Diskussionen um weibliche Emanzipation sowie die zeitgenössischen Debatten um Neonazismus und viele andere Themen der Zeit (etwa um den Siegeszug des ‚Westens' nach 1990) auf und verknüpfte sie mit ihrem Outlaw-Mythos und ihrer Klangkultur. Die Schilderungen zum Neonazismus in der Szene in den 1990ern veranschaulichen, wie sehr auch in diesem Punkt Metal und Großgesellschaft miteinander verflochten waren. In der Digitalisierung seit den 2000er-Jahren drückte sich das so aus, dass der Fundamentalprozess der Digitalisierung die Diskussionen um Filesharing, Copyright und Metal-Authentizität im steirischen Metal überhaupt erst auslöste. Die Geschichte des Zerbrechens der Band Python Regius ist dafür ein paradigmatisches Beispiel. Als Resümee in diesem dritten Punkt formuliert: Die steirische Metal-Welt war immer eine subkulturelle Welt eigenen Ausdrucks, schwang aber synchron mit der steirischen Rechts-, Wirtschafts- und Sozialgeschichte. Der Outlaw-Mythos war darin viel stärker Verbindungsmedium zur umgebenden Gesellschaft – nämlich durch den negativen Bezug –, als es der Metal-Szene selbst bewusst sein mag.

Viertens schließlich wurde die Annahme formuliert, dass das Zusammenspiel von Rechtsbezug, Wertdiskurs und Verklanglichung über die gesamte Geschichte der Szene kontinuierlich verlief. Bis heute ist das Zusammenwirken von Outlaw-Denken, damit verbundenem Metal-Ethos und der Notwendigkeit der Verklanglichung die Basis der steirischen Szenekultur. *Recht, Moral und Klang machen zusammen die steirische Metal-Identität aus.* Dies zeigte sich in der Gründungsphase darin, dass erst das Zusammenspiel von Rechtsbezug, Autoritätskritik und Verklanglichung in der Musik von Skull Breaker die Gründung der Szene in Graz ermöglicht hatte. In der Differenzierung der 1990er war der neue Sound des Black Metal, der den Outlaw-Mythos radikalisierte, zugleich aber Frauen mehr Raum in der Szene gab, ein prägendes Beispiel. Radikalisierter, antireligiöser Outlaw-Mythos, Emanzipationsethos und Verklanglichung wirkten zusammen, um das Subgenre in der Steiermark zu begründen. In der Zeit seit 2000 war das Zusammenwirken von Recht, Werten und Klang auf Basis der neuen digitalen Gegebenheiten szenekonstituierend. Dies manifestierte sich etwa darin, dass Heathen Foray in ihrem digital releasten Video zur Metal-Coverversion von „Steirermen san very good" den nun schon tradierten Outlaw-Mythos und die Ironisierung steirischer Bräuche im Metal-Soundgewand zusammenführten. Die

6 Schlussbetrachtung und Ausblick

individuelle, steirische Metal-Identität zehrt zu gleichen Teilen von Recht und Werten, die beide – primär durch die Metal-Musik – klanglich verfügbar gemacht werden müssen.

Damit ist in der Schlussbetrachtung eine zusammenfassende Sicht der Geschichte des normenbezogenen klanglichen Wissens in der Steiermark seit den 1980ern gegeben. Auf einer abstrakteren, konzeptionellen Denkebene, die sich in all den beschriebenen empirischen Formen zeigte, ist dies eine Klanggeschichte im Sinne der Sound History.[874] Recht, Moral und Klang wurden zu wissensbasierten, akustisch codierten Identitätsbausteinen. Metal hören, Metal leben und Metal diskutieren wurde damit zur Identitätsübung im Kontext der allgemeinen steirischen Geschichte.

Dass Metal zu solch erheblichen Teilen Rechtsimagination und Rechtsbezug ist, macht den *ersten Anknüpfungspunkt* für weitere Forschungen aus, die an das Konzept des normenbezogenen klanglichen Wissens anknüpfen können. Die Befunde basieren auf der steirischen Situation, aber die globale Wichtigkeit des „Breaking the Law"-Mythos legt analoge Untersuchungen für andere Räume und Szenen nahe. Der *zweite Anknüpfungspunkt* besteht in der hier erfolgten Konzipierung der Geschichte des Metal-Wertdiskurses, die vom Outlaw-Mythos ausgeht, dann aber vor allem die Vernetzung der Metal-Szene mit der umgebenden Gesellschaft in den Fokus rückt. Schon die jüngste Forschung zur Sozialgeschichte des Metal in den „langen 1980er-Jahren"[875] spricht sich dafür aus, Metal viel stärker als bisher als integralen Teil der Spätmoderne seit den 1970er-Jahren zu interpretieren. Der *dritte weiterführende Aspekt* könnte schließlich in der Ambition bestehen, noch viel stärker als in der bisherigen Forschung Metal als eine Geschichte der soziokulturellen Verklanglichung der Welt zu verstehen.[876] Der steirische Metal war und ist nichts anderes als ein zumeist erfolgreicher Versuch, mit der Geschichte und Welt seit den frühen 1980er-Jahren zu Rande zu kommen – und dabei das Vergnügen, das Identitätsversprechen und die Solidarität einer funktionierenden Community nicht zu kurz kommen zu lassen.

---

874 Vgl. Pichler 2020b, 7–21.
875 Vgl. Swiniartzki 2023.
876 Vgl. vor allem wieder: Walch 2018; auch wieder Elflein 2010 und Walser 1993.

7 Literatur- und Quellenverzeichnis (Anhang)

7.1 Sekundärliteratur und Zusatzmaterialien

Anderson, Benedict 1983: Imagined Communities: Reflections on the Origin and Spread of Nationalism, London: Verso.
Arbeitsgemeinschaft Österreichische Rechtsgeschichte (Hg.) 2018: Recht- und Verfassungsgeschichte, Wien: Facultas.
Bandcamp 2024: Klynt, Merchandise, https://klynt.bandcamp.com/merch [2.1.2024].
Bardine, Bryan A./Stueart, Jerome (Hg.) 2021: Living Metal: Metal Scenes Around the World, Bristol/Chicago: Intellect.
Bauman, Zygmunt 2003: Flüchtige Moderne, Frankfurt a. M.: Suhrkamp.
Bauman, Zygmunt 2017: Retrotopia, Berlin: Suhrkamp.
Bayer, Gerd (Hg.) 2009: Heavy Metal Music in Britain, London/New York: Routledge.
Béra, Camille F. 2018: Black Metal: A Musical Genre between Transgression and Transcendence, Univ.-Diss., Universität Rouen.
Berger, Harris M. 1999: Metal, Rock, and Jazz. Perception and the Phenomenology of Musical Experience, Hanover/London: University Press of New England.
Berger, Harris M. 2010: Stance: Ideas about Emotion, Style, and Meaning for the Study of Expressive Culture, Middletown: Wesleyan University Press.
Berndt, Sebastian 2012: Gott hasst die Jünger der Lüge. Ein Versuch über Metal und Christentum: Metal als gesellschaftliches Zeitphänomen mit ethischen und religiösen Implikationen, Hamburg: Tredition.
Bleek, Wilhelm 2019: Vormärz. Deutschlands Aufbruch in die Moderne 1815–1848, München: Beck.
Blumenberg, Hans 1997: Paradigmen zu einer Metaphorologie, Frankfurt a. M.: Suhrkamp.
Boehme-Neßler, Volker 2008: Unscharfes Recht. Überlegungen zur Relativierung des Rechts in der digitalisierten Welt, Berlin: Duncker & Humblot.
Brown, Andy R. 2011: Heavy Genealogy: Mapping the Currents, Contraflows and Conflicts of the Emergent Field of Metal Studies, 1978–2010, in: Journal for Cultural Research 15 (3), 213–242.
Brown, Andy R. et al. (Hg.) 2016: Global Metal Music and Culture. Current Directions in Metal Studies, New York/Abingdon: Routledge.
Bruneder, Antonia 2023: Kunstfreiheit und Gangsta-Rap. Eine Analyse des Grundrechts auf Kunstfreiheit am Beispiel des deutschsprachigen Gangsta-Rap, Wien: Verlag Österreich.
Bunte Fabrik 2024: Über uns, https://www.buntefabrik.at [7.1.2024].
Cadaverous Condition 1993: In Melancholy, Lethal Records.
Cadaverous Condition 2011: Burn Brightly Alone, Starry Records.
Cardwell, Thomas 2022: Heavy Metal Armour: A Visual Study of Battle Jackets, Chicago: Intellect.
Chaker, Sarah et al. (Hg.) 2018: Analyzing Black Metal. Transdisziplinäre Annäherungen an ein düsteres Phänomen der Musikkultur, Bielefeld: Transcript.
Clifford-Napoleone, Amber (Hg.) 2016: Queerness in Heavy Metal Music: Metal Bent, London/New York: Routledge.
Club Q 2024: Club Q-Website, https://www.clubq.at [7.2.2024].

Cobb, James C. 1999: Rednecks, White Socks, and Piña Coladas? Country Music Ain't What It Used to Be… And It Really Never Was, in: Southern Cultures 5 (4), 41–51.
Cope, Andrew L. 2023: Get Your Double Kicks on Route 666: The Sonic Evolution of Heavy Metal across Five Unholy Decades, in: Herbst (Hg.), 12–24.
Czech Metal Studies 2021: Metal Studies in Central/Eastern Europe, 1st Online Workshop, https://digilib.phil.muni.cz/sites/default/files/pdf/145002.pdf [26.2.2024].
Darkfall/Mortal Strike 2021: Thrashing Death Squad, Black Sunset Records.
Deflem, Mathieu 2008: Sociology of Law: Visions of a Scholarly Tradition, Cambridge: Cambridge University Press.
Deflem, Mathieu/Rogers, Anna S. 2022: Doing Gender in Heavy Metal: Perceptions on Women in a Hypermasculine Subculture, London/New York: Anthem Press.
Deflem, Mathieu/Silva, Derek (Hg.) 2021: Media and Law: Between Free Speech and Censorship, Bingley: Emerald.
Diaz-Bone, Rainer 2010: Kulturwelt, Diskurs und Lebensstil. Eine diskurstheoretische Erweiterung der Bourdieuschen Distinktionstheorie, Wiesbaden: Verlag für Sozialwissenschaften.
Digoia, Amanda/Helfrich, Lyndsay 2018: „I'm sorry, but it's true, you're bringin' on the heartache": The Antiquated Methodology of Deena Weinstein, in: Metal Music Studies 2 (4), 365–374.
Du Gay, Paul et al. 2013: Doing Cultural Studies: The Story of the Sony Walkman, London: Sage.
Düring, Marten et al. (Hg.) 2016: Handbuch Historische Netzwerkforschung. Grundlagen und Anwendungen, Berlin/Münster: LIT.
Eco, Umberto 2002: Einführung in die Semiotik, München: Fink.
Edlinger, Christoph 2017: Louder than Hell. Über die Rezeption von Heavy Metal-Musik im Kontext biografischer Lebensbewältigung im Jugend- und jungen Erwachsenenalter, Masterarbeit, Karl-Franzens-Universität Graz.
Efthymiou, Charalampos 2014: „Gott, da draußen sind eine Viertelmillion Menschen – versau es nicht!". Ein Versuch, den typischen Iron Maiden-Klang aus musikanalytischer Sicht zu beschreiben, in: Heesch/Höpflinger (Hg.), 110–125.
Efthymiou, Charalampos 2021: Midterm Project Research Report „Breaking the Law…?! Norm-Related Sonic Knowledge in Heavy Metal Culture: Graz and Styria Since 1980 (NORIKUM)", unveröffentlichtes Manuskript.
Ekpyrosis 1999: Grey, Sledgehammer Records.
Elflein, Dietmar 2010: Schwermetallanalysen. Die musikalische Sprache des Heavy Metal, Bielefeld: Transcript.
Elflein, Dietmar 2011: Breaking the Law (Judas Priest), in: Songlexikon. Encyclopedia of Songs, https://songlexikon.de/songs/breakingthelaw [2.12.2023].
Ellende 2020: Live at Explosiv Graz (Covid Stream), Konzert vom 10.6., https://www.youtube.com/watch?v=F_3nf-tAtI8 [11.1.2024].
Engel, Manfred 2011: Vormärz, Frührealismus, Biedermeierzeit, Restaurationszeit? Komparatistische Konturierungsversuche für eine konturlose Epoche, in: Oxford German Studies 3 (40), 210–220.
Explosiv 2022: Ukraine-Benefizkonzert am 8.4., https://www.explosiv.at/event/raschbach-a-bodensatzbildung-a [12.1.2024].
Explosiv 2024a: History, https://www.explosiv.at/about/history [2.1.2024].
Explosiv 2024b: Mission Statement, https://www.explosiv.at/about/statement [2.1.2024].
Facebook 2024: Klynt Facebook-Seite, https://www.facebook.com/klyntmetal/?locale=de_DE [11.1.2024].
Florian, Verena 2019: Geschichte Annenhof, https://www.mutfaktor.com/wp-content/uploads/2019/08/Annenhofkino-Chronologie.pdf [7.1.2024].

7.1 Sekundärliteratur und Zusatzmaterial

Foucault, Michel 2004: Geschichte der Gouvernementalität, 2 Bde., Frankfurt a. M.: Suhrkamp.
Frings, Andreas et al. (Hg.) 2012: Vergangenheiten auf der Spur. Indexikalische Semiotik in den historischen Kulturwissenschaften, Bielefeld: Transcript.
Frith, Simon 1978: The Sociology of Rock, London: Constable.
Froschum, Cornelia 2013: Skandinavischer Black Metal. Geschichte, Thematik, Symbolik und Ästhetik zwischen Satanismus und (Neu)Heidentum, Diplomarbeit, Karl-Franzens-Universität Graz.
Gaines, Donna 1991: Teenage Wasteland: Suburbia's Dead End Kids, Chicago/London: University of Chicago Press.
Gardenour Walter, Brenda et al. (Hg.) 2016: Heavy Metal Studies and Popular Culture, Basingstoke/New York: Palgrave Macmillan.
Gehler, Michael 2017: Europa: Ideen – Institutionen – Vereinigung – Zusammenhalt, Reinbek bei Hamburg: Lau.
Grave Forsaken 2005: Back to Basics, auf: Grave Forsaken, Independent.
Haller, Andreas J. 2020: Mythische Räume der Gesetzlosigkeit in Erzählungen über Robin Hood, Klaus Störtebeker und Jesse James. Von der Typologie des Helden zur Topologie der Gesellschaft, Baden-Baden: Ergon.
Haring, Bruce 2002: MP3 – die digitale Revolution in der Musikindustrie, Freiburg: Orange Press.
Heathen Foray 2010: Armored Bards, Black Bards Entertainment.
Heathen Foray 2013: Lyrics zu „Mei Laund", in: Metal Archives, https://www.metal-archives.com/albums/Heathen_Foray/Inner_Force/387177 [11.1.2024].
Heathen Foray 2021a: Facebook-Post zur Ankündigung von „Steirermen San Very Good", 27.4., https://www.facebook.com/HeathenForay/photos/a.329258533832218/38236 02707731099/?type=3 [21.1.2024].
Heathen Foray 2021b: Musikvideo zu „Steirermen San Very Good", https://www.youtube.com/watch?v=bPGkjzCnCPQ [11.1.2024].
Heathen Foray 2023: Lyrics zu „Ahnenreih", in: Metal Archives, https://www.metal-archives.com/albums/Heathen_Foray/Oathbreaker/1113812 [13.1.2024].
Hecker, Pierre 2012: Turkish Metal: Music, Meaning, and Morality in a Muslim Society, Aldershot: Ashgate.
Hecker, Pierre 2014: Metal und Metal Studies. Zugänge zu einem Forschungsfeld. Nachwort, in: Heesch/Höpflinger (Hg.), 189–193.
Hecker, Pierre/Mattsson, Douglas 2022: The Enemy Within: Conceptualizing Turkish Metalheads as the Ideological „Other", in: Bardine/Stueart (Hg.), 55–77.
Heesch, Florian/Höpflinger, Anna-Katharina (Hg.) 2014: Methoden der Heavy Metal-Forschung. Interdisziplinäre Zugänge, Münster: Waxmann.
Heesch, Florian/Scott, Niall (Hg.) 2016: Heavy Metal, Gender and Sexuality, London/New York: Routledge.
Hjelm, Titus et al. 2011: Heavy Metal as Controversy and Counterculture, in: Popular Music History 6 (2011), 5–18.
Hellsaw 2016: Hellsaw Facebook-Seite, letzte Aktualisierung am 8.8., https://www.facebook.com/hellsawofficial/?locale=de_DE [7.1.2024].
Herbst, Jan-Peter (Hg.) 2023: The Cambridge Companion to Metal Music, Cambridge: Cambridge University Press.
Herbst, Jan-Peter 2021: Teutonic Metal: Effects of Place- and Mythology-based Labels on Record Production, in: International Journal of the Sociology of Leisure 4, 291–313.
Herbst, Jan-Peter/Mynett, Mark 2023a: Mapping the Origins of Heaviness between 1970 and 1995: A Historical Overview of Metal Music Production, in: Herbst (Hg.), 29–42.

Herbst, Jan-Peter/Mynett, Mark 2023b: Toward a Systematic Understanding of „Heaviness" in Metal Music Production, in: Rock Music Studies 10 (1), 16–37.
Hickam, Brian 2015: Amalgamated Anecdotes. Perspectives on the History of Metal Music and Culture Studies, in: Metal Music Studies 1 (1), 5–23.
Hiebaum, Christian 2024 (im Erscheinen): Law and Its Cultural Representations (With a Focus on Heavy Metal Studies), in Pichler (Hg.), Kap. 1.
Hill, Rosemary Lucy 2021: When Love and Critique Collide: Methodology, Ontology, Fandom and Standpoint in Metal Research, in: Metal Music Studies 7 (2), 197–210.
Hill, Rosemary Lucy et al. 2021: Normalising Sexualised Violence in Popular Culture: Eroding, Erasing and Controlling Women in Rock Music, in: Feminist Media Studies, https://www.tandfonline.com/doi/full/10.1080/14680777.2021.1902368 [19.7.2022].
Hirte, Markus (Hg.) 2019: Rock, Rap, Recht. Beiträge zu Musik, Recht und Geschichte, Darmstadt: Wissenschaftliche Buchgesellschaft.
Hofmann, Jeanette et al. (Hg.) 2019: Politik in der digitalen Gesellschaft. Zentrale Problemfelder und Forschungsperspektiven, Bielefeld: Transcript.
Höpflinger, Anna-Katharina 2020: Religiöse Codes in der Populärkultur. Kleidung der Black Metal-Szene, Baden-Baden: Nomos.
Huguenin Dumittan, Arlette 2014: „Whimps and Posers Leave the Hall". Methodische Distanz und Nähe am Beispiel textlinguistischer Heavy Metal-Forschung, in: Heesch/Höpflinger (Hg.), 61–70.
International Society for Metal Music Studies 2022: Offizielle Webseite, https://metalstudies.org [21.4.2022].
Iron Maiden 2015: Artwork „Eddie the Judge", https://www.pinterest.at/pin/471822498438512299 [3.12.2023].
Irwin, William (Hg.) 2007: Metallica and Philosophy: A Crash Course in Brain Surgery, Hoboken: Wiley-Blackwell.
Judas Priest 1980: Breaking the Law, auf: British Steel, Epic.
Kahn-Harris, Keith 2002: „I hate this fucking country": Dealing with the Global and the Local in the Israeli Extreme Metal Scene, in: Young (Hg.), 119–136.
Kahn-Harris, Keith 2007: Extreme Metal. Music and Culture on the Edge, Oxford/New York: Berg.
Kahn-Harris, Keith 2010: How Diverse Should Metal Be? The Case of Jewish Metal, Overt and Covert Jewishness, in: Scott/Von Helden (Hg.), 110–119.
Kahn-Harris, Keith 2020: Engaging with Absence: Why is the Holocaust a „Problem" for Metal?, in: Metal Music Studies 6 (3), 395–411.
Kalof, Linda/Bynum, William (Hg.) 2010: A Cultural History of the Human Body, 6 Bde., Oxford: Berg.
Kaltenbach Open Air 2020: Neues Merchandise, https://kaltenbach-openair.at/de/2020/04/23/neues-merchandise [14.2.2022].
Kemper, Peter (Hg.) 1999: „Alles so schön bunt hier": Die Geschichte der Popmusik von den Fünfzigern bis heute, Stuttgart: Reclam.
Koselleck, Reinhart 1979: Vergangene Zukunft. Zur Semantik geschichtlicher Zeiten, Frankfurt a. M.: Suhrkamp.
Koselleck, Reinhart 2000: Zeitschichten. Studien zur Historik. Mit einem Beitrag von Hans-Georg Gadamer, Frankfurt a. M.: Suhrkamp.
Krammer, Andreas 2023: Styrian Metal History, Facebook-Seite, https://www.facebook.com/mm.andikrammer [18.12.2023].
Kruse, Jan (Hg.) 2015: Qualitative Interviewforschung. Ein integrativer Ansatz, Weinheim/Basel: Beltz Juventa.

7.1 Sekundärliteratur und Zusatzmaterial

Kulturkeller Gleisdorf 2024: Offizielle Webseite, https://www.kulturkeller.gleisdorf.at [11.1.2024].

Kuukkanen, Jouni-Matti 2015: Postnarrativist Philosophy of Historiography, Basingstoke/New York: Palgrave Macmillan.

Lakoff, George/Johnson, Mark 2018: Leben in Metaphern. Konstruktion und Gebrauch von Sprachbildern, Heidelberg: Carl Auer.

Landwehr, Achim 2008: Historische Diskursanalyse, Frankfurt a. M.: Campus.

Leavy, Patricia 2011: Oral History: Understanding Qualitative Research, New York/Oxford: Oxford University Press.

LeVine, Mark 2008: Heavy Metal Islam: Rock, Resistance, and the Struggle for the Soul of Islam, New York: Three Rivers Press.

Lithostrotos 1999: Destroyer of Death, Independent.

Lithostrotos 2023: Album-Stream „Destroyer of Death", https://www.youtube.com/watch?v=bflZE1zTVdg [9.1.2024].

Lorenz, Chris 1997: Konstruktion der Vergangenheit: Eine Einführung in die Geschichtstheorie, Wien: Böhlau.

Mangold, Ijoma/Weisbrod, Lars 2022: Wir wollten nie wieder einsam sein, Podcast, „Die Zeit Online", 7.2., https://www.zeit.de/kultur/2022-02/soziale-medien-twitter-stimmung-feuilleton-podcast [12.1.2024].

Mastor, Wanda et al. (Hg.) 2011: Droit et rock, Paris: Dalloz.

Metaheads Graz/GU 2024: Facebook-Gruppe, https://www.facebook.com/groups/2519658978200863 [11.1.2024].

Metal Archives 2021: Dynamite, https://www.metal-archives.com/bands/Dynamite/3540379115 [21.10.2021].

Metal Fans Austria 2024: Facebook-Gruppe, https://www.facebook.com/groups/1967657963268627 [11.1.2024].

Metal Music Studies PL 2022: Metal Music Studies in Poland, https://konferencjametalstudies.wordpress.com [5.12.2023].

Metal Union Austria 2024: Facebook-Gruppe, https://www.facebook.com/groups/metalunionaustria [11.1.2024].

Miller, Jason 2022: What Makes Heavy Metal ‚Heavy'?, in: The Journal of Aesthetics and Art Criticism 80 (1), 70–82.

Moberg, Marcus 2015: Christian Metal: History, Ideology, Scene: London: Bloomsbury Academic.

Molnar, Rene 2011: Hitlers Headbanger? Rechte Orientierung bei Jugendlichen der Grazer Metalszene, Abschlussarbeit, Pädagogische Hochschule Steiermark.

Mossadeq 2022: Vladimir (feat. Stefan Rindler), auf: Adolf Resister, Grazil Records, hochgeladen auf Soundcloud am 25.8., https://soundcloud.com/mossadeq-music/vladimir-feat-stefan-rindler [12.1.2024].

Mrozek, Bodo 2019: Jugend – Pop – Kultur. Eine transnationale Geschichte, Berlin: Suhrkamp.

Mrozek, Bodo/Geisthövel, Alexa (Hg.) 2014: Popgeschichte, 2 Bde., Bielefeld: Transcript.

Napalm Records 2022: Website Metal on the Hill-Festival, https://www.metal-on-the-hill.com [14.2.2022].

Nathaus, Klaus 2015: Made in Europe: The Production of Popular Culture in the Twentieth Century, London: Routledge

Necromorbus Studio 2024: Equipment, http://necromorbusstudio.com/wordpress/equipment [11.1.2024].

Necrophobic 2024: Necrophobic Facebook-Seite, https://www.facebook.com/necrophobic.official/?locale=de_DE [12.1.2024].

Neil, Clare L. 2016: Free Thinkers Are Dangerous! Millennial Counterculture and the Music of System of a Down, https://dalspace.library.dal.ca//handle/10222/71346 [11.1.2024].

Niethammer, Lutz 1980: Lebenserfahrung und kollektives Gedächtnis. Die Praxis der „Oral History", Frankfurt a. M.: Suhrkamp.

Niethammer, Lutz 2002: Ego-Histoire? Und andere Erinnerungs-Versuche, Wien: Böhlau.

Nohr, Rolf/Schwaab, Herbert (Hg.) 2012: Metal Matters. Heavy Metal als Kultur und Welt, Münster/Berlin: LIT.

Okunew, Nikolai 2021: Red Metal. Die Heavy-Metal-Subkulktur der DDR, Berlin: Christoph Links.

Olechowski, Thomas 2019: Rechtsgeschichte. Einführung in die historischen Grundlagen des Rechts, Wien: Facultas.

Österreichisches Vereinsgesetz 2002: Gesamte Rechtsvorschrift für das Österreichische Vereinsgesetz, Fassung vom 05.01.2024, https://www.ris.bka.gv.at/GeltendeFassung.wxe?Abfrage=Bundesnormen&Gesetzesnummer=20001917 [5.1.2024].

Pearce, Russel G. 2005: Revitalizing the Lawyer-Poet: What Lawyers Can Learn from Rock and Roll, Fordham Law Legal Studies Research Paper No. 908897, https://papers.ssrn.com/sol3/papers.cfm?abstract_id=908897# [22.4.2022].

Perks, Robert/Thomson, Alistair (Hg.) 2000: The Oral History Reader, London/New York: Routledge.

Petz, Georg 2003: Die Texte des Grunge Rock. Ein Beitrag zur Funktionsgeschichte von Popmusik, Diplomarbeit, Karl-Franzens-Universität Graz, http://www.georgpetz.at/DieTextedesGrungeRock.pdf [10.1.2024].

Phillipov, Michelle 2014: Death Metal and Music Criticism: Analysis at the Limits, Lanham: Lexington.

Pichler, Peter (Hg.) 2024 (im Erscheinen): The Law of the Metal Scene: An Interdisciplinary Discussion, Stuttgart: Kohlhammer.

Pichler, Peter 2017: Zeitgeschichte als Lebensgeschichte. Überlegungen zu einer emanzipativen und aktuellen Zeithistoriographie, Brüssel: Peter Lang.

Pichler, Peter 2019a: Breaking the Law!? A Research Agenda for a Gap in Scholarship, http://www.peter-pichler-stahl.at/artikel/breaking-the-law-the-cultural-history-of-law-related-phenomena-in-metal-a-research-agenda-for-a-gap-in-research [22.4.2022].

Pichler, Peter 2019b: Der historische Muskel. Eine integrale Theorie der Geschichte, unveröffentlichtes Manuskript.

Pichler, Peter 2020a: Maggie Thatcher Made Heavy Metal (… and She Saw that It Was Good?), http://www.peter-pichler-stahl.at/artikel/maggie-thatcher-created-heavy-metal-and-she-saw-that-it-was-good [12.2.2022].

Pichler, Peter 2020b: Metal Music, Sonic Knowledge, and the Cultural Ear in Europe since 1970: A Historiographic Exploration, Stuttgart: Franz Steiner.

Pichler, Peter 2020c: Projektbeschreibung, https://norikum.uni-graz.at/de/menuepunkt1 [11.2.2022].

Pichler, Peter 2020d: Styria: the Local ‚Metallic Association Chain', http://www.peter-pichler-stahl.at/artikel/finally-plunging-into-the-styrian-scene-the-local-metallic-association-chain [22.4.2022].

Pichler, Peter 2020e: Wittgenstein, Davidson and Halford: the Heuristics of Studying Norm-related Sonic Knowledge, http://www.peter-pichler-stahl.at/artikel/wittgenstein-davidson-and-halford-on-the-heuristics-of-law-related-terms [22.4.2022].

Pichler, Peter 2021a: „Breaking the Law…!?" Zur Rolle von Recht und Rechtsbezug in der Kulturgeschichte der steirischen Heavy Metal-Szene seit 1980, in: Graz Law Working Paper 17, 1–34, https://papers.ssrn.com/sol3/papers.cfm?abstract_id=3958280 [4.12.2023].

7.1 Sekundärliteratur und Zusatzmaterial

Pichler, Peter 2021b: Living Sonic Knowledge in South-Eastern Austria: The Sound History of the Metal Scene in Graz and Styria, c. 1980 to the Present, in: Bardine/Stueart (Hg.), 105–123.

Pichler, Peter 2021c: Midterm Project Research Report „Breaking the Law...?! Norm-Related Sonic Knowledge in Heavy Metal Culture: Graz and Styria Since 1980 (NORIKUM)", unveröffentlichtes Manuskript.

Pichler, Peter 2022a: „Breaking the Law...!?" On the Role of Law and Legal References in the Cultural History of the Heavy Metal Scene in Styria since 1980, in: Austrian Law Journal 2, 159–178, https://alj.uni-graz.at/index.php/alj/article/view/274/246 [4.12.2023].

Pichler, Peter 2022b: To the Sources! On Historical Source Criticism in Metal Studies: Concert Flyers, Album Covers, and Band T-Shirts, in: Popular Music History 15 (1), 54–77.

Pickl, Othmar (Hg.) 2004: Geschichte der Steiermark, 10 Bde., Graz: Leykam.

Purcell, Nathalie J. 2003: Death Metal Music: The Passion and Politics of a Subculture, Jefferson: McFarland.

Rainbow 1977: On Stage, Oyster.

Rare Metal Albums 2016: Album-Stream von Children of a Lesser God, Towards a Grief, https://www.youtube.com/watch?v=eVFp3q89EEU [8.1.2024].

Rathkolb, Oliver 2015: Die paradoxe Republik: Österreich 1945 bis 2015, Wien: Zsolnay.

Reumüller, David et al. (Hg.) 2010: Rockmusik in der Steiermark bis 1975, Graz: Edition Keiper.

Reuter, Julia 2002: Ordnungen des Anderen. Zum Problem des Eigenen in der Soziologie des Fremden, Bielefeld: Transcript.

Rippl, Susanne/Seipel, Christian 2022: Rechtspopulismus und Rechtsextremismus: Erscheinung, Erklärung, empirische Ergebnisse, Stuttgart: Kohlhammer.

Ritchie, Donald A. 2015: Doing Oral History, Oxford/New York: Oxford University Press.

Roccor, Bettina 1998a: Heavy Metal. Die Bands. Die Fans. Die Gegner, München: Beck.

Roccor, Bettina 1998b: Heavy Metal. Kunst, Kommerz, Ketzerei, Regensburg/Berlin: Iron Pages.

Rosa, Hartmut 2005: Beschleunigung. Die Veränderung der Zeitstrukturen in der Moderne, Frankfurt a. M.: Suhrkamp.

Rosa, Hartmut 2023: When Monsters Roar and Angels Sing. Eine kleine Soziologie des Heavy Metal, Stuttgart: Kohlhammer.

Rothfels, Hans 1953: Zeitgeschichte als Aufgabe, in: Vierteljahreshefte für Zeitgeschichte 1 (1), 1–8.

Rüsen, Jörn 2013: Historik. Theorie der Geschichtswissenschaft, Wien: Böhlau.

Sackl, Susanne 2010: Männerbilder im musikalischen Genre Heavy Metal: eine Videoclipanalyse, Masterarbeit, Karl-Franzens-Universität Graz.

Sackl-Sharif, Susanne 2014: Gender – Metal – Videoclips: eine qualitative Rezeptionsstudie, Univ.-Diss., Karl-Franzens-Universität Graz.

Sackl-Sharif, Susanne 2021: The Dark Side of Blogging: Digital Metal Communities and Metal Influencers, in: Metal Music Studies 7 (2), 237–255.

Sarasin, Philipp 2003: Geschichtswissenschaft und Diskursanalyse, Frankfurt a. M.: Suhrkamp.

Savigny, Heather/Schaap, Julian 2018: Putting the ‚Studies' back into Metal Music Studies, in: Metal Music Studies 4 (3), 549–557.

Scheller, Jörg 2020: Metalmorphosen. Die unglaublichen Wandlungen des Heavy Metal, Stuttgart: Franz Steiner.

Schmale, Wolfgang 2001: Geschichte Europas, Wien: Böhlau.

Schmidlechner, Karin et al. (Hg.) 2017: Geschichte der Frauen in der Steiermark: Von der Mitte des 19. Jahrhunderts bis zur Gegenwart, Graz: Leykam.

Schweidlenka, Roman/Strauß, Veronika 2017: Die schwarze Szene. Populäre Jugendkulturen und ihr Verhältnis zu Spiritualität, Satanismus und Rechtsextremismus, Broschüre, Graz.

Scott, Niall W.R. (Hg.) 2015-2024: Journal „Metal Music Studies", Bristol: Intellect, https://www.intellectbooks.com/metal-music-studies [24.1.2024].

Scott, Niall W. R./Von Helden, Imke (Hg.) 2010: The Metal Void: First Gatherings, Oxford: Interdisciplinary Press.

Seifert, Robert 2018: Popmusik in Zeiten der Digitalisierung. Veränderte Aneignung – veränderte Wertigkeit, Bielefeld: Transcript.

Seminario de Estudios sobre Heavy Metal 2023: Facebook-Seite „Seminario de Estudios sobre Heavy Metal", https://www.facebook.com/seminarioheavymetal/?locale=es_LA [5.12.2023].

Siegfried, Detlef 2008: Sound der Revolte. Studien zur Kulturrevolution um 1968. Weinheim/München: Juventa.

Siegfried, Detlef 2018: 1968. Protest, Revolte, Gegenkultur, Ditzingen: Reclam.

Skull Crusher 1996: The Darkside of Humanity, Independent.

Skull Crusher 2024: Skull Crusher Bandcamp-Seite, https://skullcrusher-austria.bandcamp.com/album/the-darkside-of-humanity [9.1.2024].

Smialek. Eric 2016: Genre and Expression in Extreme Metal Music, ca. 1990–2015, Univ.-Diss., McGill University Montreal.

Soocher, Stan 1998: They Fought the Law: Rock Music Goes to Court, London: Music Sales Group.

Spracklen, Karl/Spracklen, Beverley 2018: The Evolution of Goth Culture: The Origins and Deeds of the New Goths, Bingley: Emerald.

Stebich, Marco 2019: „Thrashing all around": A Sociological and Literary Analysis of Lyrics in Thrash Metal Music, Diplomarbeit, Karl-Franzens-Universität Graz.

Stimeling, Travis D. 2013: Narrative, Vocal Staging and Masculinity in the ‚Outlaw' Country Music of Waylon Jennings, in: Popular Music 32 (3), 343–358.

Strother, Eric S. (2013): Unlocking the Paradox of Christian Metal Music, Univ.-Diss., University of Kentucky, https://uknowledge.uky.edu/cgi/viewcontent.cgi?article=1010&context=music_etds [18.7.2022].

Swiniartzki, Marco 2022: Bruch und Aufbruch. Working Men's Clubs und die „New Wave of British Heavy Metal" im Nordosten Englands (1978–1984), in: Zeithistorische Forschungen/Studies in Contemporary History, 1 (19), 48–76.

Swiniartzki, Marco 2023: Heavy Metal und gesellschaftlicher Wandel. Sozialgeschichte einer Musikkultur in den langen 1980er Jahren, Bielefeld: Transcript.

Sykes, Robbie 2014: Law Up Loud: Jurisprudence and Rock Music, Univ.-Diss., Griffith University Brisbane, https://research-repository.griffith.edu.au/bitstream/handle/10072/368138/Sykes_2014_02Thesis.pdf?sequence=1&isAllowed=y [22.4.2022].

System Absurd 1998: Trauer – Hoffnung – Freude, Independent.

System Absurd 2018, Live-Video zu „If Your Dreams Are Gone", https://www.youtube.com/watch?v=YTSf55o4u4I [7.1.2024].

Till Eulenspiegel 2022: Musikvideo zu „Verpiss Dich", https://www.youtube.com/watch?v=eiTvuV52kkc [12.1.2024].

Tümmers, Henning 2013: „Gib Aids keine Chance." Eine Präventionsbotschaft in zwei deutschen Staaten, in: Zeithistorische Forschungen/Studies in Contemporary History 3 (10), 491–501.

Verreck-Attack 2021: Band-Webseite Verreck-Attack, Reiter „Pictures"/„Live", Reproduktion des Flyer zu „Sounds of Justice-Festival", Kulturkeller Gleisdorf, 7.10.2006, http://www.verreckattack.com [11.10.2021].

Vestergaard, Vitus 2016: Blackletter Logotypes and Metal Music, in: Metal Music Studies 1 (2), 109–124.

7.1 Sekundärliteratur und Zusatzmaterial

Walch, Florian 2018: „Was niemals war" – Das Selbstbewusstsein des Norwegischen Black Metal als Konstruktion einer Vergangenheit und Konstitution einer Klanglichkeit, in: Chaker et al. (Hg.), 109–128.
Wallach, Jeremy et al. (Hg.) 2011: Metal Rules the Globe. Heavy Metal Music around the World, Durham: Duke University Press.
Walser, Robert 1993: Running with the Devil. Power, Gender and Madness in Heavy Metal Music, Hanover: Wesleyan University Press
Walzl, Michael 2011: Authentizitätskonzepte im Heavy Metal. Wie aufklärerische Ansätze postmodern gespielt werden, Diplomarbeit, Karl-Franzens-Universität Graz.
Weber, Sascha 2012: Historische Quellen als indexikalische Zeichen. Zum Verhältnis zwischen Semiotik und allgemeiner Quellenkunde, in: Frings et al. (Hg.), 107–114.
Weinstein, Deena 1991: Heavy Metal: A Cultural Sociology, New York: Lexington Books.
Weinstein, Deena 2000: Heavy Metal: The Music and its Culture, Boulder: Da Capo Press.
Weinstein, Deena 2011: How Is Metal Studies Possible?, in: Journal for Cultural Research 15 (3), 243–245.
White, Hayden 1991: Metahistory. Die historische Einbildungskraft im 19. Jahrhundert in Europa, Frankfurt a. M.: Fischer.
Wick, Gottlieb Rafael 2010: Inhalt und Grenzen des Auskunftsanspruchs gegen Zugangsanbieter. Eine Untersuchung des § 101 UrhG unter besonderer Berücksichtigung der Filesharing-Systeme, Bonn: TGRAMEDIA.
Wintle, Michael J. 2016: Islam as Europe's ‚Other' in the Long Term: Some Discontinuities, in: History 101 (344), 42–61.
Young, Richard (Hg.) 2002: Music, Popular Culture, Identities, Leiden: Brill.
YouTube 2012: Verreck-Attack-Abschlusskonzert, „Traktor", https://www.youtube.com/watch?v=VS4EQcmckMw [11.1.2024].
YouTube 2013a: Heathen Foray – Mei Laund, hochgeladen von User „Josty Mayorga", https://www.youtube.com/watch?v=rltES-pOai8 [11.1.2024].
YouTube 2013b: Heathen Foray – Mei Laund [with Lyrics], hochgeladen von User „nebonumberone", https://www.youtube.com/watch?v=jwT0IjA8QA8 [11.1.2024].
YouTube 2015: Python Regius YouTube-Kanal, https://www.youtube.com/@PythonRegiusMetal [11.1.2024].
Ziegerhofer, Anita 2020: Vom Rand ins Zentrum EUropas. Die Geschichte der Steiermark ab 1918, Graz: Leykam.
Ziegerhofer, Anita 2021: Europäische Integrationsrechtsgeschichte, Innsbruck: Studienverlag.

7.2 Oral-History-Interviews

Nr.	Datum	Geschlecht	Dauer (min)
1.	24.2.2021	w	34
2.	11.3.2021	m	82
3.	22.3.2021	w	116
4.	23.3.2021	m	89
5.	24.3.2021	m	116
6.*	26.5.2021	m	94
7.	6.4.2021	m	100
8.	9.4.2021	m	92
9.	15.4.2021	m	172
10.	14.4.2021	m	105
11.	3.6.2021	m	124
12.**	14.6.2021	w/m	69
13.	6.7.2021	w	51
14.	19.7.2021	w	95
15.	22.7.2021	m	59
16.	18.8.2021	m	66
17.	7.9.2021	w	47
18.	9.9.2021	m	69
19.	15.10.2021	m	135
20.	22.10.2021	m	100
21.**	6.11.2021	m/m	87
22.	18.11.2021	w	77

* = Fortsetzung von Interview Nr. 5
** = Doppelinterview

7.3 Diskursanalytische Quellen

Konzertflyer

Nr.	Referenziertes Event, Ort (Location)	Datum	Original/ Reproduktion
1.	Skull Breaker-Bandkonzert, Graz (Pfarre St. Peter)	3.11.1984	*Reproduktion
2.	Skull Breaker-Bandkonzert, Graz (Gegentail)	28.6.1985	*Reproduktion
3.	Shekinnah-LP-Präsentationskonzert, Graz (Annenhof-Kino)	7.6.1990	*Reproduktion
4.	Ekpyrosis-Bandkonzert, Graz (Jugendzentrum „Insel")	14.9.1990	*Reproduktion
5.	Ekpyrosis/Dynamite-Bandkonzert, Kapfenberg (Jugendzentrum „Bunte Fabrik")	20.10.1990	*Reproduktion
6.	Rage Against Fascism-Festival, Bruck/Mur (Stadtsaal)	15.5.1996	*Reproduktion
7.	Valvadrach- CD-Präsentationskonzert, Graz (Jugendzentrum „Explosiv")	12.6.1999	*Reproduktion
8.	Rock in the Hall, Hainersdorf (Georgshalle)	9.3.2002	Original
9.	Rock In' Ilz, Ilz (Kulturhaus)	16.3.2002	Original
10.	Heavy Xmas Event 3, Sinabelkirchen	21.12.2002	Original
11.	Metal Night IV, Gleisdorf (Kulturkeller)	8.3.2003	*Reproduktion
12.	Tunes of Time 2003, Hartberg (Hartberghalle)	3.5.2003	Original
13.	Aut-Scream-Festival 2003, Großsteinbach (Veranstaltungsgelände)	23./24.5.2003	Original
14.	1. G.G.1-Zwei-Tage-Rockfestival, Wörth an der Lafnitz (Festhalle)	4./5.6.2003	Original
15.	Moshpit Festival 2, Unterbuch bei Hartberg (Raiffeisenhalle)	14.6.2003	Original

16.	No Frontiers Part 1, Weiz (Volkshaus)	28.6.2003	Original
17.	4. Rock im Zelt-Festival, Neudau (Sportplatz Neudau, Area 51)	18./19.7.2003	Original
18.	Rock the Station-Festival, Leitersdorf bei Bad Waltersdorf (Bahnhof)	23.8.2003	Original
19.	Fiesta Nacional 3, Vornholz/Vorau (Eisschützenhalle)	8.11.2003	Original
20.	Heavy Xmas Event 4, Sinabelkirchen	20.12.2003	Original
21.	Knut-Fest 2, Hartberg (Edelweisshaus)	27.12.2003	Original
22.	Winter-Rock-Festival 2004, Edelsbach	7.2.2004	Original
23.	Benefizkonzert für Lebenshilfe Hartberg, Vornholz (Gasthaus Reithofer)	13.3.2004	Original
24.	Firestarter Jam-Session, Hainersdorf (Georgshalle)	26./27.3.2004	Original
25.	A Real! Jam-Session, Gleisdorf (Kulturkeller)	2.4.2004	Original
26.	Rock im Vulkanland, Auersbach/Feldbach (Festhalle)	3.4.2004	Original
27.	Heavy Xtreme Event, Gleisdorf (Urschahalle)	17.4.2004	Original
28.	Night to Remember, Gleisdorf (Kulturkeller)	23.4.2004	Original
29.	Aut-Scream-Festival 2004, Großsteinbach (Veranstaltungsgelände)	14./15.5.2004	Original
30.	Hardcore Metal Meeting, Oberwart (Oho)	19.5.2004	Original
31.	Woodrock-Festival, Vornholz (Gasthaus Reithofer)	19.5.2004	Original
32.	Metalnight IX, Gleisdorf (Kulturkeller)	28.5.2004	Original
33.	Peace Party 2004 Eichberg-Trautenburg (Naturpark Südsteirisches Weinland)	25./26.6.2004	Original
34.	Rock im Zelt-Festival, Neudau (Sportplatz)	16./17.7.2004	Original
35.	Scream out #4, Pöllau (Schloßhof)	24.7.2004	Original

7.3 Diskursanalytische Quellen

36.	Sounds of Justice-Festival, Gleisdorf, (Kulturkeller)	7.10.2006	**Reproduktion
37.	Bloodworks-Festival, Graz (Jugendzentrum „Explosiv")	3.11.2006	*Reproduktion
38.	Rock & Metal-Night, Graz (PPC)	25.3.2017	*Reproduktion

* = Digitale Reproduktion von der Facebook-Seite *Styrian Metal History*[877]
** = Digitale Reproduktion von der Bandwebseite von Verreck-Attack[878]

Coverabbildungen

Globaler Diskurs

Nr.	Künstler*innen, Titel	Jahr
1.	Judas Priest, *British Steel*	1980
2.	Iron Maiden, *Iron Maiden*	1980
3.	Iron Maiden, *Killers*	1981
4.	Pantera, *Projects in the Jungle*	1984
5.	Helloween, *Walls of Jericho*	1985
6.	Anthrax, *Among the Living*	1987
7.	Metallica, *… And Justice for All*	1988
8.	Sarcófago, *The Laws of Scourge*	1991
9.	Watain, *Lawless Darkness*	2010
10.	Watain, *The Wild Hunt*	2013

Steirischer Diskurs

Nr.	Künstler*innen, Titel	Jahr
11.	Blessed Virgin, *Heavy Metal/Nightmare* (Single)	1983
12.	Dynamite, *Rough'n'Live* (Live-Release)	1989
13.	Morticia, *The Tape* (Demokassette)	1989
14.	Shekinnah, *Schrei es laut*	1990
15.	Children of a Lesser God, *Towards a Grief*	1996
16.	Skull Crusher, *The Darkside of Humanity*	1996
17.	System Absurd, *Trauer – Hoffnung – Freude*	1998
18.	Lithostrotos, *Destroyer of Death*	1999
19.	Scarecrow NWA, *Return of the Cold Times*	1999
20.	Impurity, *Bloodbath Massacre*	2000
21.	Reflector, *Reflector*	2000

---

877 Vgl. hierzu im Literaturverzeichnis: Krammer 2023.
878 Vgl. hierzu im Literaturverzeichnis: Verreck-Attack 2021.

22.	Pantheon, *Cimetière des Anges*	2001
23.	Sanguis, *Chaosgate Guardians*	2002
24.	Trollskogen, *Der Weg zur Unendlichkeit*	2003
25.	Perishing Mankind, *Fall of Men*	2005
26.	Asmodeus, *Imperium Damnatum*	2006
27.	Verreck-Attack, *... Alone Against All*	2006
28.	Cadaverous Condition, *To the Night Sky*	2006
29.	Ketelens' Brukke, *Graeueltaten/Memories of Life*	2010
30.	Illuminata, *A World So Cold*	2011
31.	Cadaverous Condition, *Burn Brightly Alone*	2011
32.	Hellsaw, *Trist*	2012
33.	Badhoven, *Obsession*	2013
34.	Heathen Foray, *Inner Force*	2013
35.	Python Regius, *Orior*	2014
36.	Drawzznikk, *Way Back Home*	2016
37.	Crown the Fallen, *The Passing of Greed*	2017
38.	Klynt, *Faustbreaker*	2017
39.	Cadaverous Condition/Herr Lounge Corps, *The Breath of a Bird*	2018
40.	Sonic Riot, *Sonic Riot*	2019
41.	Darkfall/Mortal Strike, „Thrashing Death Squad" (Split EP)	2021

T-Shirts

Nr.	Beschreibung	Jahr	Bezugsquelle
1.	Klynt, Album-T-Shirt *Faustbreaker*	2017	Band
2.	Apis, Album-T-Shirt *Awakening*	2018	Band
3.	Darkfall, Band-T-Shirt Logo	2018	Band
4.	Alphayn, Band-T-shirt Logo	2020	Band
5.	Ellende, Band-T-Shirt Cellist	2020	Band
6.	Heathen Foray, Album-T-Shirt *Weltenwandel*	2020	Band
7.	Darkfall, EP-T-Shirt „Thrashing Death Squad"	2021	Band
8.	Napalm Records, Label-T-Shirt	2021	Label

7.4 Musikanalysen (Charalampos Efthymiou)[879]

Globaler Musikraum

Nr.	Künstler*innen	Aufnahmetitel	Jahr
1.	Judas Priest	„Breaking the Law", auf: *British Steel*	1980
2.	Iron Maiden	„Running Free", „Sanctuary", auf: *Iron Maiden*	1980
3.	Pantera	„Heavy Metal Rules!", auf: *Projects in the Jungle*	1984
4.	Helloween	„Heavy Metal (Is the Law)", auf: *Walls of Jericho*	1985
5.	Anthrax	„I Am the Law", auf: *Among the Living*	1987
6.	Metallica	„… And Justice for All", auf: *… And Justice for All*	1988
7.	Sarcófago	„The Laws of Scourge", auf: *The Laws of Scourge*	1991
8.	Watain	„Lawless Darkness", auf: *Lawless Darkness*	2010
9.	Watain	„Outlaw", auf: *The Wild Hunt*	2013

Steirischer Musikraum

Nr.	Künstler*innen	Aufnahmetitel	Jahr
10.	Blessed Virgin	*Heavy Metal/Nightmare* (Single)	1983
11.	Dynamite	*Rough 'n' Live* (Live-Release)	1989
12.	General Bomb Machine	„Pseudorevolution of a Fucked Up Mind", auf: *Pseudorevolution* (Demo)	1992
13.	Asmodeus	„Enthronement of the Sovereign", auf: *Imperium Damnatum*	2006

---

879 Die vollständigen, von Efthymiou verfassten Analysen wurden im Rahmen des Datenarchivs des in Anm. 1 genannten Projekts elektronisch archiviert und werden im Text immer danach zitiert.

14.	Ellende	„Rückzug in die Innerlichkeit", auf: *Rückzug in die Innerlichkeit* (EP)	2012
15.	Heathen Foray	*Inner Force* (Album)	2013
16.	Python Regius	*Orior* (Demoalbum)	2014
17.	Blessmon	„Styrians Gloria", auf: *Imperial Hordes*	2017
18.	Klynt	„Faustbreaker", auf: *Faustbreaker*	2017

7.5 Abbildungsverzeichnis

Bildquelle und -nachweis finden sich jeweils am Ort der Abbildung.

Abb. 1:	Die erste Grazer Metal-Band Skull Breaker	66
Abb. 2:	Handgezeichneter Sticker von Skull Breaker	66
Abb. 3:	Konzertflyer von Skull Breaker (1984)	69
Abb. 4:	Feiern im „Hard Rock Ost" im Weizer Raum	73
Abb. 5:	Feiern im „Hard Rock Ost"	84
Abb. 6:	Flyer zum CD-Präsentationskonzert zu *Broken Body Cells* von Valvadrach (1999)	92
Abb. 7:	Cover von Morticia, *The Tape* (1989)	99
Abb. 8:	Einladung zum Präsentationskonzert von Shekinnah zu *Schrei es laut* (1990)	100
Abb. 9:	Cover von Shekinnah, *Schrei es laut* (1990)	109
Abb. 10:	Flyer zum Event „Rage Against Fascism" (1996)	127
Abb. 11:	Konzertflyer von Ekpyrosis und Dynamite (1990)	131
Abb. 12:	Cover von Lithostrotos, *Destroyer of Death* (1999)	145
Abb. 13:	Cover von Skull Crusher, *The Darkside of Humanity* (1996)	145
Abb. 14:	Cover von System Absurd, *Trauer - Hoffnung - Freude* (1998)	146
Abb. 15:	Flyer zum Event „Bloodworks" (2006)	201
Abb. 16:	Ankündigungsbild zu Heathen Foray, „Steirermen san very good" (2021)	216
Abb. 17:	Flyer zum Event „Moshpit Festival 2" (2003)	227
Abb. 18:	Flyer zum Event „Night to Remember" (2004)	228
Abb. 19:	Flyer zum Event „Hardcore Metal Meeting" (2004)	228
Abb. 20:	Flyer zum Event „Rock im Zelt" (2004)	229
Abb. 21:	Cover von Scarecrow, *Return of the Cold Times* (1999)	232
Abb. 22:	Cover von Verreck-Attack, *... Alone Against All* (2006)	233
Abb. 23:	Cover von Hellsaw, *Trist* (2012)	233

Danksagung

Die Forschung zu diesem Buch fand primär in der Zeit statt, als die Corona-Pandemie die Welt in einen gesellschaftlichen Ausnahmezustand versetzt hatte. Es ist in hohem Maße erstaunlich, wie sehr es das Engagement und die Auskunftsbereitschaft der Mitglieder der steirischen Metal-Szene ermöglichte, dennoch eine Kartierung ihrer Szene vorzunehmen. Der tiefste Dank des Autors gilt daher allen aus der steirischen Szene, die sich als Interviewees und/oder Informationsüberträger*innen für die Forschung öffneten. Ihnen allen sei dieser Band gewidmet.

Ein wissenschaftliches Buch ist immer ein fachliches Kommunikationsprodukt; so ist auch das Schreiben am vorliegenden durch zahlreiche anregende Gespräche mit Kolleg*innen über Metal (und zuweilen auch bei Metal) begleitet worden. Ich danke Christian Hiebaum, Nikolaus Reisinger, Anna-Katharina Höpflinger, Karl Spracklen, Niall W. R. Scott, Marco Swiniartzki, Wolfgang Schmale, André Doehring, Fritz Treiber, Hartmut Rosa, Jörg Scheller, Sarah Chaker und Anita Ziegerhofer für ihre Geduld mit meinen Gedanken. Vor allem bedanke ich mich bei Charalampos Efthymiou, dessen präziseste musikwissenschaftliche Analysen den verfügbaren Datenkorpus erweiterten und mir einen neuen Fragehorizont eröffneten. Alle Fehler bleiben meine eigenen.

Ferner sei dem Österreichischen Wissenschaftsfonds FWF gedankt, dessen großzügige Mittelunterstützung den notwendigen Freiraum zur Durchführung der Forschung schufen sowie die Drucklegung möglich machten.

Meiner Familie und meinem Freundeskreis, Helene Pichler, Günther Pichler, Martin Pichler, Anja Jahrbacher, Thomas Jahrbacher, Katrin Valtingojer, Rene Valtingojer, Martin Trummer, René Trummer, Sabine Geiger und Petra Hamer, manche überzeugte „Metalheads", manche weniger, danke ich für den Rückhalt und das Begleiten auf diesem Weg – ohne sie wäre das Buch schlicht nicht möglich gewesen.

Schlussendlich sei dem Kohlhammer-Verlag gedankt, insbesondere Peter Kritzinger, der das Projekt von Beginn an mit Sachkenntnis und ‚metallischem Verve' begleitete sowie Johanna E. Blume für das akribische Lektorat des Manuskripts.

Graz, im Jänner 2024